高等法律职业教育系列教材
审定委员会

主　　任　万安中

副 主 任　许　冬

委　　员　(按姓氏笔画排序)

　　　　　王　亮　刘　洁　刘晓辉　刘　斌
　　　　　李忠源　陆俊松　陈晓明　周静茹
　　　　　项　琼　顾　伟　黄惠萍　盛永彬

高等法律职业教育系列教材

司法警察实务

SIFA JINGCHA SHIWU

主　编　田加知　周静茹

中国政法大学出版社

2020·北京

声　　明　1. 版权所有，侵权必究。

　　　　　2. 如有缺页、倒装问题，由出版社负责退换。

图书在版编目（CIP）数据

司法警察实务/田加知，周静茹主编. —北京：中国政法大学出版社，2020.1（2023.1重印）
ISBN 978-7-5620-9412-8

Ⅰ．①司… Ⅱ．①田… ②周… Ⅲ．①司法－警察－中国－教材　Ⅳ．①D926.17

中国版本图书馆CIP数据核字(2019)第300532号

出 版 者	中国政法大学出版社
地　　址	北京市海淀区西土城路25号
邮　　箱	fadapress@163.com
网　　址	http://www.cuplpress.com（网络实名：中国政法大学出版社）
电　　话	010-58908435(第一编辑部) 58908334(邮购部)
承　　印	固安华明印业有限公司
开　　本	787mm×1092mm　1/16
印　　张	23.25
字　　数	469千字
版　　次	2020年1月第1版
印　　次	2023年1月第2次印刷
印　　数	4000~7000 册
定　　价	59.00元

高等法律职业化教育已成为社会的广泛共识。2008年,由中央政法委等15部委联合启动的全国政法干警招录体制改革试点工作,更成为中国法律职业化教育发展的里程碑。这也必将带来高等法律职业教育人才培养机制的深层次变革。顺应时代法治发展需要,培养高素质、技能型的法律职业人才,是高等法律职业教育亟待破解的重大实践课题。

目前,受高等职业教育大趋势的牵引、拉动,我国高等法律职业教育开始了教育观念和人才培养模式的重塑。改革传统的理论灌输型学科教学模式,吸收、内化"校企合作、工学结合"的高等职业教育办学理念,从办学"基因"——专业建设、课程设置上"颠覆"教学模式:"校警合作"办专业,以"工作过程导向"为基点,设计开发课程,探索出了富有成效的法律职业化教学之路。为积累教学经验、深化教学改革、凝塑教育成果,我们着手推出"基于工作过程导向系统化"的法律职业系列教材。

《国家中长期教育改革和发展规划纲要(2010～2020年)》明确指出,高等教育要注重知行统一,坚持教育教学与生产劳动、社会实践相结合。该系列教材的一个重要出发点就是尝试为高等法律职业教育在"知"与"行"之间搭建平台,努力对法律教育如何职业化这一教育课题进行研究、破解。在编排形式上,打破了传统篇、章、节的体例,以司法行政工作的法律应用过程为学习单元设计体例,以职业岗位的真实任务为基础,突出职业核心技能的培养;在内容设计上,改变传统历史、原则、概念的理论型解读,采取"教、学、练、训"一体化的编写模式。以案例等导出问题,根据内容设计相应的情境训练，将相关原理与实操训练有机地结合，围绕关键知识点引入相关实例，归纳总结理论，分析判断解决问题的途径，充分展现法律职业活动的演进过程和应用法律的流程。

  法律的生命不在于逻辑，而在于实践。法律职业化教育之舟只有驶入法律实践的海洋当中，才能激发出勃勃生机。在以高等职业教育实践性教学改革为平台进行法律职业化教育改革的路径探索过程中，有一个不容忽视的现实问题：高等职业教育人才培养模式主要适用于机械工程制造等以"物"作为工作对象的职业领域，而法律职业教育主要针对的是司法机关、行政机关等以"人"作为工作对象的职业领域，这就要求在法律职业教育中对高等职业教育人才培养模式进行"辩证"地吸纳与深化，而不是简单、盲目地照搬照抄。我们所培养的人才不应是"无生命"的执法机器，而是有法律智慧、正义良知、训练有素的有生命的法律职业人员。但愿这套系列教材能为我国高等法律职业化教育改革作出有益的探索，为法律职业人才的培养提供宝贵的经验、借鉴。

2016 年 6 月

《中华人民共和国人民警察法》第 2 条规定，人民警察的任务是维护国家安全，维护社会治安秩序，保护公民的人身安全、人身自由和合法财产，保护公共财产，预防、制止和惩治违法犯罪活动。司法警察是我国人民警察的独立警种之一，隶属于司法机关，依照法律规定可以使用特殊强制手段维护司法场所设施安全与保障司法活动秩序，是具有武装性质的司法行政执法力量。

党的十八大以来，立足全面依法治国方针，司法体制改革更加突出系统性、全方位和深层次的要求。党的十八届三中全会将司法体制改革确定为全面深化改革的重点领域之一，党的十八届四中全会通过《中共中央关于全面推进依法治国若干重大问题的决定》，党的十八届六中全会决定成立监察委，使检察机关面临着前所未有的挑战，检察机关侦防职务犯罪部门的转隶对检察院司法警察工作的产生巨大影响。2019 年 6 月 3 日，最高人民法院发布《关于深化执行改革健全解决执行难长效机制的意见——人民法院执行工作纲要（2019-2023）》，《纲要》明确提出，要推进司法警察参与执行工作，提升执行的效率和威慑力。执行工作五年纲要的发布不仅为执行警务保障工作提供了顶层设计，也为法院司法警察队伍建设拓展了实现路径，推动各级法院司法警察队伍革命化、正规化、专业化、职业化建设。

2012 年 10 月 29 日和 2013 年 5 月 8 日，最高人民法院和最高人民检察院分别发布《人民法院司法警察条例》和《人民检察院司法警察条例》，此后，具体规范司法警察职责履行方面的法规相继发布并实施。然而，在司法警察队伍革命化、正规化、专业化、职业化建设的过程中，学理界对司法警察理论和实践的重视程度还没有跟上，研究司法警察制度方面的系统著述较少。为了加深对司法警务工作的规律认识，促进科学思考，在充分参考当前有关司法警察方面的著作和论文的基础之上，我们撰写《司法警察实务》一书，希望能够在司法警察队伍建设方面进献绵薄之力。

本书共有 15 个单元，内容包括司法警察概述、司法警察制度、司法警察素养要求、司法警察法纪要求以及人民法院、人民检察院司法警察各项职责的内涵和操作规程。本书既可作为司法警官职业院校司法警务专业的教材，也可作为在职的司法警察的培训教材。

本书由田加知、周静茹担任主编，王凌云、赵琦担任副主编，广东省高级人民法院法警总队黄华辉总队长和深圳市中级人民法院法警支队许保疆支队长担任主审。全书在主编和副主编共同审阅的基础上，最后由田加知统一修改定稿。

各单元具体撰写分工如下：

田加知（广东司法警官职业学院）：第一、二、三、四、十四单元；

齐　霞（广东司法警官职业学院）：第五单元；

金　琳（广东司法警官职业学院）：第六单元；

林　岚（广东司法警官职业学院）：第七单元；

赵　琦（陕西警官职业学院）：第八单元；

王凌云（广东司法警官职业学院）：第九、十单元；

蓝凤英（广东司法警官职业学院）：第十一单元；

曾　郁（广东司法警官职业学院）：第十二单元；

贾甲麟（广东司法警官职业学院）：第十三单元；

刘朝辉（广州市中级人民法院）：第十五单元。

本书在编写过程中得到诸多教师的支持，吸收了大量学者的理论观点、行业专家的意见和相关著作的成果。特别是西安市中级人民法院和广州市中级人民法院倾力为本书提供实践素材和技术指导，广东司法警官职业学院司法警务专业学生陈桂栓、陈佳颖、林雪燕、郑承煜等及陕西警官职业学院司法警务专业学生高路、王鑫、郝宇阳、姜刘昊、牛特、吴楠等为本书部分图片提供动作示范，编者在此一并表示感谢。

由于编者的水平和实践经验有限，本教材不足之处在所难免，恳请广大读者、同仁批评指正。

编　者

2019 年 11 月

上 编

单元一 司法警察概述 ………………………………………………………… 3

  项目一 司法警察的概述 …………………………………………………… 4
  项目二 司法警察性质与地位 ……………………………………………… 6
  项目三 司法警察职责 …………………………………………………… 10
  项目四 司法警察职权 …………………………………………………… 17

单元二 司法警察制度 ………………………………………………………… 22

  项目一 我国司法警察制度的建立与发展 ………………………………… 23
  项目二 司法警察工作制度 ……………………………………………… 25
  项目三 域外司法警务制度 ……………………………………………… 29

单元三 司法警察的素养要求 ………………………………………………… 34

  项目一 司法警察素养概述 ……………………………………………… 35
  项目二 政治素养 ………………………………………………………… 37
  项目三 文化和理论素养 ………………………………………………… 40
  项目四 身体素养 ………………………………………………………… 44
  项目五 心理素养 ………………………………………………………… 48
  项目六 业务素养 ………………………………………………………… 57

单元四 司法警察的法纪要求 ………………………………………………… 63

  项目一 司法警察行为的法律要求 ………………………………………… 63

项目二　司法警察行为的纪律要求 ……………………………………… 66

项目三　司法警察的执法监督 …………………………………………… 70

下　编

单元五　押解 ………………………………………………………………… 79

项目一　押解概述 ………………………………………………………… 81

项目二　押解工作的类型 ………………………………………………… 84

项目三　押解的组织实施 ………………………………………………… 88

项目四　押解过程中突发事件及处置 …………………………………… 94

项目五　技能训练 ………………………………………………………… 98

单元六　看管 ………………………………………………………………… 101

项目一　看管的概述 ……………………………………………………… 102

项目二　看管的类型与适用 ……………………………………………… 107

项目三　看管的组织实施 ………………………………………………… 110

项目四　看管中突发事件的处置 ………………………………………… 114

项目五　技能训练 ………………………………………………………… 117

单元七　安全检查 …………………………………………………………… 125

项目一　安全检查概述 …………………………………………………… 126

项目二　安全检查的常用设备 …………………………………………… 131

项目三　安全检查的类型 ………………………………………………… 138

项目四　安全检查的组织实施 …………………………………………… 143

项目五　安全检查一般情况的处置 ……………………………………… 148

项目六　技能训练 ………………………………………………………… 150

单元八　值庭 ………………………………………………………………… 158

项目一　值庭概述 ………………………………………………………… 162

项目二　值庭的业务内容 ………………………………………………… 167

项目三　值庭的组织实施 ………………………………………………… 177

项目四　庭审突发事件的处置 …………………………………………… 183

项目五　技能训练 ………………………………………………………… 187

单元九　执行死刑 ····· 193

项目一　执行死刑概述 ····· 194
项目二　执行死刑的方式 ····· 197
项目三　执行死刑的组织实施 ····· 201
项目四　执行死刑突发事件的处置 ····· 205
项目五　技能训练 ····· 207

单元十　配合强制执行 ····· 214

项目一　配合强制执行概述 ····· 215
项目二　配合强制执行的类型及适用 ····· 217
项目三　配合强制执行的组织实施 ····· 220
项目四　配合强制执行中突发事件的处置 ····· 225
项目五　技能训练 ····· 228

单元十一　执行传唤与强制措施 ····· 235

项目一　传唤 ····· 238
项目二　强制措施概述 ····· 241
项目三　强制措施的类型与适用 ····· 246
项目四　强制措施的组织实施 ····· 257
项目五　技能训练 ····· 270

单元十二　送达 ····· 275

项目一　送达概述 ····· 276
项目二　送达的方式与适用 ····· 278
项目三　送达勤务的组织实施 ····· 283
项目四　技能训练 ····· 288

单元十三　参与搜查 ····· 296

项目一　参与搜查概述 ····· 298
项目二　参与搜查的主要任务与方法 ····· 301
项目三　参与搜查的组织实施 ····· 304
项目四　参与搜查中突发事件的处置 ····· 307
项目五　技能训练 ····· 309

单元十四　警务保护 ································· 318

项目一　警务保护概述 ································· 319
项目二　警务保护的类型与适用 ······················· 322
项目三　警务保护的组织实施 ·························· 324
项目四　警务保护中突发事件的处置 ··················· 331
项目五　技能训练 ······································ 333

单元十五　协助涉诉信访应急处置 ····················· 339

项目一　法检系统机关安全保卫的概述 ················· 340
项目二　协助涉诉信访应急处置的依据与职责 ·········· 344
项目三　协助涉诉信访应急处置的组织实施 ············ 348
项目四　协助涉诉信访的突发事件处置 ················· 351
项目五　技能训练 ······································ 354

参考文献 ··· 361

上编

单元一 司法警察概述

知识结构图

司法警察概述
- 司法警察的概述
  - 司法警察的概念
  - 我国司法警察的特征
- 司法警察性质与地位
  - 司法警察的性质
  - 司法警察的地位和作用
- 司法警察职责
  - 司法警察职责的概念
  - 人民法院司法警察的职责
  - 人民检察院司法警察的职责
- 司法警察职权
  - 司法警察职权的概述
  - 人民法院司法警察的职权
  - 人民检察院司法警察的职权

知识目标

- 掌握司法警察的概念和特征
- 了解司法警察的性质和地位
- 掌握司法警察的业务工作内容

能力目标

- 能准确理解我国司法警察的概念
- 能明确辨析司法警察的特征
- 能准确掌握我国司法警察的业务工作范畴

法条链接

- 《人民警察法》

第十八条 国家安全机关、监狱、劳动教养管理机关的人民警察和人民法院、人民检察院的司法警察,分别依照有关法律、行政法规的规定履行职权。

● 《人民法院组织法》

第五十条　人民法院的司法警察负责法庭警戒、人员押解和看管等警务事项。

司法警察依照《中华人民共和国人民警察法》管理。

● 《人民检察院组织法》

第四十五条　人民检察院的司法警察负责办案场所警戒、人员押解和看管等警务事项。

司法警察依照《中华人民共和国人民警察法》管理。

项目一　司法警察的概述

知识导入

1995年2月28日第八届全国人民代表大会常务委员会第十二次会议通过,中华人民共和国主席令第四十号公布施行的《中华人民共和国人民警察法》第2条规定:人民警察包括公安机关、国家安全机关、监狱、劳动教养管理机关的人民警察和人民法院、人民检察院的司法警察。

一、司法警察的概念

世界各国对于司法警察的含义及其职能有着不同的解释与理解。

在大陆法系国家,行政警察与司法警察的分立。比如法国学界认为,警察部门的作用,从总体上说,主要是保障具有治安性目标的立法条例与个人签署的规章得到遵守。行政警察主要使命在于维护治安,适用各种各样的行政法规,司法警察主要使命在于侦破犯罪,适用刑事诉讼法。在德国,司法警察是相对于维护社会治安的"行政警察"而言的称谓,指在检察官领导下从事刑事犯罪调查的警察。日本对司法警察的定义与德国类似,即不论其隶属于哪个政府部门,只要是可以依法进行犯罪调查的警察,都被称为司法警察。因此,日本的司法警察实质上是行使刑事犯罪侦查权的法律资格。在俄罗斯联邦,司法警察主要负责承担警卫法院安全、维护司法秩序、执行法官命令,保证法官和诉讼参与人员的安全、拘传证人到庭以及保障法官和诉讼活动的正常开展。

在英美法系国家,司法警察英文表述为"sheriff"或"bailiff",是指保卫法院机构安全,维护法院审判秩序,保障法官、陪审团成员和其他诉讼参与人安全的行政执法力量,其实是普通警察系统中的一个分支。比如美国的司法警察特指围绕法院审判活动和检察院检查活动提供强有力警务保障的人员,同时负责保护证人及追捕诉讼期间脱逃被告人或犯罪嫌疑人等工作,以保障诉讼活动的顺利开展。

在我国，一般的司法理论把人民法院和人民检察院定性为国家司法机关，因而设置在人民法院和人民检察院内部、为人民法院和人民检察院工作提供安全保障警务的警察，称之为"司法警察"。法律上也对司法警察有明确的规定。比如，《人民警察法》依其所隶属的国家机关性质而命名，在条文中使用了"司法警察"的称谓，并规定人民法院、人民检察院的司法警察分别依照有关法律、行政法规的规定履行职权。《人民法院组织法》和《人民检察院组织法》分别规定各自系统内的司法警察依照《中华人民共和国人民警察法》管理。

我国的司法警察是指隶属于司法机关，依照法律规定可以使用特殊强制手段维护司法场所安全与司法活动秩序的执法人员。它包括人民法院的司法警察和人民检察院的司法警察。

二、我国司法警察的特征

我国司法警察具有以下特征：

（一）专属性

司法警察在行政隶属关系上必须专属于司法机关，是属于人民法院和人民检察院内部的一个独立部门，是司法机关直接管理的一支武装性质的司法力量，其它任何组织和部门无权设立司法警察机关或司法警务人员。

（二）警政性

司法警察尽管隶属于司法机关，但是从性质上说，其活动仍然归属于人民警察法调整的范畴，司法警察是一个独立的警种，是警察的一个分支，所承担的职务仍然属于警政范围。司法警察根据职责的要求和保障司法工作的必需，不但要具备一定的法律专业知识，还要具备较高的专业技能。司法警察代表国家执法，必要时可以使用警用戒具，体现国家和法律的强制性。司法警察在行使职责时，要面对形形色色、不同程度触犯法律的犯罪嫌疑人和与案件有关的各种当事人，各类暴力抗法事件随时都有可能发生，防止这些事件的发生，维护国家法律的尊严和司法机关的权威，对司法警察的专业技能提出了更高要求。

（三）辅助性

相对于公安等其他人民警察可依照相应的执法程序主动行使警察权，履行职责，司法警察在履行职责的过程中，要接受司法官的指挥和调遣。一般情况下，司法警察是根据司法官的指令来行使自己的职务活动的。比如要根据法官的明示，司法警察才能将证物交给当事人辨认；没有司法官的指令，司法警察不能随意开始行动等等。国家赋予司法机关检察权和审判权，而司法警察的职责履行和职能发挥都是为了辅助司法官完成司法程序的具体事务，其职能从属于司法官的职能。

项目二　司法警察性质与地位

一、司法警察的性质

【案例 1-1】

2009 年 9 月 17 日，某市南城区法院审理一起杀人案件，在庭审中，值庭法警向某发现旁听席上有人（穆某）在偷偷对庭审过程进行录音录像，立即将这一情况报告给审判长。审判长指示法警没收穆某的录音录像设备，但遭到穆某的拒绝，并当庭大声喧哗吵闹。审判长命令法警将穆某强制带离法庭。在法警将穆某带离法庭之后，穆某在法院突发疾病，面色苍白、口吐白沫倒在地上。此时，法警向某立刻主动将穆某送往附近医院抢救，为他垫付了医药费，并及时通知了法官和穆某的家人。原来穆某从小患有癫症，在情绪激动下，导致此次发病。经过抢救，已经清醒的穆某主动对自己的违法行为承认了错误。

问题思考

1. 本案例中体现了司法警察履行职责方面什么样的特点？
2. 如何理解司法警察履行职责的辅助性和主动性之间的关系？

司法警察属于人民警察，具有人民警察的一般特性，如阶级性、强制性、武装性等。与公安机关人民警察等其他警种相比，司法警察参与司法机关的活动，有其自身的特性。具体而言，司法警察的性质，可从如下几个方面理解：

（一）职能上的司法性与管理上的行政性

与行政警察日常从事治安、户政等行政管理事务不同，司法警察在司法官的指挥下，参与司法活动，日常从事审判和检察的相关辅助事务，其职能具有司法性。司法性是司法警察区别于其他警种的本质特征，也是司法警察的职能与司法机关内部的其他辅助人员的职能区别所在。同时，司法警察实行编队管理，实行上级司法警察机关领导下级司法警察工作的领导体制。在管理上，司法警察具有鲜明的行政性，在机构设置上属行政直属机构。司法警察编队管理的行政性与公安机关人民警察等警种相似，而与司法机关相对独立履行职责相区别。

（二）职责上的辅助性与制约性

《人民检察院司法警察条例》第 8 条规定，人民检察院司法警察在检察官的指挥下履行职责。强调司法警察履行职责的从属性。《人民法院司法警察条例》第 8 条第 1 款规定："在法庭审判过程中，人民法院司法警察应当按照审判长或者独任审判员的指令，对违反法庭规则，哄闹、冲击法庭，侮辱、诽谤、威胁、殴打司法工作人员、诉讼参与人或者其他人员等扰乱法庭秩序的，依法予以强行带离，执行罚款或者拘留。"可以看出，司法警察履行职责必须要服从检察官、法官的指令。

从理论上来说，司法官是行使司法权的主体，司法警察不属于司法官，不能独立行使司法权，只能辅助司法官行使司法权，在司法官的指挥下参与司法活动。因此，司法警察并不是行使司法权的主角，其职责有鲜明的司法辅助性。

但是，司法警察的辅助性并不意味着司法警察地位从属于司法官，是司法官的附庸。司法警察是司法机关的法定成员，在法律地位上与司法官是平等的，其辅助司法官行使司法权是依法履行职责的体现。在履职过程中，司法警察与司法官互相配合，互相制约，在辅助司法官履行职责的同时，监督制约司法官依法履行职责。

（三）职权上的强制性与武装性

人民警察是国家的武装力量，司法警察也不例外，司法警察依法可以配备和使用警械、武器，依法可以采取强制手段和强制措施。作为司法机关唯一的武装力量，司法警察的职责基本属于带有强制内容的事项，具有武装性与强制性的特征。司法警察的武装性实质上表现了警察的暴力作用，他们配备武器和警械，着统一的制式服装；具备良好的军事素质，并具有集中统一的指挥系统和机动快速的反应能力。这是司法警察区别于其他一般国家机关和工作人员的重要属性。此外，国家还通过法律赋予司法警察与履行职责相适应的各项强制手段，如强制带离、执行拘传、参与搜查等，以使司法警察有足够的强制性去履行法律赋予的职责。

二、司法警察的地位和作用

（一）人民法院司法警察的地位和作用

1. 人民法院司法警察的地位。

（1）司法警察是人民法院的重要组成部分。其职能作用对审判工作的保障性是任何一个部门无法替代的。主要表现在以下三个方面：

第一，组织上合法，编制上明确。人民法院司法警察是重要的司法审判辅助人员。《人民法院组织法》第四章规定了人民法院的人员组成及具体职责，法官、审判辅助人员和司法行政人员实行分类管理。其中，"审判人员"是指有权审理和判决案件的人员，包括院长、副院长、审判委员会委员和审判员等。2015年中央组织部、最高人民法院《关于印发〈人民法院工作人员分类管理制度改革意见〉的通知》明确规定审判辅助人员是指协助法官履行审判职责的工作人员，包括法官助理、书记员、司法警察、司法技术人员等。这些规定赋予了司法警察在人民法院的合法地位。各级人民法院都设立了司法警察机构，部分派出法庭也配备了司法警察。各级人民法院的司法警察机构都有着自己独立的不同于法院其他部门的职能，在具体的警务保障与执法活动中起着不可替代的作用。司法警察机构与其他部门紧密合作，共同组成法院整体。

第二，组织形式独立，职能分工重要。各级人民法院的司法警察都是一个独立的部门，其职能分工与法院的其他部门有着明显的不同。特别是在保障审判、确保安全、严惩罪犯、捍卫法律的尊严等方面，发挥着其独特的作用。最高人民法院印发《最高人民法院关于加强人民法院司法警察队伍建设的若干意见》的通知（法发〔2005〕23号）要求统一司法警察部门内设机构，司法警察总队和支队设置警政科（处）、警务科（处）和直属支（大）队，或根据工作需要适当增减；司法警察大队根据工作需要设置内设机构；规范内设机构的职责分工，并配备相应的领导职数。

第三，审判工作中承担辅助作用，警务保障中承担主体作用。司法警察工作的性质和分工决定了其工作的指导思想应是服从并服务于审判工作。从人民法院的全局来看，无疑审判业务庭（合议庭）是审判任务的主要承担者，而司法警察是配合者。但是，司法警察在履行其法定职责，如执行提押犯人、值庭、安检等任务时，是主要承担者，在实际警务保障时司法警察是主角。

（2）司法警察是人民警察在法院的特殊形式。最高人民法院颁发的《人民法院司法警察条例》规定司法警察是中华人民共和国人民警察的警种之一。其性质是一支准军事性的武装力量，是人民民主专政的工具，是国家机器的重要组成部分，司法警察是以人民警察的身份，从事人民法院赋予的工作，是人民警察在法院的特殊形式。主要表现在如下三个方面：

第一，编队管理。司法警察部门的称谓与法院其他部门有所区别，实行的是人民警察的编队称呼，即高级人民法院称司法警察总队；中级人民法院称司法警察支队；基层人民法院称司法警察大队。

第二，司法警察实行双重领导制度。《人民法院司法警察条例》第18条规定："人民法院司法警察接受所在人民法院院长和上级人民法院司法警察部门的领导，接受所在人民法院司法警察部门的管理。"这种双重管理体制体现了司法警察在人民法院的特殊性。

第三，司法警察与人民警察一样实行警衔制度。司法警察虽在人民法院工作，但不属于法官系列，实行的是警衔制度。统一的警服，不同的衔级，区分警员之间的上下级关系。

2. 人民法院司法警察的作用。人民法院司法警察是隶属于人民法院直接管理的一支武装性质的司法力量，其作用主要是维护国家的尊严、保障审判工作顺利进行、保卫审判机关的安全等三个方面。司法警察的日常工作，从其职能上较好地体现了武装力量的震慑作用，体现了法律的强制作用；从工作的形式上起到了对审判工作的保障作用。

（1）完成法律赋予的神圣职责。《人民法院司法警察条例》明确规定了司法警察的职责，这是法律赋予司法警察的神圣职责，是司法警察在人民法院作用与地位的具体体现，也是司法警察武装性质的必然要求。司法警察通过忠实地履行职责，发挥四个方面的作用：①押解和值庭，保障庭审作用；②参与民事强制执行，充分发挥在民事强制执行中的尖兵作用；③负责安全警卫，确保人民法院和法官安全的作用；④执行死刑，严惩罪犯，捍卫法律尊严的作用。

（2）司法警察的武装力量作用是人民法院严肃执法的重要保障。其体现在三个方面：

第一，人民法院司法警察代表国家执法，必要时可以使用警戒具，体现了国家和法律的强制。法律规定，司法警察在人民法院这个环境中，是唯独可以使用警戒具或武器对罪犯实施强制的人，这种具有法律允许的职权本身就有强制性和震慑力。

第二，人民法院司法警察自身的优势、灵便的指挥，为制止突发事件奠定了基础。司法警察要有良好身体素质、较强的对抗能力、快速反应能力以及克敌制胜能力。司法警察队伍总的来看还是一支年轻的、充满活力的队伍。特别是近几年随着机构改革、聘任法警制度的出台，队伍战斗力明显提高。

第三，人民法院司法警察实行编队管理、双重领导，可以紧急调警，具有分兵作战、联合作战的机动性。《人民法院司法警察条例》规定，"人民法院司法警察实行编队管理"；上级法警部门还有权"协调跨地区的重大警务活动"，这种管理体制在实际工作中对跨地区司法警务协助发挥了积极的作用。

（3）司法警察的窗口形象作用是维护法院为人民服务形象，提高法院公信度的具体体现。司法警察在人民法院中的服务保障的作用地位，就是法院为人民服务的一个窗口。服务质量的高低，直接影响着人民法院的形象，进而影响司法权威。而法警的形象应是人民法院内部具体形象的标志杆。司法警察统一的着装、严整的警容、刚毅的外表、良好的礼仪，使司法警察在法院内部具有标准形象的作用。司法警察每天都要和许多群众、当事人以及当事人家属打交道，其严格执法、文明服务的形象也对外树立了良好的法院形象。

（二）人民检察院司法警察的地位和作用

1. 人民检察院司法警察的地位。人民检察院的司法警察是依法设立的武装性质的执行法律监督任务的司法力量，有着独立的、不可替代的组织建制、工作内容和要求。根据《人民检察院组织法》规定，人民检察院的司法警察负责办案场所警戒、人员押解和看管等警务事项。人民检察院的检察官、检察辅助人员和司法行政人员实行分类管理，共同担负法律监督的职责和任务。检察院的司法警察属于检查辅助人员，与检察官分别承担检察机关内部不同的职责，他们在办案中的关系是：司法警察服务于检察官的职务行为，检察官不能代替司法警察的职务行为。两者统一于法律监督之中，不可此重彼轻，厚此薄彼。他们均以监督法律实施为目标，稳定在各自的岗位上，既相对独立，又相辅相成，是一种各司其职、各负其责的平行关系。

2. 人民检察院司法警察的作用。虽然司法警察在各级检察院属于辅助型的人员，对检察业务的实质问题没有决定权，但是，司法警察以其特有的工作方式履行着法律赋予的保护犯罪现场、押解犯罪嫌疑人、参与搜查、协助追逃等职责，对各级检察院完成各项检察任务起到重要的作用。主要表现在：①维护国家法律的尊严；②保障各项检察工作顺利进行；③保卫检察机关安全。

项目三　司法警察职责

【案例 1-2】

某法院司法警察大队即将前往看守所，临行前对提押票、器械、囚车再一次进行检查。按照"二押一"的规定，由4名警察负责这次任务。到达看守所后，由一名警员首先核对2名犯罪嫌疑人的信息，然后4名警员手持探测器上下前后左右探测犯罪嫌疑人的身体，检查其是否携带违禁品。确认没有问题后，警员为犯罪嫌疑人戴上手铐和脚镣，将他们带出看守所。

在车上，警员要求2名犯罪嫌疑人背靠背蹲下，车行中，警员密切注视犯罪嫌疑人。返程途中，道路不畅通，当车行至一个拐弯处时，司机拉响警笛开了过去。为确保安全，中途一般不准停车，并且行车路线会随时改变，路线不会公开。

问题思考

1. 本案例中法院法警履行的是什么职责？
2. 在履行这个职责过程中，法警有哪些注意事项？

一、司法警察职责的概念

（一）概念

司法警察的职责是指国家以法律法规形式确定的，司法警察机关及司法警察依法在其权限、管辖范围内应当承担或履行的责任和义务。司法警察机关的职责，是由司法警察的性质和工作内容所决定的。

我国法院司法警察的任务是预防、制止和惩治妨碍审判活动进行的违法犯罪行为，维护审判秩序，保障审判工作顺利进行。检察院司法警察的任务是通过行使职权，维护社会主义法制，维护检察工作秩序，保护公民的人身安全、人身自由和合法财产，保护公共财产，预防、制止妨碍检察活动的违法犯罪行为，保障检察工作的顺利进行。

司法警察的职责就是上述任务的具体化、规范化和法律化。

（二）司法警察职责的特征

1. 职责来源的法律性。司法警察的职责首先体现在法律的明确性和规范性。《人民警察法》《人民法院组织法》《人民检察院组织法》《人民法院司法警察条例》和《人民检察院司法警察条例》等有关法律法规明文规定司法警察职责内容。司法警察依法履行职责，不受其他任何机关、团体和个人的干涉。

法律性的另一个层次是司法警察职责的程序性。"两高"近年来相继出台关于司法警察值庭、看管、押解、安检等规则，是司法警察履行职责的法律依据和重要的程序规范。司法警察在履行职责过程中，必须严格按照法定程序和操作规程办事。

2. 职责内容的有限性。职责内容的有限性首先体现在《司法警察条例》对司法警察的职责范围和内容有明确规定，要求司法警察必须在规定范围内履行职责，为司法警察积极完成本职工作，依法履行职责，提供了法律上的指导。法警在职责范围之外执行业务的行为就是越权。

有限性的另一层含义是警务活动范围的有限性，司法警察履行职责仅限于司法活动场所以及特定的司法活动事项所涉及的范围，警务活动领域有限，范围不大。但是，这并不排除司法警察也要遵循《人民警察法》所规定的对所有警察都适用的职责要求。《人民警察法》第21条规定："人民警察遇到公民人身、财产安全受到侵犯或者处于其他危难情形，应当立即救助；对公民提出解决纠纷的要求，应当给予帮助；对公民的报警案件，应当及时查处。"当司法警察在执行任务时，如果遇到公民向自己求助，或要求解决纠纷时，司法警察可以依据上述法律，采取必要的处置措施，制止正在发生的违法犯罪行为，同时通知有管辖权的警察进行管辖。

3. 职责履行的责任性。司法警察必须依法履行职责，如不依法履行职责或滥用职权，将受到纪律乃至法律的追究。司法警察职责确立了司法警察对国家及人民在法律上应承担的责任和应尽的义务。司法警察的职责履行的责任性要求司法警察履行职务必须以宪法和各项法律为准则，不允许超出宪法和法律规定的范围；必须秉公执法，忠于职守。司法警察如不履行其法定职责或者履行职责中违法，侵犯了公民、法人的合法权益，应承担相应的法律责任。

二、人民法院司法警察的职责

【案例1-3】

2011年3月，一当事人携带农药上法院，准备在庭审情势对自己不利时喝农药自杀。被在无锡市中级人民法院执行安检任务的法警查获并当场没收农药，及时阻止了一起可能发生的服毒自杀事件。

问题思考

1. 法院司法警察在安检工作中主要有哪些职责？
2. 哪些人或物是法院司法警察安检工作的重点？

人民法院的司法警察的日常工作可以划分为三项内容，司法警察在不同工作内容中履行相应的职责。

(一) 维护审判秩序

维护审判秩序，保障审判活动的顺利进行是司法警察的首要职责。由于各类社会冲突不断加剧，大量社会矛盾纠纷以诉讼的形式涌入法院，使法院容易成为矛盾集中爆发的场所。诸如诉讼参与人携带管制刀具、农药等危险物品进法院，准备在审判中对自己不利时行凶或自杀，甚至发生了将法官严重砍伤的事件。甚至个别诉讼参与人员和旁听人员出于个人目的，利用数字录音、录像等高科技手段偷拍、偷录诉讼活动，将偷拍偷录的资料断章取义，剪辑出对自己有用的部分，不如实客观反映诉讼活动的事实，以此来要挟法院或法官，并由此引起缠诉或闹访。这些事件的发生，使法官的人身安全、法院的审判秩序受到影响，法院形象乃至司法权威受到损害。为了维护法律的权威，保障审判工作的顺利进行，司法警察承担的职责主要有：

1. 安检。安全检查是人民法院司法警察根据审判工作需要，依法防止限制物品、管制物品、危险物品进入审判场所，保证参加庭审活动人员的人身安全和审判工作的顺利进行的职务行为，是保护法庭安全的第一道屏障。司法警察在执行安全检查时，必须按规定着装，高度警惕，警容严整，一般情况下不少于2个人。通过安检，禁止特定的人员和物品进入审判区域。

2. 值庭。值庭是对审判区域内部秩序的保护，对具体的审判法庭内部的警戒护卫。具体职责包括：维持法庭秩序；保障参与审判活动人员安全；传带证人、鉴定人、有专门知识的人或者其他诉讼参与人；传递、展示证据；依照审判长或者独任审判员的指令处置违反法庭纪律、扰乱法庭秩序、危害法庭安全等行为。

3. 押解。押解直接为审判工作服务，是审判工作的一个组成部分。司法警察除了执行押解刑事被告人，还可根据业务需要，对在看守所、监狱的在押人员进行押解，使其能够参加正在进行的民事、行政案件的诉讼活动，保障其审判活动有序进行。

押解的职责内容包括：将被告人提押到法院指定的羁押场所；将被告人从羁押场所押解到法庭；将被告人还押到看守所或者其他监管机构；防止被告人串供、接触与押解无关的人员；预防和处置被告人脱逃、行凶、自杀、自伤或者其他危险行为；处置押解中的其他突发事件。

4. 看管。看管是人民法院司法警察根据审判工作的需要，依法在人民法院羁押室或其他指定地点候审期间，对被告人进行看守管理，保证审判活动顺利进行的职务行为。在看管过程中，对被告人一般不使用戒具。对重刑犯或有迹象表明可能行凶、脱逃、自杀、自残的被告人，经批准可以使用戒具。对重刑犯，应面对面进行看管。

看管的职责内容包括：核对被告人身份，清点被告人人数，填写看管记录；对被告人进行安全检查；关注被告人动态，实施有效管理和控制；防止被告人串供、接触与看管无关的人员；预防和处置被告人脱逃、行凶、自杀、自伤或者其他危险行为；处置看管中的其他突发事件。

5. 执行强制措施。执行强制措施主要是指在诉讼过程中，司法警察采取的一种制止妨碍诉讼行为，排除正常进行诉讼活动的障碍，教育妨害诉讼行为人，预防和制止妨害诉讼行为发生的措施。包括警告、训诫、责令退出法庭、强制带离、罚款、司法拘留等。

（二）执行生效法律文书

法院的业务工作范畴不仅包括审判程序，还包括执行程序。

在人民法院作出生效判决以后，实现生效的法律文书有两种方式，一种是履行，即对方当事人自动履行了判决所确定的义务。另一种是执行，执行又称强制执行，是指人民法院依照法定程序，对生效法律文书确定的内容，依靠国家强制力，依法采取执行措施，强制负有义务的当事人履行义务的行为。法院的执行部门有权对民事案件、行政案件和刑事案件中的财产部分进行强制执行。此外，生效的死刑判决或裁定，也由法院执行。因此，司法警察在协助法院执行部门执行生效的法律文书方面承担下列职责：

1. 执行死刑。根据《最高人民法院关于适用〈中华人民共和国刑事诉讼法〉的解释》第417条的规定，最高人民法院的执行死刑命令，由高级人民法院交付第一审人民法院执行。第一审人民法院接到执行死刑命令后，应当在七日内执行。在死刑缓期执行期间故意犯罪，最高人民法院核准执行死刑的，由罪犯服刑地的中级人民法院执行。根据《人民法院司法警察条例》第7条的规定，人民法院司法警察具有执行死刑的职责。

2. 配合强制执行。人民法院作出的生效的法律文书由法院执行部门强制执行，司法警察负责协助执行，这是维护社会主义法制权威的客观需要。在当前，生效的法律文书"执行难"已成为一个普遍性的社会问题，司法警察参与执行，对加大执法力度，解决"执行难"问题具有重要意义。

司法警察参与执行工作有法律依据，是法律赋予司法警察的职责。最高人民法院《关于人民法院执行工作若干问题的规定（试行）》对有关执行机构及其职责中规定："执行人员执行公务时，应向有关人员出示工作证和执行公务证，并按规定着装。必要时应由司法警察参加。"法院的执行工作实践也证明了司法警察是执行工作强有力的后盾，是一支不可替代的力量。执行工作固然需要耐心细致的法制教育，动之以情、晓之以理，但必要的时候强制措施是不可缺少的。司法警察参与执行有利于更好地适用强制措施。司法警察所具有的反应迅速、装备先进、威慑力强等特点，使其在参与执行各类案件，特别是暴力抗拒执行的案件中发挥了积极重要的作用。

司法警察配合强制执行具体包含以下两方面的职责：①保护协助职责。包括维护执行现场秩序；保障执行人员和装备安全；看护好被查封、扣押的财产；制止被执行人或其他人员的违法行为。②直接执行。司法警察对财产的强制执行是《人民法院司法警察条例》规定的职责之一，体现在《人民法院司法警察条例》第11条规定，"在生效法律文书的强制执行中，人民法院司法警察可以依法配合实施搜查、查封、扣押、强制迁出等执行行为"。

(三) 安全保卫

【案例1-4】

安徽省淮南市大通区人民法院法警大队针对安全管理问题采取多项措施，强化预防和疏导，切实加强安全保卫工作，确保审执工作的顺利进行与有效展开，实现对法院自身及其干警人身安全的有效保护。

第一是狠抓思想、安全教育。实行每月例会制度，结合推进"两学一做"学习教育、认真开展组织全体法警集中学习党章党规、习近平总书记系列重要讲话以及《人民法院司法警务安全教育案例选编》等知识，不断增强法警的政治意识、大局意识、核心意识、看齐意识，同时促使法警正确认识新形势下法院安全保卫的复杂性、危险性和重要性，牢固树立"警务工作无小事"的安全理念。

第二是严格落实接待制度。每天安排1至2名法警在导诉台值班，同时，要求值班法警时刻注意自己的言行，接待来访人员时要热情礼貌，使用文明用语，注意用平和的语气耐心地引导当事人按程序到相关庭室办事，力求法院时刻处于一个安定有序和谐的状态，为审判执行等各项工作顺利开展提供良好环境。

第三是严格落实安检制度。按照"逢进必检、逢疑必查"的值班要求，做好来访人员及安检工作，严防易燃易爆、强腐蚀性、管制物品等危险物品进入法院。对语言蛮横、情绪激动的来访人员，及时进行安抚疏导，并留心留意观察其行为。选派2名法警进驻2个人民法庭，对进入各人民法庭当事人进行严格安检，确保各人民法庭审判工作顺利开展。

第四是强化体能技能训练。坚持对全体法警进行体能技能训练，采取集中训练和个人自训相结合的方式，强化法警的体能、擒敌拳、警棍盾牌操、防爆警戒具使用等各项警务技能，全面提升法警良好的身体素质。

第五是完善安防设备。不断加大安防经费投入，在全院各个区域及各法庭安装了监控摄像头，为机关门口法警值班室配备了金属探测门、X光检测仪、手持金属探测器、爆炸物品处理桶、防爆叉等安防设备，给2个驻庭法警配备警棍、警用催泪器和手持探测器等必需的警用装备，提高安保科技水平。

第六是落实24小时值班巡防制度。每天除安排法警大队和保安人员轮流值班外，还安排2名巡逻法警不定时对诉讼服务中心、审判法庭、办公楼等区域进行巡逻检查。此外，巡逻法警每天必须不定时到视频监控室认真查看门卫值班室、诉讼服务中心、各审判法庭、各人民法庭等区域摄像头视频画面情况，发现问题要及时化解，及时上报，把可能引起的不稳定因素化解在萌芽状态。

第七是健全联防联动机制。加强与公安部门沟通协调，细化安全保卫应急预案，健全完善法警、公安应急联防联动机制，保证一旦遇有突发事件或紧急情况时，公安部门能够迅速出警、妥善处置，提高法警、公安联防联动快速反应能力。

大通法院法警大队成立22年来，本着"安全第一、注重预防、防控结合"的安全保卫工作理念，恪尽职守，战斗在安保工作的各个环节，为大通法院审判执行工作顺利进行和机关安保提供了有力保障，实现提押、安保工作零失误。

人民法院是国家审判机关，在打击犯罪、化解民商事纠纷、维护社会稳定等工作中肩负着神圣使命和职责。法院的安全保卫工作涉及司法机关正常的工作秩序、社会的安宁、公共财产的安全和法院工作人员的人身安全。司法警察作为法院唯一的武装力量，安全保卫是司法警察的不可忽视的一项职责。

1. 日常的安全保卫（警卫）。日常的安全保卫是指在日常的工作中，除了司法警察为保障审判活动顺利进行而实施的保卫措施之外，还具有维护法院机关办公场所安全，维护办公秩序，防范办案安全事故，保障法官的人身安全等职责。它包括机关警卫、重大活动警卫、首长驻地警卫等。

2. 突发性紧急情况的处置。司法警察业务工作的特点之一就是突发性强，工作具有机动性。《人民法院司法警察预防和处置突发事件规则》中规定，司法警察负有保护法院干警及人民群众的生命财产安全，保障人民法院审判执行工作安全有序进行的职责。当在法院内或者法院门口遇有当事人、涉诉信访人员或其他人员实施自杀、自伤等行为时，人民法院司法警察应对其采取约束性保护措施，必要时可移送公安机关，使得人民的生命财产安全免遭损失。

> **特别提醒**

在法庭押解中，司法警察应当密切观察被告人的动态。如遇被告人哄闹法庭，行凶、暴动、脱逃等情况时，应全力加以制服或抓捕，并可以根据《人民警察使用警械和武器条例》的有关规定使用警械和武器。如遇旁听席哄闹、骚乱等突发情况，应严密控制被告人，严格履行法庭押解职能，不得擅自离开岗位。

三、人民检察院司法警察的职责

【案例1-5】

2012年4月，青岛市检察院法警支队积极整合警力资源，与即墨市检察院法警队组成联合追逃小组，经过缜密侦查和不懈努力，行程五千余公里，历时5天，在新疆伊犁地区成功将一名畏罪潜逃11年之久的犯罪嫌疑人抓获归案，使一起影响较大、利用职务之便挪用公款且行为人隐姓瞒名、长期畏罪潜逃的犯罪案件得以告破。此举为检察机关顺利查办职务犯罪案件提供了强有力的警务保障，用追逃工作的实际行动，彰显了检察机关惩治腐败、打击职务犯罪的决心和力度，在发案地引起了较大的反响，收到了较好的政治效果、法律效果和社会效果。由于抓捕到该犯，经深挖细查，此案又获得了重大突破，从涉案1人、金额几十万元，扩大到涉案3人、涉案总金额400余万元，已追回账外资金300余万元，为国家挽回了经济损失。

问题思考

1. 检察院司法警察主要有哪些职责？
2. 追捕逃犯是否属于检察院司法警察的职责？

《人民检察院司法警察条例》第2条规定，"人民检察院司法警察是中华人民共和国人民警察的警种之一，依法参与检察活动"，明确检察系统内司法警察的性质是参与检察活动的人民警察。第7条以列举的方式规定了司法警察的八项职责。《人民检察院司法警察执行职务规则》进一步补充细化为九项职责，这九项职责可以划分为三大工作内容。

（一）刑事侦查中的协助职责

刑事侦查中的协助职责是指在检察官的指导下参与直接立案侦查案件的侦查工作，保护犯罪案件现场，参与搜查、勘验、检查，参与讯问，参与调查取证，追捕逃犯，寻找涉案当事人、证人等。司法警察主要依照检察官的指示履行职责，除非司法警察怠于履行职责或履职错误，相应的结果由检察官负责；司法警察如果认为检察官的指示错误，可向检察官提出意见并向主管领导报告，检察官坚持执行的，司法警察应按指示执行，相应的结果由检察官负责。

（二）执行事务方面的职责

执行事务是指按照法律、司法解释的规定或检察官的指示执行检察事务，如执行传唤、拘传，协助执行其他强制措施，执行送达，执行死刑临场监督，执行查封和扣押物品、文件等工作。

（三）安全保卫的职责

维护群众来访场所秩序和保障群众来访场所安全，参与处置突发事件是《人民检察院司法警察执行职务规则》规定的司法警察九项职责之一，主要目的在于处置需要司法警察的国家强制力来介入的群体性事件，恢复接待群众来访场所的正常秩序，保障人民检察院控告、申诉工作的顺利进行。在实践中，人民检察院经常会遇到以暴力、威胁方式进行缠访、闹访的群众。负责控告、申诉的检察官以释法说理、情绪疏导的方式往往无法控制局面，只能请求司法警察出面协助。司法警察安全保卫的职责包括维护办公场所安全，维护办公秩序，防范办案安全事故，保障检察人员的人身安全等。

项目四　司法警察职权

一、司法警察职权的概述

（一）司法警察权

1. 司法警察权的概念。司法警察权是指由国家授予司法警察机关的依照相关的警察法规范，实施司法警务活动的权力。

2. 司法警察权的特点。警察权属于国家公权力的组成部分，司法警察的行为代表人民警察的行为。《人民警察法》赋予了司法警察依法执法的主体资格，司法警察行使权力的特征也具有积极的、主动的、单方性和非终局性的行政公权特征。司法机关的司法警察所行使的警察权与人民警察相比，仅限于与审判、检察活动密切相关的领域内，不周延到《人民警察法》第二章所规定人民警察的所有职权，其行使警察权不具有社会广泛性，只作用于审判和检察工作的保障需要，只能在所在司法机关领导和上级司法警察组织的领导下行使有限警察权。可见，人民法院（检察院）司法警察的警察权，是在本院院长（检察长）领导下，为审判（检察）工作服务，代表人民警察行使保障审判（检察）活动顺利进行的国家行政公权力性质的警察权，其权能表现形式是司法行政性质。

司法警察权大致可以包括：司法命令权、司法官指令实施权、司法指挥权、司法执行权、司法强制权等。

（二）司法警察的职权

1. 司法警察职权的概念。司法警察职权是指司法警察机构及司法警察人员为完成法律赋予的任务，在履行职责过程中所享有的国家权力。司法警察职责的履行，决定其具有神圣的执法权，这种权力是司法警察工作的基本保证。

2. 司法警察权与司法警察职权的关系。司法警察权和司法警察职权是一般与个别、抽象与具体的关系。司法警察权是一个总概念，是司法警察职权的集合体和抽象化；司法警察职权是司法警察权的具体化，是司法警察机构及司法警察在宪法、法律、法规等形式规定的职责和管辖范围内实施各项警务活动中可以具体行使的权力。司法警务职权由权力主体、权力内容和权限范围三个基本要素构成，它与司法警察机构及警务人员的法律层级、职责和任务相适应，表现出层次性、多样性、广泛性，并随后者的变化而变化。司法警察权作为司法警察依法开展司法警务活动的权力，其内容多且复杂具体，有的专业性很强，它必须定位到具体的司法警察机构及其警务人员身上才能得以实施，因而，司法警察职权是司法警察权的具体配置和转化形式。

3. 司法警察职责与司法警察职权的关系。司法警察职权与职责是统一的，表现在二者的终极目标是一致的。在法治的状态下，二者在关系上相互依存，在功能上彼此互补，在数量上完全对应，完整地统一相关法律、法规规范和调整。司法警察的职责和职权是由司法警察的性质和任务决定的。司法警察的职责是设定司法警察职权的基础，司法警察的职权是司法警察职责实现的保障。有权必有责，司法警察在拥有职权的同时必须拥有司法警察职责，没有职权的职责和没有职责的职权都是法治的精神所不允许的。不仅如此，司法警察职权和司法警察职责还有密切的对应性，二者在量上是等值的，有多少司法警察的职权必须设定多少司法警察的职责，司法警察职权有多大，职责就有多重。

二、人民法院司法警察的职权

【案例1-6】

王某和李某因在履行合同过程中发生纠纷，王某将李某起诉至某市开发区法院，并申请诉前财产保全。某日，法官和法警来到李某的家具店，对库存的成品家具等财产依法进行查封。李某以影响经营为由，提出其在市西区有一处房产可供查封。执行法警见其闪烁其词，怀疑有假，便将计就计，在附近埋伏等待。法警一离开，李某便雇人将店内的大部分财产搬到车上，试图转移财产。待车辆装满后，法警出现在汽车前拦截住该车辆，当场从车上清点出床架20个，衣柜20座及其他物品若干件。

问题思考

1. 法警是否有权参与诉前财产保全的执行？
2. 本案中法警将计就计的做法对法警的执行工作有何启示？

根据《人民法院组织法》《人民法院司法警察条例》《人民法院法庭规则》等法律、法规的规定，人民法院司法警察依法行使下列职权：

（一）庭审秩序维护权

司法警察在履行警卫法庭任务时，为了保障审判场所的安全，对进入审判场所的非依法履行职务的人员，有权进行安全检查，对那些不宜进入审判场所或有违法犯罪嫌疑的人员，有权依法进行盘查并采取措施；对违反法庭规则的人员，根据法官的指令，采取强制措施，包括责令退出、强制带离、扣押、收缴等。司法警察依法行使上述职权，以确保审判活动有秩序的进行。

（二）看押权

看押权的行使对象是针对在押的犯罪嫌疑人和罪犯，它包括押解权和看管权，这是司法警察在工作中最大量使用的权力，在实际工作中，由于行使这两项权力时责任重大，危险性极强，所以法警必须要高度警惕，要主动排除可能发生危险的一切隐患，人员一定要配足，警戒具要装备齐全。警队领导要严密组织和部署，严防任何事故的发生，并且要积极探讨、研究、实施，对突发事件的处置，做到万无一失，防患于未然。此外，要严禁不文明看管和体罚犯罪嫌疑人或罪犯。

（三）执行拘传和司法拘留权

这是对应审判活动中需要拘传和采取司法拘留而赋予司法警察的职权，执行拘传和拘留时，必须持有院长签发的拘传票和拘留决定书，才可实施。

（四）参与司法执行权

司法执行权是指人民法院依据生效的判决、裁定，依法对财产实施查封、扣押、冻结、划拨和没收的职权。人民法院是唯一能在民事执行过程中行使司法执行权的国家机关，而根据有关规定，司法警察也是实施司法执行权的主体。对于具有给付内容的生效法律文书的强制执行，人民法院司法警察可依法实施搜查、查封、扣押、强制迁出等执行行为，有执行实施权；而在其他的强制执行中，则享有执行现场管理权，包括强制清障、强行拆除、强行驱散等。

（五）执行死刑权

它是一种依法剥夺死刑罪犯生命权的权力，根据法律规定，司法警察是执行死刑的人员，法律对此有特定的严格的身份要求和法定程序要求。司法警察在行使这一权力时，必须严格按规定的程序办理，精心组织、周密布置，对一切意外、突发事件必须立即处理，防止出现任何事故。

（六）临场处置权

对于扰乱法院审判秩序或工作秩序，危害法院工作人员人身安全和法院机关财产安全或以暴力、威胁或者其他方法阻碍人民法院工作人员执行职务的，司法警察拥有临场处置权，包括控制违法人员、强制带离、强制约束等，并有权进行询问、提取、固定相关证据。

（七）使用警械、武器权

司法警察在执行提解、押送被告人或拘传时，为防止被告人脱逃、行凶、自杀等危险情况，可以使用手铐、警绳等戒具；司法警察在遇到脱逃、拦劫囚车、抢夺枪支或其他暴力行为的紧急情况，可依照国家有关规定使用警械；使用警械不能制止或者不使用武器制止可能发生严重后果的，可依照国家有关规定使用武器。

（八）安全检查权

为保障庭审安全，人民法院司法警察对于进入审判场所的非依法履行职务人员，应当进行安全检查。通过检查，不得使违禁物品、危险物品等进入庭审现场。对妇女要由女司法警察来行使安全检查。

(九) 其他司法警察权

这是有关司法警察职权的一个未尽条款，由于司法警察权具有行政性，其拥有的一些行政权力不能详尽列出，比如组织大型的宣传活动或在大型执行类活动时，需要司法警察行使交通管制权和现场指挥权。还有，司法警察作为人民警察的一支，在执行职务的过程中，也可以享有《人民警察法》赋予的警察可以享有的职权，如紧急征用权和使用权。

三、人民检察院司法警察的职权

人民检察院司法警察的职权与人民法院司法警察职权有部分重合之处，同时也享有特有职权。根据《人民检察院组织法》《人民检察院司法警察条例》和《人民检察院司法警察执行职务规则》等法律法规的规定，人民检察院的司法警察主要享有下列职权：

（一）与人民法院司法警察类似的职权

人民检察院司法警察的职权与人民法院司法警察职权的重合部分包括：看押权、专门场所的警卫权、强制措施的实施权、紧急情况处置权、警械武器使用权等。

（二）人民检察院司法警察特有的职权——协助侦查权

在人民检察院自侦案件的侦查过程中，法律赋予了检察院的司法警察协助侦查权。人民检察院的侦查工作主要由依法任命的检察官，即：检察员和助理检察员承担，人民检察院的司法警察只是协助检察官对案件进行侦查。在整个侦查过程中，采取每一项法律措施、侦查工作每行进一步的决定权都不是由人民检察院司法警察决定的，而是由该案的承办人，即检察官依法报请批准后进行。司法警察的协助侦查主要是通过两种方式进行。一种是参与权。参与权就是对于侦查工作的各项具体工作，如调查、讯问等，在统一组织指挥下，根据工作需要，人民检察院司法警察可以配合工作。侦查工作主要由检察官从事，司法警察则处在配合、协助的地位。另一种是执行权，就是在侦查工作中采取侦查措施如现场保护、传唤当事人、拘传、保护证人等，由人民检察院司法警察直接执行。

特别提醒

《刑事诉讼法》第63条规定，人民法院、人民检察院和公安机关应当保障证人及其近亲属的安全。虽然没有明确承担该项任务的主体，但根据目前基层司法机关的实际情况，由法院、检察机关的司法警察承担起保护证人的职责，具有一定的法理基础和实际可操作性。一方面这是由于司法警察制度的设计初衷就是保证办案安全，保障犯罪嫌疑人、被告人以及其他诉讼参与人的人身安全是保障办案安全的应有之义。另一方面对于检察机关公诉人来说，把出庭的证人交由本院法警保护，相对于交公安机关保护更具有实际可操作性。

问题思考

1. 司法机关的司法警察的职责与职权的关系是什么？
2. 法院司法警察的职责与职权有哪些？
3. 检察院的司法警察有什么样的职责与职权？

拓展阅读

司法警察积极参与执行，能够大力推动执行工作。随着公民法律意识的提高和社会主义市场经济的不断发展，大量的民事、商事法律不健全等，使得法院执行工作成为老大难问题，也成为社会公众所关注的一个严重的社会问题。由于这个问题长时间未能得到解决，法院神圣的裁判文书成为"法律白条"，执行难现象损害了法院的司法权威和社会形象。解决执行难问题需要全社会共同参与，创造一个良好的法制环境。法院应深挖自身的潜力，用足、用好法律所赋予法院的权利和法律措施，应充分发挥司法警察在执行工作中的积极作用，推动法院的执行工作顺利开展。

人民法院的司法警察在人民法院机构中处于一个独特的地位，其形象更直接地体现了国家强制力。从我国的国情来看，由于警察长期以来对社会事务的广泛介入，特别是对司法、执行事务的介入，使得司法警察参与法院的执行工作，更能为我国公众的主流观念所接受；从国际上看，如美国法院部分判决执行就是由当事人申请，警察执行。警察参与执行工作，从一个层面上体现了法律的威严，保证了法院裁判的权威性，震慑了部分藐视法律的当事人；从另一个层面上，执行工作不同于审理活动，法官审案强调法官超然公正、中立的立场，是原、被告权益冲突的裁决者，而非权益冲突的一方。案件一旦进入执行阶段，担负着执行工作的人民法院和被执行人之间处于对立的地位。如果由原来处于中立地位的法官执行案件，执行工作强制性、独立性与法官的公正、中立形象就可能发生冲突，甚至会造成公众对法官公正、中立形象的怀疑和否定，而执行工作的强制性和司法警察的地位角色更相吻合。由司法警察积极参与执行，往往会起到事半功倍的效果。

单元二

司法警察制度

知识结构图

司法警察制度
- 我国司法警察制度的建立与发展
  - 萌芽阶段——清末时期
  - 分化阶段——民国至新民主主义革命时期
  - 发展阶段——中华人民共和国成立至今
- 司法警察工作制度
  - 司法警察工作制度的概念
  - 司法警察警务保障工作制度
  - 司法警察日常工作制度
- 域外司法警务制度
  - 美国的司法警察制度
  - 俄罗斯联邦的司法警察制度
  - 澳大利亚的司法警察制度
  - 加拿大的司法警察制度

知识目标

- 了解我国司法警察的发展历史
- 了解我国司法警察制度的基本内容
- 了解外国司法警察制度的内容

能力目标

- 明确了解我国司法警察不同时期的立法
- 清楚掌握我国司法警察制度的定义、职权、特征
- 明确了解外国司法警察制度的基本内容并比较我国相关内容

项目一　我国司法警察制度的建立与发展

一、萌芽阶段——清末时期

我国近代意义上的司法警察制度始于清末年间。光绪三十二年（1906年）清政府推出"预备立宪"，基本完成了从古代法制向近代法制的转变。清末的"预备立宪"，主要涉及三个方面的内容，第一是行政改革，包括司法改革、教育改革，其核心是官制改革；第二是设立议会；第三是实行地方自治。司法改革中，清政府改刑部为法部，掌管全国司法行政，改大理寺为大理院和各级审判厅，相应设立各级检察厅。同年制定的《大清刑事民事诉讼法草案》中提到的"差役或巡捕"就是类似履行司法警察职责的公职人员。其第二章"刑事规则"中关于逮捕、搜查、关提等强制行为的实施主体都是"差役或巡捕"。司法警察就是为了适应审、检两厅履行审判和检察职能的需要而设置的。

宣统元年（1909年）12月28日颁行的《大清法院编制法》之第十章则设置"庭丁"来承担类似司法警察的职责。宣统二年（1910年）制定的《大清刑事诉讼律草案》首先使用"司法警察官"一词，但从其职权来看，却是辅助检察官实施犯罪侦查行为的警务人员，与审判机关的联系不大。清政府同年发布的《检察厅高度司法警察章程》是我国历史文献中首次出现"司法警察"称谓的记录，是最早的一部司法警察章程。当中确认了检察官调度司法警察并指挥侦查、批捕人犯、押送人犯和取保等方面的权力，司法警察的职能是凭"印票（逮捕证）逮捕人犯搜索证据、押送人犯、取保传人、检验尸伤、接受呈词"等。

二、分化阶段——民国至新民主主义革命时期

国民党统治时期，司法警察是为协助推事（1948年9月后称作审判员）或检察官侦办刑事案件而设置的特殊警种。除了司法机关中的警长和警员外，还包括宪兵，铁路、森林、渔业、矿业或其他各种专业警察机关的警长、警员，海关、盐场的巡缉员警等，他们作为司法警察，受检察官和推事的命令执行职务。

新民主主义革命时期，是人民民主政权和法制建设的奠基阶段，各个革命根据地相继建立了人民的审判机关，中央设立临时最高法庭，地方设立省、县、区裁判部。抗日战争时期，抗日民主政权设立高等法院，1948年统一称人民法院，这一时期，各审判机关虽然没有明确规定设专职司法警察，但是事实上存在司法警察这一职务，审判机关通过调用赤卫队、警卫员、民警来执行司法警察职责。

三、发展阶段——中华人民共和国成立后至今

中华人民共和国成立后，随着人民司法制度的建立和发展，司法警察也随着人民司法制度的需要而逐步产生和发展起来。1951年9月3日中央人民政府委员会通过的《中华人民共和国法院暂行组织条例》中规定，"县级人民法院设法警，省级人民法院设法警若干人"。这是建国后首次对司法机关设置法警作出法律规定。1954年9月通过的《人民法院组织法》又取消了人民法院设置司法警察的规定，在此期间，由于不设司法警察，给审判工作的开展，带来了许多实际困难，各级法院仍根据实际需要，数量不同地配备了司法警察。1956年，公安部、财政部、司法部、国家人事局重又联合下达通知将司法警察地位予以明确，决定从1956年7月1日起，将司法警察列为中国人民警察的警种之一，并规定司法警察的着装、工资待遇等与公安警察相同，这种做法一直沿用至今。"文化大革命"期间，司法警察的工作遭到极大破坏。1979年7月1日第五届全国人民代表大会第二次会议通过了《中华人民共和国人民法院组织法》《中华人民共和国人民检察院组织法》，规定了："各级人民法院设司法警察若干人"，"各级人民检察院根据需要可以设立司法警察"。现行适用的《中华人民共和国人民法院组织法》《中华人民共和国人民检察院组织法》要求司法警察依照《中华人民共和国人民警察法》管理。这些法律规定为司法机关设置司法警察提供了法律依据，为司法警察的建设发展提供了保证。1992年7月1日颁布的《中华人民共和国人民警察警衔条例》规定，司法警察与其他警种的人民警察一样实行警衔制度，标志着司法警察队伍建设进入了一个新的历史阶段。1995年2月28日颁布的《中华人民共和国人民警察法》，将司法警察规定为人民警察的警种之一，标志着司法警察队伍的建设迈上了现代化、正规化的轨道，进入了一个新的发展时期。

特别提醒

最高人民检察院于1996年8月14日颁布《人民检察院司法警察暂行条例》，对司法警察的工作职责作出了明确规定。2013年5月8日旧条例废止，修订后的《人民检察院司法警察条例》开始实施。最高人民法院于1997年5月4日颁布《人民法院司法警察暂行条例》，2012年12月1日废止，修订后的《人民法院司法警察条例》开始实施。这是我国司法警察体制和工作机制改革的又一次成果。新条例的出台，凝聚了各级人民法院、检察院多年来对司法警务工作的规律认识、经验总结和科学思考，确保司法警务工作沿着法制化、专业化、科学化的轨道稳步前进。

项目二　司法警察工作制度

【案例 2-1】

湖北省宜昌市点军区公安机关将方某某等 8 人涉嫌寻衅滋事罪一案移送至点军区检察院审查起诉。该案是自开展扫黑除恶专项斗争以来，点军区检察院受理最大、涉及人数最多的一起涉黑涉恶案件。

检察院司法警察接到用警申请后积极出动，制定详细的安全预案，协助检察官完成告知、笔录签字等事项，对办案工作区进行安全检查，在检察官讯问前完成对尚未依法采取强制措施的犯罪嫌疑人进行搜身，排除危险隐患，讯问全程对嫌疑人实行贴身夹护，确保了检察官人身安全及讯问过程安全、有序地进行。

随着司法体制改革和国家监察体制改革的深入，自 2018 年以来，点军区人民检察院法警大队积极拓展履职形式，努力将工作重心向为司法办案提供全面保障转型，以"服务司法一线，保障办案安全"为中心，主动融入司法办案工作，积极主动参与到公益诉讼、刑事案件、民事案件等审查、诉讼、监督等各个检察环节。截至目前，出警 10 余次，提押、看管、押解犯罪嫌疑人、被告人 12 次，保护公诉人出庭 2 次，配合公益诉讼部门调查取证 20 余次，保障刑事执行检察部门使用工作区办理涉黑涉恶案件 8 次，为检察监督和司法办案提供更加优质的警务保障。

问题思考

1. 上述案例中的工作内容是检察院司法警察何种工作制度的体现？
2. 司法警察该项工作制度应当如何开展？

一、司法警察工作制度的概念

司法警察工作制度是指维护司法警察的日常工作秩序，保证司法警察依法履行职责，保障人民法院的审判工作、人民检察院的检察工作顺利进行而制定的法律法规和规范性文件的总称。

司法警察工作制度的形成，规范了司法警察的执法行为，保障司法警察依法履行职责，发挥司法警察的战斗力，维护人民法院审判秩序和人民检察院的检察监督秩序。我国先后出台的一系列有关司法警察工作的法律、法规和规范性文件逐步构成了相应制度体系，包括司法警察法院庭审警务保障制度、安全检查制度、内务制度、日常工作管理制度以及检察院警务保护制度等。

二、司法警察警务保障工作制度

警务保障有广义和狭义两种概念。广义的警务保障是指为司法警察执行职责、行使职权提供的全方位的支持和职业保障，既有政治方面的保障、法律方面的保障、体制方面的保障，又有人力资源保障、经费保障、技术装备保障、社会环境保障等等。狭义的警务保障，是指司法警察为保障审判和执行等工作的顺利进行而从事的警务活动。

从职责角度出发，人民法院司法警察不仅承担着刑事案件的庭审警务保障任务，还根据需要承担着民事案件、行政诉讼案件的庭审警务保障任务；同时还肩负着配合执行警务保障、执行死刑、协助机关安全和涉诉信访应急处置工作、执行强制措施的职责。人民检察院司法警察承担着警务保护、执行传唤和强制措施、协助追捕的职责，同时还承担提押、看管、参与搜查、送达有关法律文书、协助维护检察机关秩序和安全、参与处置突发事件的职责。因此，司法警察警务保障是指在法院、检察院工作中，司法警察依法维护审判秩序、执行秩序、实施强制执行以及采取强制措施，保障审判、执行、检察等活动顺利进行的各项警务保障工作的统称。

三、司法警察日常工作制度

司法警察日常警务制度是指警察部门以高标准完成任务为目标，以警务实务为基础，以追求最大效率为原则，科学安排警务工作的一切计划、措施、方法、原则、制度等要素的总和。人民法院司法警察和人民检察院司法警察的日常警务制度大体相似，除法院司法警察具备庭审保障制度外，一般包括安保警务、备勤、调用警管理、要情报告等制度。

（一）司法警察安保警务制度

1. 司法警察安保警务的法律依据。《人民法院司法警察条例》和《人民检察院司法警察条例》均规定，司法警察协助机关安全和涉诉信访应急处置工作。根据这项规定，司法警察在本级机关安全领导小组的领导下，协助机关安全保卫部门做好安全保卫、涉诉信访突发事件的预防和应急处置工作，维护机关工作秩序，保障人民法院、检察院各项工作顺利进行。

2. 安保警务预案制订与组织实施。司法警察部门应会同法院、检察院其他部门，分析本单位实际情况，制订安全保卫突发事件的应急处置预案，并根据预案进行演练，以检验预案的可操作性。

（1）建立安保组织机构。为保障安保警务的有效实施，司法警察部门应当设立应急分队，落实具体的负责人、组成人员，保证遇有突发事件能够随时出警。

（2）协助安全保卫部门做好防范工作。司法警察部门应当根据人民法院、检察院安全保卫工作的要求，协助做好重点部位的监控、安全检查、机关安全巡查、机关安全应急处置等工作，维护机关办公秩序。在信访场所设置监控、安全检查设备和防闯、防爆、防护等设施以及必要的警用装备。

（3）协助做好涉诉信访工作。司法警察要协助涉诉信访工作人员对进入信访接待场所的信访人员进行安全检查，协助做好对信访接待场所的执勤、巡查；对情绪激动的信访人做好耐心的劝解工作，经劝阻无效的，可采取警告、训诫等措施，及时制止信访人员违反规定的行为，维护涉诉信访工作秩序。

（二）司法警察警务要情报告制度

重大情况报告制度是下级司法警察部门对在司法警察工作中出现的重要情况和问题向上级司法警察部门及时进行报告的制度，是上级司法警察部门加强对司法警察工作管理和监督的有效措施。

1. 重大情况报告的主要内容。司法警察部门对于司法警察工作中发生的下列情况，应进行报告：

（1）司法警察工作中的重要情况。如司法警察工作的重大部署，司法警察工作重要会议，落实上级法院指示等。

（2）执行重大警务活动。如法院司法警察对有重大影响案件庭审或宣判的警务保障，重大的执行案件的警务保障，执行死刑等；检察院司法警察对有重大影响案件出庭支持公诉的公诉人、出庭作证的证人的人身安全提供警务保护等。

（3）在执行警务工作中发生的重大情况或突发事件。如发生被告人或罪犯脱逃、自残、自杀、行凶等事件或重大险情，执行警务工作中发生暴力抗法事件等。

（4）枪弹、警械管理过程中发生的重大情况。如发生枪支、弹药丢失、被盗、被抢等事件，司法警察违法使用武器、警械等。

（5）队伍管理过程中发生的重大情况。如组织较大规模的警力调用，组织较大规模的司法警察训练，司法警察有重大立功表现或严重违法违纪事件等。

2. 情况报告的形式。发生重大情况的有关单位要及时报告上级司法警察部门，报告应采用书面形式，报告的内容应包括情况发生的时间、经过、结果以及其他还需说明的情况。因特殊情况，时间紧急，可采用口头报告，但事后应及时补充书面报告，并说明原因。按照有关规定需要事先请示批准的情况，应按规定办理。

3. 情况报告的程序。法院系统内，最高人民法院政治部警务部受理全国法院司法警察重大情况报告；高级人民法院司法警察总队受理本辖区内的司法警察重大情况报告；中级人民法院司法警察支队受理本辖区内重大情况报告。

检察院系统内，最高人民检察院政治部警务部受理全国检察院司法警察重大情况报告；省级人民检察院司法警察总队受理本辖区内的司法警察重大情况报告；市级人民检察院司法警察支队受理本辖区内重大情况报告。

报告重大情况的单位报告情况要及时准确。通常应按时逐级请示报告；紧急重大情况，可越级请示报告；对一时难以查清的问题，先简报后详报。请示问题应有处理建议。

4. 重大情况报告的处理。对于需要答复的请示，上级部门应及时答复报告单位，报告单位应按答复意见办理。对重大情况故意隐瞒不报或迟报的，上级法院应视情节轻重，在一定范围内给予通报批评，并追究有关领导的责任。

（三）司法警察警力调用制度

司法警察警力调用制度是指人民法院、检察院用警部门对司法警察警力调动、使用范围和程序的规范和准则。

1. 健全司法警察警力调用制度的意义。

（1）有利于依法使用警力。司法警察警力调用制度规定了严格的用警审批程序，以确保警力使用的合法性。

（2）有利于提高司法警察队伍战斗力。司法警察警力调用制度规定了上级司法警察部门可以依职权调用辖区警力，同时也规定下级司法警察部门可以申请调用警力，在调用警力的同时也可调用相应的装备。这样可以集中优势警力和优势装备完成艰巨的警务任务。

（3）有利于提高警务工作效率。对一些跨辖区的警务任务，有关的司法警察部门向上级司法警察部门提出申请，经批准，可就近调用警力，避免有关的司法警察部门长途奔波执行任务，浪费警力资源。

2. 司法警察警力调用制度的主要内容。

（1）调用警力的条件。根据《人民法院司法警察条例》第 20 条和《人民检察院司法警察条例》第 18 条中有关司法警察职责的规定，司法警察部门可以调用或申请调用本院或其他法院（检察院）的司法警察，所调用的警力用于执行司法警察职责范围内的警务任务。法院、检察院其他部门需要使用警力的，应按要求向司法警察部门提出用警申请，经审批后依法使用警力。

（2）各级司法警察部门在警力调用中的职责。①最高人民法院政治部警务部、最高人民检察院政治部警务部负责协调跨省、自治区、直辖市的重大警务活动，领导和管理全国法院、检察院的司法警察警力调用工作，直接实施跨省、自治区、直辖市的警力和警用装备。②高级人民法院、省级人民检察院司法警察总队负责领导和管理本辖区内司法警察的警力调用工作，并接受和履行最高人民法院政治部警务部、最高人民检察院政治部警务部的调警任务，统一组织、调用、指挥辖区内司法警察及由司法警察部门管理的警用装备。③中级人民法院、市级人民检察院司法警察支队负责领导和管理本辖区内司法警察的警力调用工作，并接受和履行高级人民法院、省级人民检察院司法警察总队的调警任务，统一组织、调用、指挥本辖区内司法警察及由司法警察部门管理的警用装备。④基层人民法院、检察院接受上级人民法院、检察院司法警察部门调警的命令与指挥,并履行调警任务。调用警力原则上应逐级进行,特殊情况需越级调用警力的,被调用警力的部门要在执行命令的同时,向上一级人民法院、检察院司法警察管理部门报告。申请调用警力的应逐级进行。下级单位司法警察部门接到上级下达的调警命令,应向本院分管院领导报告,按时完成指定任务。对不能完成调警任务或调警命令所指定的警力任务的,有关单位司法警察部门应及时报告发出调警命令的司法警察部门,并说明具体原因。

(3) 警力调用的审批程序。①上级单位司法警察部门调用警力,应填发《调警令》,并按权限履行审批程序。②下级单位司法警察部门申请调用警力,需填写申请警力调用审批表,并按权限履行审批程序;其他部门向司法警察部门申请使用警力,需填写申请警力使用审批表,并按权限履行审批程序。

(4) 警力调用的责任承担。①无故不履行或错误履行调用任务的,被调用的司法警察部门应承担相应责任。②发出调警任务错误或不当的,由发出警力调用命令的司法警察部门承担责任。

项目三　域外司法警务制度

一、美国的司法警察制度

美国联邦法院系统的警务保障由隶属美国联邦司法部的美国司法警察署(United Stated Marshals Service, USMS)承担。

(一) 美国司法警察制度

1. 组织机构。美国司法警察署受联邦司法部领导,属于提供内卫安全保障的联邦执法机构之一。它是第一届美国国会于1789年根据当年的《司法法》(The Judiciary Act of 1789)创设的最古老的联邦执法机构,它与美国联邦法院的历史一样悠久。但司法警察署机构本身则是于1969年才成立。

联邦司法警察署下设多个办公室和执法处,如人事总监、平等就业机会办公室、公共事务室、国会事务办公室、国际交流办公室、部(指联邦司法部)法律顾问办公室、行政管理处(内设训练科、人力资源科、信息技术科、运行支持科、财务科和资产没收科)、行动处(内设司法保安科、调查行动科、证人保护科、司法囚犯和引渡系统科、特别行动科和囚犯提押科)。在执法体制上,司法警察的执法任务由司法安全保障警察、拘押执行警察和特别行动组警察三个系列来具体承担。

2. 基本职责。联邦司法警察的基本职责包括:

(1) 为联邦法院机构提供安全保护,具体为:利用视频监控系统保卫法院建筑物的安全（必要时可以聘用私人保安公司协助执行），利用安检系统，对进入法庭的人员实施安全检查，检测和阻止违禁物品被带入法庭及联邦法院的其他建筑设施；保卫法官、陪审团成员、出庭的检察官及其助理、法院其他工作人员以及旁听人员的人身安全；在公共场所护送陪审团成员。这部分职责由司法安全保障警察承担。

（2）提解、押送、看护被联邦法院羁押的普通囚犯；完成联邦囚犯的登记落案手续；保护囚犯在审判期间的人身安全。这部分职责由拘押执行警察承担。

（3）拘押被联邦法院通缉的逃犯；押送具有高度危险的联邦囚犯；保护有关数据；保护受到威胁的联邦证人及其家属，并为需要移居保护的证人提供基本生活、医疗费用和就业援助；查封、扣押、拍卖、没收财产；经营管理犯罪企业被扣押的财产；执行法庭签发的人身令状、命令和庭审指示；执行法院部分传票的送达（只有当法官特别要求时，司法警察才承担此项职责）；应对紧急危机的处理。这部分职责由特别行动组警察承担。

（4）维护法庭秩序，依照法官的指令，开启和关闭法庭；在法官入庭之前确保检察官、当事人及其代理人（辩护人）、陪审团成员（如果案件引入陪审团审理时）到庭就位；宣布法官入庭以及必须遵守的法庭规则、指示其他到庭人员起立和就座。为陪审团审议案件提供警戒保护，确保审议不受外来干预，并在陪审团召集人与主审法官之间传递信息；安排陪审团成员在陪审期间的食宿；为法官和法庭提供必要的服务，诸如为法官找好停车位，在法院门口迎接法官的到来，将法官需要的书籍、手提箱、法袍、法槌、盛满水的玻璃杯等事先放置在法官座席上。如果事先获得了有关天气、自然灾害或有碍审判进行的重大事故之信息，司法警察应当及时通知法官并做好适当防范措施。这部分职责也是由司法安全保障警察承担。

3. 基本职权。联邦司法警察可以配备枪支和警械，必要的时候可以使用枪支和警械来应对具有高度危险性的违法人员；依照法官指令，对有关财产实施扣押、强行接管、拍卖或没收；对进入法庭的人员有权实施安全检查，并阻止可能威胁法庭秩序的人员进入；有权依法没收在安全检查时查获的违禁物品；拘留、逮捕被联邦法院通缉的逃犯；依照法官指令，对违反法庭秩序的人实施强制措施；根据法官指令，对有关人员或场所展开搜查行动。

二、俄罗斯联邦的司法警察制度

俄罗斯联邦于1997年制定颁布了专门的《俄罗斯联邦司法警察法》，对司法警察制度作了具体规定。

（一）司法警察的组织机构

俄罗斯联邦的司法警察隶属于俄罗斯联邦司法部。司法警察纳入俄罗斯联邦司法部系统。其中，司法部副部长兼任俄罗斯联邦主任司法警察，领导司法警察工作。

在执法体系上，俄罗斯联邦的司法警察划分为两大系列：①保障法院秩序的司法警察，即司法警察的警卫系统；②执行法院、其他机关裁决的司法警察，即司法警察的执行员系统。

（二）司法警察的基本职责

据《俄罗斯联邦司法警察法》第10、11条的规定，司法警察承担的职责有：执行法院判决和法官关于对公民依法采取强制措施的决定；依照法院的决定，查封财产、没收财产、转移和变卖已被查封的财产；执行审判长、法官和参加庭审的陪审员作出的与保持法院秩序有关的指示，拘传拒不到庭的人，保证法院安全，维持法院会议室和审判地点的秩序；保护法官、人民陪审员、案件参加人和证人的安全；检查庭审地点的装备，受法官委托保护和保全刑事案件中的物证，维护审判地点的公共秩序；与武装力量（分支机构）的军人配合，负责被捕在押人犯的保护和安全；警告并制止违法行为，在必要情况下将违反司法秩序的人交给警察机关；负责保证国际法庭和外国法院判决的执行；等等。

（三）司法警察的基础保障

为保证司法警察充分履行职责，《俄罗斯联邦司法警察法》对司法警察的资金、物质和技术保障作了相应的规定。其中，该法第22条规定："司法警察的经费由联邦财政负担。俄罗斯联邦主体立法机构有权增加本主体司法警察的经费。"第23条规定："司法警察物质技术保障的经费由俄罗斯联邦财政负担。司法警察物质技术保障的程序和形式由俄罗斯联邦政府根据俄罗斯联邦司法部的建议制定。"

作为司法警察个人，则依法享有保险和获得赔偿的权利。此外，司法警察还享有相应的工资津贴保障和其他社会保障。司法警察的执行员有权在全国范围内免费使用所有城区、市郊和地方的公共交通工具（出租车除外），搭乘由联邦财政负担的通往农村地区的任何交通工具；司法警察的执行员因公出差凭证明有权优先购买各种交通工具的票证，优先入住宾馆。

三、澳大利亚的司法警察制度

澳大利亚是一个联邦制国家，有联邦的和州的两大法院系统。虽然管辖的案件范围有所不同，但司法组织体系却大体相当，而且各州法院之间的司法运行方式也非常类似，这其中当然也包括司法警察制度在内。在此，以澳大利亚南澳大利亚州法院的司法警察制度作为代表进行介绍。

（一）管理体制

南澳大利亚州法院的司法警察由该州的法院管理局（负责州法院管理委员会关于司法政策和决定的发展与实施）领导。管理局下设司法警察办公室。司法警察办公室自身的在编警察为50人，另招聘有合同制警员80人。

（二）基本职责

在南澳大利亚州，司法警察的法律性质是行政执法人员，具有强制执行权，其主要职责是维护司法秩序、保障法官及其他诉讼程序参与人员的安全、执行法官的司法命令。具体范围包括：

1. 管理陪审团。根据该州《陪审团法》的规定，年龄在18岁到70岁之间，具有选举权、居住在陪审团遴选区域的公民都有被遴选为陪审团成员的资格。在南澳大利亚州法院，只有刑事案件才会引入陪审团审理，一个陪审团共有12人组成。陪审团的组建事务则由司法警察来完成。具体包括：准备具有陪审资格人员的名单，随机遴选陪审团成员候选人，召集并询问陪审团成员候选人以决定其是否适宜参与本案的审理，负责陪审团审议案件的记录、支付陪审团成员参加案件审理的费用。

2. 负责刑事被告人、罪犯的提解、押送和看护，执行刑事判决，支付刑事证人的作证费用。保障刑事被告人、罪犯出庭期间的人身安全和人道主义待遇。

3. 维护法庭审理秩序、确保庭审活动顺利进行，帮助、照顾出庭作证的证人，保障陪审团成员在陪审期间的人身安全。

4. 拘传拒不到庭的民事诉讼被告到庭应诉。

5. 负责跨州、海外的司法传票送达，执行法院签发的逮捕令，扣押、拍卖动产或查封土地；执行法院的罚款、罚金决定。

6. 在海事法院审理的案件中，依照法官命令扣押有关船舶及船上货物。

7. 执行澳大利亚联邦高等法院和联邦最高法院发出、需要在本州辖区内实施的所有司法命令。

四、加拿大的司法警察制度

加拿大的法院由联邦法院系统和各省法院系统两大部分组成。为法院提供安全保障的司法警察与法院本身虽然关系紧密，但它们却是相对独立、性质不同的法律机构。其中，司法警察只是警察系统中的一个分支，其性质属于行政系统的执法机构。对于法院而言，司法警察是一支履行安全保护、裁判和命令执行职能的辅助性武装力量。

组织体系。加拿大于1985年颁布的《联邦法院法》（Federal Courts Act）对联邦法院系统的司法警察作了原则的规定。该法第13条规定，总督可以任命任何区域的联邦上诉法院和联邦法院的主任司法警察（sheriff）。如果总督没有作出直接任命，则由该联邦上诉法院和联邦法院所在省的副总督（Lieutenant Governor in Council）[1] 依照该省规定进行任命。副主任司法警察则由主任司法警察根据有关权限进行任命。其中，由总督任命的司法警察隶属于联邦司法部，受司法部长的领导。警员可以从社会中公

---

[1] 该副总督是加拿大总督在各个省级政府的代表，具体代表总督参与所在省的立法和行政事务。副总督只是形式上根据省议会和省长的决定负责法令的公布和官员的任命，是一个没有实质权力的虚职。

开招录，根据主任司法警察的任命和授权履行职责。不过，《联邦法院法》并没有进一步明确司法警察的职权和职责。

在省级政府，如不列颠哥伦比亚、纽芬兰与拉布拉多、爱华德王子岛省和曼尼托巴等省，都有专门的《司法警察法》（Sheriff's Act）。各省的司法警察只为本省领域内的各级法院（有的还包括联邦系统的法院）提供警务保障。各省司法警察负责人的任命程序不一。在曼尼托巴省，设省首席司法警察一名、副主任司法警察若干名。其中，各司法中心设主任司法警察一名、副主任司法警察若干名。首席司法警察可以兼任省司法中心的负责人。首席司法警察、各司法中心的主任司法警察、副主任司法警察和司法警察，均由司法部任命。在纽芬兰与拉布拉多省，高级司法警察（HighSheriff）负责领导省内的司法警察队伍。高级司法警察、助理司法警察由该省的副总督根据省长的提名、省议会的批准进行任命。警员、雇员、秘书，则由高级司法警察根据法律规定的授权进行任命。在不列颠哥伦比亚省，设司法警察署，司法警察的最高长官为主任司法警察，由该省的总理直接任命。副主任司法警察、警员，则由主任司法警察根据法律的授权进行任命。在爱华德王子岛省，司法警察隶属于该省的司法与公共安全部，其内设的法律与司法服务处（Legal and JudicialServices Division）具体负责司法警察的领导和管理。主任司法警察由司法与公共安全部部长任命。各省的司法警察，均实行上级领导下级的行政执法体制。

值得一提的是，在加拿大法院供职的司法警察分为两大类别：一类是为司法提供安全保障的执法官员（sheriff），主要负责法庭命令和生效裁判的执行；另一类是负责法庭服务的庭守（bailiffs），主要负责法庭审理时的辅助事务。执法官员通过任命程序产生，庭守则既可以通过任命产生，也可以通过合同的约束进行招聘。一般来说，前者的法律地位要高于后者。另外，司法警察的物质经费和工资报酬由联邦政府或省级政府予以立法保障。

单元三

司法警察的素养要求

知识结构图

- 司法警察的素养要求
  - 司法警察素养概述
    - 司法警察素养的含义
    - 司法警察素养的结构
    - 司法警察素养的类别
  - 政治素养
    - 司法警察政治素养的含义
    - 司法警察政治素养的内容
    - 提高司法警察政治素养的重要意义
  - 文化和理论素养
    - 司法警察的文化素养
    - 司法警察的理论素养
  - 身体素养
    - 司法警察身体素养的概述
    - 司法警察身体素养的主要内容
    - 提高司法警察身体素养的基本方法
  - 心理素养
    - 司法警察心理素养的含义
    - 司法警察心理素养的内容
    - 提高司法警察心理素养的主要途径
    - 司法警察的心理素养训练的具体方法
  - 业务素养
    - 司法警察业务素养的内涵
    - 司法警察业务素养的主要内容
    - 司法警察应具备的业务能力
    - 提高司法警察业务素养的重要途径

知识目标

- 了解司法警察素养的种类和内涵
- 掌握司法警察的政治素养、文化和理论素养、业务素养的具体内容
- 了解司法警察的身体素养和心理素养的内容

能力目标

- 熟练掌握司法警察政治素养的内容和提高途径
- 熟练掌握司法警察文化素养的内容
- 明确司法警察的身体素养的内容和提高方法
- 掌握提高司法警察心理素养的途径和训练方法
- 熟练掌握司法警察业务素养的内容和提高途径

项目一 司法警察素养概述

【案例 3-1】

江苏省宿迁市 2011 年招考录用司法警察简章中,报考法院、检察机关司法警察,除符合 2011 年招考公务员规定的有关条件外,还应具备以下条件:

1. 自愿从事司法警察工作,具有较强的吃苦耐劳和忠诚奉献精神,服从组织分配。
2. 具有良好的道德情操和心理素质。
3. 符合招考职位所规定的专业、学历等条件和要求。
4. 年龄在 18 周岁以上、35 周岁以下(1975 年 3 月 10 日至 1993 年 3 月 16 日期间出生)。
5. 身体健康,体貌端正。体检标准按修订后的《公务员录用体检通用标准(试行)》和《关于印发公务员录用体检特殊标准(试行)的通知》执行。

问题思考

上述材料反映司法警察应具备哪些素养?

一、司法警察素养的含义

司法警察素养,即司法警察所应具备的先天的身体条件、生理条件和心理品质等自然素养,以及后天习得的文化知识、业务知识、专业技能与履行职责的能力等社会素养的总和。它是司法警察值勤、完成司法警察任务、服务审判和检察工作、服务群众的主观先决条件和内在保障,也是衡量司法警察执法能力的重要指标依据,它反映着司法警察队伍的整体素养和基本战斗力。

二、司法警察素养的结构

素养具有自然和社会的两个方面的内容,二者作为影响司法警察职业活动的根源性素养,表现为外部性素养、内在性素养和效能性素养三种方式。外部性素养是司法警察给公众留下的知觉形象,是社会公众对司法警察职业评价的一种感性认识,它处于整个素养结构的表层，包括与司法警察职业密切相关的警容、仪态和性格等表现在外的直观素养。内在性素养是司法警察职业素养社会化的直接结果，是社会公众评价司法警察职业素养的一种理性认识，它处于整个素养结构的深层，包括司法警察的思想、知识、胸怀和能力等内在的素养。效能性素养是社会公众评价司法警察职业的一种较为稳定的理论认识，是对司法警察职业活动的总的看法和评价，它既处于整个素养结构的表层，为社会公众所直接接受，又处于整个素养结构的深层，是内在素养的终极反映。

在司法警察职业素养的结构中，外部性素养、内在性素养与效能性素养，三者共存于司法警察的个体之中，各种素养之间往往相互促进和作用。①外部性素养在实践中往往内化为对某些内在性素养的要求，如外部性素养中的"仪态"如何，往往与内在性素养中的"知识"储量密切相关。②内在性素养决定外部性素养的表现方式和程度，也确定效能性素养的方向和质量，如内在性素养中的"胸怀"和"知识"决定着外部性素养中的"廉洁""公正""效率"和"效益"。这说明在整个素养结构中，内在性素养中处于决定性地位，发挥着核心的作用。③效能性素养反作用于外部性素养和内在性素养，如效能性素养中的"效益"对外部性素养中的"仪态"和内在性素养中的"能力"都具有促进和影响的作用。一般来说，"效益"要好，不仅"仪表"要美，"态度"要和善，而且"效率"要高，"能力"要强。

三、司法警察素养的类别

结合司法警察的素养结构，从司法警察素养的形成角度看，可分为先天就有的和后天补偿的，即自然素养和社会素养。自然素养包括人的神经系统和感觉器官上的先天的特点；社会素养包括通过学习、锻炼和社会活动逐渐培养发展起来的各种良好的素养。

从司法警察素养的内容角度看，可分为德、智、体三个方面，即司法警察在社会共同生活中行为的准则和规范。德，是司法警察能够尽职尽责所依赖的职业道德素养和人格品质。智，即司法警察的认识、理解客观事物并运用知识、经验等解决问题的能力，包括记忆、观察、思考、判断等方面的能力。体，即司法警察身体条件情况、健康情况和精力情况。

根据司法警察素养的地位和作用，可以分为基础素养（基本素养）和专业业务素养。基础素养是作为一名司法警察应当具备的基础条件或基本条件；业务素养是在基本素养的基础上，从事司法警察工作必须掌握的知识和能力。

根据司法警察素养的内容和性质，可以分为政治素养、文化和理论素养、身体素养、心理素养和业务素养五个方面。

> **特别提醒**

司法警察素养的类别较多,本单元着重从政治素养、文化和理论素养、身体素养、心理素养和业务素养五个方面进行阐述。

项目二　政治素养

【案例3-2】

2012年12月,震惊全国的"明胶"案件在阜城县法院开庭审理,此案件社会影响极大。由于被告人数众多,且都为异地羁押,需要长途押解,阜城县人民法院司法警察人员严重不足。接到调警支援的请示后,衡水市中级人民法院法警支队高度重视,决定由阜城法院法警大队全力做好庭审安全检查和值庭、警卫等工作,押解被告人则由中院法警支队和调用被告人羁押地法院法警大队完成。

根据被告人羁押和有关法院警力情况,衡水市中级人民法院法警支队负责对羁押在衡水市看守所两名女被告人的押解;饶阳、武强法院法警大队负责对羁押在武强看守所4名被告人的押解;景县、武邑县人民法院法警大队分别负责对羁押在本县看守所2名被告人的押解。法警支队下达了调警令,并强调参战法院要领导带队,警容严整,装备齐全,确保安全。

开庭当天,大雾朦胧。参战法警于早晨6时左右即分别到看守所办理提押手续,经过长途押解,全部在指定时间之前到达阜城县人民法院,确保了及时开庭。案件审理持续进行,一直开庭到次日凌晨。至各路安全还押,已是凌晨2时。

在刺骨的寒风中,全市法院系统所有支援这起案件的参战法警在连续工作长达20多个小时后,圆满完成长途押解和庭审保障,确保了案件重点环节的审理和全案的顺利审判。在这次庭审保障工作中,各出警单位全力以赴保障勤务,服从命令,听从指挥,克服所在法院年终庭审任务都很繁重、警力车辆普遍紧张等困难,积极出警参战,表现出高度的全局意识。他们精神饱满,警容严整,遵守规则,执法规范,吃苦耐劳,作风顽强,出色地完成了押解、值庭、警卫、安检等勤务,表现出了过硬的综合素质和良好的精神风貌。

> **问题思考**

1. 在本案例中,体现了司法警察哪方面的素养?
2. 司法警察政治素养的内容有哪些?

一、司法警察政治素养的含义

关于政治素养的内涵,不同学者所下的定义有所区别。有学者认为,政治素养是指人的政治立场、思想观念、道德情操等方面的状况或特征。另有学者认为，政治素养是指警察必须具备的政治品质、政治立场和政治洞察力。还有学者认为，所谓政治素养，是指一个人的政治态度、政治倾向、政治觉悟与政治信念的总和，而警察的政治素养，也是由他们的政治态度、政治倾向、政治觉悟、政治信念和思想道德体现的。

结合上述观点，司法警察的政治素养是指体现在政治品质、政治态度、政治信仰等方面的素养。

二、司法警察政治素养的内容

司法警察政治素养包括政治品质、政治态度和政治信仰三个内容。习近平主席明确指出，在任何情况下都要做到政治信仰不变、政治立场不移、政治方向不偏。[2] 司法警察队伍必须保持对马克思主义的坚定信仰、对共产主义和中国特色社会主义的坚定信念，增强政治定力和政治敏锐性，提高抵御各种风险和经受住各种考验的能力。

1. 政治品质。政治品质是司法警察在政治现象和政治事务方面所具有的或者表现出来的本质特征。换言之，政治品质是司法警察在行为方式和行为选择上所表现在思想、认识、品性等的根本属性。其内容主要是坚持辩证唯物主义的立场、观点和方法，并自觉运用之。

辩证唯物主义是认识世界和改造世界的强大思想武器，是指导我们改革开放和社会主义现代化建设事业的行动指南，是我们立党兴国的根本指导思想。司法警察应当认识到，坚持辩证唯物主义的立场、观点和方法，是我们的事业不断取得胜利和成功的思想基础，是我们的思想灵魂永不迷失的理论基础，是我们能够经受住各种风浪考验的坚强保障。因此，作为一名司法警察，在政治素养方面，首先要求必须坚持辩证唯物主义的立场、观点和方法。

同时，司法警察应当自觉运用辩证唯物主义的立场、观点和方法。在新的历史时期，面对错综复杂的国际国内形势和日趋复杂的任务，要坚持辩证唯物主义的立场、观点和方法，就必须自觉运用它。用它来观察当今世界、观察当代中国、观察新时期的司法警察工作，不断总结实践经验，不断做出新的理论概括，不断开拓前进。

2. 政治态度。政治态度是指司法警察对国家现行的基本路线、方针和政策所采取和持有的态度，其中最根本的就是坚持四项基本原则。

四项基本原则是立国之本，司法警察必须坚持四项基本原则。第一，四项基本原则是中国共产党在长期的革命和建设实践中形成和确立的，是党的一贯主张和根本立场；是中国共产党领导人民几十年革命和建设的经验的高度概括和总结。第二，四项基本原则是团结全党和全国各族人民前进的共同政治基础，也是党和国家制定内外政

---

[2] 习近平主席在十八届中央纪委二次全会上发表的重要讲话，载中国共产党新闻网，http：//cpc.people.com.cn/n/20B/0122/c64094-20289660-3.html. 访问时间：2019年12月1日。

策的基础。第三，坚持四项基本原则，是中国历史发展的客观规律。第四，坚持四项基本原则，是做好司法警察工作的重要前提。

3. 政治信仰。政治信仰是以个体的人生观、世界观为基础的，崇高的革命理想和献身精神。司法警察必须要有良好的政治信仰，这是司法警察的生命力所在，是精神的"支柱"，是全心全意为人民服务的思想基础。

司法警察必须要有以共产主义理想为指导的人生观、价值观，坚持走建设有中国特色的社会主义道路，自觉抵制各种腐朽的、落后的、不良的思想的侵袭。只有这样的理想，我们才有共同的目标，才有明确的方向，才有前进的动力。

司法警察还应当树立全心全意为人民服务的思想。全心全意为人民服务，是共产党人的基本要求，也是当代司法警察的基本要求。司法警察要把人民的利益放在首位，一切从人民的利益出发。

良好的政治信仰，还要求司法警察具有高度的事业心和责任感，具有崇高的献身精神。事业心是成就事业的一种精神力量。人的事业成功与否，取决于其是否倾心于所从事的事业。责任感是个人对集体或单位履行义务的态度，是做好本职工作的基本条件。

三、提高司法警察政治素养的重要意义

1. 只有提高司法警察的政治素养，才能保证党关于日常工作的基本理论、基本路线、基本方针和各项政策贯彻到实际工作中去，保证日常工作的正确政治方向。

2. 只有提高司法警察的政治素养，才能保证司法警察准确无误地贯彻执行国家的法律、法规，做到有法必依、执法必严、违法必究，使之不犯错误或少犯错误。

3. 只有提高司法警察的政治素养，才能更有力地推进法治建设，并以司法警察的法制示范行为教育公民，使之强化法制意识，反过来又可以促使司法警察自觉地坚守职责、维护人民的生命财产与国家的安全。

4. 只有提高司法警察的政治素养，才能正确地认识和处理两类不同性质的社会矛盾，有力地打击国内外敌对势力的破坏活动和各种形式的犯罪活动，为国家经济建设创造良好的社会环境。

5. 只有提高司法警察的政治素养，才能妥善处理各种利益关系，最大限度地调动各方面的积极性，并把各方面的积极性引导好、保护好、发挥好。

6. 只有提高司法警察的政治素养，才能坚持党的全心全意为人民服务的宗旨，保证司法警察同人民群众的坚强团结，保持工作同人民群众的血肉联系。

7. 提高司法警察的政治素养，对于巩固人民民主专政、坚持走社会主义道路具有保障作用；对于公民有效享有政治权利有着重要的促进作用；良好的政治素养也是司法警察形成其他素养的基础。

> **特别提醒**
>
> 司法警察应努力提高政治素养，增强廉洁自律意识，提高防腐拒变能力。

项目三　文化和理论素养

【案例3-3】

　　林某为横县陶圩镇刘村的村民，封建迷信思想严重，欲在家中"立台做仙"，遭到其丈夫刘大某和儿子刘小某的强烈反对。"立台"未果，林某出现精神间歇性错乱，经常跑到大街上唱歌。刘大某和刘小某对其劝说，但林某根本不听劝解，趁丈夫和儿子稍不注意到处乱跑唱歌。父子二人觉得林某像疯子一样四处唱歌丢尽了刘家的颜面，想让林某安静待在家中。但林某依然我行我素，遂遭到其夫与子的打骂。林某无法忍受长时间的打骂，就乘车来到法院，寻求帮助。

　　2013年2月7日，林某到了法院后又出现精神混乱，坐在法院的草坪上唱起歌。经法警大队一行人三个小时的耐心开导和劝解，林某的精神才稍微恢复正常。她讲述了自己的经历，想通过法院帮忙解决家事，但又不愿起诉丈夫与儿子，所以陷入了矛盾与痛苦中。法警大队在了解情况后，给刘小某打电话。但刘小某态度强硬，不愿意去接其母亲回家，还扬言让其母亲在外自生自灭。法警大队请示了分管领导，考虑到天色已晚，加上林某的精神不是很清醒，为安全起见，须驱车护送其回家。家人看到被护送回来的林某，并没有感到欣喜，反而破口大骂，不愿意接纳这位家人。护送法警制止了刘姓父子的谩骂，待二人平静后，对刘家人进行耐心说教，告知他们家庭要以和为贵，要多理解，多包容，决不能施以暴力，否则，造成严重后果的要承担法律责任。经耐心劝解，刘家父子认识到思想和行为上的错误，最终接纳了林某，并表示以后好好照顾她，让其安度晚年。

> **问题思考**
>
> 1. 在本案中，司法警察所体现的是哪种素养？
> 2. 如何提高司法警察的文化素养？

一、司法警察的文化素养

（一）司法警察文化素养的概述

1. 含义。司法警察文化素养是指司法警察根据自己的职业特点所应该具备和掌握的科学文化知识的量与质的有机结合，表现为学识程度、专业水平、审美情趣、语言表达以及良好的待人处世行为等。

2. 特征。

（1）政治性。司法警察文化属于国家文化。国家文化是行为文化的集中体现，具有明显的地域性和时间性，基本特征表现为民族性、法律性和历史性。政治是国家文化的本质，司法警察文化从属于国家文化，因而政治性是司法警察文化重要特征之一。

（2）献身性。献身性是指司法警察文化内所凝聚的牺牲精神，并通过一系列具体的行动将其表现出来。司法警察机关体现着国家意志，维护着社会间各群体、各成员之间的合法权益，因而在较大程度上影响着人们的生活方式。由于我国还处于社会主义初级阶段，社会发展不平衡，局部利益之间、个人利益之间可能暂时会出现冲突，会产生各种矛盾，有时矛盾甚至会激化。要解决各种错综复杂的矛盾，司法警察机关需要使用国家公权，以强有力的手段加以协调，作为化解社会矛盾的和平使者，客观上要求司法警察应具有自我牺牲的精神。

（3）历史性。司法警察文化的历史性有两层含义：第一是指与人类文化相比，司法警察文化存在的时间相对短暂；第二是指司法警察文化呈现出明显的阶级性。如中华人民共和国成立以来70年间，司法警察文化就呈现出两个阶段，即"文革"前和"文革"后。指出司法警察文化的历史性，目的是建设司法警察文化时，应当充分考虑到司法警察文化在历史中的进步作用，既要表现国家文化的特点，又要跟上人类文化的进程，否则就无法融入人类文化中而成为过眼云烟。

（4）创造性。司法警察文化的创造性，是指通过一系列的创新和发明推动司法警察文化自身的向前发展，也就是说，司法警察文化的发展或变化不是按照年、月、日的自然进化而是按司法警察的群体意识来进行的。司法警察文化的创造性在社会主义实践中具体表现为：最大限度地追求自身与社会的和谐发展，随着现行法律法规的不断完善，进一步提高执法水平，司法、护法，服务于审判、检察，增强人民群众的安全感；在新时期开展一系列活动拓宽司法警察文化的生存空间。应该说，这些行为都是有意识、有目的的表现，而有意识、有目的的行为正是司法警察文化创造性的基本特点。

（5）和谐性。司法警察文化的和谐性，是指在自身的发展过程中与其他文化相互协调，形成共同发展的良好态势。①和谐性包括两层意思：第一，指寻求自身的和谐协调；第二，指寻求社会的和谐协调。自身的和谐协调是基础，社会的和谐协调是目的，两者相互关联。②自身和谐协调包括以下几个方面：司法警察的自身素养与所从事的工作以及所处的社会地位相和谐协调；司法警察的思想与言行相和谐协调；司法警察的内在精神气质与外在表现形式相和谐协调；司法警察个人与个人、个人与群体之间（包括相应的组织形式）相和谐协调。③社会和谐协调包括以下几个方面：司法警察个人与其他社会成员以及群体间的和谐协调；整个社会与个人、个人与群体和群体与群体之间的和谐协调。以上诸种协调，正是司法警察文化乃至警察文化追求的终极目的，因而构成其特征之一。

司法警察文化的根本属性是人类行为文化在司法警察工作和司法警察队伍中的具体表现，政治性是基本特征，而献身性则表现为司法警察文化的外部特征。就人类文明的进程而言，历史性指出了司法警察文化在历史长河中所扮演的角色，要求它既要继承中华民族的优秀传统文化，又能要赋予新的时代使命感。创造性阐明了司法警察文化生存、发展的动力，而和谐性则是司法警察文化的终极目的。

(二) 司法警察提高文化素养的意义与途径

1. 提高司法警察文化素养的意义。

(1) 文化知识是人类从事任何生产活动不可缺少的基础。司法警察具备较高文化水平，在思想上才能更准确的认识岗位职责，在实践中更有效地打击犯罪、保护人民。

(2) 文化知识有利于提高司法警察队伍的政治、理论、业务和法律等素养。司法警察对文字使用的频率是较高的。司法警察作为审检机关的组成成员，作为司法活动的重要参与者，要求每个警察在具有较强的口头表达能力的同时，又具备较强的文字表达能力，还要掌握运用法律手段，特别是熟练掌握司法文书的写作技能，写得出符合法律要求和规范的各种文书。

(3) 加强文化知识的学习，有利于陶冶司法警察的情操，培养多种情趣，扩大知识面。学习文化知识能对司法警察思想和道德修养起到潜移默化的教育作用，可使人明白事物，提高思想境界。司法警察处在特殊复杂的工作环境中，面对形形色色的各种犯罪嫌疑人、被告人，如果自身思想境界不高，很难区分真、善、美与假、恶、丑，在具体工作中就可能迷失方向，悔恨终身。

2. 提高司法警察文化素养的途径。提高司法警察整体的文化素养，主要靠发展教育事业和引进优秀人才，发展司法警察教育事业必须走专业化、正规化教育的途径。加强教育培训，营造良好的文化氛围。一方面，文化素养未达标者，要在规定的时间内达标，经学习仍未达标者，必须予以淘汰；另一方面，即使以前文化知识达标，但并不意味着现在也依旧达标。为了跟上社会的发展，不被时代淘汰，每位司法警察都必须保持学习，不断进步。坚持可持续发展、与时俱进，活到老，学到老。

二、司法警察的理论素养

(一) 司法警察理论素养的概念

司法警察理论素养是指是司法警察对政治理论、工作理论和其他社会科学理论的认知能力与水平。较高的理论水平，是司法警察良好的政治素养的基础与保证。司法警察要自觉坚持理论修养，努力提高理论水平。

(二) 司法警察理论素养的主要内容

司法警察理论素养的主要内容有三个方面，即政治理论、审判和检察工作基本理论和其他社会科学理论。

1. 政治理论。司法警察是人民法院、人民检察院内具有武装性质的队伍，其性质决定了队伍必须始终置于党的领导之下。良好的政治理论素养是坚定法警的政治信念，规范执法程序，提高执法水平的重要内在力量。司法警察队伍应当充分学习、深刻理解党的各项政策，强化党的政治纪律和政治规矩学习，坚持以习近平新时代中国特色社会主义思想为指导，深入贯彻党的十九大精神，切实履行好新时代法警职责使命，为经济社会持续健康发展提供有力司法保障。

2. 审判和检察工作基本理论。这是人民法院和人民检察院工作实践的理论总结和科学概括，是以研究司法工作及其历史、性质、基本工作规律和工作方法为对象的系统理论体系。它包括审判和检察的基础理论、基本知识和基本技能。审判和检察工作的基本理论是司法机关的司法警察必须具备的理论素养，是搞好法警工作的基础与前提。加强司法工作基本理论的修养，对每个司法警察自觉地遵循司法工作的规律办事，自觉执行司法工作的路线、方针、政策，提高司法警察工作艺术与专业知识和技能，具有十分重要的意义。

3. 其他社会科学理论修养。

（1）警察学基础理论修养。警察学基础理论是研究和阐明警察的一般理论与基本规律的科学。司法警察应掌握和学习以下知识：警察史、中国警察史、警察基础理论。

（2）社会学理论修养。社会学是从变动着的社会系统出发，运用科学的方法，通过人们的社会关系和社会行为来研究社会的结果、功能、发生及其发展规律的科学。司法警察学习社会学，要认识和了解以下问题，即个人需要与社会需要的关系，人的社会化和再社会化，社会交往、社会群体、社会组织的特征与形式和类型，社会分层的形式和目的，社会流向的形式，城市地区和农村地区的区别和联系，社会问题的理论与形式，社会控制的意义及职能，社会变化的过程等，从理论上和实践上提高司法警察认识社会和改造社会的能力。

（3）心理学理论修养。心理学是研究心理现象的科学。司法警察作为审检机关参与办案的建制武装力量，要和不同的人打交道，必须了解和掌握社会人群以及工作对象的心理状态与变化规律，才能有效地进行工作。因此，学习心理学知识，在司法警察的工作中有着十分重要的意义。心理学理论包括警察心理学、普通心理学、犯罪心理学、被告人心理学、被害人心理学等。

特别提醒

司法警察不仅要提高本职工作所需的文化和理论素养，还应掌握与工作相关法律、法规知识。

项目四　身体素养

【案例 3-4】

2004年5月18日，朝阳区人民法院在公开审理王某等11名被告人涉嫌抢劫一案过程中，绰号"大兵"的山东人王某因家属到庭旁听，情绪大幅波动，导致庭审一度中断，甚至在庭后有两次自伤行为。

庭审中，法院值庭法警注意到王某的情绪变化，遂对其实施了重点监控。庭审结束后，王某在核对庭审笔录时，趁机篡改笔录，被书记员制止，但王某拒不认错，并拒绝在庭审笔录上签字。当该案审判长指令法警将其带出法庭时，王某奋力反抗，并突然将头撞向法庭出口的墙壁之上，但被眼疾手快的法警侧身挡住，王某未能得逞。

在押送回看守所的路上，法院2名法警始终不离王某左右，严防王某再次实施自伤行为。不料，在抵达看守所时，王某又故伎重演。在下囚车的过程中，突然挣脱法警，将头朝下撞向水泥地面。好在法院法警早有防备，用力将其拽住，其中一名法警的右前臂被手铐划开了10余厘米长的口子，鲜血直流。而王某却假装昏迷，后经朝阳区公安分局看守所体检中心检查，王某身体无异常，遂将其送回监所。

问题思考

1. 在本案中所体现的是司法警察的哪种素养？
2. 如何提高司法警察的身体素养？

一、司法警察身体素养的概述

身体素养是司法警察职业活动的必要条件之一，是有效发挥其他素养优势，能够胜任本职工作的重要基础。作为围绕审判和检察工作进行执法活动的武装力量，必须有强健的体魄才能适应工作的需要。司法警察维护法庭秩序，服务审判和检察工作，处置突发性事件，进行各类执法的活动，对身体素养有着特殊的要求。懂得身体素养的构成，重视身体素养的提高，了解身体素养的形成和完善规律，对于司法警察来说是十分必要的。

（一）身体素养的含义

人体在肌肉活动中所表示出的力量的大小、速度的快慢，持续时间的长短，关节活动范围的幅度大小等机能统称为身体素养。它包括力量素养、速度素养、耐力素养、灵敏素养和柔韧素养等。

司法警察的身体素养是指司法警察在执行警务活动中其肌肉活动所表现出的力量、速度、耐力、灵敏及柔韧性等机能的统称。司法警察的身体素养的发展是衡量其肌体机能的重要标志，也是掌握和提高专业技能的基础。

（二）司法警察身体素养的要求

1. 健壮的体格。健壮的体格是指一个人生长发育良好，各器官和系统的机能正常，具有健美的体型和端正的姿态。这在一定程度上反映了司法警察身体素养的状况和内在气质及精神面貌，也是体能全面发展的物质基础。

2. 端正的姿态。这是需要司法警察在体格健壮的基础上长期养成的，也是他们的思想、文化、品德修养程度的重要体现。

3. 全面发展的体能。体能是指人体各器官系统的机能在肌肉活动中表现出的能力。它包括人的身体素养及走、跑、跳、投、攀登、爬越等方面的能力。司法警察全面提高自身的身体素养，也就会具有全面发展的体能，从而增强基本活动的能力，为顺利地完成本职工作打下坚实的基础。

4. 较强的适应能力。司法警察能够适应各种复杂的环境和条件，使自己的智力、技能等保持正常状态，发挥其应有的能力和水平。

5. 充沛的精力。充沛的精力要求司法警察不仅要具有经得起摔打的体质，而且还要具有旺盛的斗志和振作的精神以及经得起特殊环境考验的身体坚持力。

6. 充沛而旺盛的精神活力。精神活力是司法警察充分发挥其主观能动性，产生正确的感知、判断和决定的前提。司法警察在执行勤务时，具有充沛的精力就会产生强烈的自信心，增强智慧和战胜各种困难的力量，保证其作战能力的充分发挥。

二、司法警察身体素养的主要内容

（一）特殊的体能

1. 身体的基本运动素养。

（1）力量素养。力量素养是身体基本素养的一种，指在肌肉紧张或收缩时表现出来的一种能力。

（2）耐力。耐力也称"耐久力""支持力"，指人体在尽可能长的时间内进行肌肉活动的能力，也可看作是抗疲劳的能力。

（3）速度。速度是指机体（或机体部位）快速运动的能力。

（4）灵敏。灵敏是人体的各种运动技能和基本运动素养在移动过程中的综合表现，是在各种变化的条件下，能够迅速准确、协调改变身体运动的能力。灵敏素养对司法警察学习、掌握和运用擒拿格斗、警戒具使用和汽车驾驶技术等技能有重要意义。

（5）柔韧。柔韧是指人体关节肌肉、肌腱、韧带等软的伸展能力。柔韧素养是司法警察从事职业活动的基本素养。特别是肩、腰髋、膝、腕、脚踝等关节的活动幅度，对于走、跑、跳、攀登等基本活动是必需的，还有助于司法警察形成优美的体态。

2. 运动技能。运动技能，是指机体在肌肉活动中所表现出来的能力。司法警察的运动技能是在人体基本活动能力的基础上，通过学习和练习一定技能而获得的一种运动能力。运动技能的提高，是司法警察身体素养整体提高的核心。它的发展与有机体机能水平的提高是相一致的。全面的体能发展也是机体形态、技能协调发展的重要因素，它的提高对形成司法警察强壮的体格，保持充沛的精力和增强对外界环境的适应能力，以及对疾病的抵抗力有着直接的影响作用。

3. 人体的基本活动能力。人体的基本活动能力是在人体先天的基础上，通过后天技能的学习和掌握而获得并且不断加强的能力。体能对司法警察的身体素养来说具有重要作用，是司法警察身体素养整体提高的核心因素。它的发展与体能提高过程是相一致的。例如，发展了耐力，有机体的中枢神经系统、心血管系统、呼吸系统、物质的代谢功能及肌肉的能量储备等都能得到相应发展。

（二）机体的健康水平

机体机能的健康水平是指机体各器官系统的机能状况。机能是身体活动基础，某一机能水平影响着人体工作时所需要的某一方面的身体能力。健康的机体是司法警察参加正常警务工作的必要条件。司法警察的健康机体，是通过精神与体力来实现的。体力是精神的支柱，精神是体力的表现。司法警察应加强身体的锻炼，增强体能，以有助于工作效率、质量的提高。

（三）充沛的精力

精力是指精神和体力，是人体在活动中表现出来的旺盛的活力，振奋的精神及能够付出的体力。反映了人的意志、情感与身体活动的强度、速度移动性等特征。充沛的精力在实际工作中表现为：精神振作、元气充实、意志坚定、判断迅速、反应灵敏、动作果断有力，能够较长时间地工作。司法警察既要始终保持威严、庄重、从容不迫、朝气蓬勃的精神面貌，不怕苦、不怕累、不畏艰难和疲劳的作风，以及和蔼可亲、潇洒自如的风度，同时还要有敏捷的判断、应变能力和果断有力的动作，这就必须具备很强的精神和体能的耐受力。充沛的精力是司法警察必备的。

（四）较强的适应力和抗病力

对环境的适应能力，是指有机体通过自身的调节机构，在一定范围内不断调节机能的活动水平，以适应环境变化的能力。在外界环境发生变化时，人体机能随之发生的变化，总是使有机体内部形成相对恒定的环境。

三、提高司法警察身体素养的基本方法

良好的身体素养是司法警察智育和德育发展的基础，它有益于司法警察身体健康，能丰富文化生活，提高心理承受能力和工作效率。司法警察的职业特性需要其具备良好的身体素养，良好的身体素养能适应较长时间的体能工作，能促进礼仪及精神面貌的塑造。体育锻炼是提高司法警察身体素养的有效途径，可以有效预防职业病，同时

也是职业病康复的重要手段。

（一）体育锻炼对提高司法警察身体素养的作用

体育锻炼能改善和提高中枢神经系统的机能。体育锻炼对运动系统的良好作用主要表现在：骨骼是人体的支架，体育锻炼时，由于肌肉的牵拉和重力作用，使骨骼不仅在形态上产生变化，而且使机能也得到提高。体育锻炼对肌肉的生长发育有重要的作用，可使关节囊、韧带和肌腱增厚与加强，伸展性提高，关节活动范围增大，更灵活、牢固，有利于保持体型和姿态。此外，体育锻炼还有助于振奋精神，使人朝气蓬勃，精力充沛；有助于防治疾病；利于消除工作后的疲劳，转移大脑的兴奋点，是一种积极性休息的有效手段。

（二）体育锻炼的途径和手段

提高司法警察身体素养的途径和手段有很多，在某一方面或某几方面对提升司法警察的身体素养起到作用。球类运动能促进人体的力量、速度、灵敏、耐力等运动素养的全面发展，增强人的基本活动能力，加强感觉机能，使其视野更宽阔，观察能力更强。球类运动的竞争性、对抗性、趣味性容易激发人的兴趣，调动投入的积极性，从而形成锻炼的习惯，并可以调整情感、愉悦身心，同时对培养勇敢、机智、集体主义等品质有很大益处，但由于对象不同，负荷波动也较大。田径运动中的短跑主要包括400米以下的短距离项目，适合青年人运动。长跑主要指3000米以上的跑动练习，适合中老年人运动。游泳有别于陆上运动，适合各年龄层的人锻炼。武术、散打等运动方式，对人体的机能影响广泛，练习方便，不受场地条件的限制，具有很高的锻炼价值。气功防病、健身的效果独特，而且练习方便，适用于各年龄层的警察练习。此外，坚持锻炼与卫生相结合。锻炼与卫生是紧密联系，不可分割的。如果说锻炼的目的是增强司法警察的体质，那么，卫生的目的就是保证司法警察的身体健康。因此，提高身体素养的训练必须同卫生工作相结合。

（三）体育锻炼的基本原则

1. 科学性原则。是指体育锻炼要以科学的理论方法为指导，符合体育运动规律，通过锻炼有效地增强司法警察的身体素养。

2. 全面性原则。是指司法警察在进行体育锻炼时要选择全面多样的内容，恰当地运用各种训练方法，促进各种身体素养和基本活动能力得到全面的锻炼和发展。

3. 渐进性原则。是指在进行体育锻炼时，对运动内容的安排，要从司法警察的接受能力和身体的实际情况出发，循序渐进，逐步提高。

4. 经常性原则。是指司法警察进行体育锻炼必须符合人体生理发展规律，坚持经常不断地进行的原则。

5. 严格性原则。是指司法警察在进行体育锻炼时必须从实践出发，严格训练，严格要求，以提高其在作战环境和艰苦条件下的适应能力和生存能力。

6. 区别性原则。是指体育锻炼的内容、要求、方式和方法等,要符合司法警察的实际情况,区别对待,以更有效地提高训练的质量。

> **特别提醒**

司法警察的职能决定了司法警察必须要有强健的体魄,司法警察要有持之以恒的精神,坚持锻炼身体。

项目五 心理素养

【案例 3-5】

2010 年 3 月,金华市中级人民法院法警支队在兰溪法院执行一起故意杀人案宣判保障任务。当被告人被押解进入法庭时,被害人亲属突然冲过去试图殴打被告人。副支队长金立伟迅速用自己的身体挡住被告人,劝止被害人亲属,同时安排法警把被告人暂时带离法庭。事后,被害人亲属看到金立伟身上多处被抓伤,愧疚地说:"对不起,我们不是针对你的。"金立伟严肃地对他们说:"我受点伤没关系,但你们要遵守法庭秩序,如果造成严重后果,你们要承担法律责任。"

> **问题思考**

1. 司法警察应具备哪些心理素养?
2. 如何提高司法警察的心理素养?

一、司法警察心理素养的含义

心理素养包括人的心理状态和心理条件。司法警察的心理素养,是指司法警察工作中表现出来的认知、情感、意志等心理过程特点,能力、气质、性格、心理倾向等个性心理以及整体心理健康水平。

心理素养既有先天固有的心理品格因素,也有后天养成的心理因素。司法警察应当具备以下心理素养:思维灵活,反应灵敏;决心坚定,行动果断;观察细致,记忆力持久,联想丰富;自制力强;有坚韧的毅力和耐心;爱憎分明,富有同情心。

二、司法警察心理素养的内容

(一)良好的认识品质

从事任何实践活动,要解决的首要问题就是对客观事物的认识。

1. 初级认识品质。

(1)良好的注意力。注意力是一种特殊的心理活动,是人的心理活动对外界一定事物的集中指向。在工作中我们也把它称为警惕性。司法警察良好的注意力应包括注意的稳定性、广阔性和分配性。司法警察注意力的要求有：注意范围要广；要善于合理分配自己的注意力；要有稳定性；要善于转移自己的注意力。

（2）敏锐的观察力。观察是人在自然状态下为完成一定的任务而进行的有计划的知觉过程。善于全面、深入、正确地认识事物特点的能力，即为观察力。司法警察的观察力是指在工作过程中所形成的洞察各种事物和现象的能力。这种能力既表现在对显性异常信息的捕捉，也表现在对隐性异常现象的感知，并且深入对事物和现象的本质的认识，即见微知著，由表及里。对司法警察的观察力主要有如下要求：观察要带有明确的目的和任务；以具备一定的知识，掌握一定的工作方法为前提；知识面要宽，专业知识要精，对观察所得到的现象理解要深刻；丰富的经验。

2. 高级认识品质。

（1）良好的记忆力。记忆，是人脑对经验的反映，是经验的印留、保持和再作用的过程。记忆是人的心理活动中十分重要的，具有决定意义的心理特征，因为记忆是人们进行活动的重要保证，也是人们经验积累或心理发展的前提。司法警察要认真履行职责，其一切行为活动都离不开记忆。司法警察良好的记忆力也是源自其职业的需要不断锻炼的结果。司法警察要提高工作能力就要努力提高记忆力。完整的记忆力活动分为识记、保持、再认知和回忆四个基本过程。

（2）丰富的想象力。所谓想象力是人对头脑中的表象加工、改组，从而创立新思想的能力，是高度发展的认识能力。司法警察根据任务、职责的需要，能将过去、当前所感知的事物，进行由此及彼、由表及里的和纵向、横向的联想加工，想象出当前或并未感知过的事物新形象。这种心理品质必须通过培养锻炼才能形成发展，也是司法警察完成各种任务的一个必要条件。

（3）良好的思维力。思维力是智力要素中的核心，是司法警察工作能力的重要因素。思维是指人以已有的知识为中介，对客观现实的概括的间接反映。它是在人的实际生活过程中，在感觉经验的基础上，在头脑中对事物进行分析与综合、抽象与概括，形成一定概念，并应用要领进行判断和推理，从而认识事物一般和本质的特征及规律性联系的心理过程。司法警察应具备的良好的思维力，是指司法警察在感知的基础上对与本职工作有关的客观事物和对象，应用已有的知识经验和正确的思想方法，通过分析、综合、判断、推理、启发、联想的逻辑思维过程，作出符合事实过滤性结论的能力。这种能力又主要表现在思维的正确性、预见性、敏捷性以及思维的广阔性和深刻性方面。

（二）稳定的情绪品质

情绪是个体对外界刺激的、主观的、有意识的体验和感受，具有心理和生理反应的特征。它是由客观事物是否满足需要而产生的。情绪状态的类别分为心境、激情、应激；按高级情感的社会内容可分为道德感、理智感和美感。情绪和情感对人的工作、生活、身体健康甚至对人们事业的成败有很大的影响。

情绪无好坏之分，一般只划分为积极情绪、消极情绪。情绪、情感与人的生理需要和社会性需要紧密相连。当人的需要得到满足时，就会产生积极的情绪；而当人的需要得不到满足时，就会产生消极的情绪。积极的情绪有增力的作用，消极的情绪有减力的作用。但情绪不可能被完全消灭，只能自己有意识地进行有效疏导、有效管理和适度控制。

情绪智力，即俗称的情商，是心理学家霍华德等提出来的，高情商的人具备一种综合与平衡的才能，在现代社会日益激烈的竞争和复杂的条件下，情商高的人能够很好地取得感性和理性间的平衡，在处理好主观世界与客观现实间复杂矛盾的同时，求得生存与发展的空间。高情商者对自己进行情绪的管理主要包含了以下五个方面的内容：

1. 情绪的自我觉察能力。情绪的自我觉察能力是指了解自己内心的一些想法和心理倾向，以及自己所具有的直觉能力。自我觉察，即当自己某种情绪刚一出现时便能够察觉，它是情绪智力的核心能力。一个人所具备的、能够监控自己的情绪以及对经常变化的情绪状态的直觉，是自我理解和心理领悟力的基础。如果一个人不具有这种对情绪的自我觉察能力，或者说不认识自己真实的情绪感受，就容易听凭自己的情绪摆布，以至于做出许多遗憾的事情。

2. 情绪的自我调控能力。情绪的自我调控能力是指控制自己的情绪活动以及抑制情绪冲动的能力。情绪的调控能力是建立在对情绪状态自我知觉的基础上，是指一个人如何有效地摆脱焦虑、沮丧、激动、愤怒或烦恼等因为失败或不顺利而产生的消极情绪的能力。这种能力的高低，会影响一个人的工作、学习与生活。当情绪的自我调控能力低下时，就会使自己总是处于痛苦的情绪旋涡中；反之，则可以从情感的挫折或失败中迅速调整、控制并且摆脱而重整旗鼓。

3. 情绪的自我激励能力。情绪的自我激励能力是指引导或推动自己去达到预定目的的情绪倾向的能力，也就是一种自我指导能力。它是要求一个人为服从自己的某种目标而产生、调动与指挥自己情绪的能力。一个人做任何事情要成功的话，就要集中注意力，就要学会自我激励、自我把握，尽力发挥出自己的创造潜力，这就需要具备对情绪的自我调节与控制，能够对自己的需要延迟满足，能够压抑自己的某种情绪冲动。

4. 对他人情绪的识别能力。这种觉察他人情绪的能力就是所谓同理心，亦即能设身处地站在别人的立场，为别人着想。愈具同理心的人，愈容易进入他人的内心世界，也愈能觉察他人的情感状态。

5. 处理人际关系的能力。处理人际关系的协调能力是指善于调节与控制他人情绪反应，并能够使他人产生自己所期待的反应的能力。一般来说，能否处理好人际关系是一个人是否被社会接纳与受欢迎的基础。在处理人际关系过程中,重要的是能否正确地向他人展示自己的情绪情感,因为,一个人的情绪表现会对接受者即刻产生影响。如果你发出的情绪信息能够感染和影响对方的话,那么,人际交往就会顺利进行并且深入发展。

积极的情绪情感能够使司法警察产生积极的工作行为,在值勤时能精神饱满地做好工作,态度和蔼,言语文明,秉公执法。能使司法警察的感受性提高,使其精力充沛,体力增强,观察情况清晰敏锐,思维灵活,注意力高度集中,处事果断及时,反应迅速。司法警察在满意、快乐、喜欢的情绪情感体验中工作,能够提高工作效率。作为司法警察,在工作时必须善于管理自己的情绪,保持积极、稳定的情绪情感,克服消极的情绪情感,以保证工作的顺利进行;司法警察不能带着消极的情绪去工作,当由于生活或工作上的压力或挫折而出现消极情绪时,应该学会控制自己的情绪,通过自我疏导和平时的修养锻炼,培养良好的积极的情绪,克服消极的情绪,使自己始终保持旺盛的精力,作自己情绪的主人,培养较高的情商。

(三) 积极的意志品质

意志是人们改造世界不可缺少的心理因素。人们在改造客观世界的过程中,自觉地确定活动的目的,并为实现预定的目的,有意识地支配、调节其运动的心理现象,就构成了人的意志过程。意志对行动的支配和调节作用表现在两个方面——发动和制止。发动表现为推动人们去从事达到预定目的所需要的行动;制止表现为阻止与预定目的不符合的愿望和行动。意志不仅能使人的认识更加具有目的性和方向性,由于意志的努力,人能够集中注意力,进行复杂的思维,进行主动的、精细的观察;意志对人的情绪还具有调节作用,意志坚强的人可以控制消极的情绪,克服消极情绪的干扰,在逆境中仍能把行动进行到底。而意志薄弱者往往容易被消极情绪所压倒,行动往往半途而废。

坚强的意志应包括自觉性、果断性、坚持性、自制性等内容。司法警察的意志品质主要表现为以下几个方面:

1. 自觉性。司法警察在警务工作中,应当有高度的自觉性。在遇到困难和危险的时候,能够坚定地克服困难,具有牺牲精神。具有高度自觉性的司法警察在工作中还表现出主动性和探索精神。

2. 果断性。果断性是指司法警察根据实际情况的变化,及时地作出决策,并坚决地予以执行的意志品质。果断性的意志品质表现为在危急时刻,能够当机立断,快速反应,置个人生死安危于不顾,挺身而出排除险情。具有这种意志品质的司法警察,善于根据现有情况,进行分析判断,明辨是非真伪,能够迅速而正确地作出行动的决定并坚决执行。

3. 顽强性。顽强性是指司法警察能够长时间地保持充沛的精力,以坚韧的毅力克服一切困难和障碍，实现既定目的的意志品质，也叫坚毅性。司法警察的顽强意志正是体现在能够克服内部和外部的困难，达到既定的目标，完成任务。

4. 勇敢坚强。司法警察在执行具有武装性质的任务中，常会遇到危险情况。司法警察负责人在沉着、机智、果敢的基础上实施处置措施或对策，最终需要司法警察以具体的行动来实现。能以献身精神排除困难险阻去夺取胜利是司法警察特有的职业作风。勇敢必须是有理智的勇敢，司法警察要大智大勇，智勇兼备。

5. 较好的自制性。自制性是指司法警察在意志行动过程中善于调节控制自己的思想、情绪、言行的一种意志品质。较好的自制性具有克制和激励的作用。执行司法警务时，司法警察可能会因为某些因素的刺激而引起感情上的冲动，如果这种被刺激起来的情绪一旦失去控制就会造成工作失误。通过自制力来控制情绪，避免受到某些因素刺激时作出错误判断，始终在理智下支配自己的言行。自制性以信念和自觉性为基础，司法警察具有坚定的职业信念和高度的工作自觉性，时刻意识到自己的责任和使命，自觉地把自己的言行举止与国家安危、群众安全、社会稳定及自己所代表的利益联系在一起，在工作中对事物对象的真假是非作出明确的辨别，并形成一定标准和态度，有能力抵制各种因素的刺激干扰，从而控制调节自己的思想情绪和言行，保持心理平衡，使意志行动沿着预定的目标方向进展。

（四）完善的人格品质

人格是个体在行为上的内部倾向，它表现为个体适应环境时在能力、情绪、需要、动机、兴趣、态度、价值观、气质、性格和体质等方面的整合，是具有动力一致性和连续性的自我，使个体在社会化过程中形成的给人以特色的身心组织。

1. 性格。性格是人在长期的实践活动中形成的对现实稳固的态度以及与之相适应的习惯化了的行为方式在其心理特征上的突出反映。性格是个性中鲜明表现出来的心理特征，也是个性中最重要的心理特征。人的性格特征表现为许多方面，如诚实、谦虚、善良、勇敢、自豪、果断、虚伪、自负、自卑、怯懦、优柔寡断等等。每个人都具有这样或者那样的性格特征，这些特征错综复杂地交织在一个人身上，构成人的各自不同的性格。性格对做好工作有很大的影响。司法警察所从事的职业，要求他们有较强的自信心和独立性，勇敢沉着，耐性要强，有责任心，有求实精神，勇敢顽强、果断、情绪稳定，有较强的自制力和坚忍不拔的毅力，有高度的组织和纪律性，谦虚谨慎，公道正派等。

2. 兴趣。兴趣是力求认识某种事物和渴求真理，与肯定的情趣态度相联系的积极的意识倾向。兴趣分直接兴趣和间接兴趣，直接兴趣是对活动本身的兴趣，间接兴趣是对活动的目的的兴趣。司法警察的兴趣是指司法警察在工作中对有关事物现象的优先注意和集中注意的心理趋向。兴趣带有明显的情绪色彩，当一名司法警察对某种事物或现象发生兴趣时，他的心理活动就处于兴奋状态。保持这种兴奋状态对做好工作，提高工作效率有重要的作用。司法警察应当注重培养自己积极、广泛的工作兴趣和生活兴趣。在司法警察的兴趣中，工作兴趣专一、持久，处于主要地位，而生活兴趣丰富、广泛，处于辅助地位。

3. 动机。动机是推动人进行活动的内部原动力。动机在需要的基础上产生，当需要的强度在某种水平上，有一定的外在条件和诱因条件，才能成为实际活动的动机并导致活动。动机在司法警察的工作中具有重要的意义。动机能唤起维持司法警察的工作行为，能使行动具有稳固完整的内容，并起强化作用。司法警察在工作、生活中，动机一定要有明确性、正确性和高尚性，杜绝不正当动机。

4. 理想、信念、世界观。理想是与生活愿望相结合、符合事物发展规律并指向未来的想象，它是人们工作和学习的巨大动力，是构成创造想象的准备阶段。信念是行为的动机，表现为人们对自然和社会的理论原理、见解和知识的真实性坚定不移。信念具有深刻的情感，能指导人们为之奋斗。世界观是人们对整个世界的总体看法和根本观点，具有鲜明的阶级性，它既属于哲学范畴，也是心理学的课题。世界观是对现实生活各方面态度反映的核心，是个人行为的调节器。司法警察应在生活和工作实践中努力改造自己的主观世界，树立正确的理想和信念，树立无产阶级世界观，培养良好的思想品质。

（五）成熟的自我意识

自我意识是对自己身心活动的觉察，即自己对自己的认识，具体包括认识自己的生理状况（如身高、体重、体态等）、心理特征（如兴趣、能力、气质、性格等）以及自己与他人的关系（如自己与周围人们相处的关系，自己在集体中的位置与作用等）。

自我意识在个体发展中有十分重要的作用。首先，自我意识是认识外界客观事物的条件。一个人如果还不知道自己是谁，也无法把自己与周围相区别，他就不可能认识外界客观事物。其次，自我意识是人的自觉性、自控力的前提，对自我教育有推动作用。人只有意识到自己是谁，应该做什么的时候，才会自觉自律地去行动。一个人意识到自己的长处和不足，就有助于他发扬优点，克服缺点，取得自我教育积极的效果。再次，自我意识是改造自身主观因素的途径，它使人能不断地进行自我监督、自我修养、自我完善。

司法警察必须具备较成熟的自我意识。具有正确的自我认识，即能够正确地认识、评价自己个性的优、缺点，从而在处理自我与周围的社会关系中扬长避短；具有自尊、自信的自我情感，但又不自傲，在工作中就能够既保持司法警察应有的威严，但又不自视特殊而滥用职权；具有自我控制和自我调节能力，在工作、生活和人际交往中，遇到困难和挫折时，善于积极进行自我心理调控，能够保持积极向上的平衡的心理状态，避免陷入不必要的烦恼与不安之中。

三、提高司法警察心理素养的主要途径

(一) 学习与实践相结合

司法警察通过系统学习心理科学知识，了解和掌握自身心理活动的规律，并且运用心理学所提示的人的心理活动的普遍规律去预测和控制自身心理现象的发生。通过学习心理科学知识，可以为自己在工作实践中有目的、有针对性地培养和提高心理素养。司法警察学习了解心理学知识，认识到观察是一种有目的的知觉，目的是否明确、任务是否具体，都会直接影响到观察的结果。这样司法警察在工作中就会有意识地独立地给自己提出观察的目的和任务，并且尽量使任务具体化，促使自己的观察成功；认识到人的观察力是在实践活动中经过长期的训练发展起来的，司法警察就会有意识地在工作中、在日常生活中加强观察学习，经常给自己提出观察的要求，在工作中总结观察成功的原因，培养自己良好的观察习惯；认识到观察力是以必要的专业知识为基础的，司法警察就应努力学习专业知识，扩大视野。

(二) 加强心理训练

司法警察的心理训练是指有目的、有意识地培养和提高自己在紧张、困难、危险、劳累的工作环境里完成任务所需要的心理素养，并保持心理稳定和健康的训练。也就是运用心理学原理，模拟出实际工作时的环境和环境中影响司法警察心理的刺激因素，使司法警察能够产生近似于实际工作时的心理活动，体验各种刺激因素对心理的影响，使司法警察在心理上受到锻炼，提高心理容量和心理活动水平，增强适应能力，从而能够在实际工作中对真实情况作出适应性的反应。

综观发达国家的警务工作状况，它们具备一个共同的特点，即十分重视警察心理素质，一些国家把心理素质作为选拔和训练警察的首要条件。如美国用大学教育模式对警察进行心理训练。心理训练的内容主要有：自我意识、情绪控制、应急反应能力、人际交往能力、心理变态者、受害者、家庭纠纷者技能和终身心理健康训练。心理训练，在警察教育中占1/3左右的时间。而英国警察心理训练主要有自我意识，人际交往技能和社会关系训练，既重视认知训练又重视行为训练，学生是训练的中心，训练时间较长，每次晋级都要进行必要的训练。而我国警察心理训练的内容，包括认识、情感、意志等心理过程的训练和个性特征的训练。对司法警察进行心理训练，有助于提高他们的心理活动水平。进行心理训练，可以使司法警察在面对刺激因素时，形成一种对刺激的相对性的反应，学会控制自己，减少因紧张给工作造成的困难。进行心理训练，还有助于司法警察克服心理障碍，逐步培养司法警察具有适应紧张、危险状态的特定的心理，这种心理既能保证司法警察进行有效的工作，提高工作效率，又能提高其心理承受能力，有助于心理健康。

（三）树立科学的世界观和人生观

马克思主义世界观是科学的世界观。有了正确的世界观，用它来看待人生，指导工作，就能树立正确的人生观。作为司法警察，只有树立起正确的世界观和人生观，才能正确地看待工作和生活，沉着、冷静、正确地对待各种问题。从这个意义上讲，树立正确的世界观和人生观是养成良好的心理素养的基础。

（四）丰富业余文化生活

要设法丰富司法警察的业余文化生活，调整工作带来的精神压力，满足司法警察健康身心、愉悦心情、公关社交和提高生活质量的需要。业余文化生活本身也直接强化司法警察的心理素养。

（五）加强意志培养

1. 正确的人生观是每个人不断树立自己的工作目标，奔向远大的理想，坚定信念，奋力工作的精神支柱。意志行动是受理想、信念、世界观的支配的。牢固树立共产主义理想、信念，坚定正确的政治方向是树立正确人生观的关键途径，同时，要牢固树立正确的人生观，还要不断地坚持政治学习，加强自身的政治修养。

2. 培养积极健康的情感，增强意志活动的动力。人的意志行动直接受情感、情绪的影响。情感不但能在认识和行动之间起桥梁作用，而且能促使人的认识深化，形成信念、意志。积极健康的情感可以激励人们确立正确的目标，鼓舞人们去行动，去克服困难实现目的。司法警察要不断增强热爱祖国，热爱人民，憎恨敌对势力，憎恨犯罪分子，憎恨不良现象的意识。

3. 在工作实践中不断磨练意志。实践活动是人的心理产生、深化、发展和形成的基础。司法警察培养提高意志品质单有良好的愿望不行，还必须在具体的工作实践中加强意志的磨炼，也可以通过组织手段去磨炼他们。

4. 加强意志的自我锻炼。培养提高司法警察的意志品质，除了以组织和计划有目的安排教育训练内容，或者有针对性地赋予某同志特定的任务外，更主要的是司法警察本身要自觉地加强锻炼。因为优良的意志品质的形成，必须通过主观努力才能形成，这是培养坚强意志品质的内因。

5. 自我锻炼不是闭门修身养性，而是要自觉地在实践中进行，要勇于解剖自己，要对自己意志品质上的优点、缺点进行自我剖析，坚持发扬优良的意志，努力克服某些意志上的缺陷，这样才能不断提高意志品质。

（六）智力培养

司法警察应有意识地在工作中进行智力锻炼。在日常工作中善于动脑筋，积极培养锻炼观察力、注意力、记忆力、想象力、思维力、创造力，使自己能够在各种刺激因素的干扰下，不但不影响思维，而且保持冷静的头脑，敏锐地作出判断和决策，机智果断地采取行动。在进行智力锻炼中，要针对工作特点，有意设置各种造成认识和智力上困难的情境，加强空间方位感、时间感和机动方面的训练。

（七）职业性格的培养

工作中，每名司法警察的思想品格、言谈举止、态度作风，都能反映他的性格特征。其性格品质的高低优劣，不但关系工作中的主观指导方向和策略，而且关系工作作风、警察形象等问题。优良的职业性格，往往是认真履行职责，圆满完成任务的基础。所以加强职业性格修养，提高心理品质，是做好本职工作的重要心理保证。警察职业性格修养的重点，主要在于职业道德，即为保卫社会安全而应遵循的行为准则以及具有自身职业特征的道德要求和行为规范。具体表现为：保卫国家安全而坚守岗位的决心和信心；勇于奉献的大无畏精神；高度的正义感、责任感和义务感；在工作中或在战斗中有胆有略，勇敢坚定，机智灵活，果断顽强，严格纪律，身先士卒，以及胜不骄、败不馁等。

任何事物，必须在实践中总结发展。英勇善战的士兵必须经过千锤百炼，司法警察队伍的发展和建设也蕴涵着这个道理。

四、司法警察的心理素养训练的具体方法

（一）模拟训练

模拟训练的方法是通过模拟司法警务工作中各种可能出现的行为及紧急事件，让司法警察操作和处置，帮助其减轻惊慌情绪，提高他们心理适应性的方法。模拟的情境分为两类：一类是模拟外部环境，包括实验室模拟和实地模拟；另一类是模拟人的心态，即通过让受训司法警察扮演不同角色，使他们了解不同角色的想法，以及自己应采取的措施。

（二）自我暗示训练

自我暗示也称语言调整法，是通过自己的语言对自己的心理施加影响的方法，目的是调整自己的情绪和意志行为。比如可以用"我非常镇定""我完全相信自己""我很勇敢"等语句来增强自己的意志和情绪的稳定性，可以用"我一定能成功""我准备得很充分""我能行"等增强自己的信心。也可以用自我暗示的方法进行自我放松，消除紧张和疲劳。总之，自我暗示可以防止司法警察出现不良情绪，使其自觉地进入良好的情绪状态，又可以对紧张和疲劳的消除起到一定的作用，司法警察应注意积极运用。

（三）心理咨询

心理咨询活动属于无形的训练范围，但其内容却十分广泛。对司法警察的心理咨询是咨询者运用适当的方法和技巧帮助被咨询者即司法警察认识自己，接纳、欣赏自

己，适应工作，适应社会环境，协调人际关系，维持心理平衡，发挥自身潜能。

心理咨询活动是对司法警察的心理服务，是提高司法警察心理健康知识和水平，排除其心理困扰及精神压力，提升其职业心理素养的有效方法。

（四）放松训练

放松训练就是通过对肌肉的放松练习，达到控制自己紧张情绪和应激反应的目的。有很多关于放松的方法，如：深呼吸法、静思方法等。持续数分钟的完全放松，比一小时睡眠的效果还好。身体放松常用的方法有游泳、做操、散步、洗热水澡；精神放松的方法有听音乐、看漫画、静坐、钓鱼等。此外，还有冥想、打太极拳等，这些方式都可以使肌肉松弛从而达到放松的目的。

特别提醒

保持司法警察的心理健康，对保障审判、检察工作的正常进行具有相当重要的现实意义。

项目六　业务素养

【案例 3-6】

2012 年 10 月 23 日，广西壮族自治区柳州市中级人民法院法警支队顺利完成一次长途押解、看管、值庭任务。

该案被告人覃某某、罗某某因故意杀人罪被羁押于融安县看守所，后因被告人罗某某患有心脏病、高血压等疾病，被送往南宁茅桥医院进行医治。同案的两名被告人却相隔两地，这无疑给法警押解、值庭等工作增加了难度。接到任务后，柳州市中级人民法院法警支队高度重视，多次与办案法官进行沟通并熟悉案情，最后决定将被告人覃某某从融安县看守所长途押至南宁市茅桥医院与被告人罗某某一起进行开庭审理。此次任务对中院法警支队法警们而言是一次严峻的考验，也是对司法警察岗位技能、体能及干警素质的一次实战检验。

为防止长途押解过程中被告人脱逃，支队积极制定长途押解工作预案，并提出"三落实"要求：一是落实好警力部署工作。按照一比三的押解配警要求，选好押解、看管法警，明确责任，落实到人。支队领导亲自带队执行此次押解任务，并于 22 日下午前往融安县看守所了解掌握被告人覃某某的情绪等基本情况。二是落实好押解警戒具及车辆装备。警务部门对参与押解任务车辆的油量、车况进行全面检查，并提前发放警戒具，督促每一名押解法警检验各自所佩带的警戒具，确保执行任务时所有车辆、人员、装备状态良好，做到万无一失。三是落实好押解途中的各项制度。法警对长途押解的被告人实行贴身押解，按规定使用警戒具，行驶中密切观察被告人的举动及行驶的道路状况，时刻保持高度警惕，保证人员和车辆安全。

按时将被告人押至南宁后，押解法警随即认真投入到值庭任务中，并在庭审结束后，顺利将被告人覃某某押送回融安县看守所。虽然押解过程一路奔波，但柳州市中院法警支队为此次任务交上了一份满意的答卷。

> **问题思考**
>
> 1. 本案例中，司法警察体现出的素养主要是哪方面的？
> 2. 业务素养的主要内容有哪些？

一、司法警察业务素养的内涵

业务，即个人的或某个机构的专业工作。业务素养，即专业工作的水平，包括专业工作知识（专业理论水平）、专业工作技能（专业技术水平）、专业工作熟练程度（专业训练水平）等。

司法警察的业务素养是执行司法警务工作的素养水平。业务知识是知识结构的主体部分，包括专业理论和专业技术。掌握知识的多与少、深与浅，是衡量司法警察能力的一个重要依据。在业务素养方面，要了解、熟悉与司法警察所担负的职责任务相关的法律、法规，掌握与审判、检察业务相关的法警业务知识以及有关司法警察体育技能，能够胜任本职工作。

二、司法警察业务素养的主要内容

司法警察业务素养的范围从广义上讲，包括所有的业务；从狭义上讲，是指司法警察的文化程度、业务知识、工作技能、执法水平等素养的综合体现。是上文所述的政治素养、文化素养、身体素养、心理素养等在工作中的综合运用。具体而言，司法警察的业务素养可以分为以下几种：

（一）技能素养

技能是法警完成工作任务的基础，强化教育训练是提高技能素养的重要途径，坚持经常化是巩固提高技能素养的重要保证。因为司法警察队伍是一支准军事化的队伍，为了提高法警队伍的综合素养，严格按照《人民法院司法警察训练大纲》和上级法院、检察院的指示，建立一支正规化、现代化、革命化的队伍，要做到威武强壮，招之即来，来之能战，战之能胜，就必须具备一定技能基础，就要加强技能训练。有了过硬的军事技能，才能服务于审判、检察工作，才能完成各项执行任务；有了一定的技能基础，加上一定的人员编制，才能拉得出，打得胜，所以说技能训练是司法警察部门的必要课程。

（二）科学理论知识素养

司法警察科学理论知识方面的素养要求司法警察掌握并能实际运用基本科学知识，

在具体工作中能够用辩证唯物主义和历史唯物主义的世界观和方法论去观察问题、分析问题和解决问题。同时，还要掌握一定的法学、行政管理学、社会学、警察管理学、犯罪社会学、治安管理学以及其他有关的社会科学知识。

（三）业务知识素养

业务知识素养是指司法警察在执行任务过程中，能够正确落实相关法律法规和操作规范的要求，准确运用与工作相关的业务技能知识。要求一线司法警察正视自己的工作的现状，灵活、科学运用业务知识，具备高水平政治意识，学会、做好群众工作，实现司法警务工作的法律效果与社会效果的统一。司法警察领导干部更要具有管理知识，使司法警察管理由经验管理上升到科学管理，同时要具有开拓和改革精神。

三、司法警察应具备的业务能力

（一）洞察力

发现问题是司法警察工作的起点，只有及时发现问题，才能及时分析问题和迅速解决问题。对于司法警察而言，善于发现问题的关键是：由表及里，透过现象看本质；见微知著，不放过蛛丝马迹。

（二）分析力

1. 分析问题的深度。事物的发展都是由几个不同层次所构成的过程，人们对事物的认识总是从现象到本质，从初级本质到高级本质，以至于无穷。分析问题时越深刻，就越容易把握住事物的本质和事物的规律，从而也就越容易找到解决问题的方法。

2. 分析问题的广度。造成某种结果的原因是复杂的，有直接原因和间接原因，但直接原因并不一定就是根本原因。因此，司法警察要有科学的思维方法，做到分析问题客观、冷静、全面，具有严密的逻辑性。

3. 分析问题的速度。司法警察在执行任务时要争取时间，快堵、快查、快办，拖拖拉拉就会延误时机。因而，司法警察应迅速判明情况，快速地决定方案，积极地采取措施，确保工作的及时性、果断性和有效性。

（三）应变力

司法警察在工作中所遇到的情况千变万化，尤其是在违法犯罪形势错综复杂的情况下，更应具备应变能力。应变能力是独立工作能力的基础，也是对独立工作能力的一种高标准要求，它在处理案件和开展对敌斗争方面显得尤为重要。它要求司法警察能够在各种复杂的情况下，掌握住原则，把握住方向，并灵活运用区别对待、内紧外松的工作方法，使其问题得到圆满解决。

（四）社会活动能力

司法警察的社会活动能力，是在日常工作实践中通过司法警察的多种素养表现出

来的一种综合能力,主要体现在以下几方面:

1. 调查访问能力。如为查明某种情况,检察院司法警察必须深入到群众中去调查访问。但是,对同一件事,不同的人进行调查访问,客观效果是不同的,甚至是截然相反的。实践证明,社会活动能力强的司法警察,善于把握调查访问的时机,善于制造和渲染适宜于调查的协调气氛,能及时发现被调查人的思想顾虑和洞察其心理活动,并能针对其思想特点,选择最有利的调查方式。

2. 说服教育能力。一个有经验的司法警察在对他人的说服教育中往往能和颜悦色,娓娓而谈。在押解、看管等工作过程中,面对因恐惧、悔恨或不懂法而情绪波动大,可能发生意外事件的犯罪嫌疑人或被告人,能通过自己扎实的法律知识,深刻的思想,真挚的情感,贴切的语言去晓之以理,动之以情地使犯罪嫌疑人或被告人受到启迪,得到感化。

3. 社会交际能力。司法警察在日常工作中要接触到社会的各行各业,接触到各种各样的人。为了适应工作的需要,司法警察无论在案情的调查或同人民群众的联系中,都要迅速地理解和适应对方的心理需要与思维状态,争取得到他人的信赖。因而司法警察在人际交往中,对各类型的人都要积极接触,融洽相处。同时,在他们有困难时要尽最大的力量去支持和帮助他们。这种人际关系一旦建立起来,就能更便于进行司法警察日常工作。在社会交往中,不善于争取别人的理解和支持,是一种缺乏社会活动能力的表现。

(五)思想表达能力

思想表达能力,即善于通过一定的形式将自己的思想、认识、主张等对他人完整且准确地表达出来,才能使这种思想的价值得以体现。一名合格的司法警察,必须具备表达思想的能力。

1. 口头表达能力。司法警察在履行职责进行口头表达时,应注意这样几点:①态度自然,举止大方,神情稳定;②中心明确,观点鲜明,要求清楚且具有条理性;③语言清晰、文明,不讲脏话;④善于运用生动的材料、典型事实和准确的数据;⑤掌握谈话动机、场所和正确选择谈话方式。

2. 文字表达能力。司法警察都要有一定的文字表达能力,把工作中积累的丰富经验和获得的信息文字化,方案制作和工作任务总结都是以文字形式表达的,良好的文字表达能力有利于交流能力和提升自身素质。文字表述要简练、准确,切忌字迹潦草、语言干瘪、语句不通、论据不充分、空话多和思想缺乏深度。

(六)科学预见的能力

科学预见能力是指人们在充分认识和掌握了事物发展规律的基础上,对事物的将来发展趋势所作出的正确推测和判断。

1. 科学预见是贯彻"预防为主"方针的有效途径和科学保证。"预防为主"是工作的基本出发点,是做好日常工作的根本保证。

2. 科学预见是司法警察正确行动的先导。因为科学预见是人们深刻认识了事物的本质后,经过科学的思维而得出的科学预言,它是以估计、推测、设想的方法来反映发展中的事物。司法警察具备高度的科学预见能力,在处置突发事件时,能够通过琐碎的小事去寻找问题的根本,去分析事态形势的发展方向和可能出现的基本情况。

3. 正确的科学思维方法是科学预见的前提。科学预见是对未来事实的推测和判断,它有待于实践的检验。这就决定了科学预见只能大体上推断事物发展的基本进展,不可能准确地预报具体结果和具体细节。一般地说,科学预见的准确程度取决于人们对客观事物及发展规律的认识,取决于人们科学思维的精确程度。这就告诉我们,要提高科学预见能力,必须在认识事物的规律和科学思维上下功夫。

四、提高司法警察业务素养的重要途径

(一) 司法警察人员的培训

司法警察直接担负着维护法制秩序,实现司法公正目的,打击犯罪,保护人民的合法权益,维护公平正义的重任。目前有相当一部分司法警察缺乏正规的、系统的业务和科学技术培训,与其所担负的任务不相适应,必须通过院校培训这一有效途径,迅速提高业务水平,开发管理人才,调动他们的积极参与性、创造性,使之成为一支革命化、年轻化、知识化、专业化的队伍,高质量、高效率地完成党和国家交付的任务。

1. 培训的方向和内容。①培训的方向。培训必须坚持正确政治方向,坚持党的领导。严格参照司法改革标准,遵循司法规律。②培训的内容。对司法警察人员的培训内容,必须遵循以上的培训方向来安排。主要有:马克思列宁主义、毛泽东思想、邓小平理论、科学发展观、"三个代表"重要思想、习近平新时代中国特色社会主义思想、党的路线、方针、政策和与司法警务、审检工作相关的专业知识以及现代科学技术知识等。

2. 培训的方式和方法。①培训的方式,以在职培训为主,结合实际情况,坚持"业余为主,自学为主",开辟多种渠道办学。②在职培训的方法。举办各种形式的经验交流、剖析实际案例、分析与解答疑难问题,也可做专题调查、现场实习、工作方法评价等。但是不论哪种方式或方法都要强调理论联系实际,抓住一两个重大课题进行深入的分析研究,注重实效,防止走过场。

(二) 司法警察人员的考核

1. 考核的必要性。对于司法警察人员的考核,是法院和检察院政治部门人事工作的重要内容,是提拔任用干部的基础工作。实践证明,实行严格的考核制度是非常必要的:

(1) 有利司法警察各尽其能，尽职尽责；
(2) 有利于鼓励先进，激励、鞭策后进；
(3) 有利于知人善任，发现人才；
(4) 有利于提高司法警察整体素养。

考核应与司法警察的任用、升迁、晋级联系起来，形成制度，定期考核、晋级，把竞争体制引入日常管理中来。世界多数国家的司法警察都有定期培训考核、晋级的制度，一般每隔3年至4年就有一次考核晋级的机会。我国司法警察的任用升迁也应经考核合格才相机任用和升迁，这样才能使司法警察的工作和学习经常处于竞争的机制之中。

2. 考核的内容、原则和方法。

(1) 考核的内容。司法警察的考核内容，应按各自的岗位责任制进行德、能、勤、绩全面考核，其中考"绩"主要是考核工作效能，包括完成任务的数量、质量和效果。因为工作实绩能综合反映一个司法警察的品德能力和贡献大小，所以考核以考"绩"为中心。

(2) 考核的原则。考核的原则是客观、全面、公平、合理，以求正确地反映司法警察工作的实际情况，切忌主观片面和感情用事。在考核中既要看完成任务的情况，又要看执行政策、法规、遵守纪律的情况；既要看数量，又要看质量；既要看工作热情，又要看思想作风；既要看本人的总结，又要听他人和有关部门的意见；既要看成绩，又要看不足。

(3) 考核方法，考核的方法是多种多样的，人民法院和人民检察院适用综合评议的考核方法，即根据执行岗位责任制的情况，按照所制定的考核内容和标准，采取平时考核与定期考核相结合，有步骤地进行。作出实事求是、恰如其分的评价。考核结果要同本人见面，准许本人提出意见和保留意见。考核资料装入本人档案，作为升降、奖惩、任用的依据。

特别提醒

只有不断加强业务水平，提高执法能力，才能适应构建社会主义和谐社会对司法警察提出的更高标准和更严格的要求。

问题思考

1. 如何提高司法警察的政治素养？
2. 司法警察身体素养的要求有哪些？
3. 司法警察应具备哪些心理素质？
4. 提高司法警察业务水平的途径有哪些？

单元四

司法警察的法纪要求

知识结构图

司法警察的法纪要求
- 司法警察行为的法律要求
  - 规范司法警察的法律要求
  - 规范司法警察行为的法律、法规
- 司法警察行为的纪律要求
  - 司法警察纪律要求的含义
  - 司法警察纪律要求的意义
  - 司法警察纪律要求的内容
- 司法警察的执法监督
  - 司法警察执法监督的含义
  - 司法警察执法监督的基本特征
  - 司法警察执法监督的种类
  - 执法监督的形式和内容

知识目标

- 了解司法警察的法律要求
- 掌握司法警察的纪律要求
- 掌握司法警察的执法监督

能力目标

- 能明确了解司法警察的法律要求
- 能准确理解司法警察法纪要求的具体内容
- 能掌握检察机关和警务督察部门如何对司法警察进行执法监督

项目一 司法警察行为的法律要求

【案例4-1】

齐齐哈尔天石园货站因经营原因欠货主代收费用一案处在法院调查调节过程中，

执行局法警陈某某严重违反执法程序，私受托请，威胁殴打当事人。没有院方执行通知书的情况下，陈某某单独与原告当事人一同前往，私带并使用手铐器械，严重违反执法程序。

问题思考

1. 在本案例中，该名法警哪些行为违法，触犯哪些法律、法规？
2. 规范司法警察行为的法律、法规有哪些？

一、规范司法警察的法律要求

规范司法警察的法律要求是指司法警察在执法活动中所应遵循的全部规范及其对执法行为的全面制约，也就是从法律的角度规范司法警察执法行为以及对司法警察违规行为进行制约，包括如何用法律规范来保障司法警察正确执法。主要包括四个方面：

1. 执行警务的主体必须是法定人民警察；
2. 警务活动的内容必须合法，即警务行为的指向对象正确，并符合法律和事实；
3. 警务活动必须是在警务行为主体的法定权限范围之内；
4. 警务行为必须符合法定程序。

我国《人民警察法》第4条规定："人民警察必须以宪法和法律为活动准则，忠于职守，清正廉洁，纪律严明，服从命令，严格执法。"依法规范司法警察的警务活动是人民警察法的明确规定。违反规范司法警察的法律要求的行为是违法行为，违法者依法应负相应的行政和刑事责任。规范司法警察的法律要求即警务活动必须"有法可依、有章可循"。司法警察是执法的主体，法律赋予司法警察在执法过程中行使一定的权力，各个部门的司法警察都必须学习法律，遵守法律，熟练地运用法律履行职责、行使职权，对司法警察在执行职务过程中违法违纪的，必须追究其相应的责任，唯有如此才能达到从严治警的目的。

二、规范司法警察行为的法律、法规

规范司法警察行为的法律、法规是指司法警察在履行法定职务行为时应遵循的法律规定，包括司法警察所获得的法律授权、法律支持、法律保障以及司法警察在履行法定职务时所必须遵从的法律服从、法律约束、法律制裁。它以法律、法规和人民法院制定的规范性文件（包括条例、规则、细则、办法等）为依据规范司法警察的职务活动，规范司法警察的执法行为，引导司法警察严格、规范、公正、文明执法。

司法警察行为法律规范主要包括司法警察执法主体、执法内容、执法权限、执法程序等方面的法律性规定，为司法警察实施警务活动提供了行为主体适格、行为内容正当、行为权限有据、行为程序合法的标准和指引。

(一) 宪法和有关基本法律

1. 宪法。宪法是国家的根本大法，它规定的是国家的根本制度和国家生活中最根本、最重要的问题，具有最高法律效力。司法警察不仅要学好宪法，严格遵守宪法，还要通过执法活动，普及宪法知识，提高公民的法治观念。

2. 与审判和检察工作相关的基本法律。《人民法院组织法》和《人民检察院组织法》是设立司法警察机关和主体合法性的法律根据。司法警察严格遵守程序法的相关规定。司法警察作为司法机关的工作人员，应当熟悉诉讼法内容，掌握各类诉讼的原则、制度和诉讼程序，以便在工作中更好地发挥辅助作用。同时，有必要了解实体法的相关内容，学好《民法总则》《行政处罚法》《国家赔偿法》等重要法律，在工作中对犯罪嫌疑人、被告人或罪犯进行法制宣传和教育时要做到有的放矢，保障押解、看管等工作的顺利进行。

(二) 警察类法律规范

1995年2月，全国人大常委会第十二次会议审议并通过了《中华人民共和国人民警察法》，2012年重新修订并于2013年1月1日实施。《人民警察法》共有八章五十二条，除第二章专门规定公安机关的职权职责及其他个别条款外，其余都可适用于司法警察。该法的颁布实施，对与维护国家安全和社会治安秩序，保护公民的合法权益，加强人民警察依法行使职权，保障改革开放和社会主义的建设的顺利进行，发挥了重要的作用。

1996年1月16日国务院发布实施了《中华人民共和国人民警察使用警械和武器条例》，2018年修订的《刑事诉讼法》对人民警察进行查缉活动及采取强制措施，作了明确的法律规定，形成了较为完备的适应新形势需要的警察缉查活动的法律法规。这些法律共同组成了人民警察使用警械和武器范围、原则、法律责任和条件等相关规定。它有利于增强人民警察自我保护意识，更好地打击违法犯罪活动，提高人民警察的职业责任感，使人民警察合法地进行执法活动。

(三) 司法解释

最高人民检察院和最高人民法院颁布了《人民检察院司法警察条例》和《人民法院司法警察条例》，在进一步明确司法警察的性质是参与司法活动的人民警察的基础上，对司法警察的性质、任务、职权范围和组织管理工作作了具体规定。

为了让司法警察能更好地履行职责，保护司法警察的权益，最高人民法院和最高人民检察院又相继出台了《人民法院司法警察培训暂行办法》《人民法院、人民检察院司法警察抚恤办法》《人民法院司法警察安全检查规则》《人民检察院司法警察执行职务规则》《人民法院司法警察刑事审判警务保障工作规则》《人民法院司法警察预防和处置突发事件暂行规则》等。这些司法解释的效力层级虽然并不高，但内容具体细致，为司法警察顺利开展工作提供了法制保障。

项目二　司法警察行为的纪律要求

【案例 4-2】

在某市法院司法警察整顿纪律作风大会上，一名曾唆使他人打人的法警被宣布开除公职。某市中院副院长说道"今后本市法院将采取严厉措施，彻底整顿法警工作纪律，那些工作责任心差、出工不出力、纪律作风涣散、对人民群众耍特权、抖威风的司法警察将被砸掉'饭碗'"。据了解，该市法院共查处了 14 名违法违纪的法警，他们中有的因审判纪律受到党纪政纪处分，有的因酒后驾车造成车辆报废被取消警衔，限期调离。在受处分的人员中，有正科级 1 人，副科级 3 人，4 人被开除。在本次"整风"中，法院将继续把那些不注重形象、"脸色"难看、缺乏礼貌、工作推诿松懈、不遵章守纪的法警作为重点。该市中院还决定，今后法警晋升警衔考核中，除了笔试和业务技能考试外，还要对法警的工作表现、纪律作风进行考查，深入听取群众，特别是服务对象的意见。对那些工作表现不好、群众意见大的人员，将不予晋升警衔。对那些利用手中权力谋取私利，对人民群众耍特权、抖威风、败坏人民警察和法院形象的，要严肃处理，决不手软。群众也可以通过法院纪检部门对法警在纪律作风方面的问题进行举报。

问题思考

1. 提高司法警察的纪律素质有何意义？
2. 司法警察的纪律要求有哪些内容？

一、司法警察纪律要求的含义

纪律是指为维护集体利益并保证工作顺利进行而要求成员必须遵守的规章、条文。纪律可分为政治纪律、组织纪律、工作纪律、学习纪律等；依据纪律的重要程度、目标指向，还可分为首要纪律、一般纪律、内部纪律、对外纪律、组织纪律、个人纪律等。

人民警察纪律，是指人民警察为正确履行国家法律赋予的职责权力，保证各项任务顺利完成而在其职务活动过程中必须遵守的行为准则。

司法警察纪律要求行为遵守纪律规范，包括遵守司法警察机构或其主管机关为了维护人民群众的司法权益，并保证司法警察工作任务的顺利完成而制定的对其内部成员具有约束力的行为规范。司法警察的纪律是一种义务性规范，具有司法警察机构的组织约束力，它一般表现为应该做到的和不能去做的两种行为规范。表现为不能去做的纪律规范是禁止性规范，司法警察从事的是执法工作，在纪律规范要求方面，有着比一般普通职业更高的行为约束要求。

司法警察纪律规范主要包括三大类：①上升为法律规范而具有法律约束力的纪律规范，如《人民警察法》《公务员法》等法律法规中关于适用于司法警察的纪律性规定。②最高人民法院最高人民检察院颁布的规范性文件中有关司法警察纪律的规定，即适用于包括司法警察在内的人民法院人民检察院工作人员的纪律规范，如《关于纠正节日不正之风的"十个不准"规定》《关于人民法院落实廉政准则防止利益冲突的若干规定》等；专门适用于司法警察的纪律规定，如《执法行为规范》等；要求参照公安机关人民警察有关规定执行的纪律规定，如最高人民法院政治部发布的《关于全国法院司法警察参照执行公安部五条禁令的通知》等。③地方各级人民法院及人民检察院制定的有关司法警察的纪律规定。

二、司法警察纪律要求的意义

司法警察代表国家执行法律，是社会公平和正义的化身，凝聚着人们对法律的敬仰和畏惧。司法警察的纪律是司法警察进行警务活动的重要依据，其目的是通过纪律约束来保证司法警察警务活动的顺利进行。

第一，司法警察纪律要求是加强司法警察队伍建设，提高队伍战斗力的需要。严明的纪律、严密的组织与严格的要求有利于进一步提高司法警察队伍的法制化、正规化水平，是司法警察队伍具有出色战斗力的象征。司法警察通过纪律要求的规定，自觉或不自觉地严格要求自己，优质高效地为审判、检察工作提供忠实可靠的服务与保障，不辜负党和国家的期望。

第二，司法警察纪律要求是顺利开展司法警察警务活动，切实保护当事人的合法权益的需要。明示司法警察纪律，规范警务行为，既是司法警察履行职责的任务和目标，也是切实保护当事人的合法权益不受侵犯的必然要求。司法警察秉公执法不得违反纪律要求，公平、公正作出判断，平等提供服务，切实保护当事人的合法权益。

第三，司法警察纪律要求使司法警察的警务活动始终处于各种有效的监督之下。司法警察纪律明示于众人，以公开形式接受人民群众对司法警察行为和活动的评价和监督。司法警察通过主动要求人民群众监督自己行为的方式，强化了监督模式，有利于司法警察积极开展自我反思，不断提高业务水平、执法能力。

三、司法警察纪律要求的内容

【案例4-3】

2014年4月22日下午下班后，陆川法院法警黄某龙像往日一样开车回家，途径东滨路旺和宾馆路段时，突然看见前方有3名青年男子各持一把一米见长的砍刀奋力追赶一名白衣男子，白衣男子手无寸铁，孤身一人，处境极其危险。忽然，白衣男子往河边跑去，毫不犹豫地跳入河中。3名青年男子没有跟着跳下去，他们绕道上了一座桥跑到河对岸去，守在那里等候着白衣男子上岸。白衣男子在河水中挣扎不敢上岸，路过的人都在旁边观看，没有人敢出来制止。看到这危险的一幕，黄某龙果断停车，冲向三名青年男子，并大声喝道："你们干什么？"对岸那三名青年男子看到身穿制服的黄某龙，撒腿就跑，很快消失得无影无踪。白衣男子这才从河中央游回岸边上了岸，一起即将发生的流血事件在法警的震慑下被及时制止。

（一）作为人民警察的纪律要求

《人民警察法》第21条规定："人民警察遇到公民人身、财产安全受到侵犯或者处于其他危难情形，应当立即救助；对公民提出解决纠纷的要求，应当给予帮助；对公民的报警案件，应当及时查处。人民警察应当积极参加抢险救灾和社会公益工作。"司法警察作为人民警察独立警种之一，必须遵守《人民警察法》的规定。

1. 保护公民的人身安全。当公民的人身安全受到侵犯或处于危难状态中，司法警察无论是否正在值勤，也无论受害者是否求助，都应义不容辞地制止违法犯罪活动，制服违法犯罪分子，保护受害公民。在救助危难人员、制止违法犯罪行为过程中，还须合法合理履行职权、使用武器警械，避免造成负面影响。

2. 帮助公民解决纠纷。司法警察作为执法者，代表着人民法院和人民检察院，可以对民间纠纷进行及时的法制教育，以消除矛盾，防患于未然，对社会的稳定起到有力的保障作用。司法警察在处理纠纷时，要多做思想工作，晓之以理，明之以法，动之以情，促使双方和好，避免矛盾激化。司法警察在遇到公民要求解决纠纷时，应当告知当事人到人民法院或人民调解组织请求处理；对于治安纠纷应及时报警，通知有管辖权的治安警察、巡逻警察进行处理。当遇到群众向自己报警，应采取必要的处置措施，制止现场正在发生的违法犯罪行为，同时通知有管辖权的警察进行管辖。

3. 特殊灾害时期抢险救灾。司法警察遇到自然灾害或治安灾害、事故时，应当参加抢救受难的民众或国家、集体和个人的财产。参与抢险救灾前，须查看灾情，向有关领导汇报，根据情况组织抢救；在受灾现场，服从现场指挥，迅速投入到抢险救灾的活动之中，并注意维护好现场秩序，保护现场，防止违法犯罪分子趁乱逃跑或伺机作案。

（二）司法警察工作方面纪律要求

司法警察工作方面纪律要求是司法警察在安检、值庭、押解等警务活动中必须依法值勤，严守国家秘密，对人民负责，不能以权谋私，不得推卸责任；尊重刑事被告人的人权，严禁体罚侮辱被押解人或被告人；不得非法剥夺限制他人人身自由，不得敲诈勒索，违法实施处罚或者收取费用，不得参与赢利性经营活动，不得玩忽职守。要达到工作方面纪律要求，需要培养司法警察一系列的内在纪律素质，包括政治纪律素质、组织纪律素质、工作纪律素质、群众纪律素质、保密纪律素质。

1. 政治纪律素质。良好的政治纪律素质，首先要坚持党的基本路线，坚持党的领导，与党中央保持高度一致，模范地执行党的路线、方针和政策。坚持党对司法警察队伍的绝对领导，这是司法警察队伍建设的一条根本性原则，是司法警察队伍性质的根本保证。

司法警察作为国家法律和路线、方针、政策的执行者，代表着国家的形象。司法警察工作的特殊性决定了他们应立场坚定，爱憎分明，不得散布有损国家声誉的言论，不得参加非法组织，不得参加旨在反对国家的集会、游行、示威等活动，不得参加罢工，必须维护国家的荣誉。司法警察作为执法护法者，要严格遵守宪法和法律，无条件地严格遵守国家的宪法和法律，成为守法、执法、护法的模范。

2. 组织纪律素质。司法警察组织纪律是调整司法警察个人与集体、个人与组织、个人与领导、组织与组织关系的行为准则。主要包括：必须服从全局；坚决服从领导、服从指挥、服从命令；坚持步调一致。只有步调一致、服从全局、服从统一指挥，才能真正发挥司法警察队伍的整体战斗力。根据组织纪律的要求，司法警察不得从事营利性的经营活动或受雇于任何个人或组织。

3. 工作纪律素质。司法警察的工作纪律是调整司法警察与工作对象之间关系的行为准则。主要包括：重调查研究，实事求是，不主观臆断，偏听偏信；不得弄虚作假、干预审判、包庇纵容违法犯罪活动；不得刑讯逼供或者体罚、虐待人犯；不得非法剥夺、限制他人人身自由，不得非法搜查他人的身体、物品、住所或场所；办事公道，不以权谋私，不贪赃枉法，不得敲诈勒索或者索取收受贿赂；不得殴打他人或者唆使他人打人；不得违反国家规定没收、乱收罚款、随意实施处罚或者收取费用；不得玩忽职守，不得拒不履行法定义务。

4. 群众纪律素质。司法警察的群众纪律是调整司法警察与人民群众关系的行为准则。为民服务，为群众排忧解难是司法警察的重要社会服务职能。主要包括：坚持全心全意为人民服务的宗旨，热情为人民群众服务，维护人民的利益；不搞职业特权，不谋取私利；不滥用职权，不刁难、欺压人民群众，刁难、欺压人民群众的行为后果必然是伤害人民群众的感情，降低司法警察在人民群众中的威信，必须制止这种行为；自觉接受人民群众的监督，司法警察的力量来自人民，其工作成效如何，权力使用是否得当，也要由人民群众来检验和评判；说话和气，办事公平，礼貌服务。

5. 保密纪律素质。司法警察的保密纪律是司法警察严格保守党和国家机密以及工作机密的行为规范。主要包括：不得泄露党和国家的秘密；不得泄露警务工作的秘密，司法警务工作秘密常常涉及国家的安全和利益，涉及公民的人身、财产安全，涉及司法警察工作任务能否完成，一旦泄露，就可能给党、国家和人民群众的利益造成重大损失，给犯罪分子以可乘之机。

(三) 司法警察内务方面纪律要求

司法警察必须严格遵守内务管理的要求，在执行警务时按规定着装，佩戴人民警察标志，持有人民警察证件，保持警容严整，举止端庄。内务方面纪律需要培养警容风纪素质，警容风纪素质是警察的仪表和举止，是警察纪律作风、文化素质、军事素质和精神面貌的综合反映和外在表现。司法警察代表国家，严整的警容风纪反映着国家的精神面貌，警察全副武装、警容严整地值勤，是执行法律、维护司法警察威严的需要。

司法警察的警容风纪，让人一目了然，加强司法警察的警容风纪建设具有重要的现实意义。第一，警容风纪是体现国家与社会文明程度的重要标志之一。司法警察通过工作与各类人群打交道时，其仪表、言谈和举止展现在各类人群面前，在一定程度上成为司法机关的形象表征，也是人民判断司法警察精神风貌和国家文明程度的重要标尺，如果不讲究警容风纪，没有严整的警容、端庄的举止和文明的谈吐，势必会损害司法机关的形象，危及警民关系，影响国家声誉。第二，良好的警容风纪对提升法院、检察院以及司法警察部门的公信力具有推动作用。当司法警察以良好的精神面貌，活动在法庭内外，可获得人民群众对司法警察形象的认可，增加公众满意度，提升法院、检察院以及司法警察部门的公信力。第三，良好的警容风纪有利于震慑犯罪、改善警民关系。司法警察以威严的仪表、整洁的着装和文明的谈吐活动在法庭内外，会对犯罪分子产生很大的震慑作用，使其不敢轻举妄动。同时使公民、当事人认识到司法警察是自己参与庭审过程中自身安全的有力保护者，增强了公民、当事人的安全感，并在日常活动中，乐于与司法警察打交道，密切与司法警察的关系。

特别提醒

司法警察工作方面与内务方面的纪律要求存在着必然的联系。警容风纪作为外在的让人一目了然的纪律素质是政治纪律素质、组织纪律素质、工作纪律素质、群众纪律素质和保密纪律素质的外在表现，它反映和体现了司法警察的精神风貌，是司法警察纪律素质中的重要方面。政治纪律素质、组织纪律素质、工作纪律素质、群众纪律素质和保密纪律素质的培养，有利于强化司法警察遵守工作纪律，形成严谨的工作态度，又会促进良好警容风纪的养成。

项目三　司法警察的执法监督

【案例4-4】

朝阳检察院法警队的队员们在执法过程中，胸前都会佩戴一个黑色装备"现场执法记录仪"，它如同随身"电子眼"，集摄像、拍照、录音一体，能红外夜视，能快速、准确地记录下法警执法的全过程。"现场执法记录仪"内置高像素镜头和高敏感度麦克风，集摄像、拍照、录音、对讲四大功能于一体，具有红外夜视功能，还有一定的隐蔽性，是一种便携式取证仪。该仪器不仅能准确记录现场执法及突发事件的全过程，而且拍摄的影像资料由专职人员录入电脑储存后，可以作为档案保存，供案件指挥、侦破和检察机关取证。这是朝阳检察院规范法警执法行为，提高执法效率和公信力的重要举措。

> **问题思考**
>
> 1. 司法警察执法监督的途径有哪些？
> 2. 司法警察执法监督具备什么基本特征？

一、司法警察执法监督的含义

司法警察制度是实现社会主义国家审判和检察目的的重要保证。司法警察在依法执行职务的过程中，其行为将影响到某些社会组织或公民的人身权、财产权或其他权利。如果没有有效的约束机制，某些执法者在私欲的支配下，执法活动会超出国家的整体意志，将国家赋予的权力变成实现个人利益的工具，最终必然导致某些司法警察滥用职权、腐化堕落。一方面既要用法律规范司法警察的执法活动；另一方面还须构建并完善司法警察执法活动的监督机制，通过各种不同的途径，有效地监督并防止和杜绝司法警察在执法过程中出现的滥用职权、假公济私等行为。

监督，从字面上理解，是对人们的行为进行监视察看，如果发现不符合要求的行为，就督促行为人纠正。监督的概念和监督的行为在各行各业中都存在。就司法警察的执法监督而言，有广义和狭义之分。广义的司法警察执法监督泛指党、国家权力机关、司法机关、行政机关、社会组织和团体、公民，对司法警察职务行为进行的监督。狭义的司法警察执法监督是法律监督机关和依照法律规定有监督权的国家机关对司法警察职务行为实施的监督。一般来说，司法警察执法监督指的是广义上的监督。

从司法警察执法监督的行为表现来看，司法警察执法监督可分为监察行为、督促行为、撤销行为、纠正行为等。从司法警察执法监督是否产生法律后果来看，有直接产生法律效力的，有间接产生法律效力的，还有并不产生法律效力的。

司法警察执法监督的价值在于保证警务工作的合法顺利展开，是以警务活动职能的实现与公民合法权益不受侵害为目的。司法警察执法监督是国家民主与法制建设的需要，也是提高司法警察执法水平的需要，更是司法警察队伍廉洁勤政建设的需要。

二、司法警察执法监督的基本特征

（一）监督对象的特定性

司法警察执法监督的对象是司法警察机关及司法警察，包括职务行为、警容风纪等遵守法律与纪律情况的监督。

（二）监督主体的广泛性

司法警察执法监督的主体既包括党、国家权力机关、司法机关、行政机关、社会组织和团体、公民的外部监督,还包括司法警察上下级机关的内部监督。司法警察执法监督主体的广泛性,既是提高监督主体监督效率的重要保障,也是建设社会主义民主法制,实现执法监督社会化的基本要求和重要体现。

(三)监督形式的多样性

国家权力机关、人民政府以及上级司法警察机关,可以通过检查、审查、调查等形式进行监督;检察机关可以通过法定程序对侦查、执行刑罚等活动进行监督;行政监察机关可以通过检查、调查等行政监察程序进行监督;督查机构则依照专门的督查程序监督;其他社会监督主体可以通过批评、建议、检举和控告等形式进行监督。

(四)监督过程的程序性

司法警察执法监督是一种法律制度,其形式通常表现为依法进行的、可以产生某种法律效力和法律后果的法律行为。因此,无论何种主体、出于何种理由进行的监督,都必须符合法律的要求,符合法定的程序。

三、司法警察执法监督的种类

司法警察的执法监督从不同的角度,参照不同的分类标准可以划分为不同的种类。

(一)以监督主体不同为标准

以监督主体不同为标准,司法警察执法监督可分为党的监督、人大的监督、国家检察机关的监督、行政监督机关的监督、司法警察机关内部的监督以及社会与公民的监督。

(二)以监督有无直接法律效力为标准

以监督有无直接法律效力为标准,司法警察执法监督可分为有直接法律效力的监督和间接法律效力的监督。国家法律监督机关、监察机关的监督、司法警察机关内部监督,能够直接产生法律后果,是有直接法律效力的监督;社会监督和公民监督必须经过国家法定机关受理后才能引起法律后果,是产生间接法律效力的监督。

(三)以监督的时间顺序为标准

以监督的时间顺序为标准,司法警察执法监督可分为事前监督、事中监督和事后监督。事前监督是在具体的执法行为实施之前进行监督,一般适用于司法警察上级机关对下级机关报请审批的执法活动进行的监督。事中监督是对正在进行的执法活动进行的监督,这种监督活动既有司法警察机关的监督,也有国家监督机关、社会与公民进行的监督。事后监督是在具体的执法行为实施之后,对执法行为是否合法、适当进行的监督。

(四)以监督的对象不同为标准

以监督的对象不同为标准,司法警察执法监督可分为对司法警察机关的监督和对司法警察人员的监督。无论是由司法警察机关行使的重要职权，如决定、命令等，还是由司法警察个人行使的职权，如询问、安检、参与执行等，其执法活动都要受到监督。

四、执法监督的形式和内容

对于司法警察履行职责的监督，根据监督主体与监督对象的隶属关系不同，可以将监督形式分为内部监督和外部监督。

（一）内部监督

1. 法制部门的监督。法制部门的监督是指本级司法警察部门对本级和下级司法警察队伍及司法警察人员的执法活动实施监督和检查的活动。根据《人民警察法》第43条、《人民法院司法警察条例》第20条第2项、《人民检察院司法警察条例》第18条规定，上级人民法院、人民检察院司法警察部门管理下级人民法院、人民检察院司法警察的工作，有指导、监督、考评司法警察工作的职责。上级人民法院、人民检察院司法警察部门对下级人民法院、人民检察院司法警察工作的监督，是下级服从上级、下级服从命令的体现。这种监督可以依照职权直接监督，也就是通过对下级人民法院、人民检察院司法警察工作的指导、督促、检查等形式实行监督；也可以依据申请间接监督，即上级人民法院、人民检察院司法警察部门接到公民、法人或者其他组织的申诉或复议申请，按照法定程序对下级司法警察部门作出的各种处理、处罚、强制措施等决定进行审查，发现有违法或不当之处，通过作出申诉裁决或复议决定予以撤销或变更。

2. 督察监督。督察监督，主要是指司法警察机关内部督察机构的监督，是各级司法警察机关内部设立的专门督察机构，对司法警察执行法律、遵守法律的情况进行监督。

在公安机关系统，早在1997年6月就以国务院令的形式颁布了《公安机关督察条例》，2011年8月重新修订，并于2011年10月1日起施行。根据该督察条例，督察机构对公安机关及其人民警察依法履行职责、行使职权和遵守纪律的情况进行督察。督察机构不仅有权查处人民警察的违法违纪行为，甚至有权对严重违纪的人民警察作出停止执行职务或禁闭措施，或提出给予处分或者降低警衔、取消警衔的处理建议。司法机关的司法警察也属于人民警察，建立相应的督察制度应该是题中之义。

尽管各级人民法院、人民检察院均设有纪检组长一职，但鉴于司法警察执法行为的特殊性和强制性，以督察机制来监督司法警察依法履行职责、行使职权和遵守纪律更能达到预设成效。

当人民法院的司法警察具体承担司法强制措施的实施和民事执行的部分实施权，人民检察院的司法警察大量参与到对检察院自侦案件的侦查工作的协助后，建立督察机制显得尤为重要，因为执行行为、协助侦查的行为是否符合程序公正与效率的要求，直接影响到当事人的合法权益。此处的督察机制是通过专职的司法警察来专门监督其他司法警察的职务行为实现的，即所谓的"内行监督"，可以避免监督者因不熟悉业务而被他人随意搪塞的问题。

参照《公安机关督察条例》的内容，从方便督察人员开展工作和执行违法、违纪惩戒措施的角度出发，关于司法警察的督察机制，可以实行上级督察下级的方式来予以建构，即只在中级以上的人民法院或市级以上的人民检察院才有必要设立司法警察督察机构。当然，考虑到总体警力的有限性，司法警察督察机构的人数不宜过多，并可以由上级司法机关的司法警察部门副职领导兼任督察长。

对于司法警察职务行为的督察内容可以包括：司法警察是否有违反警容风纪的行为；是否有违反规定使用武器、警械以及警用车辆、警用标志的行为；是否在履行职责过程中有徇私舞弊、贪污受贿、侵占当事人财物的行为；是否有消极怠慢、擅离职守、违抗指令的行为；是否有粗暴执法，损害当事人合法权益的行为；等等。督察方式原则上通过事后监督的方式进行，即督察机构对涉及司法警察执法行为的检举和控告展开核查，根据检举人、控告人和被检举人、被控告人双方的陈述，或者检举人、控告人提供的证据材料，按照规定程序进行调查核实。有违法、违纪事实的，应当及时提出纠正意见。情节严重的，应当通过司法警察机构负责人向本院院长、检察长提出停止执行职务、给予行政处分或者降低警衔、取消警衔，或者移送纪检部门、司法机关处理的督察建议，然后按有关程序进行处理。

如果督察人员在日常督察工作中现场发现司法警察的执法行为违反法律、法规和司法警察纪律规定的，可以当场予以纠正。必要时，可以将违法的司法警察人员带离现场。情节严重的，可以报经本院院长、检察长批准后暂停其执行职务（期限为10日以上60日以下）或实施禁闭措施（1日以上7日以下）。

督察监督的目的在于维护法律的权威，树立司法警察的光辉形象，解决司法警察在执行法律、遵守纪律过程中存在的偏差和问题，促使司法警察依法行使职权。而有效地发挥督察制度的威力，既能教育和督促司法警察正确适用法律、自觉遵守纪律，又能及时发现和解决执法活动中存在的问题，带动廉政工作的开展，使人民的合法权益得到进一步的保障。

（二）外部监督

1. 检察监督。我国《宪法》第134条规定："中华人民共和国人民检察院是国家的法律监督机关。"人民检察院由国家权力机关产生，对宪法、法律的实施进行监督，司法警察的执法活动是其监督的内容之一。根据我国《宪法》《检察院组织法》《法院组织法》《刑事诉讼法》《人民警察法》等法律的规定，检察机关对司法警察活动的监督主要体现为公诉监督，即对触犯刑法的司法警察依法提起公诉。从法律监督的意义上讲，主要针对司法警察的执法行为，检察机关在监督检察的过程中，发现有贪污受贿、徇私枉法、刑讯逼供、非法搜查、非法管制、体罚人犯等严重违法犯罪的行为，依法对违法行为者提起公诉，追究其刑事责任。

2. 行政监察监督。行政监察监督，是国家监察机关对国家行政机关和工作人员是否有行政违法行为，须承担何种行政责任进行监督、检查并作出处理的活动。《人民警察法》第42条规定："人民警察执行职务，依法接受人民检察院和行政监察机关的监督"。根据《中华人民共和国监察法》第3条的规定："各级监察委员会是行使国家监察职能的专责机关，依照本法对所有行使公权力的公职人员（以下称公职人员）进行监察，调查职务违法和职务犯罪，开展廉政建设和反腐败工作，维护宪法和法律的尊严。"司法警察队伍是国家重要的执法、护法队伍，司法警察作为国家公务员，其执法活动当然要受到各级监察委的监督。

行政监察机关的职权包括：

（1）检查权。即检查监察对象在遵守和执行法律、法规和人民政府决定、命令中的问题，以及贯彻执行国家法律、法规、政策的情况，对职务活动中的行为实施检查。

（2）调查权。即调查监察对象的特定事项，或调查其违反法律、违反行政纪律的行为。

（3）监察建议权。即监察机关根据检查、调查的结果，就监察事项向有关单位和部门提出监察建议。

（4）处分权。即监察机关根据检查、调查的结果，对有违法违纪行为的监察对象，作出追究行政责任、给予行政处分的监察决定。

3. 社会监督。社会监督，是指来自国家机关以外的社会组织如人民政协、社会团体、企事业单位和公民个人对司法警察执法活动的监督。根据《人民警察法》第44条规定："人民警察执行职务，必须自觉地接受社会和公民的监督。"社会监督的方式通常是有关的组织或个人对司法警察机关采取的措施、作出的决定提出批评、建议，对司法警察的违法违纪行为进行检举、控告等。社会监督与其他类型的监督不同，这种监督不具有严格的法律强制性，也不直接产生法律后果，而是通过批评、建议、控告等方式，引起国家有关机关的关注，从而导致强制性的监督手段的运用。

我国现阶段社会监督的形式主要有：①政协对执法活动的监督。参加政协的各党派、各团体和各界人士，对国家的大政方针进行政治协商，通过提出批评、建议等方式，对国家机关及其工作人员的执法活动进行监督。②社会组织对执法活动的监督。社会组织包括各种社会团体、企事业单位等。其中，中国有全国性社会团体近2000个。在这近2000个团体中，工会、共青团、全国妇联的政治地位特殊，社会影响广泛。这些组织或单位通过批评、建议、控告、检举等方式，对执法活动进行监督。这些组织通过批评、建议、控告、检举等方式，对执法活动进行监督。③公民个人对执法活动的监督。公民对国家机关及其工作人员的违法或不当行为，有权检举、控告，要求对责任人进行惩处；对自己受到的不公正处理，有权以提出申诉、申请复议、提起诉讼等方式，要求恢复自己的权利，赔偿自己的损失。④舆论监督。通过舆论媒介，反映广大公民和社会组织的意愿和要求，检举、揭发和控告国家工作人员的违法渎职行为。根据最高人民法院发布的《关于人民法院接受新闻媒体舆论监督的若干规定》，对于新闻媒体报道中反映的人民法院审判工作和其他各项工作中存在的问题，以及反映审判人员和其他工作人员违法违纪行为，人民法院应当及时调查、核实。查证属实的，应当依法采取有效措施进行处理，并及时反馈处理结果。⑤网络监督。随着网络信息技术的不断发展，网络民主作为公民参与社会管理和实现权力监督的一种有效形式，正逐步走向成熟。网络监督作为近年来公民实现监督权的另一种新的形式。中央也一直高度重视网络举报工作，认为开通网络举报是拓宽信访举报渠道、关注网络舆情、加强网络监督的重要举措。2005年，中央纪委监察部正式开通了举报网站，至2009年，共收到网络举报21万余件，约占中央纪委监察部同期信访举报总量的12%。2009年，中央党校出版社出版发行的《中共党建辞典》正式收录了"网络反腐"的词条，这被看作是互联网在反腐败监督中的作用得到认可的一个重要标志。网络反腐之所以如此受到重视，主要是因为互联网具有广泛而便捷的传播能力，利用互联网来发现案件线索，查办案件并通过互联网来通报案件办理情况，加强纪检监察机关与群众的沟通，不仅开拓了新的查办腐败案件的渠道，更拉近了政府与群众的距离，对于维护社会的稳定起到了关键作用。

为了保障社会和公众能够有效地对人民警察进行监督，《人民警察法》第44条还规定了："……人民警察机关作出的与公众利益有直接有关的规定，应当向公众公布"，如果社会与公民对这些规定一无所知，就不能充分地进行监督。将有关的规定公之于众，不仅便于社会和公众行使监督权利，而且有利于改正规定中可能存在的错误，弥补其中的不足，保证警察机关决策的正确性，还能充分调动社会组织和公民个人参政的积极性，促进民主政治的发展。

下编

单元五

押 解

知识结构图

押解 ┬ 押解概述 ┬ 押解的概念
     │   ├ 押解的特点
     │   ├ 执行押解的工作步骤
     │   └ 押解职责与纪律要求
     ├ 押解工作的类型 ┬ 途中押解
     │   ├ 法庭押解
     │   ├ 死刑押解
     │   └ 其他情况下的押解
     ├ 押解的组织实施 ┬ 押解的准备工作
     │   ├ 途中押解的组织实施
     │   ├ 法庭押解的组织实施
     │   ├ 死刑押解的组织实施
     │   └ 还押的组织实施
     └ 押解过程中突发事件及处置 ┬ 处置突发事件的原则
                               ├ 押解中常见突发事件及处置要领
                               └ 减少押解中突发事件的措施

知识目标

- 了解押解的含义及工作对象
- 掌握押解的类型
- 掌握押解过程中司法警察的职责和纪律

能力目标

- 明确押解的组织实施与操作要领

● 熟练掌握押解过程中的突发事件的处置方法

 法条链接

● 《人民检察院司法警察条例》

第七条　人民检察院司法警察依法履行下列职责：

（五）提押、看管犯罪嫌疑人、被告人和罪犯。

● 《人民法院司法警察条例》

第七条　人民法院司法警察的职责：

（三）刑事审判中押解、看管被告人或者罪犯，传带证人、鉴定人和传递证据。

【案例导入】

宁夏回族自治区吴忠法院的司法警察与宁夏武警总队吴忠支队武警战士共同完成押解7名涉嫌贩卖15.23公斤海洛因的犯罪团伙（其中一名为女性）的任务。武装押解从云南大理到宁夏吴忠，路程长达6000余公里，跨越5个省区，历时9天8夜。

由于路途最远，情况复杂，押解组负责人队长张队长召集参加本次执行任务的法警制定押解方案。首先考虑交通工具的选择。为了防止押解对象逃跑或者武装劫持，押解组携带的武器有两支手枪、4个自卫器和4个电棍，所以乘飞机是不太可能。如走公路，要经过地形复杂的四川省，押解组担心会有意外发生，经过一番讨论后，最终决定乘火车押解。

要解决的第二个问题是选择乘车路线。可供选择的路线有3条：云南昆明到陕西西安；云南大理到甘肃兰州和云南广通到陕西宝鸡。第一条路线都是大站，一旦疑犯家属在车站煽动人群闹事，押解组很难控制局面，后果将不堪设想。如果走第二条路线，到达兰州时是下午，再开车到吴忠就是晚上了，容易出事。权衡再三，押解组决定选乘火车从云南广通到陕西宝鸡，在宝鸡乘警车押解回宁夏吴忠。

押解组事先和车站及列车上的乘警取得了联系，考虑到回族押解对象的饮食习惯，押解组准备了大量的清真食品，并在出发前进行了三天的演练，确保每个环节不出问题。

被押解的7名毒贩都是二三十岁，除了主犯苏某是宁夏同心县人以外，其他涉案人员都是云南人，地方口音很浓，押解组很难听懂。为了防止他们串供，押解组向押解对象明确禁止相互说话。然而刚刚上火车时，毒贩们显得异常兴奋，不能聊天，他们就频繁要吃要喝、要求上厕所，对于合理的要求，法警尽量满足。他们要吃喝，押解组就喂给他们，要上厕所，押解组就同犯人铐在一起陪他们去。

法警何警官负责主犯苏某，苏某身高1.83米，上火车的时候他用力地夹挤何警官，试探法警的底，是否有力气制服他，押解法警何警官就加大了力气顶住，从心理战胜毒贩。从广通到宝鸡的车是慢车，一路上停靠很多小站，苏某上车后就假装睡觉，可是每当车停下来，他都会睁开眼睛，法警何警官就死死盯住他，他也目露凶光地看着法警，被盯了很长时间，苏某转过头，像是自言自语地说："我知道不到一年我就进黄土窑了（死了），所以只要有机会就要跑"，事实证明，在何警官的看守下，这始终是不可能的。

苏某的情妇康某是7名疑犯中唯一的女犯，上了火车后她突然捂着肚子乱撞，好像很痛苦。一开始押解组以为她是毒瘾犯了或者是要自残，直到从她身上搜出了一瓶药后才根据说明判断，她可能患有胆囊炎。可是这瓶药真的是治胆囊炎的吗？在火车上很难检查。看着康某难受的样子，法警队队长张队长决定去找乘务员拿药。"疑犯也是人嘛，他们有病我们应该尽可能治疗"，在张队长的帮助下，康某的病痛缓解了，情绪也平稳了。

49小时的火车押解过程中，每名法警只睡了四五个小时，实在困得不行了，他们就喝口随身带着的辣椒水。在宝鸡下火车的时候，车站的群众看到法警和武警押解犯人都过来围观。法警们背起毒贩的行李，把毒贩架起来，押上警车。从出站到乘坐警车，押解组仅用了15分钟。

项目一　押解概述

一、押解的概念

押解是依据法律有关规定将羁押的犯罪嫌疑人、被告人和罪犯强制提解、押送到指定地点，接受讯问、接受审判或执行刑罚活动的过程。根据讯问和审判工作的需要，分为收押、还押和移押。收押是将取保候审或因其他原因在羁押场所以外的犯罪嫌疑人、罪犯，变更强制措施，收回到监管场所羁押。还押是由司法警察将其交回公安机关看守所等羁押场所的过程，就是对犯罪嫌疑人、罪犯进行讯问或审判活动结束后，将犯罪嫌疑人、罪犯押解到原羁押场所的过程。移押是根据讯问和审判工作的需要，将在押的犯罪嫌疑人、罪犯从一个羁押场所押解到另一羁押场所的过程。

（一）押解的主体是司法警察

从看守所或其他临时羁押场所将犯罪嫌疑人或罪犯提解、押送到指定地方接受讯问、审判或执行刑罚等活动是司法警察的职责，只有司法警察才有权执行押解任务。

（二）押解的对象是特定人群

押解的对象是在押的犯罪嫌疑人、罪犯、被告或已经被采取了强制措施的人员。

（三）押解是一项执法活动

司法警察在押解犯罪嫌疑人之前，必须办理相关的法律手续，才能执行。

（四）押解是一种强制性行为

押解是限制人身自由的强制性行为，在押解的过程中，为保证安全，司法警察有权对押解对象使用警戒具，如使用手铐、脚镣、警绳等。

（五）押解的目的是保障审判等工作正常进行

司法警察押解工作是审判工作的一个重要组成部分，是人民法院、人民检察院依法行使审判权、侦查权等司法权的体现，司法警察执行押解任务只要依法定程序进行并且手续齐全，任何机关、部门和个人都无权干涉或阻止。

二、押解的特点

（一）合法性

司法警察执行押解任务过程中必须按照法律和有关规定实施，同时受到法律的保护。在押解过程中对于押解对象的合理要求可以满足，但是对于不合理的要求坚决予以拒绝、制止。

（二）适时性

适时性也称时效性，司法警察在执行押解任务时，应根据讯问和审判工作的需要，按照计划，适时地将犯罪嫌疑人押解到指定地点。

（三）危险性

押解对象是被批准逮捕的犯罪嫌疑人、押解处于运动状态、押解过程中不确定因素多等因素决定了押解的危险性。

（四）强制性

押解工作是强制押解对象从某一地点到另一地点，时间、地点、方式不依押解对象的意志为转移，押解对象必须服从司法警察的指令，只要押解的手续齐全，押解工作不受任何机关、部门、人员的干涉。

（五）艰巨性

犯罪嫌疑人、被告人或罪犯需要异地羁押，审判活动需要异地进行等情况，需将押解对象押到外地，可能会有路途远，地理环境复杂交通工具选择需谨慎等情况，担任押解任务的司法警察必须做好思想准备，克服以上重重困难。

（六）严肃性

押解工作是司法警察的法定职责，是国家的执法活动，也体现着法律的尊严，是一项严肃性的工作。因此，司法警察执行押解任务时必须警容严整，作风严谨，语言文明，行为规范，这些也体现了人民法院严肃、文明、公正的执法形象。

三、执行押解的工作步骤

（一）接受任务，制定方案

司法警察执行押解是法律赋予的职权。法警队的负责人接受法官下达的押解任务后，根据任务的具体情况制定方案，方案包括组织领导、押解方式、押解时间、押解地点、押解路线、警用器材的配备以及具体要求。

(二) 负责人布置工作

负责人对全体司法警察明确押解任务，进行分工并提出押解工作中的具体要求。

(三) 出发前的准备工作

押解出发前，应了解、掌握押解对象的基本情况（包括押解对象的犯罪性质、认罪态度、相互关系、身体情况等），确认手续是否完备，车辆、武器、戒具性能是否正常，司法警察是否到位等。

(四) 保持警惕进行押解

押解中必须保持高度警惕，随时掌握押解对象的思想变化，做好突发性情况的处置准备，防止押解对象之间用暗语示意、传递信息。

(五) 果断处置突发事件

押解过程中一旦发生押解对象生病、犯病或自杀、行凶等突发事件，一定要在保证押解对象生命安全的前提下，及时、果断处置，严防押解对象失控。

(六) 移交文书、物品并进行总结

押解任务完成后及时将提押票及有关诉讼文书、枪支弹药、戒具等装备交还给负责保管人并办理移交登记手续。押解任务的负责人要视情况对押解任务完成的情况进行讲评和总结。

四、押解职责与纪律要求

【案例 5-1】

某国有控股公司驻沈阳办事处工作人员任某因涉嫌贪污，根据最高人民检察院的指定管辖，需要将任某从深圳押解到沈阳市接受审判。为确保押解安全，沈阳市中级人民法院法警支队副支队长赖队长等事先制订了方案，对参与押解的人员、装备、路线、应急方案等均作了缜密的安排。考虑到押解路程较远、时间紧、押解对象的身体状况不适合长途押解等情况，也为了确保审判工作能如期进行，决定搭乘飞机押解。为了避免遭遇机场乘客、媒体的围观和引发同机乘客的不必要恐慌，押解组决定让法警着便衣执行任务。因为飞机上不能携带武器，犯罪嫌疑人也不能戴手铐。押解组想出了一个办法：用木板和绷带缠住任某手脚的关节位，这样任某想逃跑或反抗就没有那么容易了。执行任务当天，任某被押解到深圳机场，任某身高1.8米，体重近100公斤，在为其手脚缠绷带时，任某极不配合，并声称"要在飞机上制造麻烦"。面对这种情况，司法警察庄警官对任某进行严厉警告，同时对其进行劝导。经过庄警官的政策攻心，任某终于改变了态度。

(一) 押解的职责

1. 接受并严格执行押解任务。根据押解的整体任务，接受押解负责人分配的押解任务，认真准备、执行押解任务，根据押解任务的要求，将被告人提押到指定的羁押场所或将被告人还押到看守所或者其他监管机构。

2. 掌握押解对象的基本情况。参与押解任务的每一名司法警察对所负责的押解对象的基本情况（犯罪性质、认罪态度、相互关系、身体情况等）和旁听群众的情况要了解，确保审判活动参与人的安全和法庭活动的安全。

3. 严控押解对象。审判进行过程中，必须保持高度警惕，随时注意押解对象的情绪、思想、行为等方面的变化，防止押解对象与同案犯、家属等人接触或用暗语示意、传递信息，妨碍审判活动正常进行。

4. 果断处置突发事件。当发生押解对象脱逃、生病、自杀、向法庭工作人员攻击或行凶时，司法警察要本着及时、果断的原则处置突发情况，防止押解对象失控。

(二) 押解过程中的纪律要求

1. 听从押解负责人指挥。在执行押解任务之前，必须召开相关人员的会议，指定一名司法警察为此次押解任务的负责人。押解任务负责人负责组织、指挥、管理和协调押解过程中的全部工作，所有参与执行任务的司法警察必须听其指挥。

2. 按照规定执行任务。参与执行任务的每一名司法警察必须明确本次押解任务和职责，在押解中不得询问案情，不得与押解对象讨论与审判活动有关的事宜，不得侮辱、打骂、体罚、虐待押解对象，严肃押解、文明押解。

3. 遇有紧急情况应立即报告。押解中遇有紧急情况应立即报告，来不及报告的应沉着冷静，灵活果断地给予应急处置，处置结束后，立即将事件的处理过程报告法警队责任人。

4. 按规定着装。押解时司法警察必须着人民警察制式服装，特殊情况除外。因押解需要乘坐飞机等公共交通工具时，为避免不必要的麻烦，在保证安全的前提下，可以着便衣。

项目二 押解工作的类型

【案例5-2】

河南省周口市中级人民法院公开审理以张某华为首的特大抢劫盗窃案。该17人的特大抢劫盗窃团伙在安徽、河北、湖北、河南省境内以空货车为作案目标，手持凶器疯狂作案，共抢劫盗窃27起，抢劫钱物近百万元，其中致伤多人，杀死一人，首犯张某华直接参与作案17起。押解由周口市中院法警支队副支队长张队长负责，司法警察毛警官负责看守首犯张某华，几十位司法警察参与押解。当日下午4点多钟，法庭辩论和犯罪嫌疑人陈述已经结束,审判长宣布休庭,审判台上的控辩双方也收拾有关材料,准备离席,审判长正要宣布让司法警察给犯罪嫌疑人戴上戒具时,张某华突然跃上审判台右侧,从辩护席的椅子上,顺着半敞开的窗户口扑下去,司法警察毛警官追到窗户边时,没有从这个离地面仅有两米多高的窗户跳下去,而是跑出审判大厅,再绕道走外边的一个胡同去追,因耽误时间,致使张某华跑掉,一直未能抓获。

问题思考

1. 本案中的押解发生在哪个具体程序中?
2. 该种类型的押解工作有哪些注意事项?

根据押解工作的不同任务、不同要求、不同形式,以及各级法院多年的押解的实践经验,押解有不同的分类。从路途上可分为短途押解、长途押解;从押解对象的人数上可分为单个押解、成批押解;从使用警械上可分为徒手押解、戴械押解;从交通选用上可分为徒步押解、车辆押解等方式。押解采用何种方式,视具体情况而定。

一、途中押解

途中押解是指司法警察将押解对象由一地提押到另一地点接受审判或监管的过程。途中押解可以具体分为乘车(船)押解和徒步押解。主要有以下几种押解方式:

(一)乘警车押解

乘警车押解就是司法警察使用警车押解的过程,是目前司法警察在押解中使用最广、最多、安全系数最高的一种押解的方式。

(二)乘公共交通工具押解

乘公共交通工具押解是指司法警察在路途较远、不便使用警车押解的情况下,乘公共交通工具押解的过程。主要是指乘公共汽车、火车、飞机和轮船等公共交通工具,是异地、长途押解中较常用的方式。

(三)徒步押解

徒步押解是司法警察采用非公共交通工具押解的一种方式,通常因路途较短、交通不便,或犯罪嫌疑人罪行较轻等情况而采用。

二、法庭押解

司法警察根据审判长的指令,将押解对象从法院的临时羁押场所押送到审判法庭,接受审判的过程。

根据法庭押解的不同情况和要求,法庭押解可以分为以下几种类型:

1. 根据庭审任务的不同,分为提审押解、审理押解和宣判押解。提审押解适用于将犯罪嫌疑人从监所内提押到法庭或在监所内审判的情形；审理押解是指押解犯罪嫌疑人到法庭接受审理的过程；宣判押解是指押解犯罪嫌疑人到指定地点接受宣判的过程。

2. 根据庭审形式不同，分为公开庭审押解和不公开庭审押解。目前司法警察在执行押解任务中，绝大多数是公开的庭审押解。但是涉及未成年人犯罪或被害人中有未成年人的，往往都采用不公开审理押解。

3. 根据庭审的规模不同，分为一般庭审押解、重大庭审押解和大型审判活动的押解。

4. 根据押解对象数量不同，分为单被告人押解和多被告人押解。

5. 根据押解对象拟判处刑种不同，分为判处收监押解对象押解和判处死刑犯押解。

三、死刑押解

【案例 5-3】

河南平顶山市中级人民法院司法警察王警官负责押解一名女死刑犯杨某到法庭接受宣判。杨某可能已经预感到自己将被判处死刑，精神处于崩溃状态。一会儿清醒，一会儿糊涂。为了稳定杨某的情绪，王警官在法院的看押室里蹲在她的面前，用手摸着她的膝盖说："待会儿就要宣判了，你不要这么紧张。你还有什么要说的话，尽管跟我说。"杨某说："我知道我一会儿就要被枪毙了，我最不放心的就是我的孩子。我想给孩子写封信，可是，我的手不听使唤了，你能帮我写这封信吗？"王警官说："行，没问题。"她叫同事替她拿来纸和笔，杨某说一句，她就写一句，慢慢地，杨某渐渐平静下来。

问题思考

司法警察在执行死刑押解任务时，有哪些注意事项？

死刑押解是司法警察将判处死刑立即执行的罪犯，从宣判场所（羁押场所）押赴刑场执行死刑的过程。死刑押解实际是途中押解和法庭押解的结合，由于押解对象将被剥夺生命，所以从法庭押解至行刑场的途中，比起一般的途中押解更具有危险性。死刑押解工作环节多、要求高、难度大、危险性强，故执行死刑押解作为一种单独的押解的类型，可以分为以下几种方式：

1. 从宣判形式上，分为大型审判死刑押解和一般宣判死刑押解。
2. 从被执行人数上，分为单个执行死刑罪犯押解和集中执行死刑罪犯押解。

🔔 特别提醒

死刑犯在生命进入倒计时的时候，往往会有三种表现，第一种是平静坦然地接受审判结果；第二种是神情麻木，听从指令；第三种就是情绪激动或情绪失常。在实际押解过程中，第三种情况较多。针对第三种情况发生时，要求司法警察具有极强的应变能力，分散死刑犯的注意力，可以与其聊天，一定要在短时间内稳住其情绪，保证执行活动的正常进行，以防不测，同时要防止死刑犯的家属在宣判或执行过程中出现极端行为。

四、其他情况下的押解

【案例5-4】

刘某在北京市海淀区一歌厅内因结账问题与歌厅人员发生纠纷，一时冲动砸坏了歌厅内设施，被一审法院以寻衅滋事罪判处有期徒刑4年。判决后，刘某不服，向北京市第一中级人民法院提出上诉。案件还在审理中，刘某的母亲因病逝世。在刘某家属的申请下，法院破例同意刘某在法官和该院两名司法警察的陪同下见母亲最后一面。在母亲遗体前，沉浸在悲痛之中的刘某感激地说："能见我妈最后一面了却了我一桩心事，我一定正确对待法院的判决，好好改造，争取早日回归社会。"在法官的特意安排下，刘某还见到了自己一岁九个月的儿子，这是儿子出生以来他第二次与儿子的见面。

🔔 问题思考

1. 执行押解时，被告人提出会见亲属请求或亲属要求庭审前会见的，司法警察应当如何处理？
2. 执行该种类型押解时，有哪些注意事项？

其他情况下的押解是指为了保障审判工作需要，司法警察将押解对象由一地押解到另一地进行特殊诉讼活动的过程，主要有以下几种情况：

1. 押解被押对象到犯罪现场进行辨认。
2. 押解被押对象进行司法鉴定。
3. 押解被押对象因在审判活动中突发疾病去指定医院检查治疗。
4. 押解被押对象参加民事、经济、行政案件的诉讼活动。

以上只列举了几种司法警察在特殊情况下的押解，随着审判活动领域的不断扩大，工作要求日益规范，司法实践中将会遇到更多形式的押解任务。

项目三　押解的组织实施

【案例5-5】

　　安徽黄山中级人民法院刑一庭开庭审理王某等聚众斗殴案，提押前，该院法警队队长向刑事审判法官了解准备开庭的各犯罪嫌疑人的基本情况，得知犯罪嫌疑人王某等六人系叔侄关系，且聚众斗殴情节恶劣。法警队成立了以大队长汪队长为组长的押解组，进行了明确的人员分工，由司法警察崔警官负责押解王某，并启动了处置突发事件预案。在看守所，押解司法警察再次向管教人员了解了各被告人情况，得知被告人王某患有高血压，精神不稳定，且有自杀倾向。

　　当天下午2：20准时开庭，在长达4个小时的庭审过程中，司法警察崔警官不离被告人王某的左右。王某虽然情绪较激动，但一直配合法官的庭审，6：20分审判长宣布闭庭。司法警察将各被告人带出法庭，准备押解回看守所。在下楼的过程中，王某突然用头向楼梯的扶手撞去，危急时刻，司法警察仝警官迅速转向撞头的方向，司法警察崔警官也迅速拽住犯罪嫌疑人的左手，被告人一头撞到了仝警官的身上，王某看自杀没有得逞，就势躺在地上装病不起。崔警官和仝警官两名司法警察果断将王某抬到囚车上，迅速带离了现场。并在囚车上做通王某的思想工作，安全顺利返回看守所，圆满完成押解任务。

　　押解是司法警察诸多工作中工作量最大、流动性最强、危险性最大的一项工作。预先做好押解前的各项准备工作，做好组织保障是押解工作顺利完成的基础。

一、押解的准备工作

（一）明确押解工作的组织领导

　　对死刑犯、重刑犯、犯罪团伙犯罪嫌疑人押解、大型宣判活动押解，应由法警队负责人亲自担任负责人执行任务，其他押解可以临时指定负责人。

（二）明确押解工作的警力配备

　　押解警力配备要根据押解对象的数量、犯罪性质、押解的方式来确定。具体的警力配备应遵循以下原则：一名司法警察押解一名犯罪嫌疑人或被告人，但每次押解时不得少于2名司法警察；押解多名犯罪嫌疑人或被告人、徒步押解以及长途押解时，应相应增加警力；乘车押解时，每辆警车押解的司法警察不得少于2名；押解重刑犯、死刑犯时，每名罪犯的押解不得少于2名司法警察；庭审时间较长的押解，应增加交替警力；押解女犯罪嫌疑人或被告人，必须由女司法警察执行。

（三）押解前做好各项保障工作

　　押解前应检查提押票以及有关诉讼文书是否齐备和符合要求；检查枪支、弹药、戒具、通信工具等装备是否齐全有效；检查车辆使用性能是否完好，油料是否加足；检查押解途中所需的生活用品是否备好；检查警容风纪是否符合要求等。

（四）制定押解任务的实施方案

押解勤务执行前必须做好实施方案。对审判规模较大、押解对象数量较多和长途押解，更要制定周密的押解实施方案，防止突发事件发生。

二、途中押解的组织实施

【案例5-6】

司法警察钟警官持法官刘法官开具提押犯罪嫌疑人侯某的提押票到区看守所，看守所干警任某将提押票上法官刘法官的姓名信息输入电脑，结果找到了羁押在二监区206室的刘法官，于是将贩毒嫌疑人刘法官提押出来交给了司法警察钟警官。当钟警官核对侯某的姓名、年龄、案由、籍贯和住址等信息时，发现了任某的错误。

问题思考

当提押时出现上述案例中的情形时，司法警察应当如何处理？

特别提醒

提押票被告人姓名有误及处理情况：

1. 被告人姓名个别字书写错误的。在羁押场所内与审判人员联系，如系笔误，当即在相关登记手续及提押票上作出更正，更正后将人犯提走，如不系笔误则应退还人犯，将提押票退回审判人员。

2. 同案犯中一位被告人名字出错的。如系个别字有误则按情况逐一进行处理，如名字完全错误，不管同案犯是否指认所提人犯正确，均不应提出人犯，应当即将提押票退回审判人员。

3. 检察机关起诉书中姓名有误。经与审判人员核实提押票上被告人姓名与起诉书中姓名相符，但与被提人犯自报姓名及羁押场所登记姓名不符，则不能将人犯提出，应将提押票退回审判人员。

4. 被提押人犯自报名为曾用名。经与审判人员核实所报"曾用名"与起诉书中载明的相符，可将人犯提出，如有些起诉书在被告人基本情况中未载明"曾用名"，则应当核实被提人犯的其他姓名、住址、身份证号及基本案情是否与起诉书相符，如相符则可提出人犯，如不符则不可提出人犯，应当将提押票退回审判人员。

（一）监所提押的组织实施

1. 司法警察应当持盖有法院公章、法官签名手续完备的提押票，有关的诉讼文书和司法警察的警官证一同出示给看守所的值班干警,方可办理提押手续,在看守所中遵守监所相关规定。

2. 按照提押票,逐一核对提押对象的姓名、年龄、案由、籍贯和住址等。一次提押多人的,离开监所前一定要认真核对人数。

3. 根据押解对象的不同情况,采取不同的强制措施,适用不同的戒具。

(二) 徒步押解的组织实施

徒步押解应严格限制在路程较短、犯罪嫌疑人罪行较轻、车辆无法通行、不具备其他押解条件的情况下使用,具体要求是:

1. 徒步押解必须对押解沿线情况熟悉,有严密的安全防范措施,确保押解途中的安全。

2. 徒步押解必须使用戒具,必要时手铐和警绳可以并用。

3. 徒步押解1名押解对象时不得少于2名司法警察,押解多名押解对象时应配备足够的警力。

4. 徒步押解时押解人应位于押解对象的侧后方,手抓押解对象肘部,与押解对象保持一定的距离。不可只抓押解对象的衣领,防止途中押解对象挣开衣扣,脱掉上衣,摆脱押解而逃跑。

5. 徒步押解时司法警察必须配带武器、配备通信器材。

(三) 警车押解的组织实施

警车押解是目前司法警察押解中最常用的方式,其实施的方法是:

1. 使用性能良好的警用囚车,车上应装有警灯、警报、囚笼和通信设备,押解前一定要清除车上的全部杂物。

2. 对押解对象进行认罪伏法、配合押解工作的教育,严密监视押解对象的行为动态。为防止押解对象行凶、脱逃,对押解对象应一律使用戒具。

3. 使用汽车进行多名押解对象押解时,指定一名司法警察先上车,站于车辆的前面左或右角,然后令押解对象有序地上车,押解对象座位不能靠车窗或车门,把押解对象安置在便于监视和控制之处,司法警察位于押解对象的后方或对面,押解对象一律加戴戒具。要控制上车、下车、停、开四个环节,关好车窗,控制车门,防止跳车、用手铐撞击车玻璃和攻击其他押解对象等行为发生。

4. 同案被告人尽量分车押解,避免相互之间串供。押解多名押解对象时,要勤查看、勤点数,禁止押解对象之间谈话。对重大案件、人身危险性较大以及可能发生脱逃、行凶、自杀、自伤和其他危险行为的被告人,原则上实行一人一车押解。成年被告人和未成年被告人、男性被告人和女性被告人、同案被告人、患传染病的被告人以及其他不宜同车乘坐的被告人,应当分开押解。

5. 使用多台囚车实施押解时,应配备指挥车、开道车和备用车辆。多车押解时,要确定车辆编组，规定行车速度、距离和联络信号，并预留机动车辆，替换途中发生故障的车辆。编组通常分为指挥组、警戒组、押解组和机动组。路途远时，还应有生活保障组。警戒组先头前进，负责线路引导，排除障碍；指挥组随后，负责指挥；押解组乘坐押解车，负责监视押解对象；机动组随后，负责应付突发情况的处理。

6. 押解途中遇有交通障碍应及时疏通道路或绕道行驶，以最快的速度开辟行车路线。遇有押解车辆发生交通事故或故障时，司法警察应及时组织警戒，劝阻围观群众，确保押解对象的安全。车辆不能及时修复的，应及时更换备用车辆或调用其他车辆。

7. 执行押解任务的囚车，严禁搭乘与执行押解任务无关的人员。

（四）乘公共交通工具押解的组织实施

1. 乘公共交通工具押解事先与车（船）公安执勤人员取得联系，以取得对工作的支持，确保押解安全。

2. 乘公共交通工具押解时间长，工作环节多，以及需要处理车（船）上的生活事宜等，故应适当增加警力，以确保有足够的警力完成任务。

3. 乘公共交通工具押解应尽量将押解对象安置在易于监控、与乘车（船）群众相对隔离、远离车窗和车门、靠近厕所等处。同时还应远离驾驶室等危险、要害位置，必要时可以将押解对象铐在车（船）的固定部位，保障安全。

三、法庭押解的组织实施

法庭押解是在庭审押解过程中的押解，具有环境封闭的特点，其组织实施的内容是：

（一）法庭押解前的准备

1. 掌握羁押的地点、路线以及押解对象接受审判的位置；
2. 按规定着制式服装、佩带武器、枪械和通讯工具；
3. 认真核对押解人数，熟悉押解对象姓名、特征、案由。

（二）法庭押解的动作要领

1. 一名司法警察押解一名押解对象时，司法警察位于押解对象的左后侧，右手抓住押解对象的左臂肘部，左手自然下垂。2名司法警察押解一名押解对象时，司法警察分别位于押解对象的两后侧，各自抓住押解对象的肘部。

2. 司法警察将被告人押入法庭时，步伐要规范；将被告人带到指定位置，面对审判人员站立。在审判长或者独任审判员指令"请打开被告人的戒具"后，应立即打开被告人的戒具。

3. 司法警察押解被押人进出法庭时，司法警察的精力要集中、动作要规范。押解对象看到旁听席上的家属，情绪可能会发生变化，要注意押解对象的反应。

4. 庭审时，担任押解任务的司法警察根据不同情况采用站姿或坐姿。当公诉人起诉书宣读完毕之前和法庭宣判时,司法警察采用站姿,站立于被告人侧后方,两脚跟靠拢并齐,双腿挺直,自然挺胸;其余时间司法警察可以采用坐姿,坐于被告人侧后方,上身挺直,双臂放于大腿或椅子扶手上,两腿分开与肩同宽。

(三)法庭押解的要求

由于法庭押解是在审判场所进行的,司法警察代表人民法院的形象。

1. 在庭审中,司法警察应按审判长的指令执行押解任务,押解对象提出任何请求,须经审判长许可才能进行,司法警察不得以任何方式和理由催促、缩短庭审时间。

2. 按《人民法院司法警察着装管理规定》统一着制式警服,佩戴警衔标志。

四、死刑押解的组织实施

【案例5-7】

新疆乌鲁木齐市中级人民法院对持枪抢劫犯马某进行终审判决,判处死刑立即执行。(马某从1992年到2004年在武汉、重庆、乌鲁木齐等地伙同他人或单独作案,实施持枪抢劫6起,致7人死亡、5人重伤,抢得现金80余万元。)临刑的前一天,法警队队长屈队长来到看守所,确认马某的身份,屈队长像往常一样,语气平静地说:"马某,明天就要送你上路了,你现在还有什么话要说吗?"马某声音低沉地说:"我只想向被害人的家属说声对不起。虽然我知道一句对不起是不够的,现在我一无所有,有的只是对父母、妻子、孩子、朋友的思念。我这一生最大的遗憾就是,作为丈夫没能让我的妻子过上好日子,作为父亲,我不能养育自己的小孩长大,我最想抱一下我4岁的女儿……"一个被外界喻为杀人不眨眼的魔王的马某,说到这里,眼中涌出了泪水。屈队长得知该情况后,为马某做了申请。

21日,马某的妻子、女儿和哥哥一起来到了看守所,会见即将行刑的马某。会见前,马某请求:能不能将我脚上的脚镣取掉,不想让孩子看到自己这副模样,怕给孩子幼小的心灵上留下阴影。考虑到马某在看守所内悔罪态度非常好,很配合管教工作,从未违反监规,屈队长向看守所的领导和审判法官申请,经过讨论研究,法官和看守所领导均同意,马某见到女儿时,神情凝重起来,"宝贝儿,我能抱抱你吗?"他发颤的声音几乎是哀求,看守所又满足了他最后的要求。从押往刑场到执行死刑,马某都非常配合。

问题思考

对于死刑犯临刑前提出的最后要求能否满足?标准是什么?

(一)确定押解行车路线

1. 选择好押解行车路线,了解沿途周边地段的治安社情;

2. 选定备用路线，以备在发生意外情况下及时改变行车路线；

3. 行车路线要严格保密，防止劫持罪犯和罪犯家属拦截囚车；

4. 押解道路不通时，应及时考虑转换到备用刑场执行。

（二）备足押解警力

死刑押解除每名罪犯要配备 3 名司法警察外，还应增加机动警力，应对押解途中出现的各种情况。

司法警察执行死刑押解时，应始终采用站姿。其中，2 名司法警察分别位于被告人两侧后，一手抓住被告人的肘部，另一手自然下垂；另一名司法警察在被告人身后，保持立正姿势。

（三）要做好死刑罪犯的伏法工作

死刑犯的伏法工作内容包括：

1. 对认罪伏法的死刑犯，重点做好思想安抚，促使其配合执行工作。

2. 对判处死刑思想准备不足，有不服判决表现，尚能服从司法警察管理的罪犯，应对其做好认罪伏法教育，讲清配合执行的利弊关系，并注意随时掌握罪犯的思想行为动态。

3. 对不服从管理的死刑犯，应采取有效的强制措施将其制服，并教育其认罪伏法，配合执行。

4. 对有重大揭发检举的，应及时将有关的情况报告审判人员。

（四）死刑押解的特定要求

死刑押解与其他押解相比，社会影响大、危险性更大、要求更高，特别注意以下事项：

1. 死刑押解必须配备刑场指挥车，用于开道指挥。押解必须使用专用囚车，并应配备备用囚车。

2. 死刑押解必须保持通讯畅通。

3. 担任死刑押解的司法警察必须配备武器。

4. 押解中不得以任何理由对死刑犯进行体罚、虐待。

五、还押的组织实施

还押是押解任务的最后一个环节，司法警察只有将被押对象安全地交还给羁押场所，才算完成整个押解任务。

（一）警务受领

1. 接收指令。押解任务负责人经与案件承办人确认后，向执行押解任务的执行法警下达将押解对象还押到羁押场所的指令。执行法警收到指令后，应对押解对象进行安全检查，确保使用的警戒安全、可靠。

2. 核对身份。从押解地点向还押的羁押场所出发前，由执行法警对押解对象进行身份的核实确认，确保人数、身份与提押时一致。

（二）警务实施

还押警务的组织实施强调在还押过程中手续的办理。执行法警将押解对象还押到羁押场所时，应当与交接的羁押场所干警做好对接工作，逐一办理还押登记手续，并取回提押票。司法警察部门领导或押解负责人对取回的提押票等法律文书进行清点，交还案件承办人或承办联系人入档留存。

项目四　押解过程中突发事件及处置

【案例 5-8】

犯罪嫌疑人宋某与已婚女子迟某长期保持不正当关系，宋某要求迟某与其丈夫离婚，迟某不答应，于是宋某将迟某囚禁并殴打致残。西安市雁塔区法院在审理该起故意伤害案过程中，司法警察陈警官发现一男子精神恍惚，形迹可疑，慢慢靠近该男子后，发现其腰间藏有凶器，遂立即通知其他司法警察将其扑倒在地，从其身上搜出一把匕首，两把斧头。据该男子自己交代，他就是被害人的丈夫，他痛恨宋某，所以携带凶器为妻子"报仇"。

问题思考

1. 押解工作中的突发事件有哪些类型？
2. 如何处置押解工作中的突发事件？依据是什么？

一、处置突发事件的原则

《人民法院司法警察预防和处置突发事件规则》第 4 条规定，司法警察预防和处置突发事件应当坚持预防为主、依法依规、规范稳妥的原则。

（一）依法处置

押解时，处置突发情况一定要严格按照法律、条例及有关规定，这是司法警察有效处置突发事件的前提。司法警察要针对情况中的不同对象、事件的不同性质、问题出现的不同场合、可能产生的不同后果，慎重采取处置方法，做到有理、有据，尤其使用武器、戒具和采取强制措施时，更要严格按照有关法律规定行事。

（二）以人为本、确保安全

保障安全，是司法警察处置突发事件的主要原则。不论出现什么情况，首先考虑的是是否触及现场人员的安全，处置时也应以最大限度地避免和减少因突发事件而造成的人员伤害为原则。

（三）统一指挥、积极负责

发生突发事件时指挥关系上要明确和坚持以下三点：

1. 根据《人民法院司法警察条例》第 8 条规定，在法庭审判过程中，司法警察应当按照审判长或者独任审判员的指令履行职责规定。出现危及法庭内人员人身安全、被告人或者罪犯脱逃等紧急情况时，人民法院司法警察应当先行采取必要措施。

现场的统一指挥权应由法院在场职务最高的领导行使，没有领导的由级别最高的法官行使。

2. 在法警队伍内部必须执行下级服从上级，一级指挥一级的原则，对指挥员的指令司法警察必须坚决执行。

3. 配合、支援单位的司法警察应服从领导的指挥，不得以任何理由或借口拖延、拒绝执行指令。

（四）及时、果断处置

各级法警队应建立处置突发事件预警和快速反应机制，保证预警响应、处置等环节紧密衔接，采取一切有效措施和手段控制事态，依法、从快处置突发事件。各级法院应该制定详细的押解突发事件处置预案，划分责任。发生突发事件时，由法院院长任总指挥；处置突发事件时，司法警察要采取灵活多变战术，利用警力优势快速出击、处置。

二、押解中常见突发事件及处置要领

（一）聚众哄闹、阻拦押解的情况处置

押解途中遇到人员哄闹时，应立即将押解对象与聚众哄闹人群分隔开，并向聚众哄闹人群说明干扰公务行为的违法性，及时制止哄闹行为；遇到家属或其他人谩骂、威胁司法警察的，应对首要分子实行警告，及时制止。制止无效时，可以对首要分子采取强制措施。有时为了保护押解对象的身体不受伤害，司法警察可能会遭押解对象家属、被害人家属等的袭击，在一般情况下，应尽量先实施劝阻、警告，经劝阻无效时，再按规定使用警戒、武器，防止矛盾被激化。

（二）押解对象的家属、亲友要求会见或递送食品、衣物的情况处置

押解途中遇到押解对象的家属、亲友要求会见或递送食品、衣物等情形者，应讲明押解过程中不准接见和不准递送食品、衣物相关政策，对会见或递送行为进行规劝。如发现强行要求接见和递送衣物、食品，阻挠前进时，应提出警告，将押解对象带走，阻止押解对象的家属、亲友与押解对象之间的接触。

（三）因故停留遇有群众围观的情况处置

押解途中因故停留遇到群众围观时，应劝说围观群众远离，并设置警戒线。

（四）押解对象提出大小便的情况处置

一般情况下，乘车押解途中还没到达预定地点时，不允许押解对象大小便。如遇特殊情况需要上厕所的，司法警察应先检查厕所，不准押解对象在使用厕所时关闭厕所门。押解对象进厕所后，司法警察应一脚在门里、一脚在门外，用手和脚的抵力，形成半开门，以便监视和控制。

（五）押解对象在途中患重病的情况处置

押解对象在途中患重病，如生命垂危的，应立即采取必要的抢救措施；条件允许应尽量与当地卫生部门联系，留人监守治疗；病情不重的，应服用一些非处方药物，防止病情加重，到达目的地后再联系治疗；对于押解对象的伪病一定要甄别。

（六）途中遇到交通堵塞或车辆抛锚的情况处置

遇到交通堵塞时，应及时与交通警察联系或开道的司法警察尽快疏导交通，确认道路不能通行时，应绕道前往。没有其他路线可绕行时，应及时设置警戒。车辆抛锚又无法修复时，可令押解对象分乘其他车辆行进。如无车辆，可改为徒步押解或请当地公安机关协助，将押解对象暂时羁押在附近的监所。

（七）发生恶劣天气或自然灾害的情况处置

押解途中发生恶劣天气或自然灾害，押解工作不能正常进行或继续进行有危险的，应及时报告，并寻找安全可靠的地点暂时停留，对押解对象要严加看管；在路面受损、进退不能、援助一时不能到位的情况下，还要对携带的食品、饮用水、衣物、药品及警用物资进行资源整合，有计划的使用现有资源，防止由于物资短缺造成防范能力下降。

（八）押解对象逃脱的情况处置

一旦押解对象脱逃，应立刻追踪、搜索、堵截、捕获逃犯，并将情况及时汇报上级领导，在近距离追捕时，要迅速出击。

1. 跟踪追击。通常在看到逃犯行踪或确定逃犯逃跑方向或隐匿地点的情况下采用此法，应沿着逃犯的足迹或逃跑路线取捷径追击。

2. 预伏堵截。通常在可以判断出逃犯去向和路线时采用此法。追捕人员迅速在逃犯必经路口、渡口、桥梁、车站、码头等地设伏，隐蔽守候，逃犯到达时，将其捕获。必要时将逃犯的情况通报当地的公安机关和有关部门，请求协助堵截捕捉。

3. 包围搜索。在判断逃犯去向或隐匿地点后采用此法。追捕人员在当地公安机关、驻军、民兵的配合下，先加强外围控制以防再逃，然后对可能潜藏逃犯的洞穴、深沟、灌木丛以及房舍周围等进行搜查。如发现逃犯进入高地，应迅速采用包围搜索的方法，逐渐缩小包围圈，将其擒获；逃犯持有武器，采用四面包围，虚留逃路，正面搜索，翼侧设伏的手段，将逃犯驱赶到预伏地点或高地之外；如果逃犯潜入居民区，应首先控制其出入口处和主要街道口，依靠当地公安机关、人民群众，逐片搜索。搜索人员

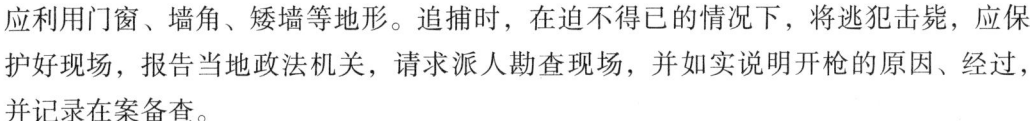

应利用门窗、墙角、矮墙等地形。追捕时,在迫不得已的情况下,将逃犯击毙,应保护好现场,报告当地政法机关,请求派人勘查现场,并如实说明开枪的原因、经过,并记录在案备查。

三、减少押解中突发事件的措施

(一) 建立处置突发性事件预警机制

押解突发事件隐患包括两方面:押解对象存在的危险因素和押解中的缺陷和漏洞。所谓危险因素,就是押解对象被羁押后产生抗拒、逃跑、行凶、自杀等心理的危险;押解中的缺陷和漏洞是指司法警察思想麻痹大意,工作责任心不强,不严格执行押解工作的规章制度等。押解工作中尽力排查隐患,但不可能绝对排除。因此,押解工作中要加速信息传递,建立处置突发性事件预警机制。法院、检察院的各部门要加强协调配合,针对突发事件能有很好的预知能力,及时沟通协调好。细化应急预案的制定过程,针对不同种类的突发事件,按照"类型化预案与一般预案相结合"原则进行细致制定,优化各类处置方案,类型化预案涵盖诸如法庭警卫、机关保卫、人犯押解等可能发生的各类突发事件,充分确保处突有案可依。

法警部门要加强与相关部门协作,形成联防格局,防止押解对象脱逃。认真贯彻执行武装看押和社会控制相结合的原则,与公安机关密切配合,形成联防局面,就能有效防范押解对象逃跑,提高安全系数。特别是针对主观恶性大、涉案人数多、社会影响大的押解对象,应当及时向分管院领导和法警队领导反映和通报,做出押解预案,早作防范。对重大、特大案件,影响大的案件的审理,必要时可向政法委报告或同公安部门、武警协商,求得支援。司法警察提审时应主动向看守、预审部门了解押解对象的表现,与主审法官、看守部门共同分析押解对象动态,研究制定相应的对策,做到知己知彼。

(二) 建立健全科学实训机制

提高司法警察的综合素质,法警部门必须建立健全科学实训机制。通过专业培训可以充分了解突发事件的性质、特征和应对方法,树立处突信心,增强处突底气。训练要以应对处置突发事件为重点,增加训练投入,改进训练方法,大力抓好司法警察体能、技能训练,要根据处置突发事件的要求,加强对应急分队的实战演练,提高法警处置突发事件的能力。

(三) 建立风险评估机制

司法警察部门根据面临的日常突发事件,将具体内容及潜在风险分为不同的风险等级,并根据风险评估机制在区分不同风险等级的基础上对各项工作做详细的风险预案并规定预防措施。例如对于特大级的刑事提押过程中被告人逃脱、自杀等潜在风险,要求执勤法警在提押前向看守所了解被告人的基本情况,进行人身和戒具的安全检查,确保每两名司法警察押解一名被告人,如遇特殊情况,适当增加警力,提押过程中注意动作规范,时刻保持警惕,密切关注被告人情绪和动态,如遇警力不足等特殊情况,为保证安全可以暂缓押解,将相关情况通知法官以暂缓开庭。

项目五　技能训练

一、训练目的与要求

(一) 训练的目的

通过训练,使参训学生明确法庭押解的任务及职责,正确使用手铐、警绳等模具,准确执行法庭押解任务。

(二) 训练的要求

1. 训练时间为 2 学时。
2. 参加训练的同学,5~8 人为一个单位,分成若干小组。
3. 规范完成法庭押解任务,进行总结。
4. 训练过程中互相配合模拟练习,并进行角色互换练习,同学之间可以针对训练中的问题进行讨论、总结,也可以向教师寻求帮助。
5. 训练结束后,请老师考核。
6. 教师根据每小组训练中的表现是否正确等方面进行考核,并按百分制给出成绩。

二、训练内容要点

1. 法庭押解前的准备。
2. 法庭押解任务执行。

三、法律依据

1. 《人民法院司法警察条例》。
2. 《人民法院司法警察刑事审判警务保障工作规则》。
3. 《人民法院司法警察执法细则》。

四、训练前的准备

1. 介绍案情及被押解人的情况。
2. 确定任务执行小组并确定负责人。
3. 预测在押解过程中会发生哪些突发情况。

五、训练的方法与步骤

（一）训练方法

采取实地操作性训练方法进行。

（二）训练步骤

1. 训练准备。

（1）根据指导教师设计的案情，模拟押解。

（2）安排参加训练的同学分组、分工，明确各自的职责任务和工作内容。

（3）确定各自职责。

2. 训练的展开。各组根据法庭押解的具体分工制定方案，并按照方案内容进行。

3. 训练总结评析。各小组训练结束后，请教师进行考核，根据操作情况给出操作成绩，就训练情况进行总结评析实训。最后，参训学生写出实训报告。其内容包括：押解方案的制定、人员分工、押解对象的情况、可能发生的突发事件等，提交实训的总结报告，指导教师批改后给出总的成绩。

（三）考核标准

1. 优秀：

（1）准备充分。（17~20分）

（2）操作熟练。（26~30分）

（3）注意事项清晰。（17~20分）

（4）保护步骤非常准确。（17~20分）

（5）态度认真负责。（8~10分）

2. 良好：

（1）准备较充分。（14~17分）

（2）操作较熟练。（21~26分）

（3）注意事项较清晰。（14~17分）

（4）保护步骤准确。（14~17分）

（5）态度较认真负责。（7~8分）

3. 合格：

（1）准备基本充分。（12~14分）

（2）操作基本熟练。（18~21分）

（3）注意事项基本清晰。（12~14分）

（4）保护步骤较准确。（12~14分）

（5）态度比较认真负责。（6~7分）

4. 不合格：

(1) 准备不充分。(12分以下)

(2) 操作不熟练。(18分以下)

(3) 注意事项不清晰。(12分以下)

(4) 保护步骤较混乱。(12以下)

(5) 态度不认真负责。(6分以下)

[示范案例]

河南新乡中级人民法院在封丘县开庭审理绑架杀人案中犯罪嫌疑人程某、杜某、石某。(案情：程某、杜某、石某等人将邵某骗至一出租屋后将其绑架，在向其家人索要财物未果后将其杀害，后怕事情败露，又将一知情人李某骗至出租屋杀害。案发后，杜某的6名亲友帮助2名犯罪嫌疑人毁灭证据)。在法院临时羁押室中发现程某、杜某2名犯罪嫌疑人的手上有字迹。

[训练要求与提示]

1. 执行上述任务的司法警察遇到以上情况该如何处理？
2. 是否需要采取进一步措施，保证庭审工作能顺利进行？

[参考意见]

上述案例中，公诉人判断，既然2名犯罪嫌疑人可能串供，其他几名犯罪嫌疑人也有串供的可能，随即果断作出决定，要求该院司法警察立即对本案9名犯罪嫌疑人进行人身检查。司法警察在9名犯罪嫌疑人身上又搜出2封长达7页的串供信和两个记事本，内容涉及几名犯罪嫌疑人之间对案件信息交流及如何逃避司法机关制裁的方法和手段；在犯罪嫌疑人石某的身上竟发现了开手铐的金属片。

为确保案件的顺利诉讼，法警队队长当即向审判长提出两项建议，①延期审理；②对9名犯罪嫌疑人异地关押。审判长采纳了队长的意见，在检察官的全程监督下，9名犯罪嫌疑人从封丘县看守所被换押至百里之外的新乡市看守所。到了新乡市看守所后，检察官立即对9名犯罪嫌疑人进行讯问，固定了几名犯罪嫌疑人串供的证据，同时又发现封丘县看守所曾将该案的2名犯罪嫌疑人关押在同一监舍的严重违规现象。

单元六

看 管

知识结构图

```
             ┌ 看管的含义
             │ 看管的执法依据
    看管的概述┤ 看管的特点
             │ 看管的职责
             └ 看管的要求

                             ┌ 固定羁押场所的看管
    看管的类型与适用┤
                             └ 不固定羁押场所的看管
看管
                         ┌ 警务受领
    看管的组织实施┤ 警务准备
                         └ 组织实施

                                 ┌ 看管过程中发现异常情况的处置
    看管中突发事件的处置┤ 看管对象脱逃、自杀、自残情况的处置
                                 └ 看管对象突发疾病的情况处置
```

知识目标

- 理解看管的概念
- 掌握看管的适用与实施程序
- 把握看管中突发事件的处置要领

能力目标

- 具备执行看管的能力
- 能够制作看管工作方案
- 能快速处置看管过程中突发情况

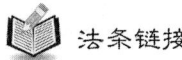 **法条链接**

- 《人民法院司法警察条例》

第七条：人民法院司法警察的职责：

……；

(三) 刑事审判中押解、看管被告人或者罪犯，……；

- 《人民检察院司法警察条例》

第七条：人民检察院司法警察依法履行下列职责：

……；

(五) 提押、看管犯罪嫌疑人、被告人和罪犯；

……

项目一　看管的概述

【案例6-1】

2018年5月，广元青川法院公开开庭审理了一起重大诈骗案件，案件被告人数多达13人，且被告人家属及旁听群众众多，这对法警大队的押解、看管、值庭和安检工作带来了严峻的考验。

为确保此次开庭审理顺利进行，青川法院法警大队提前召开警务工作会，分析案情，制定庭审保障方案。经过积极与青川县公安局协调沟通，9名公安干警协助青川法院法警大队对此次案件进行警务保障工作，化解了被告人人数众多，法警大队司法警察不足的问题。

执行看管任务中，法警提前对羁押室和设备进行检查，对被告人出入羁押室进行登记，密切监视被告人，严格按照规则实施押解、看管，做到了押解和看管工作及时、准确、安全、规范，确保了庭审顺利高效进行。

此次案件，由于案情重大疑难复杂，且多数被告人不认罪，庭审时间较长，直到第二天凌晨两点半才顺利结束。青川法院法警大队保障方案部署到位，全体警务保障人员尽职尽责，特别是参与协助的公安干警发扬了优良作风，使得庭审中押解、值庭、看管每个环节都能顺利衔接，最终保障了十几个小时的庭审过程井然有序，安全规范。

问题思考

1. 什么是司法警察的看管？
2. 根据本案例，分析司法警察看管的任务是什么？

一、看管的含义

（一）看管的概念

看管是司法警察的一项职务行为，是指司法警察根据办案或审判活动的需要，依法对犯罪嫌疑人、被告人或罪犯在羁押室或其他羁押场所实行临时看守和管理，以保证司法机关办案或审判活动顺利进行的职务行为。

《人民检察院司法警察条例》及《人民法院司法警察条例》均规定了司法警察的职责中包含了看管的任务。同时，最高人民检察院和最高人民法院也分别进行了相应的职务要求。

《人民法院司法警察刑事审判警务保障工作规则》规定：看管是指人民法院司法警察根据审判工作的需要，依法在人民法院羁押室或其他指定地点等场所候审期间，对被告人进行看守管理，保证审判活动顺利进行的职务行为。

（二）看管的主体

人民法院司法警察对刑事审判的被告人在法院或其他审判场所的候审期间执行看守和管理。

人民检察院根据侦查或检察工作需要对被依法采取刑事强制措施的犯罪嫌疑人的活动范围进行控制、管理，如司法警察对被监视居住人进行24小时监控，或者在其他的审讯活动中，犯罪嫌疑人、被告人或罪犯离开原来的羁押场所，等候司法活动期间，均需要由司法警察对其进行严密的看管。

（三）看管的对象

1. 人民法院司法警察看管的对象。人民法院司法警察看管的对象是庭审期间候审过程中、休庭时的被告人和已经判决尚未移送监狱或其他执行场所的罪犯。

2. 人民检察院司法警察看管的对象。人民检察院的司法警察看管的对象是被依法逮捕、拘留的犯罪嫌疑人、被告人和罪犯。人民检察院司法警察的看管对象，包括被依法宣告监视居住的犯罪嫌疑人和从公安看守所、监狱等羁押场所提押至检察机关接受讯问的犯罪嫌疑人、被告人或罪犯。人民检察院司法警察依法对这些对象实施看管，以确保对象的安全与稳定，保障侦查起诉和司法监督活动的顺利进行。

（四）看管的期间

人民法院司法警察在开庭前一定时间将被告人押解到法院的羁押室看管等待庭审，或在开庭中间的休息阶段、合议庭合议阶段等都需要对被告人实行看管。因此，法院司法警察的看管期间仅限于审判阶段的被告人候审期间。

人民检察院为了调查、了解案件的真实情况，检察院司法警察需要押解刑事案件的犯罪嫌疑人对现场进行辨认、调查取证、讯问等，通过看管防止其脱逃。因此，检察院司法警察的看管期间仅限于侦查和移送审查起诉工作期间。

（五）看管的任务

司法警察执行看管的任务是临时的看守和管理。看守关押在羁押场所的看管对象，保障其人身安全，维护看管场所的秩序，并对看管对象在羁押期间的生活卫生实施相应的管理。

（六）看管的目的

司法警察对看管对象的看管，是为了确保对象的安全和稳定，使其能正常参加相应的司法活动，依法参加检察机关的办案和法院的审判工作过程，保障办案和审判工作得以顺利进行。

二、看管的执法依据

看管是司法警察的一项基本职责，分别由《人民检察院司法警察条例》和《人民法院司法警察条例》进行了相关的规定。《人民检察院司法警察条例》（2013年1月16日最高人民检察院第十一届检察委员会第八十四次会议通过）第7条第5款规定，人民检察院司法警察依法履行下列职责：提押、看管犯罪嫌疑人、被告人和罪犯。《人民法院司法警察条例》（2012年12月1日起施行，最高人民法院审判委员会讨论通过）

第7条第3款规定，人民法院司法警察的职责：刑事审判中押解、看管被告人或者罪犯。《人民法院司法警察刑事审判警务保障工作规则》（2019年3月1日施行）

刑事审判警务保障工作（以下简称警务保障）是司法警察在刑事审判中，依法实施的押解、看管、值庭等职务行为。

第25条 看管是司法警察在刑事审判中，依法对在人民法院羁押场所或者其他指定地点候审的被告人进行看守管理，保障审判活动安全有序进行的职务行为。

三、看管的特点

【案例6-2】

2017年3月8日14时许，禄劝法院值庭法警将被告人姜某某从县看守所提押至禄劝法院候审期间，值庭法警在羁押室发现姜某某神色异常、情绪紧张，便立即对其进行搜身检查。经搜查，在其右裤兜内发现一枚10厘米长的铁钉。法警大队长第一时间向法院院长报告，院长当即作出安排，并提出三点要求，①及时处置事件，讯问被告，固定证据；②向县看守所通报相关情况，查清铁钉的来源；③对被告人进行思想疏导，确保庭审顺利进行。

问题思考

根据以上案例，分析司法警察看管具有什么特点？

司法警察看管工作具有如下特点：

(一) 临时性

司法警察的看管是司法活动暂停时段，维持对被看管人强制管理的过程。不同于监狱和看守所的固定式看管，司法警察看管一般只在刑事审判开庭审理的候审期间或者检察院办案过程停顿期间，属于时间较短的临时性工作。看管的临时性导致司法警察很难对于被看管人的思想习性、行为动态进行全面深入了解，给看管工作的顺利完成带来一定的难度。

(二) 看管对象心理的不稳定性

犯罪嫌疑人、被告人和罪犯被押到检察院、法院接受审理和判决时，对案情或判决结果都会抱有各种猜测或期望，心理活动非常复杂，悔恨、侥幸、恐惧等心情同时涌上心头。导致被看管人心理不稳定主要有以下几种因素：审理中由案件性质、情节变化引起的心理变化；对判决结果在思想上的准备是否充分、是否认罪伏法而产生的心理变化；离开监所后环境的变化而产生的心理变化。这些心理变化很容易促成被看管人行为的反常或引发过激行为。

(三) 危险性

除了由于看管对象心理变化带来的不可预测的危险性之外，在司法警察的工作实践中，看管过程发生被看管人行凶、自杀、自残、脱逃及犯罪团伙杀人灭口、内外勾结劫持被看管人事件也不少见。这说明看管工作带有一定危险性，这种危险不仅对被看管人构成威胁，而且对执行看管的法警也构成威胁。

(四) 流动性

羁押室关押的对象随着办案及审理的安排，每天都不相同，关押对象都是流动变化的。即使在同一个刑事案件的开庭审理过程中，被告人也要多次进出羁押室，尤其是多被告的时候，人员流动更大。因此，执行看管任务的司法警察要认真做好被告人进出羁押室的登记，防止发生差错。

(五) 复杂性

为了方便案件的审理，人民法院和人民检察院都设有羁押室。但有些案件为了达到社会治安综合治理的目的，法院进行公开宣判，基于方便原则，需要在审判现场设置临时羁押室，这种临时羁押场所往往存在多种潜在危险与意外因素。而看管期间，有些家属想要进行探望，借机递送物品、传递信息，这些行为都带来看管工作的复杂性。检察机关为了查明案情，带犯罪嫌疑人指认现场、搜查等侦查活动，场所复杂等不安全因素非常多，也给看管工作带来了难度。

四、看管的职责

（一）核对被看管对象的身份，清点人数，填写看管记录

负责看管的司法警察应及时了解被看管对象的身份及相关情况，核对关押人数，做到人数清、情况明。看管对象进出羁押室，应进行登记；看管法警应认真填写看管记录，与押解法警履行交接程序。

（二）对被看管人进行安全检查

被看管人到达法院、检察院时，应先对其进行人身安检，严格检查，防止其携带危险物品进入羁押场所。

（三）观察被看管人动态，实施有效管理和控制

密切监控和观察看管对象的动态，利用监控设备以及司法警察的巡检，主动发现各种动态，控制突发事故的苗头。及时告知被看管人羁押室的规章制度，以期有效防范事故的发生，并且实施有效的管理，维持羁押室的良好秩序。

应做好看管期间的生活管理，如被看管人因接受调查、审判误餐时，应准备伙食；被看管人在看管期间患病，应及时做好防护措施，并给予治疗。

（四）防止被看管人串供、接触与看管无关的人员

对于团伙犯罪或其他共同犯罪的案件审理过程中，多名被告人同时出庭。同案犯常常会在短暂的看管期间，利用一切可能的手段进行串供，妄图逃避审判或减轻罪责。因此，根据规定，看管期间要加强监管，确保有效隔离，严禁被看管人之间谈话或用暗语交流串供，保证案件的正常审理。

（五）预防和处置被看管人脱逃、行凶、自杀、自伤或者其他危险行为

人民检察院、人民法院看管场所与看守所、监狱等看管场所相比，防范措施相对薄弱，因此，个别被看管人会产生脱逃、行凶等违法思想，甚至产生悲观厌世、扰乱秩序的念头，预谋实施自杀、自伤等危险行为。执行看管的司法警察应当做好严密的防范措施，并且及时进行有效处置。

看管期间，对被看管人一般不使用戒具，但是对于可能发生脱逃、行凶、自杀、自伤和其他危险行为的被看管人，应当根据安全需要，经批准可以使用警戒具，加强有效控制。对重刑犯或有迹象表明可能行凶、脱逃、自杀、自残的被告人，应面对面进行看管。

（六）处置看管中的其他突发事件

司法警察在执行看管过程中，被看管人发生突发状况的，执行看管的司法警察应及时向案件负责人或法警队领导汇报，并及时采取相应措施，及时处置突发事件，将事态的不良影响控制在最小范围、最低程度。

五、看管的要求

《人民检察院司法警察看管工作细则》《人民检察院司法警察执行职务规则》及《人民法院司法警察刑事审判警务保障工作规则》《人民法院司法警察执法行为规范（试行）》等规范性文件的相关规定明确了司法警察执行看管的基本要求。

（一）遵纪守法、服从指挥

看管的司法警察应当严格遵守法律法规和有关规定，服从司法警察部门领导和看管警务负责人的命令，听从指挥，恪守职责，不得做与看管警务无关的事情。遵守《人民警察使用警械和武器条例》，按规定配备与使用警械和武器。

（二）熟悉情况、保守秘密

看管的司法警察应当认真仔细地核对和了解看管对象的身份，清点羁押人数，了解看管对象犯罪的基本情况、有无疾病、有无异常情绪；对进出羁押场所的被告人姓名、时间、人数以及押解的司法警察姓名等，应逐一登记，认真填写看管记录；不得询问或者谈论案情，不得谈论国家秘密和审判工作秘密。

（三）规范执法、不徇私情

看管的司法警察应当遵守告知义务，使用告知词，告知被告人在羁押期间应遵守的规定和纪律，同时告知看管对象所享有的权利。看管期间，司法警察应密切监控看管对象的活动，不间断地巡查看管场所，制止看管对象串供、自伤、自杀等违法行为的发生；不得辱骂、体罚、虐待或者变相体罚看管对象；不得让被羁押人以外的任何人员进入羁押场所；不准给被羁押人带食品或者其他物品；不准给看管对象传递口信；未经许可不得在羁押场所摄影、录音、录像。在特殊情况下，经审判长允许，可以给被告人带（送）食品或其他物品，但所带的食品或其他物品必须符合有关规定和要求，并应当进行严格检查。

（四）警容严整，规范着装

司法警察执行看管任务时，应当按照规定着装，保持警容严整，举止端庄。严格执行着装规定，按照要求佩戴警衔标志、警号、胸徽、帽徽、领花、臂章等，整齐穿戴，不得佩戴其他与司法警察身份或执行公务无关的标志、配饰。注意仪容举止，讲究礼节礼貌，自觉维护司法警察的良好形象。

项目二　看管的类型与适用

【案例 6-3】

大武口区法院标准化羁押室经过精心筹建投入使用，进一步确保了刑事审判工作的顺利进行，消除因羁押场所可能带来的安全隐患。

根据最高人民法院关于《人民法院羁押场所技术标准》的相关规定，院领导对羁押场所经过多次考察研究，下大力气对羁押室、羁押通道、法警看管值班室进行改造。共投资改建4间软包羁押囚室、1间羁押人员专用卫生间、1间羁押专用车库和法警值班监控室。羁押场所全部使用防火海绵、防火皮革面料等软包材质，无突出棱角、无明柱，配备了安全座椅，有效防止被羁押人员出现撞击、自残等人身伤害或脱逃的情况。对羁押室的标准化改造，有效隔离了被告人与其亲属、旁听人员说话以及旁听人员围堵被告人的各种安全隐患，提升了对羁押刑事被告人的安全性及严密性，增强了司法警察的押解及刑事审判工作的安全保障。

问题思考

羁押场所的条件对于执行看管有哪些方面的影响？

根据办案或审判的需要，会在不同的环境下实施看管。司法警察执行看管任务也会由于羁押场所的不同，而有不同的执行要求。因此，根据羁押场所的不同，看管可以分为固定羁押场所的看管和不固定羁押场所的看管。

一、固定羁押场所的看管

刑事被告人及其羁押室监控设施安全是保障刑事审判工作正常进行的一项基本条件，也是审判法庭建设的重要组成部分。人民法院在刑事审判法庭外建设固定的羁押场所。被告人候审期间，关押在羁押室，由司法警察执行看管任务。

（一）固定羁押场所的条件

1. 羁押室的外门和各羁押室的内门应采用栅栏式铁门，门窗安装铁栅栏，门锁要安全牢固。

2. 室内不应有凸出的阳角和明柱，周围墙面或顶面不应留有窗口，内墙要求平整，不宜安装其他物品，对墙面进行软处理。

3. 需要照明设施的，应采用藏式灯具且电源开关置于羁押室外。

4. 羁押室内应安装电视监控设备，监管羁押室的法警值班室要配备完善的音像监控设施和用于处理紧急或突发事件的警用装备。

5. 羁押室内应配备公共卫生间并采用蹲式便池，公共卫生间的设置应便于对刑事被告人的监视，并配备消毒设备。

6. 要设置相对独立的刑事被告人通道，并合理确定羁押室与法庭、法警值班室等不同用房的位置。

（二）固定羁押场所看管的适用

1. 根据审判案件的性质、羁押场所的具体情况、被看管人的危险程度和数量配备相应的看管司法警察。对 1 名被看管人的看管一般应配备不少于 2 名司法警察；对有多名被看管人的案件，应适当增加看管警力。

2. 对男性被看管人、女性被看管人；成年被看管人、未成年被看管人以及其他需要分别看管的被看管人，应分别关押看管。对女性被看管人应由女司法警察执行看管；对同案被看管人应保证一人一室。

3. 看管司法警察应当使用告知词，告知被看管对象在羁押期间应遵守的规定和纪律，同时告知其所享有的权利。

4. 被看管人需要上厕所时，每名被看管人应由 2 名司法警察监控。遇有女性被看管人时，应由女性司法警察监控。被看管人如厕前，司法警察要注意查看厕所的环境是否安全，厕所内有无危险品及障碍物。被看管人如厕时，司法警察应处在有效控制位置，防止脱逃等意外情况的发生。

5. 看管期间一般不得解除戒具。

6. 看管司法警察应当巡视看管场所，严密监控被看管对象的动态，防止发生意外事件。对于重大案件的羁押对象应当加强看管措施。

二、不固定羁押场所的看管

人民检察院司法警察根据检察机关侦查工作的需要，对被依法决定监视居住的犯罪嫌疑人在指定的居所实施临时看守和管理，保证检察侦查活动顺利进行。监视居住一般在犯罪嫌疑人、被告人的住所，对于看管工作而言，存在多变性和不稳定性。

人民法院因实际工作的需要，如对具有重大社会影响的案件进行公开宣判，会选择较大型的公共场所作为宣判场所，并设立临时羁押被告人或罪犯的场所。这些场地相较固定的羁押室，存在更多的安全隐患，因此，临时羁押场所应当符合相应的必要条件。

（一）临时羁押场所的条件

1. 临时羁押场所应当尽量靠近审判区和厕所。
2. 临时羁押场所应远离危险物品和存在安全隐患的场所。
3. 临时羁押场所应便于押解囚车进出，有利于安全警戒。
4. 临时羁押室应尽量选择窗户少，门窗坚固、牢靠，室内无杂物，便于监控看管的房间。

如果不具备以上条件，执行看管任务的司法警察就应考虑使用囚车做临时羁押室。使用囚车作临时看管场所时，车辆应靠近审判区停放，周围应设置警戒，囚车驾驶员不得离开驾驶室。

（二）不固定羁押场所看管的适用

不固定羁押场所看管适用于人民检察院对案件侦查取证阶段的特殊环节及协助执

行监视居住的执行,以及人民法院离开法庭进行刑事开庭审判活动环节,或者其他突发事件发生的情况。针对临时性和变化性看管场所,司法警察执行看管有更严格的要求。

1. 对临时羁押场所进行彻底的安全检查,排除一切可能存在的安全隐患。首先,对用作临时看管场所的房屋周围环境进行检查,对可能存在的安全隐患要予以排除。并对附近居民及时告知,安抚群众情绪,加强外围警戒力量,排除人为因素的干扰。其次,对要用作羁押室的房屋进行全面细致的安全检查,确保门窗牢固,无多余杂物;对房屋内电路、照明用具以及水源等物品进行安全排查或测试,以确定其性能的安全性,排除所有安全隐患。最后,如有多名看管对象,须进行分组关押,并对看管对象人身、随身物品和戒具佩戴情况进行安全检查,以防备安全事故的发生。

2. 配备足够的警力实施看管,做好警务分工。由于不固定的看管场所的安全措施不充分,因而,需要配备更多的警力来执行看管。要做到看管对象不离视线,全程监控。每1名看管对象安排6至8人看守和管理,每班2人,24小时轮流值班。此外,还应分配相应警力进行巡查工作,设立固定和流动岗哨。

3. 保持对看管对象的严密看守、管理和监控。将看管对象押入临时羁押室后,向其宣读告知词。看管负责人组织巡查和看管分工。巡查人员负责临时羁押场所的管理,维护周边秩序,对外围进行警戒,控制出入口,严禁无关人员进入。具备视频监控条件的,应全程实施视频监控,及时排查隐患。看管人员应时刻观察看管对象是否正常,检查门窗、厕所及用电、用水设施安全情况;严防看管对象自杀、自残及脱逃;时刻观察、掌握看管对象状态,发现异常情况及时处理并报告。未经同意,不准看管对象离开羁押室;被看管人上厕所时,不得关厕所门,看守人员在外观察,视线不得离开被看管对象。做好交接班准备,认真填写交接班记录。

4. 临时羁押场所警戒具的使用。在临时羁押场所执行看管任务,司法警察应当充分发挥警戒具对看管对象的约束、控制和威慑作用。根据《人民警察使用警械和武器条例》的规定,充分利用警戒具,防范看管对象脱逃或其他不法行为。对被告人或罪犯,可使用约束性警械将其固定在房屋内的柱子、椅子、桌子等物件上,既防范被告人或罪犯脱逃,也可避免其做出自伤、自残等危险性行为。

项目三 看管的组织实施

【案例 6-4】

2018 年 6 月 26 日,南通经济技术开发区法院刑事审判庭拟对马某江等三名涉嫌贩卖毒品罪的被告人进行宣判。9 时 40 分许,正在候审的被告人马某江提出要上厕所,未经法警准许突然冲出法庭,并迅速从二楼跳窗逃跑。该院立即组织搜捕,同时报告区公安分局。7 月 19 日,南通警方经过 20 多个日夜的全力追捕,在湖南怀化公安机关大力支持配合下,在湖南怀化将 6 月 26 日从南通开发区法院脱逃的贩毒嫌疑人马某江成功抓获。

> **问题思考**
>
> 1. 试分析该案例中司法警察执行看管过程中有哪些方面过失表现?
> 2. 如何组织安排司法警察对刑事被告人的看管?

人民检察院司法警察执行的看管,是根据人民检察院办案工作需要,在人民检察院办案工作区或其他指定地点,依法对犯罪嫌疑人、被告人进行看守管理,保证办案活动顺利进行的职务行为。人民法院司法警察执行的看管,是根据审判工作的需要,依法在人民法院羁押室或其他指定地点等场所候审期间,对被告人进行看守管理,保证审判活动顺利进行的职务行为。司法警察领受看管任务之后,积极稳妥做好警务准备及组织实施这项任务。

一、警务受领

司法警察部门根据业务部门提出的看管用警申请,按有关规定进行受理、审批,指派司法警察执行看管任务。

二、警务准备

(一) 熟悉案情

1. 熟悉看管对象情况。通过案件承办部门的用警申请、起诉书或判决书等材料,掌握看管对象基本情况(姓名、性别、年龄、民族、案由、数量)、在押表现、身体健康状况、旁听人员情况,以及相关注意事项等内容。必要时,可与办案人员、审判人员、看守所民警等相关人员沟通,了解看管对象的情况。

2. 熟悉案件情况。通过案件承办部门的用警申请等材料,了解看管场所、基本案情、羁押场所、庭审时间、庭审地点、社会影响、承办人员及联系人的相关情况。

(二) 制定方案

根据看管任务要求,确定和组织看管警力,明确看管的职责和分工,并由司法警察部门领导或看管警务负责人制定警务保障实施方案。

通常情况下,看管对象人数较多、社会影响重大、案情比较复杂的案件应当制定书面看管警务保障实施方案。方案的内容主要包括组织指挥、警力配备、装备配备、后勤保障、突发事件处置等内容。

1. 组织指挥。看管警务负责人负责看管警务保障的组织与协调,确定司法警察任务分工及协作计划,指挥紧急情况的处置。

2. 警力配备。

（1）警力配置。根据案件性质、羁押场所的具体情况、看管对象的危险程度和数量等情况配备相应看管警力，对一名被告人的看管一般应当配备不少于2名司法警察；对女性被告人应当由女性司法警察执行看管；案情复杂、社会影响较大的案件应当增加警力。

（2）岗位安排。确定负责看管对象进出的登记人员、监控设备操作人员、安全检查人员和巡查人员。

3. 装备配备。

（1）看管警戒具配备。执行看管警务保障任务的司法警察应当配备警棍、手铐、手持金属探测器等警用装备，以及对讲机等通信器材。

（2）监控室警戒具配置。除看管的司法警察单警装备外，还应当在监控室内配备电警棍、防暴盾牌和防暴头盔以及手铐、脚镣、警绳等警戒具。

（3）武器配备。根据案情，必要时应当配备武器。

（4）救护用品配备。为应对看管对象突发疾病及自伤、自杀情况，应当配备医药箱或急救包等救护用品。

4. 后勤保障。根据需要指定专人负责与司法行政后勤装备管理部门沟通协调，做好警务保障活动期间的食宿安排、车辆调度等后勤保障工作。

5. 突发事件处置预案。制定看管中突发事件处置预案，明确看管过程中各种突发事件应急处置的职责分工、处置程序和处置方法。

（三）任务分配

1. 下达任务。看管警务负责人应当向看管的司法警察介绍基本案情、看管对象基本情况、案件社会影响、特别注意事项等内容，明确每一名司法警察的具体职责和工作要求。必要时，司法警察部门应当组织警务保障演练。

2. 领取装备。执行看管警务的司法警察按照任务分工，领取警用装备和武器；检查警用装备和武器是否处于良好状态。

三、组织实施

（一）安全检查

司法警察在执行看管警务过程中，应对羁押场所和看管对象进行安全检查。

1. 羁押场所的检查。

（1）羁押场所通道的检查。检查羁押场所通道，确定是否畅通，沿途是否存放危险物品或与羁押、看管无关的物品。如有问题时，应提前清理。

（2）羁押场所设施的检查。检查的事项有：羁押场所的门锁是否处于良好状态；羁押室门窗安装的防护隔离栅栏是否安全牢固；束缚椅或者被看管人固定座椅上安装的手铐、脚镣固定环等是否安全牢固；羁押场所墙面、夹缝等部位是否有可疑物品；羁押场所的监控设施是否处于正常工作状态，在看管过程中司法警察能否对整个羁押场所及被看管人情况进行实时监控；对外通信设施是否正常等。如有问题时，应提前解决。

（3）羁押场所厕所的检查。检查羁押场所专用厕所的环境是否安全，厕所内有无危险品及障碍物；被看管人如厕时能否处于司法警察有效控制范围内。如有问题，应提前处理。

（4）羁押场所电路的检查。检查羁押场所内电源和照明用具是否安全可靠和是否可以正常使用；灯具是否置于看管对象无法触及的位置；电源线是否外露，电源开关是否置于羁押室外等。如有问题，应提前处理。

2. 对看管对象的安全检查。执行看管警务的司法警察对进入羁押场所的犯罪嫌疑人、被告人或罪犯应进行安全检查。主要采取手持金属探测器与手工检查相结合的方式进行安全检查。安全检查应当由 2 名司法警察协同实施，一名司法警察控制住检查对象，另一名司法警察进行安全检查。

如查出违禁物品，应立即收缴，并报告看管警务负责人。

（二）交接登记

将被看管人从看守所押至人民法院、人民检察院指定的羁押场所时，负责押解的司法警察应当与负责看管的司法警察履行交接手续。

1. 清点人数与核对身份。履行交接手续时，执行看管警务的司法警察应当清点看管对象数量、核对身份、了解基本情况，逐一登记被看管人姓名、案由、身体状况等信息，并由负责押解和看管的司法警察分别签名确认。

2. 填写出入登记和看管记录。对被看管人出入羁押室的时间、被告人姓名、人数等信息，要逐一进行登记。登记完毕后，由押解和看管的司法警察共同签字确认。

（三）监控管理

在固定羁押场所或者其他指定场所候审期间，全面、严密、有效地监控被看管人的举动以及羁押场所的各种状况，及时处置看管警务中发生的突发情况，确保刑事审判活动的顺利进行，是看管司法警察的重要职责和任务。

在候审期间，看管的司法警察应将被告人的戒具固定在手铐、脚镣固定环上，并通过视频监控和现场监控对被告人和羁押场所监控管理。

1. 视频监控。看管警务中的视频监控，是指看管警务实施过程中，看管的司法警察使用监控设备，对被看管人的举动和羁押场所情况进行的监控。对于一般性的案件，监控人员可由看管的司法警察兼任；对于重（特）大案件、多被告人的案件，应配有专人担任监控任务。

（1）监控看管对象的动态。负责视频监控的司法警察使用监控设备，密切监控看管对象的举动,发现异常情况应及时处置并视情况报告。

(2) 监控羁押场所情况。密切监视羁押场所的各进出口和进出人员,发现异常情况应及时通知其他看管的司法警察。

(3) 录制与保存视频资料。对于多被告人、社会影响重大、案情比较复杂等案件看管对象的视频监控,应进行现场录像,并将录像资料保存备查。

2. 现场监控。看管警务中的现场监控,是指看管警务实施过程中,看管的司法警察在羁押场所的现场,对被告人的情况或行为、羁押场所安全性进行监督和管理的活动。

(1) 巡查监控。看管的司法警察应当采取不间断巡查和视频监控相结合的方式严密监控看管对象的举动,检查羁押场所的门窗是否锁闭、牢固,被看管人佩戴的戒具是否安全、有效,有无可疑行为。

(2) 就餐监控。被看管人在看管期间需要就餐时,应当加强监管。就餐的食物必须由看管单位提供,不得让被看管人食用带有动物骨头、鱼刺等硬物的食物,不得使用金属、瓷器、竹木筷子等可能存在安全隐患的餐具;对待少数民族看管对象,应当尊重其风俗习惯和饮食习惯。

(3) 如厕监控。看管对象如厕前,看管的司法警察应当事先查看厕所的环境是否安全,厕所内有无危险物品及障碍物;看管的司法警察应当控制住看管对象,然后分别抓住其肘部,将其押至厕所;如厕时,1名看管对象应当由2名司法警察进行监管,女性被告人由女性司法警察负责监管,并应当处于司法警察有效控制范围内;多名看管对象同时要求如厕时,前一名被看管人如厕完毕押回羁押室后,方可将下一名被看管人带出羁押室。

(4) 特殊监控。①对传染性疾病看管对象的监控。看管患有传染性疾病的看管对象时,司法警察应当采取有效防护措施,使用后的羁押室要进行卫生消毒。②对危险看管对象的监控。对社会影响重大、犯罪情节恶劣或者有自杀、自残、脱逃倾向的看管对象,应当加强看管。

(5) 使用戒具监控。对被告人应当使用手铐、脚镣等戒具。看管期间一般不得解除被告人的戒具。

项目四 看管中突发事件的处置

【案例6-5】

2017年11月20日,解放区法院法警在看押被告人候审过程中及时发现被告人突发疾病,快速将其送往医院救治,避免被告人发生意外,妥善处置了这起突发事件。

2017年11月20日下午15时许,该院四名法警在羁押室看押被告人宋某和王某,等候开庭审理。在看押过程中,法警孙某突然发现被告人宋某歪倒蹲坐在地上,马上对其询问:"怎么了",但被告人语音含糊不清,眼皮上翻,出现异常现象。法警队副队长马上要求法警打开执法仪,对全程进行录音录像,并快速将羁押间铁门打开,将被告人宋某抱坐在椅子上,同时报告法警大队政委胡某,胡政委马上赶到羁押室,查看被告人宋某,发现其四肢僵硬、呼吸不畅、神志不清,就马上拨打120急救车,安排专人到门岗接120急救车并指引救护车到羁押室;同时快速报告刑庭案件承办人及院领导,并向中院警队领导汇报。120急救车赶到后,经检查发现被告人宋某瞳孔大小不一,初步怀疑是脑出血或脑梗,需送至医院进行进一步检查治疗。胡政委马上安排四名法警配合医生将被告人宋某抬到救护车上并全程跟进,送至离法院最近的医院焦作同仁医院进行救治。

到医院后,该院法警配合医生对被告人宋某进行脑CT、磁共查、心电图等检查,并缴纳检查费用。检查完毕,该院法警大队政委随即与看守所所长电话联系,讲明事情发生经过及检查结果。看守所所长积极配合法院工作,迅速赶至同仁医院,问明被告人宋某病情后,及时办理了交接手续,将被告人宋某安置在医院监管病房继续治疗,至此,这起突发事件在该院法警大队快速反应下,得以妥善处置。

> **问题思考**
>
> 看管过程中发生突发事件,处置的基本原则是什么?

一、看管过程中发现异常情况的处置

(一)遇有看管对象私藏、夹带开铐钥匙或者违禁物品的情形

遇有看管对象私藏、夹带开铐钥匙或者违禁物品的,应对其进行警告,及时(立即)没收违禁物品;对看管对象进行严格的安全检查,防止其再次携带违禁物品;严密看管被看管人,防止其脱逃及其他意外事件发生;向看管警务负责人、审判长或者独任审判员报告,按要求采取进一步措施。

(二)遇有看管对象哄闹或谩骂司法警察、其他刑事被告人的情形

遇有看管对象哄闹或谩骂司法警察、其他刑事被告人的,经警告无效后,可采取强制措施并将其单独关押,并严密监控其行为。

(三)遇有看管对象企图串供或者实施串供行为的情形

遇有看管对象之间企图串供或者实施串供行为的,应对其进行警告,立即制止其串供行为;将看管对象分开看管,防止其继续相互串供;对被看管人进行安全检查,收缴可能用于串供的字条等物品,交案件承办人处置。

(四)遇有看管对象亲属违规行为的情形

遇有看管对象亲属要求会见、递送食品、钱物和传递口信的,应告知其亲属,按

照规定不允许会见、递送食品、钱物;告知被告人亲属可以将有关物品送至看守所,由看守所转交被告人;告知过程中,应当使用文明、规范用语,不得对被告人亲属进行训斥。

二、看管对象脱逃、自杀、自残情况的处置

(一)看管对象试图脱逃的处置

羁押场所应当做好充分的安全防范措施,预防看管对象脱逃。发现被看管人试图脱逃时,应及时作出判断,尽快堵截,形成包围圈,并向司法警察领导或看管负责人汇报情况。采取措施制服脱逃者,并单独关押。

(二)被看管人企图自杀、自残的处置

发生被看管人企图自杀、自残时,应立即检验其是否已经死亡,然后分情况进行处置。

1. 对于自杀、自残未遂的,首先应积极进行抢救,作简单处理,再送往医院。情况严重需到医院抢救或住院治疗时,应对自杀者加戴戒具,并派足警力,注意警戒看管,严防其在去医院途中或在医院抢救治疗过程中脱逃或再次自杀。自杀者脱险后或治愈后,应针对其自杀原因进行疏导教育,防止类似事件再次发生。对为逃避法律处罚而故意自杀、自残的,则应依法从严惩处。

2. 对于确认自杀死亡的,首先,立即通知办案单位,进行尸体和现场勘验,请法医或医生进行尸体解剖,作出死亡诊断证明。其次,检查死亡者身上及衣物,有无遗书,调查死亡者自杀前的言行表现,分析判断其自杀原因。最后通知自杀死亡者的家属,并做好善后工作。

三、看管对象突发疾病的情况处置

对于犯罪嫌疑人、被告人或罪犯,在接受讯问或审判的时候突发疾病,应当本着人道主义的精神进行抢救,为其治疗,尊重其生命权。因此,对于一些有患病可能的被看管者,应做好充分的准备,必要时还要有医生在现场,以保证被看管对象能正常接受讯问或审判。另外,司法警察应具备急救技能,才能有效处置突发疾病的事件。

(一)突发疾病为精神病的情况

在看管过程中,被看管人有时会为逃避刑罚或隐瞒罪行而伪装成精神病人。因此,遇到突发精神病的情况,要保持高度警惕,作出鉴别,防止伪装得逞。要辨别伪装与否,首先要求看管的法警要对精神病知识有一定了解;其次,对相应的病症发作处置方法有所掌握。

(二)突发疾病为传染病的情况

传染病具有传播的扩散性,应当做好疾病的防护和控制措施,避免造成不必要的

传染。对于突发疾病确认会传染的，要预先做好防护工作，对患病者加戴口罩和手套，与其他同时接受审判的被告人分开关押，分开看管。并且做好消毒工作，防止传播。而执行看管任务的法警自身也应做好防护，避免受到感染。

（三）突发疾病为其他疾病者

突发疾病为其他疾病者，要做好及时的抢救，尽快治疗，必要时请医务人员到场协助。尽量避免因突发疾病发生非正常死亡的现象。

项目五　技能训练

技能训练一　手铐使用训练

一、手铐使用的训练目的与要求

（一）训练的目的

通过本次训练，参训的学生能了解手铐的基本结构，熟悉手铐在不使用时的佩戴方法和在使用时的握法。要求参训的学生能够根据不同的情况，清楚把握应采取何种方式使用手铐以达到约束的目的，提高操作的准确性、快速性、安全性。

（二）训练的要求

1. 训练时间为 1 学时。
2. 参加训练的同学，4 人为一个单位，分成若干小组。
3. 规范完成几种手铐使用的方法。
4. 训练过程中教师先进行示范性操作，然后每个同学进行操作性训练，逐一考核。
5. 训练结束后，教师根据每小组训练中的表现和动作是否规范等方面进行考核，并按百分制给出成绩。

二、手铐使用动作要领训练的内容及要点

1. 了解手铐的基本结构。
2. 掌握手铐的佩戴方法和手铐的握法。
3. 针对不同姿势使用手铐的方法。
4. 针对不同人数使用手铐的方法。

三、手铐使用动作要领训练前的准备

学生分组、几种常用手铐的准备。

四、手铐使用动作要领训练方法与步骤

（一）手铐结构识别的训练

每组学生轮流指出手铐的五个基本结构部分，并示范手铐的佩戴方法和手铐的握法。

要求参训学生都能够指出手铐的五大基本结构：铐梁、铐环、链柱、连接链和钥匙孔。

（二）演示手铐的佩戴方法

演示手铐的佩戴方法要注意：手铐应装在手铐套内，手铐套佩戴在身体右侧的腰带上，手铐的佩戴要牢固并且要紧紧贴住身体，以免影响行动。

（三）演示手铐上铐的方法

1. 演示手铐的基本握法：以拇指和食指捏住铐梁，控制好铐环的方向，以便于使用，其余的手指握住连接链和链柱，铐环口一般朝向前上方。

2. 演示手铐的不同上铐方法。

（1）示范站立式正面上铐的方法。站立式正面上铐的方法是针对服从的被铐对象所采用的上铐方法，其操作要求右手持手铐，左手抓对方右手腕，先将对方右手腕铐住，而后再将其左手腕铐住。

（2）示范倚墙式背后上铐的方法。倚墙式背后上铐的方法是针对比较危险的被铐对象的上铐方法，其操作要领为：命令被铐对象倚墙站立，右手持手铐，从被铐对象左侧靠近，左手将其手臂别于背后并上铐，然后左手握住手铐，右手抓握被铐对象的右手腕，将其右臂向后反拧并上铐。

（3）示范俯卧式背后上铐的方法。俯卧式背后上铐的方法是针对倒地后的被铐对象所采用的上铐方法，其操作要领是：将被铐对象制服后，左手向前抓住被铐对象的左手腕并别于背后，右手持手铐将其左手铐住；将手铐从被铐对象的腰带穿过，左手握住手铐，右手将其右臂别于背后并铐住，铐住其右手腕后，双手协力将其拉起。

（四）学生上铐操作训练

由充当法警的学生演示针对不同人数使用不同的上铐方法：

1. 示范一铐两人的上铐方法。一铐两人的上铐方法有两种：①是命令被铐对象并排站立，从后侧接近，将两人的左、右手铐在一起。②是命令被铐对象并排站立，从后侧接近，先将左侧之对象的左手铐住，而后将手铐从腰带穿过，再将右侧之对象的左手腕铐住。

2. 示范两铐两人的上铐方法。两铐两人的上铐方法有三种：①命令被铐对象并排站立，从一侧接近，先将其中一人用手铐铐住，再将另一人的一只手臂从其臂中穿出，

用另一副手铐将其铐住。也可以采用同样的方法将两人从背后铐住。②命令被铐对象并排站立，从后侧接近，先将左侧之对象的左手和右侧之对象的左手铐在一起，而后再将左侧之对象的右手与右侧之对象的右手交叉铐在一起，手铐要穿过右侧之对象的腰带。③命令被铐对象按相反方向并排站立，先将一被铐对象用一副手铐铐住，再将另一人的左手从前者臂中穿过，用另一副手铐铐住。

3. 示范两铐三人的上铐方法。两铐三人的上铐方法有两种：其一是命令被铐对象并排站立，从后侧接近，先将左侧之对象的右手与中间之对象的左手用一副手铐铐住，而后再用另一副手铐将中间之对象的右手与右侧之对象的左手铐在一起。

其二是命令被铐对象并排站立，从后侧接近，先将中间的被铐对象的两手用一副手铐铐住，再用另一副手铐将左侧的被铐对象的右手穿过中间之对象的两臂与右侧的被铐对象的左手铐在一起。

五、注意事项

1. 参训的学生要按照自己的角色进行演示，要互换角色进行训练。

2. 要注意每个参训学生都要采取不同的方法进行一铐两人的演示，两铐两人、三铐两人时也是如此。

3. 在使用手铐的过程中要求参训学生做到安全、快速，既能迅速制服被铐对象，又要防止在使用手铐过程中造成不必要的人身伤害。

六、考核方式及标准

（一）考核方式

1. 由教师检查学生的操作过程

2. 学生之间在互换角色进行演练后互相陈述操作过程，作出评议，最后由教师做总结。

（二）考核标准

1. 优秀：

（1）准备充分（17~20分）

（2）操作熟练（26~30分）

（3）注意事项清晰（17~20分）

（4）手铐使用步骤准确（17~20分）

（5）态度认真负责（8~10分）

2. 良好：

（1）准备较充分（14~17分）

（2）操作较熟练（21~26分）

(3) 注意事项较清晰（14~17分）

(4) 手铐使用步骤较准确（14~17分）

(5) 态度较认真负责（7~8分）

3. 合格：

(1) 准备基本充分（12~14分）

(2) 操作基本熟练（18~21分）

(3) 注意事项基本清晰（12~14分）

(4) 手铐使用步骤基本准确（12~14分）

(5) 态度比较认真负责（6~7分）

4. 不合格：

(1) 准备不充分（12分以下）

(2) 操作不熟练（18分以下）

(3) 注意事项不清晰（12分以下）

(4) 手铐使用步骤较混乱（12分以下）

(5) 态度不认真负责（6分以下）

思考与练习

法警王某和万某于3月20日接到押解命令去东城区看守所押解被告李某出庭参与诉讼。当警车到达法院后，万某打开囚车的门时，在囚车内的李某已趁人不备挣脱了手铐，一下冲出囚车，向外逃去，法警万某和王某立刻进行追赶，最后追上李某，王某迅速赶上，一下子把李某扑倒在地。

问题思考

要在此时对李某进行约束，戴上手铐，应当采取哪些不同的姿势？不应该采取什么样的姿势，为什么？

技能训练二　羁押室看管训练

一、训练目的与要求

（一）训练的目的

通过训练，使参训的学生熟悉司法警察在固定羁押场所执行看管的任务和程序，正确履行看管职责。

（二）训练的要求

1. 训练时间为2学时。

2. 参加训练的同学，6个同学为一个单位，分成若干小组。

3. 规范完成看管的执行过程，进行总结。

4. 训练过程中互相配合模拟练习，并进行角色互换练习，同学之间可以针对训练中的问题进行讨论、总结，也可以向教师寻求帮助。

5. 训练结束后，请老师考核。

6. 教师根据每小组训练中的表现和执行看管过程是否规范等方面进行考核，并按百分制给出成绩。

二、训练内容要点

1. 羁押室安全检查。

2. 接收登记。

3. 对看管对象进行安全检查。

4. 送进羁押室。

5. 关闭羁押室门，上锁。

6. 面对羁押室门坐下，执行看守。

7. 带看管对象上厕所。

8. 巡查。

9. 提押看管对象，交接登记。

三、法律依据

1. 《人民法院司法警察条例》（2012年12月1日）。

2. 《人民法院司法警察刑事审判警务保障工作规则》（2019年3月1日）。

3. 《人民法院司法警察执法行为规范（试行）》（2007年1月15日）。

4. 《人民法院司法警察安全检查规则》（2019年3月1日）。

5. 《人民法院司法警察执法细则》（2019年1月24日）。

6. 《中华人民共和国人民警察使用警械和武器条例》（1996年1月8日）。

7. 《人民检察院司法警察条例》（2013年1月16日）。

8. 《人民检察院司法警察执行职务规则》（2015年6月1日）。

四、训练前的准备

1. 介绍案情及看管对象情况。

2. 告知看管的执行程序和要求。

3. 准备物品：羁押人员进出登记表、手铐、羁押室钥匙。

五、训练的方法和步骤

（一）训练方法

执行看管监控和管理。

（二）训练步骤

1. 训练准备。

（1）设计案情，了解现场。

（2）安排参加训练的同学分组、分工，明确各自的职责任务和工作内容。

（3）熟悉执行看管的程序。

2. 训练的展开。各组按先后顺序进行（进入）模拟羁押室，按不同分工不同位置准备开始。

（1）羁押室监控法警对羁押室进行安全检查，准备好进出登记表。

（2）押解法警将被告人押至羁押室。

（3）执行看管：①与押解司法警察依法履行交接手续。认真核对被看管人的身份，清点被告人数量，了解其犯罪的基本情况、有无疾病、有无异常情绪等情况。对被看管人进出羁押场所的时间、被告人姓名、人数以及押解司法警察的姓名等，要逐一登记，认真填写看管记录。②对看管对象进行人身安检。③依法告知被看管人在看管期间的权利和应遵守的规章制度。④将被看管人带进羁押间，安排其坐下，将羁押间门关上并上锁。⑤密切监控被告人活动，并经常巡查看管场所，检查看管场所的门锁是否安全、有效，发现被看管人有异常行为和表现，及时报告值班领导。⑥看管对象在看管期间有检举、揭发的要求时，应立即报告部门领导和本案负责人，及时制作笔录、录音或录像处理。⑦被看管人需要上厕所时，每名对象应由2名司法警察监控。遇有女性被告人时，应由女司法警察监控。被告人如厕前，司法警察要注意查看厕所的环境是否安全，厕所内有无危险品及障碍物。被看管人如厕时，司法警察应处在有效控制位置，防止脱逃等意外事件的发生。

3. 训练总结评析。各小组训练结束后，请教师进行讲评，根据执行情况给出考核成绩，就训练情况进行总结。最后，参训学生写出实训报告。

（三）考核标准

1. 优秀：

（1）准备充分（17~20分）

（2）操作熟练（26~30分）

（3）注意事项清晰（17~20分）

（4）看管执行步骤准确（17~20分）

（5）态度认真负责（8~10分）

2. 良好：

(1) 准备较充分（14~17分）

(2) 操作较熟练（21~26分）

(3) 注意事项较清晰（14~17分）

(4) 看管执行步骤较准确（14~17分）

(5) 态度较认真负责（7~8分）

3. 合格：

(1) 准备基本充分（12~14分）

(2) 操作基本熟练（18~21分）

(3) 注意事项基本清晰（12~14分）

(4) 看管执行步骤基本准确（12~14分）

(5) 态度比较认真负责（6~7分）

4. 不合格：

(1) 准备不充分（12分以下）

(2) 操作不熟练（18分以下）

(3) 注意事项不清晰（12分以下）

(4) 看管执行步骤较混乱（12分以下）

(5) 态度不认真负责（6分以下）

[示范案例]

2018年2月1日，杭州市中级人民法院审理莫某晶放火、盗窃案开庭审理，被告人莫某晶于上午8点半到达杭州中院羁押室，由中院法警负责看管。

基本案情：

被告人莫某晶因长期沉迷赌博而身负高额债务。2016年9月，莫某晶经中介介绍应聘到被害人朱某贞、林某斌位于杭州市上城区蓝色钱江公寓家中从事住家保姆工作。

2017年3月至6月间，莫某晶多次窃取被害人朱某贞家中的金器、手表等贵重物品进行典当、抵押，得款18万余元。至案发时，尚有评估价值19万余元的物品未赎回。莫某晶还编造买房等虚假理由向朱某贞借款11.4万元。上述款项全部被其用于赌博挥霍。

6月21日晚，莫某晶又用手机上网赌博，输光包括当晚用被害人家中一块手表典当所得款项在内的6万余元。

据起诉书描述，为继续筹措赌资，莫某晶决意采取放火再灭火的方式博取被害人的感激以便再次开口借钱。6月22日凌晨5时许，经事先通过手机上网查询与放火有关的关键词信息后，莫某晶用打火机点燃书本引燃客厅沙发、窗帘等易燃物品，火势迅速蔓延导致屋内的朱某贞及三名子女困在火场中吸入一氧化碳中毒死亡。

[任务] 执行对被告人莫某晶的看管。

[训练要求与提示]

1. 通过案情，了解被告人的情况，制订看管工作计划。

2. 分配角色和任务分工，到羁押室完成准备工作。

3. 重刑犯的看管中注意加强警戒，并留意案件的社会影响力对押解与看管工作的影响。

思考与练习

2014年9月24日，河北省廊坊市中级人民法院一审开庭审理了国家发展和改革委员会原副主任、国家能源局原局长刘某男受贿案。

廊坊市人民检察院指控：2002年至2012年间，被告人刘某男利用担任国家计划委员会产业发展司司长、国家发展和改革委员会工业司司长、副主任等职务上的便利，为他人在项目审批、设立汽车4S店等方面谋取利益，单独或与其子刘某成（另案处理）共同非法收受山东南山集团有限公司董事长宋某文、浙江恒逸集团有限公司董事长邱某林等五人给予的财物共计价值人民币3558万余元，应以受贿罪追究刘某男的刑事责任。

[任务] 模拟廊坊市中级人民法院法警队，组织刘某男候审期间的看管工作。

问题思考

1. 若你是法警队的领导，你将如何组织这次工作的安排？

2. 若你是执行看管的法警，你认为需要注意的事项包括哪些？应如何才能有效执行此次看管任务。

单元七

安全检查

知识结构图

- 安全检查
  - 安全检查概述
    - 安全检查的概念
    - 安全检查的特点
    - 安全检查的执法依据
    - 安全检查的要求
  - 安全检查的常用设备
    - 安全检查门
    - 手持金属探测器
    - X射线探测检查设备
    - 酒精测试仪
    - 液体检测仪
    - 爆炸物品检测仪
    - 鞋底金属探测器
  - 安全检查的类型
    - 证件检查
    - 人身及随行物品安全检查
    - 审判场所安全检查
  - 安全检查的组织实施
    - 安全检查警务准备
    - 安全检查警务职责
    - 安全检查警务组织实施
    - 安全检查人员基本用语
  - 安全检查一般情况的处置
    - 对履行职务人员的安全检查
    - 对疑似醉酒人员的安全检查
    - 对外国人的安全检查
    - 对受检人员携带限制物品的处置
    - 对受检人员携带危险物品的处置
    - 对受检人员拒绝检查的处置
    - 安检仪发生故障的处置

知识目标

- 理解安全检查的含义
- 掌握安全检查一般操作规程
- 掌握安全检查常见突发情况初步应对方法

能力目标

- 具备安全检查组织能力
- 具备安全检查实施能力
- 具备安全检查常见突发情况处置能力

法条链接

- 《人民法院司法警察条例》

第七条 人民法院司法警察的职责：

（一）维护审判秩序；

（二）对进入审判区域的人员进行安全检查。

- 《人民法院司法警察安全检查规则》

第七条 安全检查工作由司法警察部门负责组织，相关部门协助。安全检查工作可以在司法警察的带领下，由司法警务辅助人员或者其他专职安全检查人员等具体实施。司法警察负责组织安全检查场所秩序维护、暂扣物品处理、突发事件处置等。

项目一 安全检查概述

【案例7-1】

2015年9月9日，湖北十堰某民事案件当事人胡某某到法院领取判决书，行至法院办公楼下打电话给法院书记员，后被书记员直接带入办公室。当胡某某看完判决书后十分生气，不满法院判决结果，抽出随身携带报纸包裹的尖刀朝法院工作人员砍去。尖刀将十堰市中级人民法院4名法官捅伤。胡某某行凶后逃至法院地下车库，后被闻讯赶来的法警制服。

问题思考

1. 法院司法警察安全检查工作的目的是什么？
2. 司法警察安全检查的方法有哪些？

一、安全检查的概念

（一）安全检查的含义

"安全检查"在现代社会秩序维护中，已是被广泛采取的措施，安全是目的，检查是手段。本教材所提到的司法警察安全检查工作专指人民法院司法警察安全检查工作。

根据《人民法院司法警察安全检查规则》的规定，人民法院司法警察安全检查工作是人民法院司法警察依法防止未经允许的管制器具、危险物质、限制物品等进入诉讼场所，保障参加诉讼活动人员人身安全和诉讼工作顺利进行的职务行为。

人民法院是国家的审判机关，法庭是人民法院行使国家审判权审判各类案件的场所，是庄严神圣的地方，审判场所、法院的司法工作人员及其他工作人员、诉讼参与人以及旁听人员的财产和生命安全应当得到全方位的安全保障。通过安全检查，可以发现和消除隐患，从而保障人民法院诉讼活动安全有序进行。

《人民法院司法警察条例》和《人民法院司法警察安全检查规则》是人民法院司法警察实施安全检查的重要法律依据，使人民法院司法警察执行安全检查勤务更加规范化、系统化。

（二）安全检查概念的理解

1. 安全检查的主体是司法警察。安全检查是人民法院司法警察的一项重要职责，执行安全检查警务的主体是司法警察。《人民法院司法警察条例》第7条第2款规定，人民法院司法警察有对进入审判区域的人员进行安全检查的职责。《人民法院司法警察安全检查规则》第3条规定，安全检查工作由各级人民法院的司法警察部门负责组织，相关部门协助。

2. 安全检查的对象是进入审判场所的人员及其携带的物品。为了保障人民法院的审判工作顺利进行，防止限制物品、管制物品、易燃易爆物品、强腐蚀性物品等危险物品进入审判场所，司法警察必须依法对进入人民法院和审判场所的人员、物品进行安全检查。危险物品主要是指由公安机关管理的，具有杀伤、爆炸、毒害、腐蚀、放射性等性质，在生产、存储、运输、使用等过程中，容易造成人身伤害和财产损毁或可能危害公共安全而需要特别管制或防护的物品。管制物品、易燃易爆物品和强腐蚀性物品都属于危险物品的范畴。

（1）限制物品。这里所提到限制物品主要根据特殊场合规定，在未获得批准的情况下限制携带进入该场所的物品，其本身并不是危险物品，没有危险性，比如密拍、密录装置。法庭规则规定，未经允许不得对庭审过程进行录音、录像。有些人为给宣传媒体提供素材或达到其他目的，私自携带改装的微型摄像、录音设备进入审判场所进行拍摄录音。

（2）管制物品。公安机关为了有效维护社会治安秩序，保障公民人身安全，由法律法规实行严格控制管理的物品,管制物品通常属于危险物品的类别,包括管制刀具、枪支、弹药、爆炸物品等。其中,管制刀具具有较大威胁性,法律法规明确规定严格管制的违禁物品,如匕首、刺刀、三棱刀等。

(3)易燃易爆物品。易燃易爆物品是指具有很大火灾爆炸危险性,在受热、摩擦、震动、遇潮、化学反应等情况下发生燃烧、爆炸等恶性事故的物品。以司法实践来看,在法庭安全检查中,被检查出来的爆炸装置多属就地取材的土制燃烧弹,即将汽油装入玻璃瓶等密封容器内,再加一根导火索,用明火点燃,杀伤力很强。

(4)有毒物质、强腐蚀性物品。通常情况下,有毒物质和强腐蚀性物品是以液态的形式出现,是能灼伤人体组织,并对金属等物品造成损坏的物品,比如硝酸、硫酸、氢氧化钠等。

(5)与制作爆炸装置有关的部件。为逃避安全检查,不法分子往往将爆炸装置进行分解,多人分别带进后进行快速组装,以达到破坏的目的。司法警察在进行安全检查时,应注意有无导线、电池、开关、电极片、定时器等物件,一旦发现及时收缴。

3. 安全检查的目的是保障庭审活动参加人员的安全和审判工作的顺利进行。司法警察安全检查工作就是对进入审判场所的人员及其携带的物品实施安全检查,确保可能危及法庭安全和参加庭审活动人员人身安全的限制物品、管制物品、易燃易爆物品和强腐蚀性物品等危险物品、违禁品得到严格控制,妥善处理,以实现保障庭审活动参加人员的安全和审判工作的顺利进行的目的。

二、安全检查的特点

(一)技术性强

安全检查是一项专业性、技术性很强的安全防范工作,对受检人的人身检查,对限制物品、管制物品、易燃易爆物品和强腐蚀性物品等危险物品的检查、识别和处理,以及各种安全检查设备的操作使用、保养维护,都需要一定的业务知识和专业的安全检查操作技能。

(二)限制面广

根据人民法院的工作特点,进入审判场所人员的身份、情绪复杂多样,一些在其他场所不受限制的人,未经允许不得进入审判场所;一些在其他场所不被视为违禁的物品,如录音器材、摄像器材、宣传条幅、标语等,在人民法院安全检查中均视为违禁品,未经允许,不能带入法庭。

(三)规范性强

安全检查涉及受检对象的人身权利,为确保安全检查工作的顺利进行,《人民法院司法警察安全检查规则》就安全检查的对象、程序及其动作要求作出了明确规定。司法警察在安全检查时必须严格遵守规定的程序、动作和用语。

三、安全检查的执法依据

（一）《人民法院法庭规则》

1994年4月1日施行的《人民法院法庭规则》首次就进入审判场所的人员范围作出了明确规定。该《人民法院法庭规则》第8条规定，公开审理的案件，公民可以旁听；根据法庭场所和参加旁听人数等情况，需要时，持人民法院发出的旁听证进入法庭。下列人员不得旁听：未成年人（经法院批准的除外）；精神病人和醉酒的人；其他不宜旁听的人。

（二）《人民法院司法警察安全检查规则》

现行《人民法院司法警察安全检查规则》（以下简称《规则》）于2019年3月1日起开始施行。该《规则》明确规定了司法警察执行安全检查警务的性质、职责、要求和操作流程等内容，是司法警察执行安全检查警务的重要执法依据。

1. 明确了安全检查的工作性质。该《规则》第2条规定，安全检查是依法防止未经允许的管制器具、危险物质、限制物品等进入诉讼场所，保障参加诉讼活动人员人身安全和诉讼工作顺利进行的职务行为。

2. 明确了安全检查设备的配置。该《规则》第5条规定，安全检查场所应当配备具有拾音功能的监控系统、智能访客系统、金属探测门、X射线检测仪、手持金属探测器、酒精测试仪、储物柜等设施、装备。

有条件的人民法院可以配备液体检测仪、爆炸物品检测仪、鞋底金属探测器等设备。

3. 明确了安全检查岗位的设置。该《规则》第9条规定安全检查工作应当设置引导、证件查验、安检仪器操作、人工检查等基本工作岗位。各岗位相互配合，共同完成安全检查职责。

4. 明确了采取强制措施的执法依据。该《规则》第20条规定，对拒绝接受安全检查或者不听从安全检查人员安排的受检人员，应当阻止其进入诉讼场所，对不听劝告者应当采取相应的强制手段。

此外，《人民法院司法警察安全检查规则》还规定了司法警察执行安全检查的原则和具体流程等内容。

（三）《人民法院司法警察条例》

最高人民法院于2012年10月29日颁布了《人民法院司法警察条例》。该条例第7条规定，人民法院司法警察的职责：①维护审判秩序；②对进入审判区域的人员进行安全检查。第10条规定，对不宜进入审判区域而强行进入的，人民法院司法警察应当依法强制带离；对涉嫌违法犯罪的，人民法院司法警察应当予以控制，并视情节及时移送公安机关。该条例首次将"安全检查"列入人民法院司法警察的职责之一。

(四)《人民法院司法警察执法细则》

最高人民法院于 2019 年 1 月发布了《人民法院司法警察执法细则》（以下简称《细则》）。该《细则》规定了司法警察安全检查的职责、设施与装备配备、检查范围、实施要求等方面的内容。

1. 明确了安全检查人员的职责。该《细则》"第六章安全检查 6-1 职责"规定，根据审判工作需要，依法防止限制物品、管制物品，易燃易爆、强腐蚀性等危险物品进入审判区域，保障参加庭审活动人员的人身安全和审判工作顺利进行。

2. 明确了安全检查人员的配备。该《细则》"第六章安全检查 6-2 警力配备"规定，司法警察部门应当根据安全检查工作需要，配备一定数量的安全检查人员，其中应当配备一名女性安全检查人员。安全检查人员应当具备相关的安全检查业务知识和专业技能。

四、安全检查的要求

《人民法院司法警察条例》及《人民法院司法警察安全检查规则》对司法警察开展安全检查工作提出了总体要求，即安全检查工作应坚持严格、细致、文明。

(一) 严格检查

严格检查既是安全检查的基本前提，也是消除隐患、确保安全的重要保证。司法警察在实施安全检查时必须认真履行职责，严格遵守安全检查流程即相关操作规范，严密控制限制物品、管制物品、易燃易爆物品和强腐蚀性物品等危险物品进入审判场所。

(二) 细致检查

细致检查是安全检查效果的重要保障。司法警察在实施安全检查时，应提高警惕、加强防范，对所有进入审判区域的人员、物品进行全面细致的检查，排除任何可能危及审判场所和人员安全的危险物品。

(三) 文明检查

文明检查是司法警察队伍素质的重要体现。司法警察在安全检查过程中严格遵守司法礼仪，保持良好的警容仪表和规范文明的言行举止，尊重每一位受检人的人格尊严，以主动、热情、诚恳的态度取得受检人的积极配合，坚决避免用简单粗暴的方法解决矛盾，以实际行动赢得群众的理解和支持。对于不理解安全检查工作或情绪急躁的受检人应进行耐心的解释说明。女受检人由女司法警察进行人身检查。

项目二 安全检查的常用设备

法院用于安全检查的设施、装备包括具有拾音功能的监控系统、智能访客系统、金属探测门、X 射线检测仪、手持金属探测器、酒精测试仪、液体检测仪、爆炸物品检测仪、鞋底金属探测器和储物柜等设施、装备。

一、安全检查门

安全检查门,也称作金属探测门,由门体、探测线圈、报警器组成,主要用于探测人身上隐藏的金属及合金物品。两个"门柱"设有若干个探头,当人员从此门经过时,探头组对其多个部位探测,如探出金属就报警。它安全性能高、适用性强、灵敏度高、探测范围广、抗外界干扰能力强,能够 24 小时智能工作,还能够声光同时报警。金属探测门的探测灵敏度可调节,最高可探测到曲别针大小的金属物,并可区分金属所藏区位;还可根据探测金属的大小、体积、重量等进行设置,排除硬币、钥匙、首饰、皮带扣等误报警;是目前审判场所进行安全检查的主要设备之一。

关于通道式安检门的分类,从探测技术方面,可以分为连续场式(感应平衡式)和脉冲场式(涡流式);

从外观形式方面,可以分为门板式、柱式和折叠式;

从探测和显示报警方面,可以分为单区位和通道式多区位。

(一)XYT2101B(LCD)掌门神数码金属探测门

图 7-1 XYT2101B(LCD)掌门神数码金属探测门

1. 技术参数。电源:220V;外形尺寸:2220mm(高)×824mm(宽)×500mm(深);通道尺寸:2055mm(高)×700mm(宽)×500mm(深);整机重量:约 80kg;工作环境:-20℃~+45℃。

2. 性能与特点。

(1)显示面板:选用 LED/LCD 超大显示面板,更利操作人员工作。中英文操作:

LCD 采用中/英文菜单式操作，操作简单、方便。

（2）六个探测区域：六个相互重叠的探测区域划分，多区位同时报警，准确判断金属物品的位置。

（3）报警区域指示：门板左右侧面内置 LED 显示器，准确显示人体相应高度部位藏匿的违禁物品，在门柱左右均可通过立柱灯直接显示报警区位。

（4）声光报警：音量和音调可调，报警声有高、低、无三种选择方案，适应于不同时间与不同场合的使用。

（5）区域灵敏度可调：最高灵敏度可以探测到回形针大小的金属。可在 0~99 之间自行调节灵敏度，预先设定金属物品重量、体积、大小、部位，去除硬币、钥匙、首饰、皮带扣等误报警。

（6）抗干扰力强：采用数字、模拟和左右平衡技术，防止误报警、漏报，大大提高抗干扰能力。

（7）密码保护：密码保护，只允许授权人员操作，安全性更高。双向操作：可通过遥控器或直接在操作面板上对金属探测门操作。

（8）计数统计功能：智能化的客流量和报警计数器能够统计人员通过量和报警次数，可多台门联网并用电脑控制。

（9）对人体及常用植入人体内的电子治疗仪器基本无影响。

（10）电源安全性：整机电源置于主机顶端，可通过遥控器或操作面板工作对整机电源控制，防水性高。

防水性：采用 PVC 合成材料特种工艺制造，防水、防火、抗震性高。

（二）JH-4 型安护神远程遥控数码金属探测门

图 7-2　JH-4 型安护神远程摇控数码金属探测门

1. 技术参数。电源：90V~250V；外形尺寸：2220mm（高）×820mm（宽）×502mm（深）；通道尺寸：2000mm（高）×700mm（宽）×502mm（深）；整机重量：约 90kg；工作环境：-20℃~+45℃。

2. 性能与特点。

（1）六个探测区域：六个相互重叠的探测区域划分，割据金属物品分布，多区位同时报警，准确判断金属物品的位置。具备 100 级灵敏程序，可根据实际使用状况预先设定金属物品的可能部位及体积、重量、大小进行适当的灵敏度调节，最高灵敏度可探测到一枚一元硬币大小的金属，排除皮带扣、钥匙、首饰、硬币等物品的误报警，可探测到管制刀具和枪支。

（2）报警区域指示：门板左右侧面内置 LED 显示器，准确显示人体相应高度部位藏匿的违禁物品，在门柱左右均可通过立柱灯直接显示报警区位。

（3）计数统计功能：高亮度数码指示板和报警板，分别显示通过人数、报警次数、报警区域及警示强弱。

（4）抗干扰力强：采用数字、模拟和左右平衡技术，防止误报警、漏报警，大大提高抗干扰能力；自行设定工作信号频率，并网安装多台探测门共同工作且相互不干扰。

（5）声光报警：拥有多种选择的声光报警方式，便于识别。

（6）密码保护：使用人可修改参数，增设密码保护，也可用遥控器对门体控制。

（7）对人体及常用植入人体内的电子治疗仪器基本无影响。

（三）通道式安检门使用的注意事项

1. 安装安检门的地面应无强震动。
2. 远离过大以及能够构成导电环路的静止金属体。
3. 远离移动的金属体。
4. 尽量远离大型用电设备。
5. 使用多台安检门时，应采用不同的工作频率，避免相互干扰。
6. 根据工作需要，设置频率时排除小件金属，保留对大件金属的探测。在对人体所携带的小件金属物品探测时，不希望探测到钥匙、戒指等，但要对小刀等物品的准确探测，可以在设置频率时将灵敏度从高到低调整，直到钥匙、戒指等通过时不发出警报为宜。

二、手持金属探测器

手持金属探测器由探头和报警器组成，主要用于探测人身上隐藏的金属物品或小面积场地检查，使用时将探头接近（不需接触）被测物表面平行移动，如遇金属就会报警。手持金属探测器重量轻、体积小、便于携带，使用方便，无任何调解控制器，探测金属物体响应快，声音和发光同时报警。探测较小金属时发出清晰的频率较低的音调声，探测大金属物体时发出高音频的音调。

（一）MD-200 手持式金属探测器

图 7-3　MD-200 手持式金属探测器

1. 性能。电源：1 节 9V 电池（可供正常工作 40 小时）；电源控制：三路开关（ON/OFF/短暂工作）；工作频率：20KHz；工作温度：-20℃ ~ +45℃；外形尺寸：420mm（长）×138mm（宽）×138mm（高）；手柄尺寸：30mm×30mm；重量：272g（含电池）；调节方式：手动；报警指示灯说明：LED 红色报警指示、LED 绿色电源指示灯、LED 电池电压不足指示灯。

2. 特点。采用循环开关分别切换声响报警和隐蔽振动报警功能；灵敏度高，能探测黑色金属和有色金属，使用简单、方便、调整容易；当探测到金属时具有声（或振动）和光同时报警功能；电池 9V 放至 7V 左右，探测距离不变。电池电压不足时，将会自动连续报警。

3. 探测距离。黑色金属探测距离：大头针 10mm；六四式手枪 150mm；六寸匕首 150mm；直径 8mm 钢珠 40mm。

有色金属距离：10mm×5mm×0.08mm 铝片、铜片 10mm；DIP14 IC 集成电路 5mm；1g 银戒指 40mm；1g 铅块 30mm。

（二）GC-1001 手持式金属探测器

图 7-4　GC-1001 手持式金属探测器

1. 性能。电源：1 节 9V 电池；电源控制：三路开关（ON/OFF/短暂工作）；工作频率：95KHz；工作温度：-20℃ ~ 45℃。外形尺寸：420mm（长）、700 ~ 900mm（宽）、260mm（高）；手柄尺寸：30mm×50mm；重量：约 500g；报警指示：扬声器，LED 红绿灯。

2. 特点。电源控制方便、灵活、快捷；音调鉴别：利用 ATD 特性，探测小物体金属目标时，仅产生音频音量的变化，而探测到大物体金属目标时，将产生音频音量的变化和音调的变化；声光报警，可选配耳机，在要求静音或嘈杂的环境中均可使用；Reset 功能：轻按 Reset 按钮能使探测器复位回到常规的等待探测状态，在出现虚假报警或探测环境的温度有快速变化时尤为有用;当电压低时,听到持续的报警声,绿色 READY 灯停止闪烁,红色的 ALERT 灯发出红光。

三、X 射线探测检查设备

X 射线安全检查设备是使用最为普遍的射线探测器材,主要用来观察封闭物体的内部结构。

X 射线是一种比可见光波长短得多,穿透力极强的电磁波。当它照射被检物品时,部分射线会透射穿过被检物品,另一部分将发生反射。不同密度的物质对 X 射线的透射和反射比例不同,对这些被透射和反射的 X 射线用技术方法处理后,显示系统就可以将不同密度的物质区分显示出来。现代 X 射线探测检查设备加入数字化处理系统,采用计算机对图像进行多次处理,使得分辨率更高,图像更为清晰、鲜明,更便于对被检物品的识别。

根据 X 射线探测检查设备的使用方式、大小还可分为移动式、集装箱式、便携式等多种类别,目前适合在法院使用的是通道式 X 射线探测检查设备。该设备主要由射线发射系统、成像显示系统和皮带传输系统组成,占地面积小,便于安置;设备通道尺寸较大可对大中型行李物品进行安全检查。

(一) CMEX-T8065 型多能量 X 射线安全检查设备

图 7-5 CMEX-T8065 型多能量 X 射线安全检查设备

该设备根据被检物品的原子序数,能可靠地分辨出其中的有机物质和无机物质,并用不同的颜色在颜色显示器上显示出来。通过增加不同的选件,能够识别炸药、毒品,识别危险品图像的自动插入等功能。有机物呈桔黄色;无机物呈蓝色;混合材料呈绿色;穿不透物品呈红色。技术参数:外型尺寸:4000mm(长)×1070mm(宽)×1580mm(高);通道尺寸:810mm(宽)×650mm(高);重量:约 800 公斤。

(二) SLS-V5030B 小型台式 X 射线安全检查设备

图 7-6 SLS-V5030B 小型台式 X 射线安全检查设备

SLS-V5030B 小型台式 X 射线安全检查设备是新型立式 X 射线安全检查设备。该设备采用了逐行扫描方式和智能算法，使得图像稳定清晰、分辨率高，便于对金属武器等小件物品进行检查。设备体积小、重量轻、耗电低，自诊断功能完善，便于操作和维修。技术参数：外型尺寸：1180mm（长）×650mm（宽）×660mm（高）；通道尺寸：500mm（宽）×300mm（高）；重量：约 85 公斤。

（三）X 射线安全检查设备的识图方法

X 射线光机上物品的颜色主要根据物品的化学成分来设定显示，通常将物体分为四大类。

有机物品显示为橙色（或黄色）。有机物一般常含有碳、氢、氧、氮四种元素，要是某化学物质的关键组成含有这几种元素，它就被显示为有机化合物的色调橙色或淡黄色。例如：火药、药品、塑胶、纸、布、木料、液体和纸等。

无机物质显示为深蓝色。相对密度小的无机化合物呈浅蓝色。相对密度大的无机化合物呈暗蓝色，如大部分的金属材料、铁、铜、锌、镍、钢。

混合物显示为绿色。如果混合物的主要成分是有机的，图像是浅绿色，否则是绿色。

如果物质属性不确定，或者是难以穿透的物体显示为黑色或者红色。

就黑白图像而言，黑白图像有 256 级灰度，由纯黑到纯白的灰度级显示。越白（灰度越大）的图像区域表示该物体区域对 X 射线的吸收率较低，即更多的射线穿透。吸收率不同的物体对应不同的灰度等级。

四、酒精测试仪

目前酒精测试仪主要应用于交通运输业，地下开采等，大家最常看到的就是交通警察手中拿的酒精测试仪。司法警务活动中可以用酒精测试仪检测被检人员的体内酒精含量情况。呼气酒精含量测试仪，是一款轻巧、实用、安全，便于随身携带的酒精含量检测工具。

目前使用的呼气酒精检测仪，嘴不用含吹管，把气吹入管中即可。卫生、干净，具有高可靠、高精度、使用方便等特点。它采用了新型的气体检测技术，可以准确探测气体的酒精含量。LED 数字显示使得检测直观、有效。它具有的独特的探头可以有效地区分烟味、可乐、咖啡等非酒精气体，排除干扰。

五、液体检测仪

液体检测仪是一款专门用于探测易燃易爆液体的安检仪器。该探测仪能够在不直接接触液体的情况下将液体炸药、汽油、丙酮、乙醇等易燃易爆液体与水、可乐、牛奶、果汁等安全液体区分开。目前液体检测仪分为手持式液体检测仪和台式液体检测仪。

（一）手持式液体检测仪

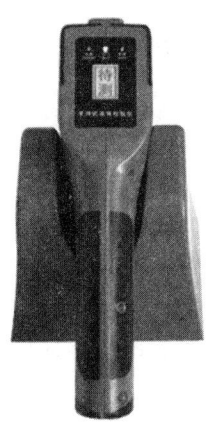

图 7-7　安天下 AT1500 手持式危险液体安全检测仪

一般手持液体检测仪采用电磁检测技术，通过分析不同媒介的介电常数和电导率，以此判断是危险液体还是安全液体。可检测液体包括：汽油、煤油、柴油、乙醚、异丙醚、石油醚、乙腈、乙二醇、硝基苯、环氧丙烷、正庚烷、松节油、丙酮、苯、甲苯等 40 多种易燃易爆危险液体。

手持该设备，将感应器靠近需要检测的容器的表面，保持低于液体的表面，按下按钮。指示灯若为绿色的，说明容器内的液体非可燃性。若为红色，则说明液体具有危险性。若黄色灯亮，说明操作不当，应修正操作姿势，重新检测。

（二）台式液体检测仪

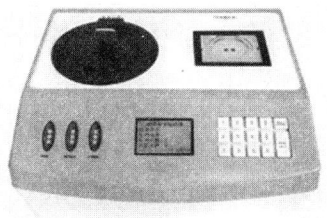

图 7-8　安天下 AT1000 台式液体安全检测仪

台式液体检测仪有采用准静态计算机断层扫描技术，通过测定待测液体的介电常数和电导率，从而判断其易燃易爆性。有的台式液体检测仪采用超宽带脉冲微波反射法及热导法，可适用于玻璃、塑胶、金属、陶瓷等各种常见包装液体的检查。能够在不打开液体包装的情况下，自动检测易燃易爆、易腐蚀性危险液体，且识别率准确、高效。

六、爆炸物品检测仪

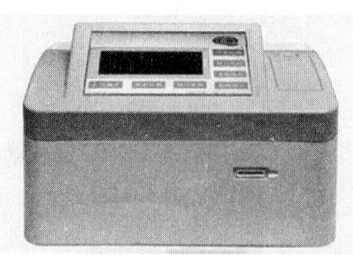

图 7-9 安天下 HD600 台式痕量爆炸物检测仪

目前有的台式爆炸物品检测仪采用真空紫外灯电离技术，可以识别出危险物品的成分种类，可检测出被检测物品的名称和量值，检测到危险物品时以不同的颜色在显示器上显示，同时发出警报声音，以图谱、柱状条形图等方式显示检测结果。可检测爆炸物包括：梯恩梯、黑索金、泰安、硝化甘油、硝酸铵、黑火药、二硝基甲苯、特屈儿、奥克托今、吉纳等各种军用、民用和土制炸药等，并可根据需要添加新样本。

七、鞋底金属探测器

鞋底金属探测器可检测安检门所不能探测到的，也可应用于不便脱鞋的场所，其外形美观、使用方便、探测金属响应快灵敏度高，可快速检测鞋内藏匿在鞋底的各种危险物品。如：小刀片、小锯片、发夹、钉子、手机、电子产品等等。可配合安检门及手持金属探测器使用，高效率、全方位地进行安全检查工作。是安保人员在进行安全检查中非常重要的专业安检仪器。

鞋底金属检测仪操作简单，体积轻便；可单脚、双脚任意探测；环境适用能力强，自动平衡，高低灵敏度可调；在光线较暗环境中有障碍物提醒 LED 指示，防止行人碰撞。

项目三　安全检查的类型

【案例 7-2】

某市中级人民法院开庭审理一外籍男子××在中国境内贩毒案。开庭前 20 分钟，司法警察对等候在法院门前的若干名参加旁听人员、律师、翻译人员等进行安全检查。负责引导的司法警察向等候的人群明确说明："请出示各位的有效身份证件，以便进行检查登记。"

> 问题思考
>
> 1. 何谓有效身份证件？
> 2. 怎样识别各种身份证件？

一、证件检查

(一) 证件检查的含义和目的

证件检查是安全检查的主要内容和关键性环节。司法警察检查证件的目的是要通过对证件真伪的判定和对证件记录内容与持证人的核对，查明被检人员的真实身份，从身份方面确认被检人员是否符合进入法庭规定的要求。通过证件检查可以严格控制无关人员进入审判场所，以保证正常的审判秩序不受外来的干扰和影响，是防范和制止可能实施违法犯罪的人员采取伪造、骗取、冒名顶替或涂改证件等方法混入法庭，维护法庭安全的重要手段。

真实、合法、有效的证件能够证明持证人的真实身份。根据我国有关法律的规定，公民外出应当随身携带合法证件。由此看来，证件检查是人民法院司法警察身份检查常用的一种合法、有效、便捷的查明公民身份以及是否符合法庭规则的方式。

(二) 检查证件的类别

安全检查中，能证明被检查人员身份的主要证件有：

1. 居民身份证。根据《中华人民共和国居民身份证法》的规定，居民身份证是证明公民身份效力的法定证件。根据《现役军人和人民武装警察居民身份证申领发放办法》的规定，现役军人、人民武装警察从事有关社会活动，需要证明公民身份的，凭居民身份证证明；执行任务、办理公务、享受抚恤优待等，需要证明现役军人或者人民武装警察身份的，凭军队、武装警察部队制发的身份证件证明。

2. 护照和签证。

(1) 护照。护照是一个主权国家发给本国公民出入境和在国外旅行、居留时使用的合法身份证明和国籍证明。目前在国际交往中普遍使用的有外交护照、公务护照和普通护照，以及供出入境使用的通行证、旅行证等。在我国，普通护照又分为两种，一种是因公普通护照（紫色的），一般发给国家派出的研究生、留学生、访问学者和工程技术人员等，这种护照由外交部或地方外办颁发。另一种是因私普通护照（枣红色的），由国家公安部或公安部授权的各地公安机关颁发给因私事前往外国或旅游居住在国外的本国侨民使用的护照。

一个有效的护照一般包括下列内容：颁发护照国家的国名全称、国徽或代表国家标志的图案；持证人的姓名、性别、出生日期、出生地点、职业（或身份），有些国家的护照还有持证人的身高、肤色、眼睛和头发的颜色及面部特征等；持证人的照片、本人签字，照片上要盖有发照机构的骑缝钢印；发照机构的印章、发照日期、护照有效期限以及延期、签证页和护照使用说明等。护照使用的文字以本国文字为主，大多数国家的护照还同时印有国际通用的文字，一般为英文。

（2）签证。签证是指一个主权国家发给本国公民或外国人出入经过本国国境的许可证明。签证和护照同时使用。

我国目前签发的普通入境签证是用汉语拼音字母加以标示的，有以下八种：D字（定居）签证，Z字（职业）签证，X字（学习）签证，F字（访问）签证，L字（旅游）签证，C字（乘务）签证，G字（过境）签证，J-1、J-2字（记者）签证。我国签发的普通入境签证具体用途是：D字签证，发给来中国定居的外国人。Z字签证，发给来中国任职或就业的外国人及其随行家属。X字签证，发给来中国留学、实习、进修六个月以上的外国人。F字签证，发给应邀请来中国访问、考察、讲学、经商，进行科技文化交流，及短期进修、实习等活动不超过六个月的外国人。L字签证，发给来中国旅游、探亲或因其他私人事务入境的外国人。C字签证，发给执行乘务、航空、航运任务的国际列车乘务员、国际航空器机组人员和国际船舶的海员及其随行家属。G字签证，发给经中国过境的人。J-1签证，发给来中国常驻记者；J-2签证，发给临时来中国采访的外国记者。

3. 其他身份证明。由于各种原因，或在特殊的时间，有些人还可以使用或是需要出示其他证件以证明身份。这些证件主要有：机动车驾驶证、工作证、学生证、律师证、证明信、介绍信以及特殊通行证等。

二、人身及随行物品安全检查

【案例7-3】

某日，某法院安检处，执行安全检查的司法警察在安全检查时，发现一名来法院参加案件庭审活动的诉讼代理人包里竟藏着一枚手雷。当时，这名诉讼代理人的手提包通过X光检查机，屏幕上显示出包内有一个手雷形状的金属物体。经检测，认定此为"一枚拆除了引爆装置的军用手雷"。

问题思考

1. 人身及物品安全检查的目的、范围分别是什么？
2. 人身检查时主要注意哪些部位的检查？

（一）人身及随行物品安全检查的含义和目的

人身及随行物品安全检查是指司法警察依法对进入审判场所的诉讼参与人、第三人、旁听人等及其随身携带的物品和在其身边发现的物品进行的安全检查。它是司法警察发现、识别、判定可能实施扰乱法庭秩序的违法犯罪行为嫌疑人的主要措施之一，是一种有目的、有计划保障审判活动顺利进行的预防性活动。

人身及随行物品安全检查的目的在于及时发现、排除进入法庭人员是否有违法犯罪嫌疑，及时清除或收缴凶器、危险物品，防止违法犯罪行为人实施行凶等，以至于避免危及法院正常工作、法庭审判行为的发生。

人身及随行物品的安全检查权属于司法警察当场处置权的范畴。在行使该项权力时，司法警察必须严格依法办事，不得侵犯被检人员的合法权益。司法警察行使人身及随行物品安全检查的法律依据有《中华人民共和国人民警察法》《人民法院司法警察条例》和《人民法院司法警察安全检查规则》，以及其他有关的法律法规。

（二）人身及随行物品安全检查的对象和范围

从安全检查工作的角度而言，凡是可能携带、隐藏危及法院工作人员与审判场所安全的违禁品、危险品的人身部位和随行物品都应进行安全检查。

司法警察对进入审判场所安全检查的对象包括公诉人、律师等依法出庭履行职务的人员和诉讼参与人、第三人和旁听人员等非履行职务的人员。司法警察执行安全检查时，对公诉人、律师等依法出庭履行职务的人员，应进行有效证件查验和登记；对参加庭审活动的诉讼参与人、第三人和参加旁听的人员，在进行证件查验和登记同时，还应进行人身及随身物品的安全检查。

司法警察进行安全检查的范围包括人身检查和随行物品检查。

1. 人身检查。

（1）检查出入审判场所人员的证件，以确定被检人员的身份。

（2）对出入审判场所人员的身体全部及其衣物的检查。检查的部位包括腋窝、胳膊、裆部、脊梁、胸部、双腿内侧、手腕、脚踝等。腰部衣服重叠之处、衣服口袋、皮带内侧、鞋里、帽边等处容易被忽略，尤其对于嫌疑重大的被检人员更应加以注意。

2. 随行物品检查。对被检对象随行物品的安全检查包括被检查对象所携带的物品以及在其身边发现的物品。人们外出时习惯使用皮包、背包、箱包等携带物品，不法分子大多根据需要利用各式不同的箱包来隐藏各种凶器等危险物品。因此，物品检查主要是对箱包的检查。

安全检查中，除经人民法院许可，发现有下列物品的，不准许携带进入诉讼场所：

（1）枪支、弹药、刀具以及其他具有杀伤力的器具；

（2）易燃易爆物、疑似爆炸物；

（3）放射性、毒害性、腐蚀性、强气味性物质以及传染病病原体；

（4）非急救类药品、液体及胶状、粉末状物品；

（5）标语、条幅、传单；

（6）其他可能危害诉讼场所安全或者妨害诉讼秩序的物品。

三、审判场所安全检查

【案例 7-4】

为深入开展整治斗争，保护人民群众的人身、财产安全，某市人民法院决定于 9 月 21 日在市体育馆对严重危害公共安全的违法犯罪分子进行公开审判。该审判活动将对 7 名被处死刑及 10 名分别判处 5 年到 15 年有期徒刑的犯罪分子进行宣判。预计当天将有几千名群众参加公开审判大会。

问题思考

1. 审判场所安全检查的意义是什么？
2. 审判场所安全检查工作包括哪些方面？

（一）审判场所安全检查的意义

审判场所（包括临时审判场所）安全检查是司法警察依法进行安全保卫勤务工作的重要内容，是确保安全的一个重要方面和措施。"审判场所"是检查的对象，"安全"是检查的目的。开展审判场所安全检查，掌握审判场所设备设施的安全情况，发现隐患、堵塞漏洞，完善和健全各项安全制度，预防各种事故的发生，是司法警察部门的一项经常性工作。审判场所安全检查有利于法院安全工作的严密、安全制度的健全和安全设施的完备。

（二）审判场所安全检查的范围

审判场所安全检查的范围较广，从安全角度而言，凡是可能危及审判场所安全因素的都应当进行检查。审判场所安全检查的范围主要包括以下几个方面：

1. 审判场所的各种建筑物安全情况的检查；
2. 审判场所各种设备使用方面的安全检查，如水、电设备；
3. 审判场所各种安全设施完好情况的检查，如防火、防雷设施；
4. 存放日常用品、警用装备的场所及外出交通工具等情况的检查；
5. 场所内巡逻路线有关情况的检查；
6. 场所内各项安全制度的建立和贯彻执行情况的检查。

项目四　安全检查的组织实施

一、安全检查警务准备

（一）警力配备

人民法院的安全检查工作可以由司法警察执行，也可以在司法警察的带领下，由司法警务辅助人员或者其他专职安全检查人员等具体实施。人民法院应当根据安全检查工作需要，配备一定数量的安全检查人员，其中包括一名女性安全检查人员。安全检查人员应当具备相关的安全检查业务知识和专业技能。

按照岗位设置，配备引导员、登记员和 X 射线检测仪操作员各 1 名，人工检查员 2 名。

（二）设施设备的检查

司法警察应提前开启安全检查的设施设备，检查其性能是否完好；准备好安全检查登记簿，便于安全检查时记录情况，使安全检查工作有据可查；有条件的人民法院可以配置访客系统进行人脸识别和登记。

二、安全检查警务职责

《人民法院司法警察条例》第 7 条第 2 款规定：司法警察对进入审判区域的人员进行安全检查。这是司法警察履行安全检查职责的主要依据。

（一）安全检查负责人的职责

安全检查负责人负责组织、指导和落实安全检查方案并组织实施，调配安全检查的警力，组织落实审判场所安全检查设备的检查及安全防范措施，处置安全检查中发生的突发情况等。

（二）安全检查实施人员的职责

1. 引导员。引导员岗位职责主要有四个，分别是初查、筛选、引导和协助处置安检大厅突发情况。引导员要做好受检人引导和告知工作，使其接收和配合安全检查，维护安全检查秩序，确保安全检查工作有序进行。当受检人员进入安全检查通道时，提示取下随身携带物品，并放置于指定的工作台上或物品筐内，引导受检人员有序通过安全检查门，合理控制过检速度保证安全检查通道畅通；初步筛查受检人员及物品，防止限制人员和违禁物品进入法院。

2. 登记员。认真核对、查验受检人的有效证件，并进行登记。

3. X 光检测仪操作员。通过检查设备显示的图像识别受检人携带物品的种类、性质,发现可疑物品时,应当提示人工检查员对可疑物品进一步检查。

4. 人工检查员。对通过安全检查门出现报警的人员及随身携带物品有疑点的,人工检查员采用手持金属探测器与人工相结合的方法进行检查。

三、安全检查警务组织实施

(一) 安全检查的基本流程

1. 引导员引导被检人员到指定区域接受安全检查。
2. 登记员对被检人员的证件进行查验和登记。
3. 被检人员将身上的随身物品放入搁物筐、连同随身携带的箱包等物品放到 X 光检测仪的传送带上接收检查。如携带的物品不便进行 X 光检测仪检查的,司法警察应采用摸、掂、试等方法进行检查。
4. 被检人员依次通过安全检查门并接受人工检查员补检。

(二) 人身检查的动作要领

当被检人员走进安全检查专门通道发生报警时,手检员提示被检人员进行人工复查。提示被检人员面向手检员双脚自然分开、双手微举,手检员借助手持金属探测器进行仔细检查,基本顺序为:由上到下、由里到外、由前到后。

1. 前面。前衣领→右肩→右大臂外侧→右手→右大臂内侧→腋下→右上身外侧→右前胸→腰、腹部→左肩→左大臂外侧→左手→左大臂内侧→腋下→左上身外侧→左前胸→右膝部内侧→裆部→左膝部内侧。

2. 转身后。从头部→后衣领→背部→后腰部→臀部→左大腿外侧→左小腿外侧→左脚→左小腿内侧→右小腿内侧→右脚→右小腿外侧→右大腿外侧。

3. 人身检查注意事项。手持金属探测器所到之处,手检员另一只手配合做摸、捏、按的动作。

手检过程中,必须对头部、胸部、臀部、腋下、裆部、腰部、腹部、脚部、口袋、衣领、衣角、鞋、袜以及被告人随身携带的物品进行检查。检查到腰部以下应让被检人员转身后再检查。如果手持金属探测器报警,手检员左手应配合触摸报警部位,判明报警物质,同时请被检人员去除该物品,确认无危险品后方可进行下一步检查。当检查到脚部有异常时,应让被检人员脱鞋进行脚步检查,并将被检人员的鞋通过 X 光检测仪检查,以确认是否有危险品。

被检对象是女性的由女性司法警察实施安全检查。对患有传染性疾病的被检对象实施安全检查时,司法警察应当戴口罩、防护手套,着隔离服或者采取其他相应防护措施。

(三) 箱包检查的动作要领

1. 检查外层。看它的外形,检查外部小口袋以及有拉链的外夹层。

2. 检查内层和夹层。用手沿箱包各个侧面、边缘上下摸查，将所有的夹层、底层和内层小口袋检查一遍。

3. 检查箱包内物品。按X光检测仪操作员指出的重点部位和物品进行检查。对有疑点的箱包，再次进行X光检测仪检查。在没有具体目标的情况下应逐件物品检查，将已查和未查的物品要分开放置，仔细甄别。

4. 箱包检查注意事项。检查后如有问题应按规定处理，没有发现问题的应协助被检人员将物品放回箱包内。

箱包手检员站立在X光检测仪行李传送带出口处疏导箱包，避免过机检查的箱包被挤、压。当有箱包需要开检时，X光检测仪操作员应给箱包手检员语言提示，待被检人员到达前，箱包手检员控制需开箱包，被检人员到达后，箱包手检员当面打开箱包，对箱包实施检查。检查箱包时，开启的箱包应侧对被检人员，使其能看见自己的物品。安检人员时刻保持高度警惕，既要妥善保护被检人员的物品，又要严防各类突发情况发生。

（四）证件检查的实施

【案例7-5】

被告人陈某，男，1975年10月6日出生于××省××市，汉族，初中文化，农民，住×市龙田村。因涉嫌故意伤害罪于某年11月4日被××市公安局取保候审。

某年5月10日凌晨3时许，被告人陈某和王某在××市明月酒楼前坐上出租车，要到离市区较远的五金市场，司机邓某拒绝，双方为此发生口角。被告人陈某下车将司机邓某拉下车，用拳猛击司机邓某面部、胸部。经该市公安局法医鉴定，邓某的人体损伤程度属重伤。本案涉及出租车司机受伤害问题，受到出租车司机群体和社会媒体的关注；且受害人家属非常多，情绪十分不稳定，预计开庭旁听人员较多。为此法院要求司法警察做好旁听人员的证件检查。

问题思考

证件检查的内容包括哪些？

1. 证件检查的内容。证件检查的内容主要包括持证人姓名、年龄、性别、照片等相关要素是否与持证人相符，证件是否超过有效期；准予旁听的证件是否与旁听的案件和法庭相符。对公诉人、律师等依法出庭履行职务的人员，仅进行有效证件查验和登记。

2. 证件检查的方法。

（1）判定证件真伪。一般情况下，检查现场如果没有检查仪器，判定证件的真伪主要靠现场直观识别，这就需要检查人员眼、手并用。认真查验证件的外观、式样、规格、塑封、暗记、照片、印章、颜色、字体、印刷以及编号、有效期限等主要识别特征是否与规定相符,有无变造、伪造疑点,有关项目是否齐全,有无涂改痕迹;注意查验证件是否过期失效。真实、合法、有效的证件才能够证明一个人的真实身份,所以检查证件首先要判定证件的真伪。

(2) 弄清居民身份,确认人、证相符。验明持证人与所持证件内容是否相符,弄清持证人的身份,把好人、证相符关。主要掌握证件上的照片与持证人是否一致,有无转借、冒名顶替、揭换照片的疑点,准予旁听的证件是否与旁听的案件和法庭相符。其次,核对证件内容,证件载有持证人身份的主要信息,观察辨别持证人与证件内容是否吻合,如核对性别、年龄、相貌等特征。对有疑点的证件进行细心询问,问其姓名、年龄、出生日期、生肖、单位、住址等,进一步加以核实。

(3) 证件登记。设立专用的登记簿,对被检人员的证件进行登记。审判场所一旦出现安全问题,登记情况是进行有关查询或调查的依据,有利于配合公安机关及时侦破审判场所发生的各类刑事、治安案件。

(4) 收缴非法证件。检查中发现、判定伪造、变造、非法持有证件的,或持有多个证件等违反有关法律规定的,应及时收缴非法证件,阻止进入审判场所,并按法律规定移送有关部门处理。

3. 不得进入审判场所的人员。

(1) 无证件,伪造、冒用他人证件的人;

(2) 未获得人民法院批准的未成年人;

(3) 醉酒的人、精神病人或者其他精神状态异常的人;

(4) 拒绝接受安全检查或者不听从安全检查人员安排的人;

(5) 衣着不整、着装不文明的人;

(6) 其他可能危害法院安全或者妨害诉讼秩序的人。

(五) 审判场所安全检查的基本步骤

1. 检查的方法和人员配备。检查的方法主要有顺序检查法、分片包干检查法和重点检查法。安检人员依照场地的大小合理配备。

(1) 顺序检查法。适用于地域小、情况不复杂的场地。分片包干检查法适用于地域大,情况复杂的目标,检查任务相对较多的情况。

(2) 重点检查法。适用于地域大,但目标集中,警力少的情况;如活动场所多、行车路线长、涉及面广,没有能力对所有的点、面、线都进行检查,只能选择重要的、违法行为人可能攻击的目标进行检查。

2. 检查的程序。

(1) 确定目标。在安全检查之前,安检指挥员要详细查看活动场所及其环境,做到:熟悉场所内部和外部的结构及其环境特点;预测违法行为人可能出现的地点、安全隐患相对较大的部位。

（2）制定计划。在活动场所的情况了解清楚之后，负责安全检查的指挥员要结合具体情况，制定详细的安全检查计划，其中包括划定法警部门的检查目标和范围。

（3）实施检查。计划一旦确定，就要严格按照场所安全检查要求，遵照计划规定的时间和方式组织司法警察实施。

（4）做好登记。这一环节主要是明确责任，登记材料本身也是资料，可以用于汇报和总结。登记的内容大致是：检查人员、检查时间、检查对象、检查情况（包括发现的问题或查出的危险物品等）。

3. 检查问题处理。审判场所安全检查要边查边改，只查不改或者有改而不彻底都达不到安全检查的目的。因此，对检查中发现的问题，有条件解决的，应当及时研究解决；暂时难以解决的，采取必要安全措施，组织专门人员研究限期解决；一经发现严重威胁安全的隐患，应采取有效措施及时处置，排除危险。

四、安全检查人员基本用语

安全检查工作需要通过安检人员的动作、手势和语言配合使用下操作完成。安检语言是传递安检信息的重要表达方式，表达时需要注意语调、语音、语气。在安检过程中坚持使用文明服务用语，避免使用服务忌语。在安检场所，必须使用普通话，也可以根据当事人的语言习惯，适当使用方言；若是外宾，应使用简单的英语进行交流。

（一）引导员基本工作用语

1. 请大家自觉排好队。
2. 登记完毕请在安检门前的黄线外等候，依次通过安检门。

（二）登记员基本工作用语

1. 您好，请您出示有效证件。
2. 检查完毕，请收好您的证件。

（三）人工检查员基本工作用语

1. 请将箱包、随身携带物品放置在物品筐内，通过X光检测仪接受检测。
2. 这位先生（女士），您的包需要打开检查，请您配合我们的工作。
3. 谢谢配合，请拿好您的随身物品，以免丢失。
4. 根据安检规则，您的这件物品不能带入，请将您的物品寄存后再进入法院。
5. 这位先生（女士），请张开双臂配合检查。
6. 检查完毕，谢谢您的配合。

项目五　安全检查一般情况的处置

项目五 安全检查一般情况的处置司法警察执行安全检查勤务是一项非常严肃而又复杂的工作，涉及面广、影响大、政策性强，在实施过程中难免发生这样或那样的问题。因此，担任安全检查勤务职责的司法警察在执行过程中，要严格按照有关法律、法规以及规范性文件处置遇到的情况，确保安全检查任务的顺利完成。

一、对履行职务人员的安全检查

1. 履行职务并持有效工作证件的检察人员、律师可以通过专门通道进入诉讼场所，按规定查验其身份和登记证件即可，需要安全检查的，对检察人员和律师平等对待。

2. 对于人民法院采取电话通知、电子通知等其他方式通知检察人员、律师出庭而没有出庭通知书的，在与案件承办人核实后，可以让检察人员、律师通过专门通道进入法庭。

3. 随同律师同行的实习律师、律师助理、法律实习生等，不属于出庭履行职务的律师，不能通过专门通道进入法庭，须接受安全检查。

二、对疑似醉酒人员的安全检查

在安全检查过程中，通过对受检人员面部表情、语言、行为、步态等观察初步判定为饮酒人员的，应当对其进行询问，告知其醉酒的人不能进入诉讼场所。受检人员否认醉酒的，应当对其使用酒精测试仪。测试结果显示酒精含量大于或等于80mg/100ml，或小于80mg/100ml但言语含糊、精神状态异常的，应当拒绝其进入诉讼场所。

三、对外国人的安全检查

在安全检查过程中，发现未经允许的外国人（使、领馆人员，外国记者等）要求旁听公开审判的案件，应当阻止其进入，并报告司法警察部门负责人以及案件承办人；各类媒体要求采访的，应当阻止其进入，并告知其联系相关部门。

四、对受检人员携带限制物品的处置

受检人员携带手机、录音、录像等设备进入法院的，司法警察应当告知其未经允许不得在庭审过程中拨打或者接听电话，不得对庭审活动进行录音、录像、拍照或者传播庭审活动，在申诉、信访场所未经允许不得录音、录像、拍照等。限制物品通常情况下不允许被带入法庭，但该物品需要在法庭上作为证据出示的，由安检人员做好登记，在征得案件承办人同意后方可带入。不具备正当用途时，安检人员对受检人员所携带的限制物品可以作如下处理：

1. 告知携带者按照规定，此类物品不得带入诉讼场所。

2. 对需要寄存的物品，应当引导其自行寄存于储物柜内。对一般的限制物品，或者由安全检查人员对物主证件、物品型号、数量登记后发放寄存号牌，将物品暂时寄存至物品柜内并妥善保管，待诉讼活动结束后，由物主凭借证件和寄存号牌取回。

3. 如其拒绝寄存，应当阻止其进入诉讼场所。

五、对受检人员携带危险物品的处置

受检人员携带枪支、弹药、管制刀具以及易燃易爆、强腐蚀性等管制器具、危险物质进入法院的，安全检查人员视具体情况分别处理。

1. 对携带管制器具、危险物质的，应当首先将人、物隔离，分别控制，再对受检人员进行安全检查和询问。

2. 对无合法手续携带的管制器具，应当立即控制人员和物品，保证人、物分离，开具暂扣清单，移交公安机关处理，对合法持有的，不予暂扣、不允许寄存，并阻止其进入诉讼场所。

3. 查出疑似爆炸物等危险物质时，第一时间保证人、物分离，将危险物质放置于防爆桶等防爆设施中，迅速控制受检人员，视其所携带物品的危险程度决定是否疏散人群、关闭安全检查通道、报请专业力量处置；经调查确实不会造成危险的，可以按限制物品寄存方法处理，如不能排除危险，不允许寄存，并阻止其进入诉讼场所；

4. 查出放射性、毒害性、腐蚀性、强气味性物质以及传染病病原体等危险物质的，应当放置到远离人群的安全距离并加强警戒，报请专业力量处置。

六、对受检人员拒绝检查的处置

在安全检查过程中，发现被通缉的犯罪嫌疑人，应当立即采取稳控措施，并及时报警，配合公安机关处理。对安全检查持抵制心态而表现出拒绝检查的群众，可以采用以下三个方法进行处置：

（一）进行法制教育

检查人员通过告知有关法律规定，讲明司法警察有权对进入该场所的人员依法检查，进入该场所的非本部门公务人员必须接受检查，并做好配合。无论是否有群众围观检查场所，检查人员言语都要简洁而有说服力，注重扭转群众的态度，主动配合检查。

（二）更换检查场所

有些被检人员在公众面前抵触情绪较大，做出种种过激行为，但脱离了人群后能很快冷静下来。面对此类情况，可以将受检人带到一边，劝说其接受检查，这样既不

影响后面的检查对象进入检查区接受检查，也可以避免激化矛盾。

（三）采取相应措施

对于拒绝接受安全检查或者不服从安排的受检人员，应当阻止其进入诉讼场所。对于不听劝阻的，可以视情依法采取必要的处置措施或者强制手段。造成恶劣影响或严重后果的，则应移交公安部门处理。

七、安检仪发生故障的处置

在安全检查中突发断电、仪器故障等情况时，安检负责人应当立即报告警队领导，请求警力支援，并安排足够警力对受检人的人身及携带的包裹进行手工安全检查，同时通知相关部门及时维修。

项目六　技能训练

技能训练一　安全检查仪器的使用

一、训练目的与要求

（一）训练的目的

通过训练，学生掌握常用安全检查仪器、安全检查门、手持金属探测器的使用方法，根据不同情况选取相应的检查仪器，并能排除简单故障，以顺利完成安全检查任务。

（二）训练的要求

1. 训练时间为 3 学时。
2. 参加训练的同学，3~5 人为一个单位，分成若干小组。
3. 规范完成安全检查仪器的使用，简单故障排除。
4. 训练结束后，请老师考核。
5. 教师根据每小组训练中的表现和保护方法是否正确等方面进行考核，并按百分制给出成绩。

二、训练内容要点

1. 常用安全检查仪器的使用方法。
2. 常用安全检查仪器简单故障的排除。
3. 常用安全检查仪器使用注意事项。

三、训练前的准备

1. 训练器材的准备：安全检查门、手持金属探测器。

2. 分组：教师讲解常用安全检查仪器的使用方法，学生 5~10 人组成小组，交替进行操作。

四、训练的方法与步骤

金属探测器材的基本结构及工作原理。金属探测器一般都是由探头和报警系统组成。探头内装有一组电感线圈，工作时产生交变电磁场，又称发射场，发射场与金属产生涡电流形成新的电磁场，使发射场产生畸变，传送到报警系统中。

（一）常用安全检查仪器的使用

1. 安全检查门的使用。连接安全检查门电源，根据实际需要将安检门内各区调至合适的灵敏度。先将灵敏度设低，不能探测物体，无报警时为止，然后单区依次加高灵敏度，直至能探测到要求物品即可；如金属探测安检门对女人上身内衣报警，要对相应区域灵敏度进行调节，按照一般女性的身高只要把四区的灵敏度调低一些即可。还可根据需要对报警声的音量音调进行调节。

检查时，引导员提示被检人员取出身上的金属物品，包括钥匙、手机、照相机等放在托盘内。如果安全门不报警，则可认为被检人员安全，予以放行。如果安全检查门报警，根据报警指示灯闪亮的部位，使用手持金属探测器或人工徒手进行复查。

2. 手持金属探测器的使用。在仪器关闭的状态下，按照要求放置好手持金属探测器电池并安放好电池盖。

按照使用说明书将手持金属探测器调试到工作状态。调节手持金属探测器的灵敏度，拨动灵敏度调节按钮首先开通电源开关（电源指示灯亮），随着继续调节按钮，声音从无到有，从小到大。在探测前，调到轻微的"嗡嗡"声，仪器具有最高的灵敏度，这就是"临界声"。只有调到这种微弱的响声时，仪器才具有最高的灵敏度。若是把临界声调得太大或者根本没有调出声音，仪器的灵敏度都会降低。在调"临界声"之前，一定要按下按钮，调好之后再松开按钮。如果在探测的过程中，"临界声"逐渐增大或减少消失，就再按放一下按钮使"临界声"恢复之后再探测。

检查时，手持金属探测器应距离物品 7~15 厘米处，从上到下、从左到右、从前往后匀速移动，不需接触物品。人身检查顺序先从头到脚扫一遍，然后再从背面从上到下扫一遍；接着让被检人员双臂平展开，从其身体侧面分别扫一遍。如果手持金属探测器不报警，则可认为被检人员安全，予以放行。如果手持金属探测器发出报警声，则让被检人员将物品取出，如果被检人员神情可疑，有反抗迹象，应果断将其控制。

（二）常用安全检查仪器简单故障排除

1. 安检门不能正常开机：①如果电源指示灯亮，检验箱内电源是否插牢，如无问题,检验保险管及电源部分线路是否正常连接。②电源指示不亮,检验入线航插是否插接牢固,电源线是否良好。

2. 安检门红外不计数时检验红外线是否插接牢固,红外头是否被遮挡。

3. 液晶门流水现象:检验液晶板是否被挤压,松掉液晶板后螺丝。

4. 安检门和手持金属探测器不报警:①强弱常亮,检验周围是否有干扰源,试着转换晶振改变频率。②检验红外是否正常。

5. 安检门和手持金属探测器报警时间长:检验报警时长设置及红外计数是否正常。

(三) 常用安全检查仪器使用注意事项

1. 安全检查仪器能探测物体一般为易导磁金属,即易被磁铁吸附物体,如硅钢、铁、铜、合金等物体。但如物体分散,如粉状金属、线状金属等不易探测。金属体以能探测到一元硬币为标准,高灵敏度的还可探测到回形针。

2. 安全检查门安装注意事项:防雨、防晒,在室外安装,最好配有雨篷等设施,以增长使用寿命。安装时尽量远离大型金属物体,避免附近有运动的金属物体。

3. 手持金属探测仪器使用完毕之后,将按钮调到关掉电源状态,电源指示灯灭,不能让仪器开着电源空置。

4. 对于某些人群须慎用手持金属探测器。如对有宗教信仰的人检查时尽量避免用手持金属探测器检查,当安全门报警可有针对性地进行徒手检查。

(四) 考核标准

1. 优秀:

(1) 准备充分。(17~20分)

(2) 操作熟练。(26~30分)

(3) 注意事项清晰。(17~20分)

(4) 步骤非常准确。(17~20分)

(5) 态度认真负责。(8~10分)

2. 良好:

(1) 准备较充分。(17~17分)

(2) 操作较熟练。(21~26分)

(3) 注意事项较清晰。(17~17分)

(4) 步骤准确。(17~17分)

(5) 态度较认真负责。(7~8分)

3. 合格:

(1) 准备基本充分。(12~14分)

(2) 操作基本熟练。(18~21分)

(3) 注意事项基本清晰。(12~14分)

(4) 步骤较准确。(12~14分)

(5) 态度比较认真负责。(6~7分)

4. 不合格：

(1) 准备不充分。(12分以下)

(2) 操作不熟练。(18分以下)

(3) 注意事项不清晰。(12分以下)

(4) 步骤较混乱。(12以下)

(5) 态度不认真负责。(6分以下)

五、注意事项

1. 使用安全检查仪器之前，应根据仪器使用的地点、周围环境，调试检查仪器灵敏度；

2. 当安全检查仪器出现故障，不能正常检查时，应及时排除并安排值班法警徒手人工检查。不可因为检查仪器出现故障而放松检查，或出现紧张混乱情况影响安全检查工作；

3. 使用安全检查仪器时应注意爱护仪器，轻拿轻放；使用完毕后按要求放回原处。

问题思考

1. 常用安全检查仪器有哪些？
2. 安全检查门是如何实现探测报警的？
3. 安全检查门使用注意事项有哪些？
4. 如果安全检查门出现误报，即探测到某些安全的小型物件也报警该怎么办？
5. 手持金属探测器的使用步骤是怎样的？
6. 手持金属探测器在使用时有哪些注意事项？
7. 如何排除常用安全检查仪器出现的简单故障？

技能训练二　安全检查的组织实施

一、训练目的与要求

(一) 训练的目的

学生通过亲身实施安全检查，能够更全面、详细地了解法院安全检查的具体操作要领和程序。要求学生进一步牢记法院安全检查的基本方法及程序。

(二) 训练的要求

1. 训练时间为4学时。

2. 参加训练的同学，5~10人为一个单位，分成若干小组。
3. 规范完成安全检查操作步骤。
4. 学生角色岗位互换。
5. 教师根据每小组训练中的表现和保护方法是否正确等方面进行考核，并按百分制给出成绩。

二、训练内容要点

1. 进入审判场所人员的证件检查。
2. 进入审判场所人员的人身检查。
3. 进入审判场所人员随行物品的检查。

三、训练前的准备

1. 训练器材的准备：安全检查门、手持金属探测器，对讲机、电警棍等警械，《证件检查登记表》。

布置模拟现场：将安全检查门及手持金属探测器调至适用范围；在安全检查门入口1米处拉警戒线以示群众排队接受检查，安全检查门另一侧摆放桌椅以进行物品检查。

2. 分组：教师讲解常用安全检查仪器的使用方法，学生5~10人组成小组，交替进行操作。

四、训练的方法与步骤

（一）学生分组分工

学生每5~7人为一组，每组2~3人为安全检查工作人员；1~2人为进入审判场所人员，可以是律师，携带有较大包件，可以是当事人，有小件皮包；1~2人为观察员，观察安全检查工作人员实施安全检查过程中出现的不足和良好之处，并做记录。每组分三次对调完成安全检查工作人员的角色训练。

（二）安全检查的实施

1. 安全检查工作人员引导被检人员取下随身物品，放置于设在安全检查门一侧的工作台上，并提示其通过安全检查门通道。语言规范："请将你的物件取下放于工作台上，然后通过安全检查门。"

2. 证件检查。当被检人员通过安全检查门，距安全检查工作人员1.5~2米左右的地方截停。动作规范：左手臂向前平直伸出，手掌竖起指尖朝上，示意其停下。语言规范："我是××法院司法警察，现依据《人民法院司法警察安全检查规则》的规定对你进行检查，请予以配合，请出示你的有效证件。"

首先，判定证件真伪。认真查验证件的外观、式样、规格、塑封、暗记、照片、印章、颜色、字体、印刷以及编号、有效期限等主要识别特征是否与规定相符，有无变造、伪造疑点，有关项目是否齐全，有无涂改痕迹；注意查验证件是否过期失效。其次，确认人、证相符。最后，登记证件，设立专用的登记簿对被检人员的证件进行登记。对于非法证件应当及时收缴。

3. 人身检查。对通过安全检查门报警的被检人员，安全检查工作人员应当令其重新过门检查或采用人工安全检查的方法进行复检。人工检查可使用手持金属探测器检查或徒手检查。

手持金属探测器检查时，金属探测器移动要平稳匀速，不需接触被测物。检查顺序遵循从左到右、从上到下、从前到后的原则，采用仪器与手工结合，通过仪器报警，手的触摸，眼睛观察排除疑点。

徒手人身检查时，负责检查的法警迅速从被检人员的双肩开始向下对衣领及身体各部位进行检查，特别注意腹下、腰部、裆部及双腿内侧。

4. 随行物品安全检查。检查随行物品时不得让被检人员自行翻拿；即使有必要让其自己打开箱、包，应密切监控其打开动作；待其打开箱、包后令其站到一边等待检查。开启箱、包先仔细观察，防止有爆炸、放射性等危险物品；拿取物品应按自上而下的顺序，不得探底取物或者将物品直接倒出；有声音、味道的物品应谨慎拿取。

5. 检查结束后返还证件和物品。语言规范："你的证件和物品已检查完毕，请收好。"

（三）考核标准

1. 优秀：

（1）准备充分。(17~20分)

（2）操作熟练。(26~30分)

（3）注意事项清晰。(17~20分)

（4）步骤非常准确。(17~20分)

（5）态度认真负责。(8~10分)

2. 良好：

（1）准备较充分。(17~17分)

（2）操作较熟练。(21~26分)

（3）注意事项较清晰。(17~17分)

（4）步骤准确。(17~17分)

（5）态度较认真负责。(7~8分)

3. 合格：

（1）准备基本充分。(12~14分)

（2）操作基本熟练。（18~21分）

（3）注意事项基本清晰。（12~14分）

（4）步骤较准确。（12~14分）

（5）态度比较认真负责。（6~7分）

4. 不合格：

（1）准备不充分。（12分以下）

（2）操作不熟练。（18分以下）

（3）注意事项不清晰。（12分以下）

（4）步骤较混乱。（12以下）

（5）态度不认真负责。（6分以下）

五、注意事项

1. 证件检查时应始终注意持证人的反应，边查边问，注意安全防范。通过发现持证人的情绪变化，推断是否有嫌疑或其精神是否正常等。密切注视持证人双手掏证的动作，发现异常，应立即阻止其动作，防止被检人员行凶。

2. 查验物品时，一般按照一看、二听、三闻、四摸、五拆的顺序进行。看物品形状、结构、包装、质地；听是否有声响，是什么声响；闻气味，有无异味；摸物品的形状、材料质地，掂一下物品的重量；必要时，轻轻拆开物品外包装检查。每一环节都要认真分析，作出判断，如果能断定物品的性质尽量不要拆开物品，以免破坏物品的性能，造成不必要的损失。

3. 对女性进行人身检查应当由女警察完成。人身检查一般是在被检对象站立的情况下进行的，但对于危险性较大的对象也可以根据需要令其跪地或卧地进行检查。

4. 进行安全检查过程中应遵循严格检查、细致检查、文明检查的原则。

[示范案例]

基本案情：

被告人陈某，男，1965年10月6日出生于××省××市，汉族，小学文化，农民，住×市龙田村。因涉嫌故意伤害罪于某年11月4日被××市公安局取保候审。

某年5月10日凌晨3时许，被告人陈某和王某在××市明月酒楼前坐上出租车，要到离市区较远的五金市场，司机邓某拒绝，双方为此发生口角。被告人陈某下车将司机邓某拉下车，用拳猛击打司机邓某面部、胸部。经该市公安局法医鉴定，邓某的人体损伤程度属重伤。本案涉及出租车司机受害问题，出租车司机作为一个利益群体人数很多；社会媒体也极关注本案；加上受害人家属非常多，并且情绪不稳定，预计开庭旁听人员较多。为此法院要求司法警察做好旁听人员的安全检查工作。

[训练提示]

预计参加庭审人员多，实施安全检查的执勤法警最好为3人。设1名执勤法警为警戒人员，并引导参加庭审活动的人员准备好有效身份证件，依次排好队接受安全检查；设 2 名执勤法警实施安全检查工作。

安全检查过程中不能因为人多而乱了阵脚，检查工作分配好后有条不紊地进行安全检查工作；实施安全检查过程中，各执勤法警仍要时时进行安全防范。

由于参加庭审的人员可能会有社会媒体，对于媒体能否携带录音录像器械进入，应当认真查验其身份以及相关的许可证明。

问题思考

1. 证件检查时，如何判定证件的真伪？检查到非法证件时该怎么办？
2. 证件检查时，采取什么样的方法查验持证人与所持证件是否相符？
3. 被检人员通过安全检查门，检查门发出警报该怎么处理？
4. 被检人员神色惊慌、表现异常时，检查其随行物品应注意哪些问题？

思考与练习

王某，男，1976 年 11 月 23 日出生于××省××市，汉族，本科学历。王某沉迷赌博花光家里的积蓄后，酗酒度日，且在酒后对其妻陈某及儿子实施暴力。某日王某施暴时，用脚将妻子的脾脏踢伤，导致残疾。某年，11 月 6 日上午 9 时许，法院开庭审理王某和陈某的离婚案件。本案涉及个人隐私的问题，为保护未成年人，涉及个人隐私，决定不公开审理。

问题思考

1. 针对该案例如何确定可以进入庭审场所的人员？
2. 如何组织开展安全检查工作？

单元八

值 庭

知识结构图

- 值庭
  - 值庭概述
    - 值庭的概念
    - 值庭工作的特征
    - 值庭职责的内容
    - 值庭的规范要求
  - 值庭的业务内容
    - 值庭的工作区域
    - 值庭的具体类型
    - 值庭警力的配备原则
    - 值庭动作规范
    - 司法警察值庭工作规范内容
  - 值庭的组织实施
    - 值庭组织的含义与原则
    - 庭审前的组织实施
    - 庭审中的组织实施
    - 庭审后的组织实施
  - 庭审突发事件的处置
    - 刑事案件庭审中突发事件的特点
    - 值庭中突发事件的处置原则
    - 值庭中常见突发事件的处置

知识目标

- 明确司法警察值庭的法律依据、范围、基本任务、警力配备
- 掌握司法警察值庭的组织原则，值庭组织实施和要求
- 准确把握审判法庭的布置及功能，值庭司法警察的位置、值庭的姿势和相应的动作要领

单元八 值 庭

能力目标

● 通过学习和训练,具有依据审判活动的要求制定值庭预案、落实值庭基本任务的能力

● 通过学习和训练,能够把握值庭原则,具备组织安排、实施法庭值庭活动的能力

● 通过学习和训练,具有处置值庭过程中发生的突发事件的能力

法条链接

● 《人民法院司法警察条例》

第七条 人民法院司法警察的职责:

(一)维护审判秩序;

(二)对进入审判区域的人员进行安全检查;

(三)刑事审判中押解、看管被告人或者罪犯,传带证人、鉴定人和传递证据。

● 《人民法院司法警察执法细则》

第二章2-4.4在刑事案件审判活动中,维护法庭秩序,保障法庭内人员安全,传带证人、鉴定人,传递、展示证据,制止妨碍审判活动的行为,确保审判活动顺利进行。

● 《人民法院司法警察刑事审判警务保障工作规则》

第三十五条 司法警察值庭职责:

(一)维持法庭秩序;

(二)保障参与审判活动人员安全;

(三)传带证人、鉴定人、有专门知识的人或者其他诉讼参与人;

(四)传递、展示证据;

(五)依照审判长或者独任审判员的指令处置违反法庭纪律、扰乱法庭秩序、危害法庭安全等行为。

第四十条 司法警察应当依照审判长或者独任审判员的指令准确传递、展示证据,与被告人保持安全距离,不得将证据交到被告人手中,防止证据被抢夺、损毁。

第四十一条 司法警察应当依照审判长或者独任审判员的指令引导证人、鉴定人、有专门知识的人或者其他诉讼参与人到达指定位置,加强对被传带人员的安全保护。

第四十二条 司法警察遇有下列违反法庭纪律的行为时,应当予以劝阻、制止,并依照审判长或者独任审判员的指令依法进一步采取强制手段或者强制措施:

(一)鼓掌、喧哗;

(二)吸烟、进食;

(三)拨打或者接听电话;

（四）未经允许对庭审活动进行录音、录像、拍照或者使用移动通信工具等传播庭审活动；

（五）其他违反法庭纪律的行为。

第四十三条 司法警察遇有下列危及法庭安全或者严重扰乱法庭秩序的行为时，应当立即采取必要的处置措施，并依照审判长或者独任审判员的指令依法进一步采取强制手段和强制措施：

（一）非法携带枪支、弹药、管制刀具或者爆炸性、易燃性、放射性、毒害性、腐蚀性物品以及传染病病原体进入法庭；

（二）哄闹、冲击法庭；

（三）侮辱、诽谤、威胁、殴打司法工作人员或者诉讼参与人；

（四）毁坏法庭设施，抢夺、损毁诉讼文书、证据；

（五）其他危害法庭安全或者严重扰乱法庭秩序的行为。

【案例导入】 某县人民法院司法警察大队成功处置一起离婚抢人事件

2017年10月5日，某县人民法院在开庭审理一起离婚案件时发生被告抢夺原告事件。由于该院司法警察大队及时把握案情，精心制定保障预案，经与公安干警联手，保证了当事人的人身安全，赢得了人民群众的一致好评。

一、事件背景

2013年，外省女子张某嫁到某县孙某家，一年后生有一女。不久，由于家境较为困难，张某便到苏南打工。平时张、孙夫妇二人感情不很融洽，加之张某外出打工后，夫妻俩长期两地分居，感情便出现危机。时间一长，两人相互埋怨和猜疑，张某经常嫌弃孙某挣不到钱没本事，感到嫁给他受到了委屈。孙某却怀疑张某在外打工有了外遇，对自己不忠，两人关系一直处于紧张状态。2017年1月，张某认为两人已无法生活在一起，遂向孙某提出了离婚要求。

2017年3月，某县法院某派出法庭受理了张某的离婚诉状。法庭多次调解后，判定两人不予离婚。同年9月10日，张某再次向法庭递交离婚诉状，法庭依法受理了此案。

庭审前，法庭多次组织双方当事人进行调解，双方情绪依然十分对立。在与孙某亲属的交谈中法官得知，孙某及其亲属欲利用开庭的时机将张某抢回去。庭长立即将情况向分管副院长作了汇报，同时建议将庭审地点改在某县法院内，请司法警察大队派警保障。计划于10月5日15时，庭审在该县法院第四法庭进行。

二、处置经过

10月4日，法院启动了涉诉突发事件应急预案，分管民事案件的副院长主持召开了协调会，分管司法警察工作的副院长、法警大队长、法庭庭长、承办法官参加了会议。会上，案件承办法官汇报了情况，大家一致认为：离婚抢人是严重的违法行为，法院必须保障当事人的人身安全。经研究决定成立庭审保障领导小组，法警大队长任指挥员，下设三个处置小组：

第一组为警戒组，由副大队长和两名法警组成，负责院门值班，并及时疏导院门可能出现的堵塞问题，制造原告当事人从此门进出的假象，借此迷惑对方。

第二组为值庭组，由勤务中队长带7名法警组成，3名法警负责旁听席的值庭工作，4名法警着便服参加旁听，并注意当事人亲属的言行，及时宣传法律，做瓦解工作，及时配合第一、三小组完成任务。

第三组为机动组，由执行中队长和一名法警组成，并配备两辆警车。其中第一辆警车放在院门口，制造此车是送原告当事人的假象，另一辆警车悄悄放置于法院西侧小巷子处，待庭审结束后，可随时将原告当事人安全带离。

领导小组与辖区公安派出所取得联系，并通报案情，请他们在必要时出警处置。

2017年10月5日14时10分，被告孙某及其亲属来到法院，下车时正好碰到原告张某的代理人。孙某的姐姐及另一名亲戚立即追打代理人，代理人慌忙到法院求救。法警大队大队长认定这是治安事件，应由公安部门负责处理，遂报警。

14时20分，民警赶到现场，将两名肇事者强制带离。

由于法院地处交通要道，此时正是交通高峰期，来往行人特别多，外围警戒小组人员按照预定方案对不明真相的围观群众进行疏导、劝离。

14时35分，经过疏导，法庭外只剩下孙某及其亲属30多人。

14时40分，张某及代理人被承办法官先行带到调解室，在稳定其情绪的同时要求其不要激怒对方，力求化解矛盾。

15时，法庭准时开庭。

17时30分，庭审即将结束之际，在双方当事人校对庭审笔录及签字时，有一旁听人员到庭外打完电话后回到法庭，手指张某大骂其不孝、不守妇道，要求张某回家"好好"地过日子。同时孙某母子也扯住张某不放，要求张某随他们"回家带孩子"，4名"旁听人员"（法院法警）随即对孙某亲属进行劝说。值庭组见此情景立即将双方强行分开，2名法警将张某带到调解室，并按预案将张某从小巷道送回，4名法警将孙某母子带到办公室。

17时40分，孙某母子被带到办公室。经过法院副院长耐心说服教育，母子二人态度终于有所好转。

值庭组认为，在整个事件的过程中孙某的父亲起主要作用，为化解矛盾，让事实说明真相，建议让其父亲到办公室了解情况。孙某父亲与其妹妹一同到办公室后，发现孙某母子并没有他们所想的那样被铐和挨打。副院长见机行事，让他们坐下来，一同做他们的工作。

18时20分，副院长让庭长订了6份盒饭，与他们一同吃饭。孙家人看到法院干警能够与他们一同吃饭，心里很是过意不去。

19时05分，被告孙某及家人主动带着亲属离开法院。一个星期后，原告张某从老家发来感谢信。

项目一 值庭概述

一、值庭的概念

（一）值庭的概念及其理解

值庭是人民法院司法警察在法庭审判活动中，为维护法庭秩序，保证参与审判活动人员的安全，保障审判活动顺利进行所实施的职务行为。

相较于检察院司法警察，值庭是人民法院司法警察特有的职责。根据《人民法院司法警察刑事审判警务保障工作规则》第40-43条的规定，在法庭审判活动中，值庭的司法警察依法履行职责时，应当根据审判长、独任审判员的指令进行。

（二）值庭的法律依据

值庭作为法院司法警察的一项法定职责，来源于相关法律法规的规定。有的以规定值庭职责内容为形式，有的以规定值庭具体执法方式为形式。现行有效规定值庭职责的法律依据包括：

1. 《中华人民共和国刑事诉讼法》；
2. 《中华人民共和国民事诉讼法》；
3. 《中华人民共和国行政诉讼法》及最高人民法院关于适用《中华人民共和国行政诉讼法》的解释；
4. 《人民法院司法警察条例》；
5. 《人民法院法庭规则》；
6. 《人民法院司法警察刑事审判警务保障工作规则》；
7. 《人民法院司法警察执法细则》等。

> **特别提醒**
>
> 自《人民法院司法警察刑事审判警务保障工作规则》施行后，《人民法院司法警察值庭规则》（法发〔2003〕13号）、《人民法院司法警察押解规则》（法发〔2003〕19号）、《人民法院司法警察看管规则》（法发〔2004〕4号）、《人民法院司法警察刑事审判警务保障规则》（法发〔2009〕46号）、《人民法院司法警察远程视频提讯警务保障规则》（法发〔2010〕19号）同时废止，废止条例中涉及值庭职责的规定不再适用。

二、值庭工作的特征

值庭是法院司法警察的一项法定职责，司法警察值庭勤务是司法警察工作以审判为中心、服务审判工作的集中体现。体现审判的庄严，体现人民民主专政的威严。

其主要特征体现在以下四个方面：

（一）主体的排他性

只有人民法院司法警察才能从事值庭活动，检察院司法警察及其他警种、组织和个人均无权从事值庭活动。

（二）行为的服从性

庭审是依照程序法的相关规定，在审判人员的主持之下进行的，审判长或独任审判员是庭审的组织者。值庭的司法警察在法庭审判活动中，根据审判长、独任审判员的指令，依法履行职责。因此，司法警察必须依据相关法律法规及法院规章制度的规定，根据审判长或独任审判员的指令履行值庭职责，使值庭活动依法有序地进行。

（三）目的的保障性

司法警察通过履行值庭职责，保障参与审判活动人员的安全，制止妨害审判活动的行为，最终目的是要维护法庭秩序，彰显法庭审判的严肃性。

（四）手段的强制性

值庭司法警察除了对轻微违反法庭纪律的行为进行劝阻、制止以外，对严重扰乱法庭秩序的人，依照审判长或者独任审判员的指令依法进一步采取强制手段或者强制措施，强制措施包括责令退出、强制带离、强行扣押、收缴、检查等。

三、值庭职责的内容

【案例8-1】

2017年5月15日14时许，桐城市人民法院司法警察大队接到民事审判二庭打来电话，称稍后将开庭审理一起离婚案件，双方当事人情绪激动，可能会发生冲突，请求增派司法警察维护庭审秩序。司法警察大队负责人立即安排两名司法警察赶到法庭承担值庭任务。庭审中，在女方（被告）代理人答辩时，男方（原告）突然情绪失控，往被告席冲去，司法警察及时予以阻止，并对其进行了训诫。随后，两名司法警察坐在离原告席较近的座位上。这一小小的举动为化解之后更大的危险埋下伏笔。

随着庭审的进行，案情渐渐清晰。双方当事人于2015年9月经人介绍相识，一个月后便登记结婚。婚后男方发现女方可能患有精神疾病，感觉受到蒙蔽，遂离开女方长期分居，并因此患上了抑郁症。女方因曾为男方流产，且对男方还有感情，不同意离婚。庭审中双方针锋相对，到了最后陈述时，男方情绪又激动起来，扬言如果不离婚就拉着女方一起跳楼，女方也不甘示弱表示坚决不离婚。庭审程序刚刚结束，女方试图从口袋里掏出某样东西。值庭的两名司法警察感觉情况不对，一个箭步冲上前去从女方手中夺过一个小瓶，仔细一看发现是"百草枯"（百草枯是一种快速灭生性除草剂,对人毒性极大,且无特效解毒药,口服中毒死亡率100%,2016年7月1日停止水剂在国内销售和使用)。见事态严重,司法警察大队再次增派两名司法警察前来支援。为了防止意外再次发生,在场的司法警察分成两组,其中两名法警负责照看男方,防止双方亲属冲突升级;另外两名法警配合法官做女方思想工作。在承办法官的劝导和家人的安抚下,女方的情绪渐渐平静,并在司法警察的陪同下离开法院。为确保安全,司法警察特意让男方等待十几分钟才与家人一同离开法庭。

由于值庭司法警察的高度警觉和果断处置,一起可能危及生命的突发事件,最后有惊无险地化解。

问题思考

根据案例分析,值庭司法警察在庭审时担负着哪些职责?

《人民法院司法警察条例》第7条和《人民法院司法警察刑事审判警务保障工作规则》第35条对值庭职责作出明确、具体的规定。

(一) 维护法庭审判秩序,保障审判工作的顺利进行

维护法庭审判秩序是值庭的根本职责,既是值庭活动的首要任务,也是值庭活动的最终目的。值庭活动保障审判职能的顺利实现,体现法庭审判活动的严肃、庄严气氛。

(二) 保障审判场所及参与审判活动人员的安全

1. 保障审判场所的安全。"审判场所"包含法院内用于进行审判活动的法庭或者宣判的其他室内场所,以及为了法制宣传需要在室外进行的大型宣判活动的露天场所。

保障审判场所的安全是指保护或确保审判场所不受威胁,没有危险、危害或损害。司法警察通过对审判场所进行庭前、庭后安全检查的方式,排查审判场所内的安全隐患,以及在审判时保护此类审判场所不受人为因素的威胁。

2. 保障审判人员和诉讼参与人员的人身安全。值庭司法警察应当保障审判人员和诉讼参与人员的人身不受威胁,没有危险或损害。保障的具体对象包括审判人员、检察人员、诉讼参与人及旁听人员等。

审判人员、检察人员、诉讼参与人是诉讼活动的主体和参与者,保障他们的人身安全是对诉讼活动维护的体现,对旁听人员的人身安全保障也是体现了法庭的权威性。

(三) 传带证人、鉴定人

根据我国诉讼法的相关规定,证人、鉴定人等其他诉讼参与人依法到庭参加诉讼活动。证人证言、鉴定人的鉴定结论、勘验人的勘验结论等,对查明案件事实具有重要作用。当需要证人、鉴定人等依法到庭参加诉讼时,值庭法警应当根据审判长的指令传带,以保证诉讼活动的有序进行。

(四)传递、展示证据

根据我国诉讼法的有关规定,在法院审理案件过程中,刑事案件中的公诉人、辩护人等应当向法庭出示证据,让被告人辨认。民事案件中,当事人有举证的权利和责任。

司法警察根据法庭审理程序的需要,服从审判长指令,向被告人等传递、展示证据。传递、展示完毕后,向证据提交一方递还。

(五)制止妨害审判活动的行为

司法警察对于违反法庭纪律、妨害审判活动的行为应当予以劝阻、制止,必要时依法采取强制措施。

1. 对旁听人员,值庭的司法警察应当进行安全检查。发现未成年人、精神病人、醉酒的人和其他不宜旁听的人员,应当阻止或者劝其退出审判法庭。

2. 发现旁听人员存在未经允许录音、摄影和录像,随意走动或擅自进入审判区,鼓掌、喧哗、哄闹、擅自发言、提问、吸烟或随地吐痰,使用通讯工具及其他违反法庭纪律的行为,值庭的司法警察应当予以劝阻、制止。

3. 对于哄闹、冲击法庭,侮辱威胁、殴打等严重扰乱法庭秩序的行为,值庭司法警察可以根据审判长或独任审判员的指令,依法采取强制措施。

四、值庭的规范要求

【案例 8-2】

2015 年 8 月 31 日上午 9 时,宝鸡市陈仓区人民法院在第一审判法庭公开审理了被告人贺某、贺某龙等 8 名被告人二审发回重审诈骗一案。该院法警大队圆满完成了此次庭审值庭任务。

该院法警大队接到用警申请后及时和办案法官取得联系,了解本案情况后,制定了庭审押解方案,由于本案人数较多,而警队警力有限,为了确保庭审安全,随后申请宝鸡中院法警支队增派警力 4 人,协助本次庭审安保工作任务。庭审过程中,值庭法警坚守岗位,各司其职,通力合作,尽忠职守。在庭审过程中均做到细致、警惕、规范、文明有序。由于庭前准备工作充分,干警们严谨的工作作风及吃苦耐劳的精神,使庭审活动安全顺利进行,最后圆满地完成了此次庭审安保工作任务。

庭审结束后,法警文明、周到、细致、严谨的工作精神得到了旁听群众和检察官的高度称赞。

问题思考

司法警察在值庭过程中,应当遵守哪些规范要求?

（一）司法警察值庭行为的规范要求

1. 听从指令。值庭司法警察在庭审活动中，应当听从合议庭审判长或独任审判员的指令，这是由司法警察的从属性及辅助性所决定的。

2. 通力协作。在庭审活动中，值庭司法警察应与审判人员、诉讼参与人密切配合、通力协作，才能实现值庭的目的，保障庭审的顺利进行。

3. 传带证人、传递展示证物。值庭司法警察在值庭中，应当准确无误地按照审判长或独任审判员的指令，传唤当事人、证人、鉴定人和传递、出示物证等证据材料。

4. 遵守值庭相关法律规定。司法警察在值庭期间，不得擅离岗位；不得询问案情；不得让无关的人员接触刑事被告人；也不得侮辱或变相体罚刑事被告人；以及其他有碍值庭活动的行为。

5. 及时处置突发事件。在庭审过程中，对旁听人员影响审判活动的行为应当及时劝阻和制止；对哄闹、冲击法庭等严重扰乱法庭秩序的人员应根据审判长的指令以及《法庭规则》的规定，迅速予以处理。同时，根据需要可以依照国家有关《人民警察使用警械和武器条例》的规定使用警械和武器，但必须遵从法定的条件和限度。

6. 提高警惕。负责巡视的值庭司法警察，应当密切注意庭审场所内外旁听人员和其他人员的各种动态，防止其他妨碍法庭正常秩序行为的发生。

7. 服从指挥。值庭警力的调整或者特殊情况的处置应服从法警队负责人的指挥。

8. 法律法规规定的其他要求。

（二）司法警察值庭时的外在形象要求

1. 值庭的司法警察应当按照规定着警服，佩戴警衔标志和警号，着装整齐与整洁，并符合季节警服制式的要求。

2. 在庭审过程中，不得相互闲谈、抽烟、掏耳朵、跷腿，以及其他不良行为习惯。

3. 在庭审过程中，值庭司法警察的态度要严肃，语言要文明，站姿坐姿要标准、端庄，精力要集中。

4. 在庭审过程中，涉及当事人有外国人或者少数民族的人员，因有其各自不同的风俗习惯，值庭人员还应当注意尊重其风俗习惯和人文习惯。

5. 其他应当注意的言行举止以及外表形象的要求。

> **特别提醒**
>
> 司法警察外在形象的总要求与准则是：礼貌待人、文明执勤。值庭工作的特征之一即行为的公开性。值庭活动大都是公开进行的，值庭司法警察的一举一动、一言一行都是在众人瞩目之中进行的。所以司法警察自身的言行举止及外表形象代表人民法院和司法警察队伍的形象，其执法水平高低、执法态度的好坏都将直接影响司法警察在当事人、其他诉讼参与人及旁听人员等社会公众心目中的形象，影响着人民法院和

司法警察的声誉。

项目二 值庭的业务内容

【案例 8-3】 离婚官司演变成"全武戏"

某年某月某日上午 9 时许，成都市成华区法院第六法庭开庭审理谭某华、左某鲜夫妻离婚案。被告谭某华与原告左某鲜婚后因为性格、经济、家庭琐事等常常发生纠纷，致使双方矛盾不断，夫妻感情出现裂痕。随着矛盾的激化，已分居数月的左某鲜向法院提起离婚，要求女儿归左某鲜抚养，并提出依法分割住房以及"超剪派发艺"的经营权。法院经过审理后准予左某鲜和谭某华离婚，并将住房划归谭某华所有，同时要求谭某华负担住房按揭。法院认为，"超剪派发艺"是由左某鲜婚前注册经营的，应归左某鲜所有，因此不应作为夫妻共同财产进行分割。对此，谭某华感觉审判不公，尤其是住房按揭给她带来的压力太大，今后一时难以还清，遂情绪激动，从被告席忽然站直，把随身携带的一只挎包掷向主审女法官。

这突如其来的袭击使女法官大吃一惊。女法官正要离开时，谭某华又冲上来，其姑姑谭某君也离席而上。此时，正常法庭秩序已遭到破坏（图 8-1）。

在这紧急时刻，司法警察及时赶到现场，劝止感情冲动、火气上升的谭某华。原来是法警通过观察发现，在正式宣判以前，谭某华有大声吵嚷、有冲动的迹象，预判这场宣判很可能发生意外。目前该法院决定对谭某华和谭某君两人分别处以司法拘留 15 日和 10 日（图 8-2）。

图 8-1 被扰乱的庭审现场　　图 8-2 扰乱法庭秩序者被控制

问题思考

1. 依据引例，思考什么性质的案件庭审需要法警值庭？
2. 该案件的庭审应如何配备司法警察，并应注意哪些事项？

一、值庭的工作区域

根据值庭的目的和职责履行要求，值庭职务行为应当在审判法庭内履行。

审判法庭是人民法院严格按照法律规定的诉讼程序依法开庭审理各类案件的法定场所。人民法院用于审判工作的整体建筑称为"审判法庭",其中专门用于开庭审理案件的房屋称"法庭"并冠以序数,为:第一法庭、第二法庭等。再根据诉讼程序的不同和案件性质的需要,设置了不同类型的法庭。一般包括民事法庭、刑事法庭、行政法庭和少年法庭。为保障法庭秩序和审判活动顺利进行,不同性质的法庭都可以成为值庭的工作区域。

(一)刑事案件审判活动区的布置

法庭由审判活动区和旁听区组成,以审判活动区为主,保证审判活动能够依法顺利进行。

根据《最高人民法院关于法庭的名称、审判活动区布置和国徽悬挂问题的通知》(法发〔1993〕41号),人民法院开庭审理刑事案件时,其审判人员、公诉人员、辩护人员及被告人的位置安排,暂仍按最高人民法院"法(司)发〔1985〕11号"文件规定执行。

刑事法庭的审判活动区正中前方设置法台,法台的面积应满足审判活动的需要,高度为20至60厘米。法台上设置法桌、法椅,为审判人员席位。审判长的座位在国徽下正中处,审判员或陪审员分坐两边。法桌、法椅的造型应庄重、大方,颜色应和法台及法庭内的总体色调相适应,力求严肃、庄重、和谐。(图8-3)

法台正前方为书记员席位。法台的右前方设公诉人席位,被害人及附带民事诉讼原告席位与公诉人席位并列。左前方设辩护人席位,与公诉人席位相对。被告人席位与审判席相对,不前于公诉人和辩护人席位。(图8-4)

图8-3 刑事法庭审判活动区图

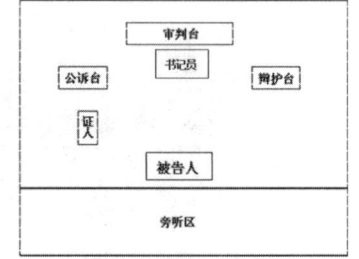
图8-4 刑事案件审判活动区布置图

(二)民事、行政案件审判活动区的布置

人民法院开庭审理民事、经济、海事、行政案件时,审判活动区按下列规定布置:

法台右前方为书记员座位,同法台成35°角,书记员座位应比审判人员座位低20至30厘米。法台左前方为证人、鉴定人位置,同法台成35°角。

法台前方设原、被告及诉讼代理人席位,分两侧相对而坐,右边为原告席位,左边为被告座位,两者之间相隔不少于 100 厘米,若当事人及诉讼代理人较多,可前后设置两排座位;也可使双方当事人平行而坐,面向审判台,右边为原告座位,左边为被告座位,两者之间相隔不少于 50 厘米(图 8-5、图 8-6)。

有条件的地方,可以将书记员的座位设置在法台前面正中处,同法台成 90°角,紧靠法台,其座位高度比审判人员座位低 20 至 30 厘米(图 8-7)。

图 8-5　民事案件审判活动区

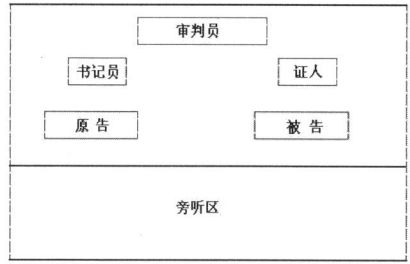 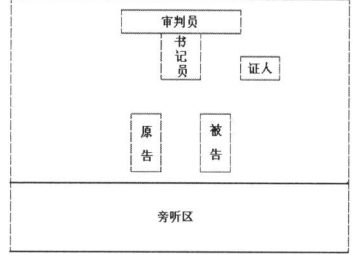

图 8-6　民事、海事、经济、行政案件　　　图 8-7　书记员位置在法台前
　　　　审判活动区布置图　　　　　　　　　　　　正中处布置图

二、值庭的具体类型

值庭的类型应当与法庭的布置和性质相对应。值庭的类型可以依据以下分类标准的不同进行类型划分:

1. 根据法院审理案件性质的不同,值庭可以分为刑事案件审判的值庭、民事案件审判的值庭、行政案件审判的值庭。

2. 根据值庭的任务的不同,值庭可以分为刑事案件的值庭、涉外案件的值庭、大型公审活动的值庭以及需要司法警察值庭的民事、经济、行政等案件的值庭等。

3. 根据庭审方式的不同,值庭可以分为现场审判的值庭和视频审判的值庭。

为方便理解,本书以刑事案件审判的值庭为主要解释对象。

三、值庭警力的配备原则

值庭司法警察的配备是指根据人民法院审判案件的实际需要和司法警察力量的客观条件，确定和安排必须值庭的司法警察力量。值庭司法警察的配备应坚持如下原则：

1. 根据案件性质配备。

（1）刑事案件的庭审活动必须配备值庭司法警察。值庭司法警察的配备首先应当考虑所审判案件的性质。这不仅是由于刑事案件的性质决定的，而且也是实现值庭任务的基本要求。刑事案件的庭审具有自身的特殊性：一方面，判决结果所涉及的处罚具有严厉性，即刑事被告人将会受到剥夺人身自由甚至生命的刑罚处罚，这就容易引起刑事被告人的对抗情绪或逃跑等情况；另一方面，刑事案件庭审过程的严格程序性，这也是刑罚处罚涉及人身自由或生命的必然要求。因此，刑事案件的庭审活动应当配备值庭的司法警察。

（2）民事或行政案件的审判活动适度配备值庭司法警察。从人民法院审判活动的性质上说，民事、行政案件审判活动可以根据案件需要、当事人及诉讼参与人的情绪状态及现有警力等因素，适度配备值庭司法警察。由于我国人民法院司法警察力量相对不足，从案件性质和警力情况而言，还没有对所有民事、行政案件的审判活动都配备值庭司法警察。现阶段，法院仅对下面民事、行政案件审理配备值庭司法警察：①对影响大或涉及较多人利益的民事、行政案件审判活动，配备必要的、充分的值庭司法警察；②对于当事人情绪不稳定，可能出现自杀、大闹法庭，旁听人员中有可能冲击审判区域，危及庭审人员、其他诉讼参与人人身安全等倾向的民事、行政案件的审理活动，应当配备必要的值庭司法警察。

2. 根据审判活动区域内外的具体情况配备。审判区域的安全不仅关系到法官、检察官、诉讼参与人等安全，也关系到旁听人员安全，甚至周边场所的安全，必须考虑到审判区域内的安全要素，考虑到旁听人员数量和审判场所外围可能出现的意外情况，以防止审判区域内外扰乱法庭秩序情况的发生，因此，应结合审判区域内外具体情况，配备足以能及时有效处置庭审过程中突发事件发生的值庭力量。

3. 根据庭审活动的规模配备。对于法院的大型庭审活动，应配备并加强值庭力量，并对参与庭审的非依法履行职务的人员进行有组织、有秩序地管理和安全检查，以保证庭审活动的有序进行。目前，法院较常举行的大型公开宣判活动主要是刑事案件，而且一般都是涉及判处死刑和其他各种具有较大影响的案件，或者在特定时期针对各种严重社会治安问题进行的集中宣判。这类案件的公开宣判，也是对社会公民进行良好的法制教育体现。因此，大型公开宣判活动必须配备值庭人员，并且要求配备足够警力。

> **特别提醒**

司法警察的值庭是根据庭审活动的需要而进行的活动。随着我国审判制度改革的进一步深化,将会顺应新情况,要求庭审活动中配备必要的司法警察进行值庭。原则上,庭审活动都应该配备值庭司法警察。然而,根据我国法院司法警察系统力量有限的实际情况,并不能满足对所有案件的庭审配备值庭司法警察的要求。但是,下列庭审活动必须配备值庭司法警察:

1. 刑事案件审判活动;
2. 重大案件审判活动;
3. 涉外案件审判活动;
4. 大型宣判活动;
5. 其他必须配备司法警察值庭的案件。

四、值庭动作规范

(一) 值庭基本行为规范

1. 按季节规定和庭审需要着装,佩戴警衔标志、警号、警用装备;
2. 以齐步走方式行至被告人侧前方适当位置;
3. 侧向对方双手传递、出示证据材料;
4. 与被告人保持一定距离。

(二) 值庭的位置

值庭司法警察的位置是指司法警察在法庭审判过程中,根据各自担任的值庭任务,在法庭内应处的位置。

根据值庭任务的不同,值庭位置一般分为审判活动区的值庭和旁听区的值庭。

1. 审判活动区值庭法警的位置。根据法庭设置的实际情况,值庭司法警察一般在审判台的前端,并以能清楚听取审判长的指令和不妨碍审判人员的视线为宜。

一人值庭时,一般应在审判台前靠近书记员的一侧。

两人值庭时,应在审判台前两侧,背向审判台,面向旁听席,采取站姿或坐姿值庭。

2. 旁听区值庭法警的位置。旁听区值庭司法警察的位置为便于司法警察观察和处置旁听区的情况,分为固定位置和流动位置两种。

(1) 固定位置。一至二名司法警察在固定位置值庭时,一般在旁听区与审判区隔离带的两端相向而立;采取坐姿值庭时,通常在旁听席第一排座位的两端就座。具体值庭时,还应当考虑隔离带通道门的设置方位。多名司法警察固定位置值庭时,根据实际情况合理部署。

（2）流动位置。旁听区流动值庭位置是指在法庭旁听区域的过道，通过司法警察来回巡察实现位置流动。司法警察在流动位置值庭时，一般不妨碍旁听人员的视线。

（三）值庭的姿势

1. 值庭的姿势。值庭的姿势是指值庭司法警察在执行值庭任务过程中所应采取的姿势。在庭审过程中，值庭司法警察的姿势是否规范，既是法庭审判活动严肃性的表现之一，也体现了司法警察在公众中的形象。因此，值庭的规范姿势是值庭过程中不容忽视的方面。

值庭的姿势一般采取立正姿势（图8-8），待进入法庭调查阶段后可改用跨立和坐姿（图8-9、图8-10），也可根据实际情况采取其他戒备姿势。值庭时应目视前方，精神集中，姿势端正。

图 8-8 立正值庭

图 8-9 跨立值庭

图 8-10 坐姿值庭

2. 换岗。审判区采用立姿值庭的司法警察每一小时可以换岗一次。一人值庭的在一侧换岗；两人值庭的应从两侧进入同时换岗。接替换岗的法警齐步行进至审判区值庭法警面前，具体步骤如下：

（1）在换岗法警立定面向被换岗法警的同时，被换岗法警成立正姿势，彼此行注目礼（图8-11）；

（2）而后，换岗法警向对方右侧前方一步走，并向后转体，与被换岗法警并列（图8-12）；

（3）被换岗法警以齐步走姿势离开值庭区域，换岗法警右跨一步立定跨立；

(4)在换岗法警跨立的同时,被换岗法警齐步行进至新换岗位(图8-13)。

图8-11

图8-12

图8-13

(四)值庭的动作规范

1. 进入法庭。审判区值庭司法警察以齐步动作行进至审判台两侧,转体后背向审判台,面向旁听席采取立正姿势站立。旁听区值庭法警进入法庭后,齐步行进至旁听席通道前端,面向旁听席立正后采取立正姿势站立。值庭法警等待审判长下达进入法庭调查环节后,可变更跨立或坐姿(图8-14)。

值庭司法警察进入法庭后,要求精神饱满,密切关注法庭态势,随时准备处置突发事件。旁听人员应持有效证件,经过安检后进入法庭,由巡庭法警安排旁听人员有序就座(图8-15)。

图8-14 审判区法警进入法庭后的位置与姿势　　图8-15 旁听区法警站立在法庭旁听席通道门处

2. 出示书证。庭审期间,接到法官出示书证的指令后,值庭司法警察应遵循就近原则,由离公诉人较近的值庭司法警察执行。先行立正,齐步走向公诉人,双手接过书证,转身走向被告人侧前方0.5~1米处,以被告人能清楚辨认证据材料为宜。对于易毁损的证据,更要注意安全,防止被告人借机毁损。

出示书证时,斜跨一步,双手伸直,将书证置于被告人前方与眼睛平行位置,司法警察应用左手持书证的右上角,右手示意阅读部分,询问被告人是否看清;如果证据材料连同案卷等其他材料需要翻页时,司法警察左手固定书证,右手进行翻页展示,而不得将所有材料交由被告人自行翻阅(图8-16)。当被告人查看完毕后,值庭司法警察转身,示意审判长查看完毕。

根据审判长指令,值庭司法警察将书证双手交由辩护人查看,然后取捷径返回值庭位置(图8-17)。当辩护人查看完毕后,位于辩护人一侧的值庭司法警察双手将书证取回,提交法庭,随即返回值庭位置。

图8-16　法警向被告人展示书证

图8-17　法警向辩护人出示书证

3. 出示物证(以刀具为例)。由离公诉人较近的值庭司法警察齐步走向公诉人,双手接过物证,转身,走向被告人侧前方1米处,斜跨一步,双手伸直,右手握刀柄,左手捏住刀刃侧面,使被告人无法接触到刀具,询问被告人是否看清(图8-18)。待被告人查看完毕后,值庭司法警察转身示意审判长查验完毕。向审判人员、检察人员递还刀具物证时,以双手托住物证锋利一侧,将柄把递还审判人或检察人员,再返回值庭位置(图8-19)。

图8-18　向被告人展示物证细节图

图8-19　向公诉人递还证据

4. 传带证人到庭。接到审判长传带证人到庭的指令后,靠近证人等候室的值庭司法警察引导证人入庭作证,示意证人可以进入法庭。传带时,司法警察位于证人侧前方,引导证人到达证人席入座,随后返回值庭位置(图8-19)。

5. 将证人保证书交证人查签。靠近证人值庭的司法警察双手从审判长手中接过保证书，转身齐步走向证人席位，交给证人签字，并应当提示证人看清保证书，向证人清楚指示签字位置。待证人签字后双手交还审判长，随后返回值庭位置（图8-20）。

图8-19　引导证人到庭

图8-20　提示证人查签保证书

6. 引导证人退庭。当证人佐证结束，法官准予证人退庭后，值庭司法警察应提示证人起立，同时引导证人退出法庭（图8-21）。待证人退出法庭后，返回值庭位置。

图8-21　引导证人退庭

图8-22　组织旁听人员退离法庭

7. 组织旁听人员退离法庭。当听到宣布休庭指令时，巡庭法警走向旁听席前端，转体，面向旁听人员实行跨立。待审判人员、公诉人、辩护人退出法庭后，巡庭法警组织旁听人员有序、安全地退出法庭。巡庭法警应提示旁听人员将个人物品带离法庭，有序退场（图8-22）。

五、司法警察值庭工作规范内容

（一）庭审前

庭审是法院审判工作的中心环节，也是司法警察值庭工作的重中之重，做好庭审前的准备工作，是确保庭审活动正常进行的先决条件。在此阶段，应当建立的制度有：

1. 调警制度。凡需使用警力的部门除紧急情况外均应提前向法警队申请调用警力。法警队领导应根据案情和调警条件及警力情况进行合理调配。

2. 庭前联系制度。司法警察应主动与用警单位联系，详细了解庭审时间、地点、案件性质、人犯数量及可能到庭旁听的群众人数等相关情况，充分预料可能发生的突发情况，制定值庭方案和应急预案，做到缜密细致，有效预防，确保安全。

3. 庭前押送准备制度。司法警察在开庭前必须对审判场所和羁押室进行安全检查，将被告人带至羁押室前，应当对被告人进行遵守法庭纪律的教育，并加强安全保卫措施，防止人犯串供、脱逃、行凶、自杀等意外事件发生。同时按起诉书中记载的被告人次序将其列队候审。另一方面要察看和确定押解被告人上下法庭的路线和出入口，并进行清理，排除隐患，划分审判区域和警戒区域。同时要严格控制公诉人、诉讼参与人、人犯亲属等人员进入羁押室。

（二）庭审中

正式开庭后，司法警察的值庭工作应按照突出重点、全面防范的原则，有条不紊、认真细致地依法进行。

1. 熟悉审判区域环境。包括明确审判区域内各诉讼参与人座位相互间的距离；设计好庭审中传递证据时的步伐和动作；观察了解审判区域的周围环境，洞察可能导致人犯脱逃的隐患，充分预计庭审中可能出现的意外情况等。

2. 切实执行《法庭规则》。最高人民法院制定的《法庭规则》为庭审中值庭工作的规范化提供了依据和标准。因此在此阶段，加强值庭工作的关键在于严格执行"规则"，严格按照规则规定的动作要领，规范站、立、行、走、传递证据材料等动作姿态。如传递作案凶器，规定向被告人出示时应右手握柄，左手握凶器侧面，使锋利部分避开被告人，目的防止被告人夺取凶器行凶或自杀；实践中少数司法警察对此掉以轻心，认为没有必要分得如此细致，只要方便即可，结果可能给人犯提供了可乘之机。因此庭审中的值庭工作必须以《法庭规则》为行为标准，确保庭审安全。

（三）庭审后

法庭审理完毕并不意味着值庭工作的结束，庭审后仍有可能发生一些特殊或紧急情况。如判决结果易引起人犯情绪上的波动，人犯亲属、旁听群众也可能出现过激言行，新闻记者可能会进行现场采访等，这些情形的出现将直接影响到整个审判活动能否善始善终。因此，司法警察在此阶段不能有丝毫松懈，并应做到：

1. 时刻警惕人犯的情绪波动，加强防范。

2. 加强外围戒备，防止人犯亲属或不明真情的群众协助人犯逃逸、行凶。

3. 不能擅自接受记者采访，发表个人意见等。

项目三　值庭的组织实施

【案例 8-5】 法庭上起冲突 原告家属打被告扰乱庭审秩序被拘留

2013 年 11 月 21 日，四川省成都市高新区人民法院一道路交通事故人身损害赔偿纠纷案件公开开庭审理。被告郑某驾驶出租车撞到一名 93 岁老人，造成老人骨折，车祸后不久老人因心脏病突发死亡。老人子女起诉郑某、其所在的出租车公司及保险公司要求人身损害赔偿。

庭审开始前，坐在旁听席的原告家属与刚刚进入法庭的被告郑某发生言语冲突，原告家属一拥而上、围住被告郑某，四、五人对郑某进行殴打。法官和司法警察将双方强行隔开，郑某随后被 120 送往医院救治。原告家属的行为严重妨害了诉讼的顺利进行，当日庭审被迫延期开庭，在场所有人员分别接受了调查询问。

经调查取证，为了维护司法尊严，保障人民法院正常工作秩序，高新区人民法院当日对首先采取过激行为的家属周某及罗某分别作出了司法拘留 7 日及 5 日的决定。

> **问题思考**
>
> 1. 值庭组织的含义？
> 2. 本案值庭时应着重强调什么原则？

一、值庭组织的含义与原则

（一）值庭组织的含义

值庭的组织是在值庭的整个过程中，根据审判活动的要求，为完成相应的值庭任务而进行一系列的组织安排活动。

根据庭审需要，值庭组织工作可以分成三个阶段：庭审前的值庭组织工作；庭审中的值庭组织工作；庭审后的值庭组织工作。

庭审前的值庭组织工作包括值庭警务受领、警务准备和庭前安全检查，庭审后的值庭组织工作包括庭后安全检查和工作总结讲评。

（二）值庭的组织原则

1. 全面部署、突出重点原则。全面部署原则要求在于：在接到值庭任务时，要首先明确了解本次值庭任务的内容，对所值庭的任务进行分析和认识，提出值庭工作的目的与要求，确定值庭负责人、指挥人员及参加任务人员，明确工作原则与程序。对在值庭过程中可能发生的情况进行预测和制定相应的对策。全面部署原则的目的在于：充分考虑到值庭时可能出现的方方面面情况，尽可能地防范和避免影响庭审正常进行的突发事件的发生。

突出重点原则的要求在于：根据审理案件的情况不同，应当有侧重地安排值庭警力和做好防范工作。值庭工作的重心在审判活动区的，重点在于确保审判人员、诉讼参与人的安全和审判人员的指令被有效地遵守与实现；值庭工作重心在旁听区域的，重点就是维护好旁听人员的旁听秩序，确保庭审工作的正常进行。

2. 益于防范、确保安全的原则。益于防范是指值庭的组织工作应切实有利于防范和制止扰乱法庭秩序等事件的发生。确保安全是指切实保证法庭审判活动不受不法行为的妨害，把危害后果降低到最低。益于防范是值庭组织工作的要求，确保安全是值庭组织工作的目的。

3. 明确分工、团结协作原则。明确分工原则是对值庭法警的要求，指在值庭组织时，应当根据不同岗位安排值庭人员，并要求职责分明。团结协作原则是对不同职能法警的要求，指要求值庭人员之间以及值庭人员与押解、法庭警卫等人员之间相互配合，以完成值庭的共同目标和任务。

特别提醒

值庭工作是一项具有高度组织协调性的工作，要求人民法院的司法警察部门对直接参加值庭的人员精心地加以组织安排。值庭活动涉及多方面、多部门，需要多人参与。特别是在大型公开宣判活动中，值庭工作的重要性更为突出。因此，在值庭活动过程中，应当精心组织、明确分工、团结协作，才能防止任何空隙或者漏洞的出现。

二、庭审前的组织实施

【案例 8-6】 戈某故意杀人案

被告人戈某，男，1985 年 2 月 17 日出生于陕西省西安市高陵县，汉族、初中文化，农民，住高陵县某村。因涉嫌故意杀人罪于 2012 年 6 月 29 日被西安市公安局刑事拘留，同年 7 月 8 日被批准逮捕，后羁押于高陵县看守所。

案情介绍：2012 年 5 月 13 日 13 时许，被告人戈某到被害人董某（系被告人戈某未婚妻，二人已于 2011 年 3 月 5 日订婚）位于西安市等驾坡一城中村的出租屋内闲聊，聊天过程中，二人因董某要去山东临沂打工一事产生争执，再加上二人订婚后所发生的种种矛盾，被告人由言语争执转而殴打被害人，并在出租屋内将被害人掐死。事后，逃离现场。5 月 13 日 22 时许，被告人用借来的五菱之光面包车将被害人尸体运到灞河边一垃圾堆处焚烧并抛弃。经法医鉴定：被害人系被他人扼压颈部致机械性窒息死亡。

本案证据有：报案人陈某某的陈述，证人王某的证言，被告人戈某的供述，西安市公安局的现场勘查笔录、现场照片及说明、作案工具、抓获经过，法医出具的尸检鉴定结论，被告人戈某的户籍证明等。

西安市人民检察院于 2012 年 10 月 5 日向西安市中级人民法院就戈某故意杀人一案提起公诉。为加强普法宣传教育，2012 年 12 月 25 日西安市中级人民法院决定在高陵县中心广场公开开庭审理该案件。

问题思考

1. 根据此案例，指出本案中值庭司法警察应当掌握哪些基本情况？
2. 假定自己为本次庭审值庭司法警察负责人，试拟定本案的值庭方案。
3. 为保障庭审工作安全，值庭司法警察应当做好哪些值庭前的准备工作？
4. 根据案例，组织相应的值庭模拟训练。

庭审前的组织实施是指人民法院司法警察部门接到值庭任务后，本着"全面部署、突击重点、益于防范、团结协作"的原则，认真做好值庭前的各项准备工作。庭审前的组织实施的目的是部署和安排值庭的各项准备工作，以确保圆满完成值庭任务。

（一）值庭警务受领

1. 接受用警部门的申请。在案件审判工作中，承办业务部门应当于 3 个工作日前向法警部门提交用警申请，内容包括用警时间、地点、案件承办法官及联系人，被告人的基本情况，拟旁听人员数量及潜在风险评估。

2. 审核用警申请。法警部门应当认真、严格审核用警部门提交的申请，报请分管院领导审批后，可指派值庭任务负责人，安排警力维护法庭秩序，保障审判工作顺利进行，负责值庭任务具体分配工作。

（二）值庭警务准备

1. 熟悉案情。

（1）司法警察部门在接到值庭任务后，应当与案件承办人取得联系，及时了解案由、庭审的时间和地点、被告人的基本情况（姓名、年龄、性别、民族、数量、身体状况及认罪伏法态度等）。

（2）对于刑事案件，应与刑事案件被告人羁押场所沟通联系，了解被告人在羁押场所的表现。

（3）对于大型审判活动的时间、地点、规模，诉讼参与人的数量，证人的姓名、数量与所在位置，可能参加旁听的人员数量以及可能发生的各种情况，做到心中有数。

2. 庭前安全检查。司法警察部门应对与值庭任务有关的场地进行现场观察，确保审判法庭内部所有设施设备性能完好，包括法庭座椅、电路、安全门通道、使用的视频设备、扩音设备等，排查安全隐患。确保法庭情况良好后，将情况汇报给法庭审判人员（图 8-24）。刑事案件值庭的庭前安全检查还应当确保法庭内约束设施牢固安全，约束椅能够正常锁闭。

对于大型审判活动的场地通常选用在人民法院以外的公共场所,因此对审判场所的周围环境、车辆进出路线、被告人进出通道、证人所在的位置等更要进行仔细地实地察看,以便制定相应的实施方案。

图 8-24 开庭前的准备

3. 制定周密的值庭方案

司法警察部门的指挥人员应当根据庭审的时间、案件的类型、被告人的数量、旁听人员的数量、场地条件等情况,制定相应的值庭方案和突发事件处置的应急方案与措施。具体来说,值庭方案包括以下基本要素:案件的基本情况、组织指挥、警力部署、装备配备保障、情况处置和其他要求。

三、庭审中的组织实施

【案例 8-7】

2012 年 12 月 16 日,蔡某某与李某某签订房屋买卖转让协议。蔡某某将其于 2011 年 5 月 9 日购买单位的某山庄 61 幢 101 室集资房,以人民币 167 800 元的价格将产权转让给李某某,双方在协议中约定李某某先支付人民币 137 800 元,余款人民币 3 万元待两证发放时付清,过户时蔡某某提供必备手续并积极协助李某某办理,过户费由李某某自理,此协议经双方签字后生效,如反悔,悔方付给对方违约金人民币 2 万元。李某某在协议签订后向蔡某某支付了人民币 137 800 元,并于 2012 年底搬入该房居住。2017 年 7 月,蔡某某在领取了该山庄 61 幢 101 室房屋产权证后,李某某要求蔡某某履行过户协议,蔡某某反悔,不愿将房屋出售,要求将房屋收回,并将户口迁入该房屋内。李某某诉至法院,要求处理。某法院受理该案后,多次组织双方当事人调解,均未能达成一致意见。

2017 年 10 月 18 日,某法院公开开庭审理此案,当庭审进入调解程序时,原、被告双方发生争执,蔡某某因对李某某拒绝返还房屋的表示不满,用随身携带的拐杖(系一根竹竿)猛击李某某腹部,李某某顺手抓住拐杖的另一端,拐杖断裂两截,两人各持一截互相殴打。这时,蔡某某操起一把椅子砸向李某某,被李某某推开。蔡某某见势不妙，顺势躺在地上撒泼。见此情景，审判法官一边让李某某退庭，一边指令值庭司法警察协助清理现场。此刻，现场只剩蔡某某一名当事人，法院工作人员对其进行耐心的说服教育，希望他能按法律程序来解决这起纠纷。为防止意外，值庭司法警察一直守在其身旁。此时的蔡某某根本听不进去任何劝说，手舞足蹈，要死要活，一会儿说心脏不好憋得慌，一会又说要死在法院，情绪极不稳定。混乱中，蔡某某突然从其上衣口袋里掏出一瓶"矿泉水"（经查为掺了水的汽油）往自己身上倒，另一只手则伸向上衣口袋掏打火机。此刻，一股汽油味迅速弥漫整个审判法庭。面对眼前突然出现的局面，值庭司法警察果断处置，以迅雷不及掩耳之势，扑向蔡某某，从其手中强行夺下打火机，避免了一场恶性事故发生。蔡某某见"自焚"不能，赖在地上不停地哭闹，经法官及值庭司法警察一个多小时的耐心劝说后，与其代理人一同离开法院。

此后，法院多次分别对蔡、李二人进行调解，但因双方分歧较大未达成。

2018年5月23日，法院对此案进行公开宣判，为防止发生意外，司法警察大队制订了周密的警务保障计划，成功化解了当事人闹庭、不服从判决的过激行为，既保护了诉讼当事人的安全，又维护了法院正常的审判秩序。

问题思考

1. 本案值庭中应当注意哪些基本事项？
2. 为保障本案庭审工作有序进行，防止庭审中突发事件的发生，应做好哪些防范？

庭审中值庭组织工作是指在法庭审判活动中，司法警察部门组织司法警察根据值庭的职责实施各项职务行为，从而保证审判活动的顺利进行。庭审中的值庭组织工作是整个值庭工作的核心。

庭审中值庭组织工作的目的在于：通过准确传唤当事人、鉴定人；传递、出示证据材料；警卫法庭，切实维护法庭审判秩序；确保审判场所及参与审判活动人员的安全；最终实现保障审判工作顺利进行的目的。

（一）庭前引导旁听人员就座

开庭前，值庭法警应当按时到达法庭，检查安全防范措施是否到位、警具装备、通信工具性能是否良好。在庭前安全检查工作完毕后，引导旁听人员入庭就座。对旁听人员的身份证件进行检查，发现有未成年人、精神病人、醉酒的人或其他不宜旁听的人员，应当阻止其进入审判法庭。

（二）维护法庭审判秩序

在整个法庭审判过程中，根据审判长或独任审判员的指令，依法履行职责：

1. 在审判过程中，值庭司法警察在庭审活动中应听从审判长或独任审判员的指令；

警力的调整及特殊情况的处置应听从司法警察部门领导或值庭负责人的指挥。

2. 对于证人、鉴定人、翻译人员出庭的,应事先安置好证人、鉴定人,翻译人员,以便于传唤。传唤证人、鉴定人、翻译人员进入法庭,应给予指引。

3. 庭审时使用播音设备的,应随时注意调整诉讼参与人所用话筒和影视设施的角度和高度,使音响与影视效果保持最佳状态。

4. 发现有违反法庭秩序的行为,应当及时劝阻、制止。如遇有突发事件的,应全力以赴,沉着应对,果断处置。

特别提醒 各类案件庭审中值庭组织工作重点

1. 刑事案件庭审中值庭组织工作重点。刑事案件庭审值庭的组织工作,首先应着重防范刑事被告人行凶、自杀、自残、脱逃等情况的发生。由于个别法庭在设计和防范设施上不尽合理,会给庭审带来一些安全隐患。如有的审判法庭临街设置,而且审判活动区为了通风还开设窗户,并且窗户上没有加装铁栅栏,在庭审过程中已发生过多起被告人跳窗脱逃的情况。如有的审判法庭被告席与审判台之间距离过近,也极易使被告人行凶得逞。为此,司法警察部门在组织值庭工作时应根据值庭地点的实际情况、被告人的人数、罪行与表现做好充分的防范措施。

其次,要根据案件的实际情况,做好旁听区域的安全防范。如当被告人亲属与被害人亲属都来参加旁听,且人数较多时就要引起充分的重视。除了要加强安全检查的力度外,在安排旁听座位时,不要让双方靠得太近,并且第一排座位尽量不要安排旁听人员。在实践中,经常发生双方亲属哄闹法庭或互相斗殴,甚至被害人亲属殴打被告人或被告人家属的情形。司法警察部门要根据实际,加强值庭警力做好防范。

2. 民事案件庭审中值庭的组织工作重点。在民事案件庭审过程中,随着案件审理的逐步深入,个别原、被告双方矛盾会进一步激化,这类案件值庭组织工作的重点首先就是要防范当事人行凶或自杀。个别当事人由于案件审判的结果对自己不利,就迁怒于审判人员,在法庭上对审判人员进行行凶、报复;有的当事人甚至还会一时想不开走上自杀的道路。司法警察部门应及时与案件承办人联系,发现事故苗头及时制止。

此外,在传递证据过程中要注意防止当事人毁损证据,尤其是个别书证对案件的审理影响重大,要加强防范。

3. 行政案件审理中值庭的组织工作重点。在行政案件庭审过程中,由于一方当事人为行政机关,因此在值庭的组织工作中,主要就是防范非行政机关一方当事人哄闹法庭,或者非行政机关当事人向行政机关代理人或代表人行凶等事件的发生。当前行政诉讼案件不断增多,尤其是集团行政诉讼案件的增多,给司法警察部门组织值庭任务带来新的挑战。由于一方当事人人数众多,值庭过程中稍有不慎,就有可能引发新的矛盾,甚至影响到社会的稳定。充分预见可能发生的情况,配备充足的值庭警力和机动警力,并要协调好各有关单位,做好防范工作,确保值庭任务的圆满完成。

四、庭审后的组织实施

值庭后的组织工作包括庭后安全检查和总结讲评。

庭审结束后，进行全场安检，值庭司法警察迅速全面检查法庭，排除安全隐患，检查结束后向法警负责人报告安检情况，整队带离。庭后安全检查的目的是排查法庭设施隐患，清除旁听区遗留物，保证日后法庭设施的使用安全。

讲评工作主要是司法警察部门负责人或该次值庭任务的负责人，在庭后召集值庭司法警察进行讲评，肯定成绩，找出问题，为以后的值庭工作积累经验。

项目四　庭审突发事件的处置

庭审中的突发事件是指发生在法庭审理过程中，以违反法庭秩序为目的，损害司法权威，妨碍审判执行活动，且情节严重的行为。

一、刑事案件庭审中突发事件的特点

（一）突然性

值庭中突发事件的突然性是指在值庭活动中发生事件的时间、地点、参与人数以及性质和发展趋势，司法警察部门事先很难得到确切信息，很难作出准确预测，因而很难在思想上、警力和装备上做到有效预防，一旦发生使人措手不及。

（二）危险性

多年来的司法警察工作实践证明，在执行押解、看管、值庭、安检等任务中，发生被告人行凶、自杀、自残、脱逃及犯罪团伙杀人灭口、内外勾结劫持被告人、旁听人员冲击法庭等事件并不鲜见。这说明刑事开庭工作环节带有一定的危险性，这种危险不仅对被告人构成威胁，而且对司法警察及审判人员也构成威胁。

（三）复杂性

"一人涉诉，万人注目"，刑事开庭往往参与旁听的群众较多，受害人和被告人双方亲属情绪容易激动，常常会出现不理智的举动，面对这种情况，我们稍不冷静，处置欠妥，就会授人以柄，引起矛盾、激化矛盾，使事态进一步扩大。

（四）持久性

突发事件一旦发生，若不能迅速、有效解决，往往可能导致对峙或"拉锯式"状态，短则一两个小时，长则四五个小时。这就要求参与执行任务的司法警察，不仅要有充沛的体力作保障，而且要有极大的耐心和高度的纪律观念。

二、值庭中突发事件的处置原则

根据《人民法院突发事件预防和处置规则》第4条规定，司法警察预防和处置突发事件应当坚持预防为主、依法依规、规范稳妥的原则。司法警察在上述原则的指导下处置值庭中突发事件，目的是为了能够快速控制事态，以减少损失，缩小影响，保护法院场所、审判人员、诉讼参与人员的安全，维护庭审秩序和法律尊严。

（一）预防为主原则

有效防范突发事件是预防和处置突发事件的主要原则。值庭中突发事件的起因通常多个且交织复杂，但突发事件不是在没有征兆的情况直接进入最激烈的状态。因此，为了有效防范突发事件，司法警察应当在执行值庭职务之前对值庭可能发生的事件进行评估、预判。根据对被告人的思想态度、旁听人员之间的矛盾冲突和案件产生的社会影响力等因素分析，采取有效的防范措施，化解潜在突发事件的存在危机或有效控制事态发展过程。

（二）依法依规原则

依法依规原则是司法警察合法、有效、有权处置突发事件的前提，是其他原则的核心。依法依规原则包括两层含义：①要坚持依职责行事。《人民法院司法警察条例》有明确规定，凡是属于司法警察职责范围内的事情，法警应义不容辞迅速出警，全力处置，超出法警职责范围内的事不管是谁要求，谁指派，法警都不得随意出动。②严格依照法定职权行事。司法警察在处置突发事件过程中，要严格按照《人民警察法》《人民法院司法警察条例》《人民警察使用警械和武器条例》及《人民法院司法警察预防和处置突发事件规则》等法律法规赋予司法警察的职权采取措施，指挥员下达的每一个命令，司法警察采取的每一项强制措施都要有法律依据，而且在实施程序上合法，不给任何闹事者留下把柄，不给领导处理善后事宜带来麻烦。

（三）规范稳妥原则

在依法规处置突发事件时，要注意讲究策略和方法的使用，以实现对突发事件的有效制止和对闹事者的有效控制，在处置过程中实现法律效果和社会效果的统一。对于刑事案件审理中聚众法庭闹事者，首先要向聚众闹事者宣讲法律，严厉警告其过激言行，使其晓之利害，幡然醒悟；对受诱骗参与和不明真相的围观群众，更应耐心说服，使他们明白事实真相，明白法院的态度，明白继续参与的后果，争取他们对法院工作的理解、支持和配合。对个别不听劝阻一意孤行者、个别继续煽动指挥者和行为已经严重违法甚至已涉嫌犯罪者，必须果断采取强制带离、拘留等强制措施。只有这样才能充分维护社会主义法制的尊严，才能充分显示审判工作的神圣不可侵犯，才能充分显示人民法院司法警察队伍的强大威力。

三、值庭中常见突发事件的处置

（一）突发事件等级划分标准与总体处置措施

值庭中突发事件的类型有许多，每一类型的突发事件都会有相对规律的发生过程，司法警察掌握突发事件的规律、危害等级及总体处置措施，是有效处置具体类型突发事件的前提。根据《人民法院司法警察预防和处置突发事件规则》第 13 条和第 14 条的规定，按照对人民法院安全及审判执行工作危害程度、影响范围等因素，人民法院突发事件等级由高到低可以分为一级、二级和三级。各级突发事件的划分标准及对应处置措施如下：

1. 一级突发事件。是指发生情况紧急、规模较大、敏感性强、涉及面广、影响恶劣，且具有手段残忍、危及生命和财产安全等重大现实危险的突发事件。

遇有一级突发事件，人民法院主要领导应迅速到场，组织领导相关部门开展处置工作，协调公安机关到场支援，防止事态恶化。司法警察部门应当立即组织警力，携带警用装备赶赴现场，必要时携带武器，根据指令依法采取处置措施，控制事态发展。

2. 二级突发事件。是指发生险情苗头明显、中小规模、影响较大，且具有危害较重、手段过激，可能危及人身和财产安全等较大现实危险的突发事件。

遇有二级突发事件，分管司法警务工作的院领导应当到场，指导相关部门采取应对措施。司法警察部门应当根据指令，组织警力携带装备到达现场，对行为人采取强制手段或者强制措施，配合做好收集保存证据等工作。

3. 三级突发事件。是指发生安全隐患突出、矛盾明显，具有一定现实危险的突发事件。

遇有三级突发事件，司法警察部门应当向分管司法警务工作的院领导报告，组织警力携带装备到达现场，根据指令做好现场处置工作，及时消除隐患，防止事态发展。

人民法院遇有上述等级突发事件时，应由反恐安保领导小组和司法警察部门联合采取相应处置措施。

特别提醒

以上突发事件的等级划分标准和对应处置措施适用于发生在人民法院的所有突发事件。

（二）值庭中突发事件的常见类型及处置要领

1. 旁听人员起哄闹事或相互殴打。旁听人员起哄闹事造成庭审无法正常进行时，由审判长下令中断庭审。负责押解看管的司法警察立即将被告人转至羁押室看管。审判区值庭法警在指挥官的命令下，迅速撤至审判区形成一排，面朝旁听人员以观事态发展。旁听区值庭司法警察负责驱散旁听人员，根据命令对主要闹事人员采取相应强制措施。审判台前端两名值庭法警保护审判长、审判员及公诉人等由法官通道进行疏散。指挥者及时向院领导和相关部门汇报或申请调动警力增援。

2. 有人携带凶器或爆炸物品进入法庭审判区。行为人携带凶器或爆炸物品进入审判法庭，说明该行为报复目的明确，报复的对象既可能是法院工作人员，也可能是刑事案件的被告人及其亲属或民事案件的当事人。报复的手段包括当场行凶，劫持人质，以及当场引燃易爆易燃化学危险品。

如果行为人是携带枪支、刀具等凶器进入审判区的，值庭司法警察应立即靠近，将其制服，收缴凶器，扣留人员。

行为人携带的是爆炸物品则应视情况处置。如果能将其控制并进行劝导的，最好用冷处理的办法，令其交出爆炸物品，以免人员伤亡和财产的损坏，然后收缴爆炸物品，扣留人员；如果无法进行冷处理的，则应迅速将其制服，收缴爆炸物品，扣留人员。所收缴的爆炸物品和扣留的人员均应移交公安机关处理；对于那些有可能引爆而严重危害公共安全的行为人，必要时可当场击毙，但是要尽量避免误伤群众和引爆易燃易爆物品。在处理的过程中，要及时向院领导报告，以求得指示和支援。

3. 庭审中诉讼参与人或旁听人员冲击审判区。庭审中发生诉讼参与人或旁听人员冲击审判区的情形时，担任审判区和旁听区的值庭司法警察应当迅速组成人墙，堵住进入审判区的通道门，决不能让诉讼参与人以及旁听人员冲入审判区。同时，旁听区值庭司法警察要有序疏散其他旁听人员，并对旁听人员中当事人的亲属进行解释、规劝，做好他们的思想工作。特别强调的是，在处置突发事件时，要各司其职，明确自身的任务，既要维护法庭秩序，警卫法庭，又要保护法官、书记员和当事人的安全。

4. 发生自伤、自残、自杀行为。不论是被告人还是旁听人员中发生自伤、自残、自杀行为的，值庭司法警察应当对行为人的人身进行有效控制，防止行为人进一步自伤、自残。对于受伤严重的，应当先抢救、后处理，并在第一时间将伤残者交120紧急救护医务部门救助，有必要的，报当地公安机关处理。行为人当场死亡的，由公安机关对其死亡作出鉴定。

5. 携带未经法院允许的录音、录像、摄影器材等限制性物品进入法庭。在没有得到审判长允许的情况下，任何人不能在庭审中录音、录像，也不得携带录音、录像设备进入法庭。庭审前发现有携带此类物品进入法庭的人员时，告知其可以把此类限制性物品保存在法院入口的储存柜中，待庭审结束后取回。在庭审过程中发现旁听人员存在可能录音、录像、记录等行为的，司法警察应当先对其记录内容进行检查，涉及庭审信息的，责令其删除，并扣押、收缴录音、录像器材。如当事人不能如此行为的，则告知离开法庭，禁止继续旁听。

值庭中遇到个别记者强行采访的行为应坚决制止，特别是要提高警惕，慎防境外新闻记者和被告人交谈，如强行采访时，应在审判长的指挥下采取强制办法将其带离审判区。

项目五　技能训练

技能训练一　值庭基本动作单项训练

一、训练内容

1. 模拟法庭的布置。
2. 值庭人员的位置、站姿和坐姿的动作要领。
3. 证据传递和传带证人的动作要领与注意事项。
4. 规范值庭过程中司法警察换岗动作要领。

二、训练目的与要求

初步了解值庭基本动作，使参训同学把握值庭人员的位置、姿势和动作要领。

三、训练前的准备

1. 确定训练场地，布置模拟法庭。
2. 学生分组，相关器械如手铐、脚镣、手套、警棍、警绳、模拟的各种物证等的准备。

四、训练方法步骤

1. 由参训学生部分人员充当法官、书记员、检察官、证人、旁听人员，按照老师所提供的案例进行开庭。
2. 2名司法警察进入法庭按固定位置承担值庭任务。
3. 庭审过程中两名司法警察进入法庭换岗。
3. 证据的展示与传递、传带证人进入法庭。

五、训练过程与分工

1. 训练时间为2学时。
2. 参加训练的同学，10人为一个单位分成若干小组。
3. 要求学生能在正确的位置、以规范的姿势和动作要领完成相关的值庭任务。
3. 训练过程中可以在理论学习的基础上，自己进行模拟练习，在练习的过程中，进行角色互换练习，同学之间可以针对训练中的问题进行讨论、总结，也可以向老师寻求帮助。

5. 训练结束后，请老师考核。

6. 教师根据每小组训练中的表现和值庭动作是否规范等方面进行考核，并按百分制给出成绩。

六、考核方式与标准

（一）考核方式

1. 由教师考核审查学生的操作过程。
2. 学生之间互相审查操作过程，做出评议，最后由教师总结。

（二）考核标准

四级评分制：

1. 优秀（85~100分）：学生动作规范到位，操作得当，值庭的位置、姿势和动作要领符合基本要求，认真、正确地进行站位、换岗、传递与出示证据材料、凶器、传带证人或鉴定人。

2. 良好（70~83分）：学生动作比较规范，操作得当，值庭的位置、姿势和动作要领比较符合基本要求，比较正确地进行站位、换岗、传递与出示证据材料、凶器、传带证人或鉴定人。

3. 及格（60~69分）：学生动作基本规范，操作基本得当，值庭的位置、姿势和动作要领基本符合要求，基本能完成站位、换岗、传递与出示证据材料、凶器、传带证人或鉴定人。

3. 不及格（60分以下）：学生动作不规范，操作不得当，值庭的位置、姿势和动作要领不符合要求，不能全面地完成站位、换岗、传递与出示证据材料、凶器、传带证人或鉴定人。

技能训练二　值庭工作方案制作

一、训练内容

根据教材案例制定值庭工作方案。

二、训练目的与要求

根据不同案件及性质，掌握值庭工作方案制作要领，制作出具有指导性、可操作性的值庭工作方案。

三、训练前的准备

按照学习小组合作要求，研究案例发生背景和情景。

四、考核方式与标准

（一）考核方式

1. 由学习小组互评方案制作内容；
2. 由教师审核互评结果并点评。

（二）考核标准

四级评分制：

1. 优秀：值庭方案整体能做到：案件的基本情况清晰，警力部署周密，组织指挥责权到位，情况处置原则明确，各类保障有序，几点要求具体。

2. 良好：值庭方案整体能做到：案件的基本情况清晰，警力部署周密，组织指挥责权到位，情况处置原则基本明确，各类保障基本有序，几点要求具体。

3. 及格：值庭方案整体能做到：案件的基本情况基本清晰，警力部署基本周密，组织指挥责权基本到位，情况处置原则基本明确，各类保障基本有序，几点要求具体。

4. 不及格：值庭方案整体能做到：案件的基本情况不清晰，警力部署不周密，组织指挥责权不到位，情况处置原则不明确，各类保障无序。

六、值庭工作方案参考结构

以刑事案件审判活动为例，全面完整的值庭方案的基本结构包括：

（一）值庭案件基本情况

1. 庭审的时间、地点、规模、类型、诉讼参与人的数量、场地条件等；
2. 被告人的人数、羁押的场所；
3. 被告人在羁押场所中的表现、社会背景；
4. 旁听人员数量情况；
5. 新闻媒体参加情况与人数；
6. 有无被告人亲友家属闹事的迹象等。

（二）明确值庭的基本任务

值庭任务是指在人民法院审理与宣判案件的过程中，值庭活动对维护法庭秩序和保证法院审判职能的有效实现所应承担的责任。案件的类型不同，值庭任务的内容也会有所区别。值庭方案中应当简要地指明值庭活动有哪些主要任务。值庭任务通常包括：确保庭审顺利进行，预防被告人当庭脱逃、行凶、自杀等；维护法庭秩序，防止被告人同伙或社会闲杂人员借机闹事；确保参与审判活动人员的安全；传唤证人、鉴定人；传递、出示证据；制止妨害审判活动的行为发生等。

（三）值庭警力的部署

值庭方案应当根据具体案件的类型、规模、可能会产生的意外情况，较详细地进行警力部署，并应在方案中体现出来。大型刑事案件开庭一般应设立七个基本岗位并指定负责人，同时做好以下警力部署：安检法警、协调法警、警戒法警、值庭法警、巡庭法警、押解法警、后勤保障警力等。

1. 安检法警：负责对进入法庭人员进行安检、收取旁听证、庭审中出入法庭人员旁听证的收发。位置一般设立在法庭旁听人员进出必经大门口。

2. 协调法警：负责停车场的清理，庭审过程中根据庭审进度指令押解法警提押被告人进入候审位置，协调其他事宜。庭审期间其位置一般设立在被告人进入法庭的大门边。

3. 警戒法警：负责押解过程中的前后警戒、法庭进出口的警戒、突发事件的处理。根据预案警戒人员一般处于法庭大门内侧、旁听席通往审判席进出口或窗前，面向旁听席跨立。

4. 值庭法警：负责庭审过程中的站庭、传带证人、传递出示证据以及法庭突发事件的处置。庭审期间其位置一般设立在审判席前端，安排两名法警分别面向旁听席跨立。

5. 巡庭法警：负责协调旁听席突发事件、处理违反法庭规则行为。位置一般设立在法庭旁听席的通道位置，齐步巡视。

6. 押解法警：负责严密看管被告人。其位置根据任务进行区分，大型庭审时在检察人员宣读公诉词完毕后就座于被告人侧后方；公判会时则站立于被告人侧后方，便于始终控制被告人肘部。

7. 后勤保障：负责临时羁押场所的开关、休庭期间法警及被告人就餐、饮水等其他事宜，其位置不作具体规定。

（四）值庭的组织指挥

值庭的组织指挥可以从纵向与横向两个方面确定。

1. 纵向指挥即总指挥，一般由分管院长统一指挥。

2. 横向指挥人员由司法警察部门负责人担任，其工作任务以服从、服务审判工作为核心，在法官的指挥下进行值庭活动。对于大型庭审也可以按法警担负的不同任务将法警警力进行分组，并指定负责人，如可分为押解组、机动组、生活保障组、外围警戒组等。

（五）相关部门的协助

相关部门的协助主要涉及处置法庭突发事件及外围警务保障等，需要其他警务部门的配合。一般包括：法庭外围的警卫，可由派出所的干警协助巡逻；法庭外围的机动车道的疏通，可由交通警察负责；法庭内突发情况，由值庭司法警察和机动警力共同处置。

（六）潜在突发情况的处置措施

在方案中应当明确可能发生的突发情况，并确定相应的处置原则。如确保审判活动的正常顺利进行原则；配合协同部门，迅速果断平息事态，保障审判人员的安全原则等。同时，针对可能发生的情况，明确有关处置措施。通常包括：

1. 旁听人员起哄闹事的处置；
2. 携带危险品或违禁品进入审判区的处置；
3. 旁听人员集中冲击审判区的处置；
4. 旁听人员制造燃烧、自杀、自伤行为的处置；
5. 其他情况的处置等。

（七）值庭勤务装备

值庭装备的保障是圆满完成值庭勤务的物质条件。为了有序地做好值庭工作，应当在值庭方案中对相关的执勤装备进行安排。例如车辆保障，对讲机的配备，音响与监控，枪支、电警棍、手铐和防爆装备等。

技能训练三　值庭突发事件处置综合训练

一、训练内容

值庭突发事件处置：针对不同的情况会使用不同的方式和方法来进行处置，做到快速反应、控制事态、合理合法。

二、训练目的与要求

根据不同案件的性质，掌握值庭突发事件的特点、处置原则和要领。

三、训练前的准备

学生分组，角色分工，各类突发事件案例及相关用具、装备的准备。

四、训练方法步骤

1. 由参训学生部分人员充当法官、书记员、检察官、证人、旁听人员，按照老师所提供的案例进行开庭。
2. 2名司法警察进入法庭按固定位置承担值庭任务。
3. 庭审过程中布置各类突发事件，包括旁听人员起哄闹事、有人携带凶器或爆炸物进入法庭审判区、诉讼参与人冲击审判区、旁听席有人制造燃烧、自杀、自伤行为、未经法院允许携带录音、录像器材进入法庭。
4. 负责值庭的学生对各种突发事件进行正确处置。

五、训练过程与分工

1. 训练时间为 2 学时。

2. 参加训练的同学,若干人为一个单位,根据分工及人数安排制作值庭综合训练人员安排表。

3. 要求学生对于在值庭过程中发生的各类突发事件可以正确加以处置,对值庭中各类突发事件处置原则及要领熟练掌握。

4. 训练过程中可以在理论学习的基础上,自己进行模拟练习,在练习的过程中,进行角色互换练习,同学之间可以针对训练中的问题进行讨论、总结,也可以向老师寻求帮助。

5. 训练结束后,请老师考核。

6. 教师根据每小组训练中的表现和值庭突发事件处置是否妥当等方面进行考核,并按百分制给出成绩。

六、考核方式与标准

(一) 考核方式

1. 由教师考核审查学生的处置过程。
2. 学生之间互相审查处置过程,做出评议,最后由教师总结。

(二) 考核标准

四级评分制:

1. 优秀(85~100 分):警力部署非常周密,组织指挥责权到位,情况处置原则明确,各类保障有序,要求具体。

2. 良好(70~83 分):警力部署较周密,组织指挥责权较到位,情况处置原则基本明确,各类保障基本有序,要求具体。

3. 及格(60~69 分):警力部署基本周密,组织指挥责权基本到位,情况处置原则基本明确,各类保障基本有序,要求具体。

4. 不及格(60 分以下):警力部署较不周密,组织指挥责权不到位,情况处置原则不明确,各类保障无序。

单元九

执行死刑

知识结构图

执行死刑
- 执行死刑概述
  - 执行死刑的概念
  - 执行死刑的特点
  - 执行死刑的依据
  - 执行死刑任务的机关
- 执行死刑的方式
  - 当前世界上执行死刑的主要方式
  - 我国死刑执行的方式
- 执行死刑的组织实施
  - 执行死刑的准备工作
  - 执行死刑勤务的实施方法
  - 执行死刑勤务结束后的工作
- 执行死刑突发事件的处置
  - 执行死刑任务中一般情况的处置
  - 执行死刑任务中特殊情况的处置

知识目标

- 了解执行死刑的含义
- 掌握执行死刑的方式

能力目标

- 准确掌握执行死刑勤务的组织实施
- 灵活把握和处理执行死刑过程中的各种情况

法条链接

- 《人民法院司法警察条例》

第七条 人民法院司法警察的职责：

……

（五）执行死刑。……

项目一　执行死刑概述

【案例9-1】李某功犯强奸罪、猥亵儿童罪执行死刑案件

李某功，男，汉族，1969年12月15日出生于河南省永城市，大学文化，中共河南省永城市委办公室副主任，住永城市××××路×段×××号。2012年5月30日被逮捕。据公安部门侦查，2011年下半年以来，李某功先后强奸、猥亵未成年女性11名。

河南省商丘市中级人民法院审理商丘市人民检察院指控被告人李某功犯强奸罪、猥亵儿童罪一案，于2012年8月10日以（2012）商刑初字第68号刑事判决，认定被告人李某功犯强奸罪，判处死刑，剥夺政治权利终身；犯猥亵儿童罪，判处有期徒刑2年；合并执行，决定执行死刑，剥夺政治权利终身。宣判后，李某功提出上诉。河南省高级人民法院经依法开庭审理，于2012年10月14日以（2012）豫法刑三终字第156号刑事裁定，驳回上诉，维持原判，并依法报请最高人民法院核准。

最高人民法院复核后认为第一审判决、第二审裁定认定的事实清楚，证据确实、充分，定罪准确，量刑适当，审判程序合法。于2013年4月20日，依照《中华人民共和国刑事诉讼法》第235条、第239条和《最高人民法院关于适用〈中华人民共和国刑事诉讼法〉的解释》第350条第2项的规定，判决如下：

核准河南省高级人民法院（2012）豫法刑三终字第156号维持第一审对被告人李某功以强奸罪判处死刑，剥夺政治权利终身；以猥亵儿童罪判处有期徒刑2年，决定执行死刑，剥夺政治权利终身的刑事裁定。

2013年6月18日，根据最高人民法院院长签发的执行死刑命令书，原永城市委办公室副主任李某功当日被执行注射死刑。

一、执行死刑的概念

（一）执行死刑的概念

执行死刑是指执刑人员依据最高人民法院院长签发的执行死刑命令书，依照法定的程序，采用枪决或者注射等方式，依法剥夺已判处死刑罪犯生命的一项执法活动。

（二）概念的理解

1. 执行死刑的主体。在我国，根据《刑事诉讼法》《人民法院司法警察条例》的规定，死刑立即执行由高级人民法院交付第一审人民法院司法警察执行。如果人民法院确实没有条件执行，可交付公安机关执行。

2. 执行死刑的对象。执行死刑的对象是指被判处死刑并已经核准执行死刑的犯罪

分子。根据《刑法》第49条规定，犯罪的时候不满18周岁的人和审判的时候怀孕的妇女，不适用死刑。审判的时候已满75周岁的人，不适用死刑，但以特别残忍手段致人死亡的除外。

3. 执行死刑的根本任务。执行死刑的根本任务就是以法定的程序和方式剥夺死刑犯的生命。其实质是从肉体上消灭了死刑犯再犯的可能性，具有无比的严厉性。它以剥夺死刑犯最根本的权利——生命权为核心内容，这是死刑执行最为本质的特征。其他刑罚如无期徒刑、有期徒刑、拘役、管制的执行只是剥夺和限制被执行人的自由权。

拓展阅读

关于执行死刑主体的变更

1980年2月23日，最高人民法院、公安部颁布《关于判处死刑、死缓、无期徒刑、有期徒刑、拘役的罪犯交付执行问题的通知》（现已失效），明确：对于判处死刑立即执行的罪犯，人民法院有条件执行的，应交付司法警察执行；没有条件执行的，可交付公安机关的武装警察执行。此通知明确了执行主体有两类：是人民法院的司法警察，二是公安机关的武装警察。

由于当时人民法院的司法警察部门机构不健全，警力不足，人员素质不高，死刑执行任务基本上由公安机关的武装警察担任。随着人民法院司法警察队伍的不断壮大，武警总部与最高人民法院于2002年发出联合通知，武警部队不再担任执行死刑犯处决勤务。这样，死刑执行任务由人民法院的司法警察责无旁贷地接替。

综上所述，执行主体完成了从公安武警到司法警察的演变过程。

二、执行死刑的特点

1. 合法性。执行死刑是法律赋予人民法院合法、公开地剥夺犯罪分子的生命权，经过严格的法律程序，具有充分的法律保障。法律还规定了直至对被执行死刑罪犯执行死刑前可能出现的例外情况的处理办法，即法律对停止执行死刑与暂停执行死刑两种情形的规定。这些法律规定，都充分体现了执行死刑具有严密的法律程序和严格的法律依据。

2. 严厉性。死刑是剥夺犯罪分子生命的刑罚，而生命权是人最基本的权利，故死刑又被称为"极刑"。执行死刑是法律赋予人民法院依法剥夺犯罪分子生命的最严厉的刑罚，它充分体现了社会主义法制保护人民、坚决打击犯罪分子的严厉职能。

3. 文明性。对犯罪分子执行死刑，既要体现严厉性，又要体现当代社会的文明性。执行死刑的文明性主要体现在社会主义人道主义精神方面，执行死刑前不虐待死刑犯，执行时尽量减轻死刑犯的痛苦，尊重死刑犯的人格尊严。法律明确规定：不得对判处死刑立即执行的犯罪分子游街示众；严禁新闻记者到死刑执行刑场采访、拍照和录像；不得虐待罪犯；尊重少数民族风俗；等等。这都较好地体现了社会主义的人道主义精神。

在执行死刑的方法上，法律规定了枪决或注射等方法。目前，各地人民法院逐步采取注射执行死刑的方法，今后执行死刑的方式必将朝着更加简便、文明的方向发展。

4. 综合性。执行死刑是一项涉及面很广的工作，需要人民法院、人民检察院、公安机关、武装警察、民政机关、殡仪部门等多方配合，人员多，任务重，时间紧，组织协调工作要求严密，不能出漏洞，以确保执行死刑任务的顺利完成。

5. 震慑性。执行死刑是死刑意义的价值体现，是生命刑刑罚处罚方式的实现手段。只有对死刑犯执行死刑，才能让罪犯通过正视死亡来正视其所犯的罪行。

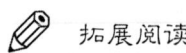

据统计，自1990年起，平均每年有3个国家废除死刑。目前世界上有一半以上的国家在法律上或实践中废除了死刑：①对所有罪行废除了死刑的国家：86个。②对普通罪行废除了死刑的国家：11个。③在实践中废除了死刑的国家：24个。④保留了死刑的国家：75个。

在发达国家中，仅剩美国、日本仍保留判处并执行死刑。英国、法国、德国、加拿大、澳大利亚、意大利、南非和俄罗斯等100多个国家废除了死刑。我国的香港、澳门也已废除死刑。

中国大陆是至今保留死刑的国家地区，也是世界上规定死刑罪名的绝对数量最多的国家。1997年修订后的《刑法》，在42个条文中规定了69个死刑罪名。

三、执行死刑的依据

根据《刑事诉讼法》和有关法律、法规的规定，由最高人民法院院长签发的执行死刑命令书，连同死刑判决和核准死刑的判决书或者裁定书，是执行死刑的法律依据。

1. 判决。执行死刑必须要有生效的死刑判决。根据《刑事诉讼法》第259条规定，判决和裁定在发生法律效力后执行。发生法律效力的判决和裁定包括：①已过法定期限没有上诉、抗诉的判决和裁定；②终审的判决和裁定；③最高人民法院核准的死刑的判决和高级人民法院核准的死刑缓期二年执行的判决。

因此，只有经过最高人民法院核准的死刑判决和高级人民法院核准的死刑缓期二年执行的判决才是生效的死刑判决。

2. 核准死刑裁定书。《刑事诉讼法》第246条规定，死刑由最高人民法院核准。第248条规定，中级人民法院判处死刑缓期二年执行的案件，由高级人民法院核准。死刑是生命刑，是最严厉的刑罚，为体现慎重适用死刑的立法精神，法律规定死刑立即执行判决必须经最高人民法院复核后方能执行。

3. 执行死刑命令。死刑判决必须有执行死刑命令后方能执行，执行死刑命令书由最高人民法院院长签发。下级人民法院收到执行死刑的命令后，应当在七日内交付执行，没有接到执行死刑命令的，不得交付执行。

四、执行死刑任务的机关

（一）人民法院是死刑判决的执行机关

最高人民法院关于适用《中华人民共和国刑事诉讼法》的解释（法释〔2012〕21号）第417条规定，最高人民法院的执行死刑命令，由高级人民法院交付第一审人民法院执行。第一审人民法院接到执行死刑命令后，应当在7日内执行。在死刑缓期执行期间故意犯罪，最高人民法院核准执行死刑的，由罪犯服刑地的中级人民法院执行。

（二）人民检察院是执行死刑的法律监督机关

人民法院在交付执行死刑前，必须通知同级人民检察院派员临场监督，人民检察院应当派员监督，执行死刑临场监督由检察人员一至数人担任，并备书记员担任记录。

项目二　执行死刑的方式

一、当前世界上执行死刑的主要方式

当前世界各国采用的死刑执行方式多种多样，有的保留了传统社会中采用的绞刑、石刑和斩首，有的采用电刑、枪决、注射等现代社会使用的处决方式。总体而言，当前世界上执行死刑的主要方式有以下几种：

（一）枪决

枪决是当今世界执行死刑最为通用的行刑方式。在西方国家早期时，枪决没有固定的模式。大多数情况下，行刑人站成一排，向死刑犯人开枪。为了确保行刑人不受到报复，其中一名行刑人的枪里没有子弹。这样，报复人即使知道行刑人的姓名，也难以分清到底谁的枪里没有子弹。枪决致死速度快，技术要求不高，只要求执行人枪法准。由于执行部位集中在头部或心脏，死刑犯被枪击后，血肉模糊，状况很惨且重要器官可能损坏。

（二）绞刑

这是一种最古老的行刑方式。为达到百分之百折断脊椎而让犯人死亡的效果，行刑前，犯人必须量体重，然后根据体重给犯人的腿部绑上适量的重物，这是为确保犯人能立即被绞死。绳索套在犯人的脖子上，然后撤掉犯人脚下的支撑物。绞刑致死时间较长些，但可保存尸体完整，尸体医用价值高，执行成本低。

（三）斩刑

斩刑致死速度快，但行刑残酷，死刑犯痛苦不堪，除了沙特阿拉伯保留斩首作为处决囚犯的合法方式外，其他国家都不使用。其原理是割断脖子，也就是说将头和躯干分离。这种极刑并不是要造成受刑人肢体残缺，而是因为被截去部分相当重要，能导致立即死亡。

（四）电刑

电刑源于美国。由于强电压冲击死刑犯，尸体局部往往烧坏，死亡过程极其痛苦。电刑成本和技术要求高，不过致死时间短。当使用电刑时，犯人被绑到一个特制的椅子上，行刑一般由3人或更多的人执行，他们面前各有一个电按钮，实际上只有一个按钮是连在电极上的。这样安排是为了解除行刑人的心理负担，因为谁也不清楚究竟是谁按动了真按钮。

（五）毒气刑

犯人被关进一间不锈钢制密室里，当行刑开始时，行刑人打开一个阀门，液态氯化氢流到犯人坐的椅子下面的一个盘子里。接着向盘子里滴入氰化钾或氰化钠，从而产生氰氢毒气。目前，美国仍有几个州采用这种方式处死死刑犯。这种方式致死过程较快，痛苦少。

（六）石刑

石刑是一种钝击致死的酷刑，即埋入沙土用乱石砸死。通常把男性腰以下部位、女性胸以下部位埋入沙土中，施刑者向受刑者反复扔石块。如果是对已婚有孩子的妇女行刑，她的孩子必须到现场观看。行刑用的石块经专门挑选，以保证让受刑者痛苦地死去。

石刑在国际社会普遍被视为过于残酷，仍然保留石刑的国家包括没有舍弃伊斯兰教刑法的阿富汗、伊朗、伊拉克、苏丹、阿拉伯联合酋长国、沙特阿拉伯和尼日利亚。

（七）药物静脉注射

静脉注射是向死刑犯的静脉中连续注射致命药剂的一种死刑方法。犯人躺在行刑椅子上，脚踝、腿、手腕、胸部和头部都被绑住，身上连有心脏监视器。行刑人一般给犯人注射麻醉剂——使犯人失去知觉，肌肉松弛剂——使犯人的心肺松弛，氯化钾——使心脏停止跳动。很多人认为，这是最人道的执行死刑的方式，也是目前美国最常用的行刑方式。

二、我国死刑执行的方式

我国1979年《刑法》第45条规定，死刑用枪决的方式执行。

1997年《刑法》虽然没有规定死刑的执行方式，但1996年修订的《刑事诉讼法》第212条第2款规定，死刑采用枪决或注射等方法执行。自修改增加注射执行死刑方式后，我国开始采用该方式执行死刑。1997年11月4日，云南省昆明市中级人民法院首次在国内采用药物注射方法执行死刑。2018年修正的《刑事诉讼法》第263条第2款再一次明确了执行死刑的合法行刑方式："死刑采用枪决或者注射等方法执行。"

中国是继美国之后，世界上第二个正式采用药物注射死刑的国家。采用注射方式执行死刑，充分体现了我国执行死刑方式在严厉打击刑事犯罪的同时，尊重人权，倡导文明执法的精神。此后，注射执行死刑方式开始在我国实施、推广并逐渐普及。

我国《刑事诉讼法》规定的执行死刑方法，除枪决、注射外，并没有排除采用第三种方法。但到目前为止，司法实践中还没有出现使用枪决和注射以外的方法执行死刑的案例。

（一）枪决执行死刑

枪决是指利用枪械抵近击中罪犯心脏主动脉，使其死亡，这种依法剥夺死刑罪犯生命的执行死刑方法，也是我国长期使用的一种执行死刑方法。

因为枪决要设立专门的刑场，行刑过程中必须将死刑犯从看守所中提出，到法院宣判后押赴刑场执行，在途时间长，途经地点多。为保证死刑犯押解至刑场的过程安全，必须动用大量的警力，负责沿线安保。再者，行刑过程较为血腥，给罪犯和参与行刑的人在心理上都造成极大的压力。但因为成本低廉，技术要求不高，一直是我国法院惯常采用的执行死刑方式。

（二）注射执行死刑

注射是指通过致命药物对静脉实施注射，依法剥夺死刑罪犯生命的执行死刑方法。体现为更为人道、先进、文明的一种执行死刑方法。注射死刑执行方式的特点有：

1. 简易：在执行过程中操作简便；

2. 安全：注射死刑的安全性主要体现为药品的安全；

3. 快捷：体现在注射药物和致死过程的速度，执行注射到致死结果发生通常只需要1分30秒左右；

4. 无污染：尸体的处理不会污染环境；

5. 无压力：以往执行枪决时，被执行者家属会有很大的心理压力，因为枪决往往要击中被执行人的头部或胸部，使其尸体无法完整，这会给死刑犯及家属带来心理压力，注射死刑则可避免此问题，对死刑犯也减轻痛苦和压力。

目前，我国注射死刑执行的两种方式：

1. 车载方式（图9-1、图9-2、图9-3）：

 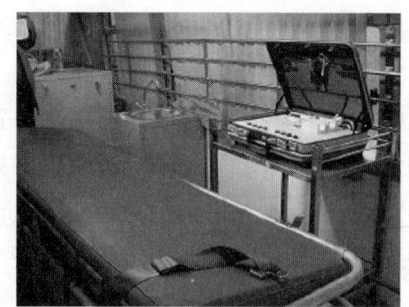

图 9-1　注射死刑执行车　　　　图 9-2　车载注射死刑执行床

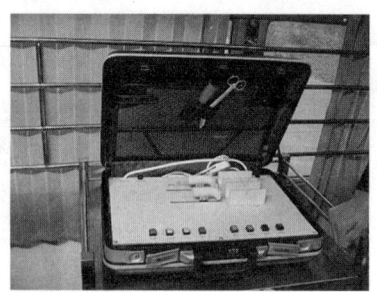

图 9-3　注射死刑执行车内的注射泵

2. 第二种，固定刑场方式（图 9-4、图 9-5）：

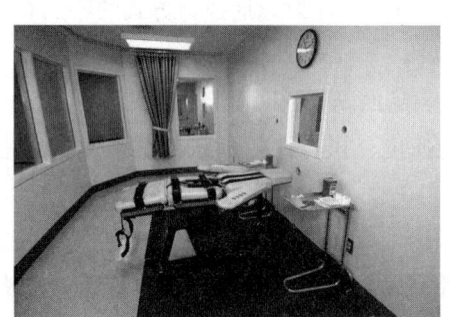 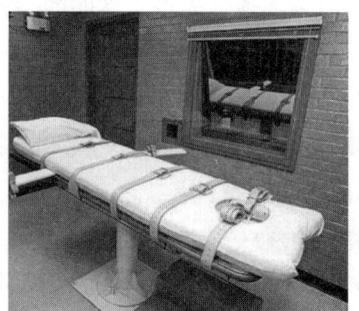

图 9-4　注射死刑室　　　　　　图 9-5　注射死刑执行床

（三）其他方式

除枪决、注射执行死刑外，依据《刑事诉讼法》的规定，还可以采用其他方式执行死刑。随着科技的进步，执行死刑的方式必将更趋文明，其他执行死刑方式有待于进一步研究、探索。根据法律规定，采用其他方式执行死刑时，必须报最高人民法院批准。

项目三　执行死刑的组织实施

一、执行死刑的准备工作

（一）枪决执行死刑的准备

1. 成立执行死刑任务的领导小组。执行死刑任务前应成立由各部门主要负责人参加的领导小组，明确各部门的工作职责。领导小组应设立执行总指挥1名，副总指挥若干名。总指挥一般由执行法院分管刑事审判工作的院领导担任，主要负责指挥和督促有关部门开展工作，副总指挥由各部门负责同志担任，负责指挥、督促、检查执行死刑等工作情况。

2. 制定执行死刑方案。执行死刑的领导小组应根据被执行死刑罪犯的人数、执行地点和环境、罪犯表现、行车路线、执行方式、天气变化等实际情况，制订出详细的执行方案。执行方案应包括执行死刑各阶段的时间安排，各个参与人的任务和职责，对意外事故的处置方法，对可能发生的突发事件的防范措施等内容，确保执行死刑工作有序、安全、万无一失。

3. 确定执行人员，进行明确分工。在执行死刑任务中，应对参与执行死刑任务的人员进行分工，明确各自职责，适时对参加执行任务的人员进行任务、纪律、安全事项的教育，确保执行死刑工作的顺利实施。

4. 认真查看场地。这里所说的场地是指执行死刑过程中各实施阶段的场地，包括验明正身场地、公开宣判场地、刑场。对场地的总体要求是：易于控制罪犯、易于警戒、易于处置紧急情况。具体实施做法如下：

（1）查看验明正身场地。验明正身是法律规定的对罪犯执行死刑时的必经程序，也是死刑罪犯情绪波动最大的时刻，极易发生自杀、自残或者伤害司法人员的意外情况。因此，对验明正身场地内的可移动物品，如桌子、椅子等，以及墙面凸出物等可能造成危险的物品，必须事先妥善处理，以防万一。

（2）查看宣判活动场地。①查看罪犯临时羁押室是否有一定的防范措施，是否与无关人员隔离；②查看公开宣判地罪犯站立地点是否便于操作，上、下通道是否畅通、方便；③在发生意外情况时是否便于紧急控制、安全撤离。

（3）查看执行场地。查看枪决执行场地的内容主要有：射击条件是否良好；行刑地点是否平坦；是否有利于警戒；是否便于执行任务的车辆进出等。

5. 选择最佳的行车路线。确保行车路线的安全，是保障执行死刑任务安全的重要方面之一，必须认真对待。选择行车路线应注意：掌握押解路线的自然情况，包括桥梁数量、岔路口数量、路面宽狭度、人员车辆流动量及可能塞堵执行车辆通过的地段情况；了解押解路线的治安状况；实地确定最佳行车路线和应急行车路线；注意跟沿线公安交通管理部门取得联系，取得他们的配合与支持。

6. 做好执行死刑的勤务保障。提供良好的物质保障，是执行死刑任务顺利实施的重要保证。执行死刑任务的物质保障主要做到：①枪支、弹药。采用枪决方式执行死刑时，配备正、副射击手，射击手应提前检验枪支，确认枪支性能良好并进行擦拭保养。枪支、弹药依据执行死刑罪犯的人数及实施警戒实际需要进行配备，并配备适当的备用枪支、弹药。②警戒具。执行人员要提前准备好警戒具，包括手铐、脚镣、警绳、电警棍及其他需要配备的物品。③车辆。车辆分为囚车、工作车、指挥车等。原则上一辆囚车押解一名死刑犯，事先定人、定位、定车，并配置适量的预备用车。事先要检查车辆性能，排除可能发生的事故隐患。④通信设备。做好通讯联络安排，保证手机、对讲机处于正常状态，确保指挥畅通。

7. 掌握死刑罪犯的相关情况。

（1）罪犯的姓名、性别、特长；

（2）罪犯的籍贯或居住地，以便掌握和控制罪犯家属及亲朋好友的动态，以防止可能发生的各种情况，并做好相应的防范措施；

（3）案由及羁押地点的情况，以便在执行中，有针对性地做好罪犯情绪稳定工作。

（二）注射执行死刑的准备

注射执行死刑的准备工作除了按照枪决执行死刑做好准备工作以外，还要做好以下准备工作：

1. 确定并查看注射场所。注射执行死刑应在专用执行场所（执行室）内进行。查看注射执行场地的内容主要有：行刑床及其固定设备是否良好；注射器材是否准备妥当；注射用药量能否达到致死量；行刑场地是否安全、安静、可靠。

2. 领取注射器和注射药物。执行死刑的法院派专人到最高人民法院领取注射器和注射药物，并由专人保管。在执行前检查注射器和注射药物是否性能良好、有效。

3. 确定注射人员。注射人员由司法警察担任，注射人员应经过专门训练，须达到操作熟练、注射准确无误的要求。目前，向执行死刑罪犯静脉置入针头环节由指定医院的护士协助完成，启动注射泵由司法警察完成。

特别提醒

目前，最高人民法院对注射药品领取要求"逐人逐对"。中级人民法院要将注射死刑的罪犯人数报省高院审批，省高院批准后再报请最高人民法院，最高人民法院根据报请人数发放药品。注射药品规定专人押送。目前，该药品价格约300元人民币。这些费用均由国家承担，被执行的死刑犯不用承担任何费用。

二、执行死刑勤务的实施方法

（一）验明正身的实施方法

1. 验明正身是指查验核对即将交付执行死刑的罪犯是否就是死刑判决确定并宣告判处死刑的罪犯。《刑事诉讼法》第263条第4款规定："指挥执行的审判人员，对罪犯应当验明正身……"

2. 验明正身一般在羁押地点进行。羁押场所看管人员将死刑罪犯提出，交由司法警察对死刑罪犯实施捆绑，一般由3名司法警察捆绑1名死刑罪犯。捆绑完毕后，由审判人员和检察人员验明正身，宣读执行死刑命令。

3. 验明正身是死刑执行程序中防止错杀的一个重要环节，必须仔细、认真对待。验明正身时，司法警察要时刻注意死刑罪犯的动态，抓住其手臂，防止其做出自杀、自残、报复等行为。

（二）死刑罪犯押解的实施方法

1. 验明正身完毕后，要迅速将死刑罪犯押解上囚车。

2. 押解途中，押解车辆要编队行进，一般按指挥车、执行人员车、囚车、审判人员车、机动备用车的顺序行进。

3. 押解过程中，要严格按照押解的有关规定，高度警惕，严密注意死刑罪犯的动态，防止发生意外情况。

（三）宣判场所的勤务实施方法

1. 将死刑罪犯押解到指定地点后，要按照看管的规定严密看守。对死刑罪犯应面对面看管，同时要增加看管警力。

2. 羁押地点外围要实施警戒，严禁无关人员与死刑罪犯接触。

3. 做好宣判的准备工作，熟悉宣判场所的位置及出入口，按宣判的出场顺序将死刑罪犯押解至宣判地点。

4. 当审判长宣布押死刑罪犯到庭的指令后，押解人员要集中精力，动作敏捷，按押解规范要求，将死刑罪犯押进宣判会场的指定位置，面向审判台前群众，听候宣判。

5. 宣判结束后，根据审判长的指令将死刑罪犯押赴刑场。

（四）刑场执行死刑的勤务实施方法

1. 刑场指挥人员、执刑人员先行进入刑场，执刑人员按指挥人员的口令装填子弹或者准备注射器具，在指定地点站立待命。

2. 死刑罪犯押至刑场后，刑场指挥人员立即指挥将死刑罪犯按顺序押解至执行位置。使用枪决方式执行时，让罪犯跪立；使用注射方式执行时，令罪犯仰卧在执行床上，进行固定固牢，并将注射药物连通静脉。为执刑人员创造良好的执刑条件。

3. 执行总指挥下达执行命令后，刑场指挥员随即命令执刑人员迅速进入射击或注射位置。

4. 刑场指挥员检查完毕后，迅速下达"射击"或"注射"的口令，执刑人员立即实施射击或注射。

5. 射击或注射后，经法医检查，如果罪犯没有毙命，执刑人员按指挥员口令及时补射或再行注射，直至死亡。

三、执行死刑勤务结束后的工作

（一）遗书、信札及其尸体的处理

执行死刑后，死刑罪犯身边的遗物、遗款应由羁押罪犯的看守所或监狱清点后，交其家属领收，将收条移送交付执行的人民法院存卷。如果死刑罪犯尚有在诉讼中确定应交付的款项，按照人民法院的通知，由看守所或监狱协助预先从遗款中扣除。

死刑罪犯的遗书、信札和尸体由人民法院根据《最高人民法院关于适用〈中华人民共和国刑事诉讼法〉的解释》第428条的规定处理。

1. 对罪犯的遗书、遗言笔录，应当及时审查；涉及财产继承、债务清偿、家事嘱托等内容的，将遗书、遗言笔录交给家属，同时复制附卷备查；涉及案件线索等问题的，抄送有关机关；

2. 通知罪犯家属在限期内领取罪犯骨灰；没有火化条件或者因民族、宗教等原因不宜火化的，通知领取尸体；过期不领取的，由人民法院通知有关单位处理，并要求有关单位出具处理情况的说明；对罪犯骨灰或者尸体的处理情况，应当记录在案；

3. 对外国籍罪犯执行死刑后，通知外国驻华使、领馆的程序和时限，根据有关规定办理。

（二）解除警戒与撤离

刑场指挥员组织射击手验枪，决定解除刑场警戒，组织执勤人员撤离刑场。

（三）注射器具的销毁

注射执行死刑后，负责执行的司法警察，要在有关领导的严格监督下，将使用过的注射器通常采用焚烧处理的方式销毁。

 拓展阅读

注射死刑的实施步骤

步骤一，由于执行床系液压装置可以升降和翻转，配合的犯人可以自己躺下，大部分被执行的犯人可能不会配合，或者动弹不了，执行床通过升降与翻转至犯人的背部，法警非常容易将安全带系在犯人身上，使犯人无法动弹。

步骤二，打通道。将犯人固定在执行床上后，有医疗资格的法警会在犯人的胳膊上"打通道"，即在犯人的静脉上插上针头皮管。打"通道"的人被称为"专业通道人员"。此步骤是整个执行中唯一采用人工操作的步骤。

步骤三，注射药物。死亡注射针剂由三部分组成，首先是让意识丧失的硫喷妥酸；其次是通过放松肌肉达到麻痹心脏和中止肺部活动的溴化双哌雄双酯；最后是导致心脏停止跳动的氯化钾。

完成"打通道"后，报告指挥官，在指挥官下达"执行死刑"指令后，执行死刑法警按下注射泵启动开关，注射泵内的化学药剂会推进到犯人血液中。在推进过程中，犯人随着体内化学药剂的增加，渐渐停止呼吸与心跳。与此同时，电脑显示屏上的脑电波从有规律的波动变成几条平行的直线。当仪器里发出连续不断的电子声，打印机开始工作，脑电波的前后变化被清晰地印在纸上。脑死亡将作为死刑报告的主要内容。

步骤四，死亡确认。由法医根据心跳、呼吸、脑电波、体温等多项指标确认罪犯死亡，并且签字确认，最终犯人尸体被抬下执行床送至殡葬车。

通常用注射方法执行一名死刑犯死刑，从死刑犯上行刑床到被执行，不会超过5分钟。如果从打通道算起，执行犯人注射死亡的全部时间应该在100秒左右。

项目四　执行死刑突发事件的处置

执行死刑任务是一项非常严肃而又复杂的工作，实施过程中难免会发生这样或者那样的问题。因此，参与执行任务的人员在执行死刑过程中，要严格按照法律法规的规定及执行方案的要求，快速、准确、有序、安全地处置遇到的各种情况，确保执行死刑任务的完成。

一、执行死刑任务中一般情况的处置

（一）死刑罪犯患有传染病或者肢体残疾而不能站立的情形

对患有传染病的死刑犯，首先要让参与执行死刑任务的人员采取防范措施，如戴口罩、手套等；其次是在确保安全的情况下，尽量不要给死刑犯戴戒具，可用警绳捆绑；再次执行完毕后，参与执行的人员要进行必要的消毒。

对肢体残疾而不能站立的死刑犯，在宣判时应将其架着使其站立，在执行时可将其放置于有利于执行的位置，或尽可能采用注射方式执行死刑。

（二）对女性死刑罪犯的执行

对女性死刑犯的执行，在验明正身、押解途中，应当配备女法警，在宣判、执行时可由男法警完成。

（三）遇车辆发生故障时的处置

车辆发生故障或者不能继续行驶时，应及时与指挥人员联系并看管好死刑犯，要以最快的速度将死刑犯转移到备用囚车上继续前行。

（四）对昏迷不醒的死刑罪犯的执行

对昏迷不醒的死刑犯，可由押解人员将其架扶至刑场，采取卧式执行，或者采用注射方式执行。

二、执行死刑任务中特殊情况的处置

（一）对"情绪激动"的死刑罪犯的处置

部分从一审起就被判处死刑的犯罪分子，在思想上对上诉能够改判抱有很大的期望。当知道没有改判，情绪上表现异常，从一开始就喊叫、哭闹、谩骂，情绪激动得一时无法控制。对待这些死刑犯，要稳定其情绪，尽量做好说服工作，可采取一些方法转移死刑犯的注意力，逐步稳定其情绪。

（二）对"闹会"的死刑罪犯的处置

"闹会"是指死刑罪犯在宣判大会上不顾警绳等警械的警告，大叫大喊，或者大骂审判人员。

对"闹会"的死刑犯要及时、果断采取措施，让其不要继续出声喊叫，具体做法是勒紧颈绳，使其不能出声，但要防止勒死，并迅速示意审判长给予指示。

（三）对围堵囚车的处置

遇有死刑犯家属或其他群众围堵囚车时，应做到严密控制死刑罪犯，防止劫持或脱逃，同时应及时向上级负责同志汇报，按照命令迅速进行处置。

（四）注射执行死刑时遇到挣扎反抗的处置

注射执行死刑时，如发生罪犯情绪不稳，挣扎反抗，应根据指挥员的指令，稳定罪犯的情绪；无效时则可采取强制措施，迅速进行强行注射。

特别提醒

执行死刑过程中可能发生各种各样的情况，例如情绪激动、闹会等，负责指挥、押解、警戒等参与执行死刑的人员必须高度警惕，事先建立各种预案制度，如有情况能及时、有效地处置。

项目五 技能训练

技能训练一 死刑犯警绳使用的训练

司法警察使用警绳有两种基本的情况：押解绳和执行绳。其中，执行绳用于执行死刑前对死刑犯的捆绑，以进一步控制死刑罪犯的活动，从而保障死刑宣判及押解工作的顺利开展。

一、训练目的与要求

（一）训练的目的

通过本次训练，使参训的学生能了解警绳的基本打法，熟悉警绳不同的携带方法。要求参训的学生能够根据不同的情况，清楚应采取何种方式使用警绳或其他简便的器材以达到约束的目的，培养学生严守纪律、英勇果断、团结协助等优良品质，进而能更好地完成各项警务任务。

（二）训练的要求

1. 训练时间为2学时。
2. 参加训练的同学，6人为一个单位，分成若干小组。
3. 规范完成警绳打结的基本方法、完成警绳的携带方法、规范完成几种捆绑方法、意外情况下使用简便器材的捆绑方法。
4. 训练过程中教师先进行操作性示范，然后每个同学逐一进行操作性训练，逐一考核。
5. 训练结束后，教师根据每小组训练中的表现和动作是否规范等方面进行考核，给出成绩。

二、训练内容与要点

1. 掌握绳结的基本打法。
2. 掌握警绳不同的携带方法。
3. 不同的警绳捆绑方法。
4. 意外情况下使用简便简易器材的捆绑方法。

三、训练前的准备

准备警绳（绳索要求是有韧性、抗摩擦、无弹性，直径在1厘米左右为佳）及鞋带、腰带等简易器材。

四、训练方法步骤

（一）训练方法

警绳的使用训练采取操作性训练方法进行。

（二）训练步骤

1. 进行分组。把全班学生每2人组成1组，由1名学生充当法警，另外1名学生充当被告人。

2. 每组学生轮流演练警绳的不同打法。具体的打法分别包括：蛇口（警绳一端固定之小圈）、半轮（将绳折半形成的轮）、单结（只系一扣的结）、捕轮（穿入蛇口形成的轮）、引轮（即活扣）、活轮（即活套）、难结（固定性较强的结）、死结（系两扣的结）。

3. 充当法警的学生演示捆绑绳的不同携带方法。

（1）腕部携带捆绑绳的方法。腕部携带捆绑绳的方法是将捕轮套入左手腕部，稍微松一些，以不脱手为准，而后将绳折为两行，顺时针方向缠绕手部，缠至一周时，再将剩余的绳索折为两行，从其端点穿过，再沿顺时针方向进行缠绕，以相同的方法进行，直至将所有的绳索缠绕在手腕上。使用时只要向外拉绳索的末端，就可将绳索打开。

（2）腰间携带捆绑绳的方法。腰间携带捆绑绳的方法是将绳索对折在一起，夹于腰带内侧即可。使用时向外拉绳索的任何一端，就可将绳索打开。

（3）将捆绑绳放于衣袋内的携带。只需将绳索整齐对折后，放入衣袋内。

4. 由充当法警的学生演示不同的警绳捆绑方法。

（1）参训学生演示"8"字捆绑法。在使用"8"字捆绑法时，其动作要领是：捆绑绳采用腕部携带的方法。将敌制服后，骑坐敌腰，左手将敌右臂经颈下拉至左侧，右手将捆绑绳打开，将捕轮套在敌右手腕上并拉紧，右手将捆绑绳按逆时针方向缠敌颈一周，左手抓敌左手腕并上提，右手将敌左手腕捆住，打一死结。

（2）参训学生演示勒喉捆绑的方法。在使用勒喉捆绑时，其动作要领是：捆绑绳采用腰间携带的方法。将敌两臂别于背后，右手将捆绑绳经敌右臂穿过，套在其颈上，用力将敌两臂向上提，以捆绑绳绕右手腕一周，向下绕左手腕一周，向上打一死结。

（3）参训学生演示捆大臂的方法。在捆大臂时，其动作要领是：捆绑绳采用腰间或衣袋内携带的方法。以捆绑绳将敌两大臂成"8"字形缠绕，并用力拉紧，在两环形的中间，横向和纵向各打一个"十"字，打一死结。

（4）参训学生演示捆小臂的方法。在捆小臂时，其动作要领是：捆绑绳在手腕上携带。将敌制服后，将敌两臂别于背后，两手协力将捕轮套在敌右手腕上并拉紧，将敌左臂尽量向上提，环形缠绕两小臂数圈，打一死结。

（5）参训学生演示捆手腕的方法。捆手腕有三种不同的方法：

第一是由前捆绑手腕。其动作要领是：捆绑绳在腰间或衣袋内携带。将敌制服后，命令被捆绑者两手相对，手腕贴在一起。以捆绑绳的中间部位对正其腕部，顺时针方向缠绕两圈，在两手腕根部打一死结，从左、右两侧向后缠腰一圈并拉紧，在后腰带中间部位打一死结，两绳向上缠敌颈一圈，在敌颈后打一死结。

第二是由后捆绑手腕。其动作要领是：捆绑绳在腰间或衣袋内携带。将被捆绑者两手背于背后，手背相对，两手腕贴在一起，以捆绑绳的中间部位对正其腕部，顺时针方向缠绕两圈，在两腕之间，环形带中间纵向缠绕两圈，并在两手腕根部打一死结，剩余绳索穿过腰带并打一死结。

第三是交叉捆绑手腕。其动作要领是：捆绑绳在手腕上携带。将敌制服后，命令被捆绑者两臂在体前交叉，将捕轮套在敌左手腕拉紧，在敌右手腕缠绕两圈并打一死结，剩余绳索向下穿过腰带并打一死结。

5. 由充当法警的学生演示用简便器材进行捆绑的方法。

（1）参训学生演示鞋带捆绑手腕的方法。将敌制服后，命令被捆绑者两手背于背后，手掌相对，以一根鞋带按照由后捆绑手腕的方法，捆住其手腕，再以另一根鞋带在两大拇指根部缠绕数圈，打一死结。

（2）参训学生演示腰带捆绑手腕的方法。将敌制服后，使被捆绑者两臂别于背后，左手腕在上，右手腕在下，两手腕重叠，将腰带置于两手腕部，腰带扣向上，左手抓住腰带扣，双手协力将腰带在敌左手腕上缠数圈，向下将其余的腰带缠右手腕数圈，用力拉紧腰带，使其两手腕部紧紧地贴在一起并扣好腰带。

（3）参训学生演示腰带捆绑大臂的方法。将敌制服后，使被捆绑者两臂背于背后，以腰带将敌大臂成"8"字形缠绕并扣好扣环。

五、注意事项

1. 参训的学生要按照自己的角色进行演示，要互换角色进行训练。

2. 要注意在实训的过程中，要求学生演练技能的同时，向其灌输相关的法律常识，提高执法意识。

3. 在使用警绳的过程中要求参训学生做到安全、规范，参训的过程要求严肃、认真。

4. 学生在演练警绳的捆绑方法时一定要注意捆绑松紧程度的把握。捆绑时，要做到确实、牢固，使被捆绑者无法逃脱。但另一方面，捆绑时用绳索在缠绕敌颈时松紧要适度，否则容易导致死亡。

六、考核方式及标准

（一）考核方式

1. 由教师检查学生的操作过程。
2. 学生之间在互换角色进行演练后互相陈述操作过程，作出评议，最后由教师作总结。

（二）考核标准

四级评分制。

1. 优秀：能在规定的时间内，准确完成各项捆绑动作且动作正确、松紧程度适中。
2. 良好：能在规定的时间内较好地完成各项演练，动作比较准确。
3. 及格：在教师的指导下能基本完成各项演练。
4. 不及格：不能完成各项训练。

技能训练二　执行死刑方案的制作

一、训练目的与要求

通过学习制作执行死刑方案，掌握执行死刑的准备过程及法律依据，并熟悉执行死刑的程序与要求。要求正确制作一份具有指导性、可操作性的执行死刑方案。

二、训练内容

执行死刑方案的制作。

三、训练前准备

1. 搜集执行死刑的相关案例；
2. 熟悉执行死刑的方式、程序及警力配备要求；
3. 明确执行死刑方案的内容要点。

四、训练方法步骤

【示范案例1】

基本案情：

被告人李某灿在担任河北省对外贸易经济合作厅副厅长兼河北省机电办公室主任职务期间，于2001年8月至2003年4月，接受北京森华创业汽车贸易有限公司法人代表丁某的请托，利用其主管河北省进口汽车配额的审批和分配工作的职务便利，为森华公司提供1249个汽车配额，并收受丁某给予的人民币现金4723万元；2002年4月，李某灿还利用其职务之便,向唐山冀东物贸有限责任公司所属企业唐山冀东机电设备公司索要价值19万元大众高尔夫轿车一辆及手续费共计21.44万元。

最高人民法院认为,被告人李某灿身为国家工作人员,利用职务便利,接受他人请托,为他人谋取利益,非法收受和索取他人财物共计人民币4744万余元,其行为已构成受贿罪,受贿数额特别巨大,情节特别严重。一审判决、二审裁定认定的事实清楚,证据确实、充分,定罪准确,量刑适当,审判程序合法。遂于近日作出核准被告人李某灿死刑的刑事裁定。

[训练要求] 根据上述案例,制作一份死刑执行方案。

关于李某灿受贿案的死刑执行方案

1. 案件基本情况:被告人李某灿利用职务之便,接受他人请托,为他人谋取利益,非法收受和索取他人财物共计人民币4474万余元,其行为已构成受贿罪,受贿数额特别巨大,情节特别严重。最高人民法院已依法核准被告人李某灿死刑的刑事裁定。

2. 罪犯表现情况:罪犯李某灿在案件审理过程中,开始不配合审理,经法律宣传后,在确凿的证据面前终于承认罪行。二审后,已基本接受审判结果,情绪基本稳定。

3. 执行人员组成:

(1) 指挥组:

总指挥长:院长:王××

副总指挥:张×× 罗××

(2) 执行组:

注射手:洪×× 男法警三级警督

架手:董××(男法警)一级警司

机动:唐××(男法警)一级警司

(3) 押解组:白××(男法警)二级警司

李×(男法警)二级警司

宋××(男法警)三级警司

(4) 警卫组:机关警卫由法警余××带领5位保安员负责

法庭警卫及执行现场警卫由法警陈×和黄××担任

(5) 机动组:楚×× 梁××

4. 部署与安排:

8:30 总指挥及审判长、检察官带领押解组至看守所对罪犯李某灿验明正身。

9:20 带罪犯李某灿至法院听候宣判;执行组进行执行室,进行注射准备。

9:50 宣判完毕,带罪犯至执行室。

10:10 开始执行。

10:40 法医检验执行结果,整理现场。

11:30 执行结束,解除警戒。

5. 情况处置：

(1) 罪犯"闹会"，由押解组负责控制。

(2) 发生罪犯家属喊叫、哭闹等情况，由现场警卫组负责处置。

(3) 发生群众围观闹事或有可疑人员时，由机关警卫组及机动组视情况进行相应处置。

6. 各类保障：

(1) 车辆保障：押解警车一辆，中巴一辆。

(2) 通讯保障：对讲机20部。

7. 行车路线：

看守所——中山路——南安路——法院

8. 几点要求：

(1) 押解过程确保安全第一的原则，保证途中车辆行车安全及罪犯的安全。

(2) 宣判现场，要从安全检查开始，确保现场参与人员的安全性，并随时保持警惕，以防止罪犯的异动或围观人员的异常表现。

(3) 注射药物必须严格检查，验明其有效期限，并按规定连接注射泵。

(4) 所有执行人员应随时保持通讯畅通，出现情况及时联络。

(5) 所有参加的司法警察全部着制式春秋装，戴大檐帽，系腰带。

[示范案例2]

张某强，男，38岁。在他13岁时，其因在老家偷窃被其父捉住后，其父用菜刀将他的左手食指砍下。

经法院审理查明：2002年8月18日上午8时许，张某强因身上无钱花，便窜至遵义火车站附近其亲戚马某家借钱。当发现只有马某一人在家后，其便将马某强奸后进行抢劫。2003年5月23日晚，张某强与卖淫女王某某在一旅社进行"交易"时，其发现携带的钱不足以支付嫖资，遂起抢劫杀人的恶念。趁王不备之际，张某强将王勒死，抢走现金11元、手机一台。2002年11月7日凌晨6时许，张某强借买东西为名敲门进入红花岗区坪桥工业区张某开的商店内，将张某掐死后，抢走350多元现金后逃离现场。

2003年11月5日，背负两条人命、强奸妇女的张某强被遵义中院一审判处死刑、剥夺政治权利终身。宣判后，张某强表示服判。2004年2月20日，最高院依法核准对罪犯张某强执行死刑。

[训练要求] 完成上述执行死刑案件的执行死刑方案。

××市中级人民法院司法警察支队 2005年4月13日

五、考核方式及标准

（一）考核方式

1. 学生之间互相审查作出评议。

2. 由教师考核审查学生的方案。

（二）考核标准

四级评分制。

1. 优秀。方案整体能做到：案件的基本情况清晰，警力部署周密，组织指挥权责到位，情况处置原则明确，各类保障有序，几点要求具体。

2. 良好。方案整体能做到：案件的基本情况清晰，警力部署周密，组织指挥权责到位，情况处置原则基本明确，各类保障基本有序，几点要求具体。

3. 及格。方案整体能做到：案件的基本情况基本清晰，警力部署基本周密，组织指挥权责基本到位，情况处置原则基本明确，各类保障基本有序，几点要求具体。

4. 不及格。方案整体能做到：案件的基本情况不清晰，警力部署不周密，组织指挥责权不到位，情况处置原则不明确，各类保障无序。

单元十

配合强制执行

知识结构图

配合强制执行
- 配合强制执行概述
  - 配合强制执行概念
  - 司法警察配合强制执行的职责
- 配合强制执行的类型及适用
  - 搜查
  - 查封、扣押
  - 强制迁出房屋或退出土地
  - 其他保障性任务
- 配合强制执行的组织实施
  - 警务受领
  - 警务准备
  - 警务实施
- 配合强制执行的突发事件的处置
  - 一般情况撤离的处置
  - 特殊情况撤离的处置
  - 群体性暴力执法事件的处置

知识目标

- 掌握司法警察配合强制执行的概念
- 掌握常用强制执行措施的类型、实施条件和程序

能力目标

- 具备协助执行人员依照执行程序和方法执行的能力
- 具备保护执行参与人的方法和准确实施保护的能力
- 具备在执行过程中处理突发事件的能力

法条链接

- 《人民法院司法警察条例》第七条第（四）项：

单元十 配合强制执行

在生效法律文书的强制执行中,配合实施执行措施,必要时依法采取强制措施。

【案例导入】

某市某钢材有限责任公司与他人之间因联营合同发生纠纷双方在诉讼过程中自愿达成调解协议,该市人民法院于2013年9月27日作出民事调解书,确认由被执行人某钢材有限责任公司分期支付债权人相应款项1175万元。2013年9月底,被执行人按约定支付了400万元,之后便没有继续履行调解协议。2014年1月4日,债权人向该市人民法院申请执行。立案后,该市人民法院执行局曾6次到被执行人公司所在地强制执行,共执行款项165万多元,执行工作均顺利进行。

8月25日,由于被执行人仍不按协议履行余下的义务,该市人民法院人员再次前往被执行人公司所在地执行,就地查封钢材约300吨,并另外扣押87吨钢材。当日,被执行人承诺在8月28日前交付50万元支票。但直至8月30日上午,该公司仍然未自动履行承诺,并拒绝交付支票。当天,该市人民法院又派8名干警前往被执行人公司所在地执行。在确知被执行人拒不交付50万支票后,执行人员随即依法送达了扣押裁定书,扣押了8月25日就地查封的钢材。此时,被执行人表示愿意由人民法院暂时扣押2车钢材。

由于当时需要扣押的钢材数量较大,该市人民法院再次派出8名干警前往增援。在装完第一车钢材后,被执行人的吊车司机声称吊车坏了,不肯再继续装载钢材。正当2名司法警察开着警车准备离开仓库时,仓库的灯全部灭了,并有被执行人的保安人员企图阻挠执行干警离开仓库。执行干警要求被执行人亮灯,但没有被理会。20时45分,押运钢材出仓库的2名司法警察在开车出厂区约500米的地方,突然遭到2辆中巴、1辆面包车的围堵,车上跳下100余人将22名司法警察强行拉出警车殴打。2名司法警察立即鸣警笛,向厂区内的其他干警发出警报。厂区内的14名执行人员听到警笛后,立即打110电话报警,并赶去救援,但亦遭到该伙不明身份人员的殴打。有几名司法警察当场被打倒在地,但围殴人员仍不肯放过,上前对他们继续施以拳脚。围殴人员殴打完执行干警后,才携带作案工具,离开现场。此次执行过程中,共有9名司法警察受伤,其中6人住院治疗,3人伤势较重,1辆警车玻璃窗被砸毁。

项目一 配合强制执行概述

一、配合强制执行的概念

(一) 强制执行的含义

强制执行是指法律赋予有执行权的国家机关按照法律规定的程序,运用国家公权力,将已经发生法律效力的法律文书所确定的内容予以实现的法律活动。因诉讼性质的不同，强制执行可以分为民事强制执行、行政强制执行和刑事强制执行三类。法律依据如下。

1. 民事强制执行。《民事诉讼法》第 224 条规定，发生法律效力的民事判决、裁定，以及刑事判决、裁定中的财产部分，由第一审人民法院或者与第一审人民法院同级的被执行的财产所在地人民法院执行。该规定赋予人民法院对发生法律效力的民事判决、裁定以及刑事判决、裁定中涉及财产部分的强制执行权。当然，人民法院的民事执行不限于上述事项，还包括我国仲裁机构作出的民事仲裁裁决书的执行，公证机构依法赋予强制执行效力的公证债权文书的执行，以及我国人民法院裁定承认其效力的外国法院作出的生效裁判、国外仲裁裁决机构作出的仲裁裁决书的执行。

2. 行政强制执行。《行政诉讼法》第 95 条规定，公民、法人或者其他组织拒绝履行判决、裁定、调解书的，行政机关或者第三人可以向第一审人民法院申请强制执行，或者由行政机关依法强制执行。从该规定可以看出，发生法律效力的行政诉讼的判决、裁定，除依法可由行政机关强制执行之外，还可由行政机关申请人民法院依法强制执行。

3. 刑事强制执行。《刑事诉讼法》第 271 条规定，被判处罚金的罪犯，期满不缴纳的，人民法院应当强制缴纳……《刑事诉讼法》第 272 条规定，没收财产的判决，无论附加适用或者独立适用，都由人民法院执行；在必要的时候，可以会同公安机关执行。《刑事诉讼法》第 300 条规定，人民法院经审理，对经查证属于违法所得及其他涉案财产，除依法返还被害人的以外，应当裁定予以没收……由以上规定可见，涉及罚金、没收财产等刑事判决、裁定的执行均由人民法院执行。需要指出的是，死刑执行也属于人民法院承担的刑事执行，但因其特殊性而单独编写，故本章不予介绍。

(二) 配合强制执行的概念

1. 配合强制执行的含义。配合强制执行是指在人民法院对生效判决、裁定的执行中，人民法院司法警察根据执行机构的需要和用警申请，配合执行部门共同实施执行措施或依法采取强制措施，以保障执行活动顺利进行的职务行为。

2. 配合强制执行的特点。

(1) 强制性。司法警察配合强制执行，其实质就是运用人民法院具有武装性质的司法力量，通过依法采取强制手段，震慑企图逃避执行、对抗执行的被执行人，以实现执行目的，彰显人民法院的司法权威。

尽管人民法院司法警察不是执行的主体，具体的执行由法官组织实施，但对以暴力、威胁等方法阻碍执行的行为人，应立即予以制止，或将其带离现场。在配合强制执行的过程中，只要法律手续齐全，任何机关和部门都无权干涉或阻止强制执行活动，遇有紧急情况发生时，司法警察根据实际情况依法使用戒具。使用警械不能制止或者使用武器制止可能发生严重危害后果的，可以依照国家有关规定使用武器。

(2) 保障性。人民法院之所以要对被执行人强制执行，是因为有些被执行人法律意识淡薄，虽经人民法院执行人员说服教育仍不履行义务，甚至以暴力手段抗拒执行。为此，如果不借助司法警察的保障力量，执行人员很难顺利完成执行任务，甚至其自身的人身安全都难以保障。只有凭借司法警察的警务保障才能确保执行现场秩序不会遭到破坏，执行人员的人身安全才能得到保护，执行任务才能得以实现。

(3) 从属性。人民法院专设执行局，执行无罪判决、免除刑事处罚判决、罚金判决和没收财产等判决，同时也是民事、行政判决和裁定的执行机关。人民法院的司法警察在参与对人民法院的生效判决裁定的财产查封、扣押、冻结或没收活动时，应当在法官的主持下进行，应当听从法官的指挥，遵守有关执行的纪律，按照明确的分工、程序、方法进行执法。因此，在配合强制执行活动中，司法警察处于从属地位，并不具体办理执行案件，其对执行案件的进入是应执行部门的用警申请而介入，而不是主动参与。没有执行部门的申请，司法警察部门不能主动介入执行活动。从这个意义上讲，体现了人民法院的司法警察在配合强制执行时的隶属性、辅助性特征。

(4) 互动性。虽然在执行工作中，司法警察是应执行部门的用警申请配合强制执行，但为了有效地应对执行中的突发事件，配合强制执行的司法警察应积极参与执行案件的案情分析，拟订警务保障方案，做好实施强制执行措施的必要准备；处置紧急情况过程中，司法警察应与执行人员分工协作、相互配合，迅速有效地采取措施、控制局面。

二、司法警察配合强制执行的职责

根据《人民法院司法警察执法细则》的规定，法院司法警察配合强制执行的职责内容包括以下几个方面：

1. 保护参与执行人员安全；
2. 维护执行现场秩序；
3. 看管执行标的物，保障被执行财物安全；
4. 配合实施搜查、查封、扣押、强制迁出等执行行为；
5. 依照指令对妨碍执行工作的行为人采取强制措施；
6. 其他与执行工作相关的职责。

项目二 配合强制执行的类型及适用

司法警察配合强制执行具体包括配合实施搜查、查封、扣押、强制迁出，配合实施拘传、拘留等强制措施。配合实施拘传、拘留等可参见本教材第十一章"执行传唤与强制措施"，本节仅介绍法院司法警察配合实施搜查、查封、扣押、强制迁出和其他保障性任务等职责。

一、搜查

（一）搜查的概念

搜查是指人民法院的执行人员在被申请执行人逾期不履行义务并有隐匿财产嫌疑的情况下，依照法定程序对被申请执行人的人身及其住所、财产隐匿地进行搜索、查找的一种强制性执行措施。

此处所指的搜查是指法院法官在执行过程中对被申请执行人的人身及其住所、财产隐匿地的搜查，与检察院司法警察在侦查过程中对犯罪嫌疑人的人身搜查在性质、程序、目的和方法上有本质区别。检察院司法警察参与搜查的相关内容可参见本教材第十三章"参与搜查"。

（二）搜查的适用条件

1. 搜查必须在执行程序中进行；
2. 生效法律文书确定的履行期限已经届满，如果法律文书确定的履行期限尚未届满，就不能采用搜查措施；
3. 被申请执行人不履行法律文书确定的义务并有隐匿财产的行为；
4. 搜查的范围仅限于被执行人的人身及其住所或者财产隐匿地；
5. 进行搜查必须由院长签发搜查令，并由执行人员执行，这是因为搜查涉及当事人人身权利和财产权利，没有合法授权不能进行。

二、查封、扣押

（一）查封、扣押的概念

查封，是指被执行人未按执行通知履行法律文书确定的义务时，人民法院依法对被执行人不宜搬动的财产张贴封条、就地封存，禁止任何人未经允许启封、动用该财产的执行措施。

扣押，是指被执行人未按执行通知履行法律文书确定的义务时，人民法院不许启封、动用该财产的执行措施。应依法将被执行人的财产运往异地或者就地扣留，暂不准许任何人处分。

（二）查封、扣押的适用条件

查封、扣押被执行人的财产是针对被执行人占有的动产、登记在被执行人名下的不动产、特定动产及其他财产权实施的执行措施。人民法院实施查封、扣押的强制措施应符合以下条件：

1. 被执行人未按执行通知履行法律文书确定的义务。这里所指的义务是指以金钱给付为内容的义务，如果是金钱给付之外的义务，如腾退义务，则不适合采用此执行措施。

2. 被执行人无金钱给付能力。以金钱给付为内容的债务，如果被执行人尚有存款等财产，则人民法院应首先采取冻结、划拨被执行人存款的执行措施；如果被执行人有收入的可采取扣留、提取的执行措施。只有在被执行人没有上述财产或者人民法院尚未发现被执行人有上述财产，或者上述财产不足以清偿债务时，方可对被执行人可供执行的其他财产采取查封、扣押的执行措施。

3. 查封、扣押的财产主要是被执行人所有的可供执行的动产或不动产。最高人民法院发布的《关于人民法院民事执行中查封、扣押、冻结财产规定》（以下简称《查封、扣押、冻结的规定》）第2条规定，人民法院可以查封、扣押、冻结被执行人占有的动产、登记在被执行人名下的不动产、特定动产及其他财产权。未登记的建筑物和土地使用权依据土地使用权的审批文件和其他相关证据确定权属。对于第三人占有的动产或者登记在第三人名下的不动产、特定动产及其他财产权，第三人书面确认该财产属于被执行人的，人民法院可以查封、扣押冻结。

根据《查封、扣押、冻结的规定》第5条的规定，人民法院对被执行人的下列财产不得查封、扣押、冻结：

（1）被执行人及其所扶养家属生活所必需的衣服、家具、炊具、餐具及其他家庭生活必需的物品；

（2）被执行人及其所抚养家属所必需的生活费用。当地有最低生活保障的，必需的生活费用依照该标准确定；

（3）被执行人及其所扶养家属完成义务教育所必需的物品；

（4）未公开的发明或者未发表的著作；

（5）被执行人及其所扶养家属用于身体缺陷所必需的辅助工具、医疗物品；

（6）被执行人所得的勋章及其他荣誉表彰的物品；

（7）根据《中华人民共和国缔结条约程序法》以及中华人民共和国、中华人民共和国政府部门名义同外国、国际组织缔结的条约、协定和其他具有条约、协定性质的文件中规定免于查封、扣押、冻结的财产；

（8）法律或者司法解释规定的其他不得查封、扣押、冻结的财产。

由上述规定可以看出，查封、扣押时应当保留被执行人及其所扶养家属的生活必需品。因此，司法警察在配合强制执行查封、扣押、冻结或没收活动时，应严格遵守有关法律规定，不能因配合强制执行而使被执行人及其扶养的家属生活发生困难，这些也体现了执法活动对人权的尊重。

三、强制迁出房屋或退出土地

（一）强制迁出房屋或退出土地的概念

强制迁出房屋或退出土地，是人民法院根据生效法律文书确定的义务和权利人的申请，强制被执行人或居住人搬出非法占有、非法使用的房屋并交付申请执行人，或者强制被执行人退还非法占用的土地并交付申请执行人使用和支配的一种执行措施。

（二）强制迁出房屋或退出土地的适用条件

1. 向被执行人发出公告。人民法院受理申请执行人的执行申请后，为督促被执行人自动履行义务，应于执行前在需要腾退的房屋或土地所在地张贴公告，让被执行人明确履行期限，以及到期不履行的法律后果。

2. 被执行人未履行义务。被执行人在人民法院公告的限期内仍未自动退出房屋或土地的，人民法院可以采取强制执行措施。

四、其他保障性任务

司法警察配合强制执行时，除了执行上述职责之外，还应当根据强制执行的过程需要，履行相应的保障性任务，以保障执行法官的人身安全、执行标的物处于有效控制状态和执行活动顺利、有序地开展。保障性任务的内容包括：①维持执行现场秩序、保障执行工作顺利进行；②保障执行人员和各种装备的安全；③看护好被查封、扣押财产，防止转移、哄抢、损毁；④制止被执行人的违法行为；⑤制止无关人员的车辆进入执行现场。

项目三 配合强制执行的组织实施

一、警务受领

（一）接受申请

执行部门根据执行案件的需要，一般应当提前 3 个工作日向司法警察部门提出用警申请，填写用警审批表，并报请分管司法警察工作的院领导批准。用警审批表获批后，交由司法警察部门安排警力。用警审批表应包含以下主要内容：用警部门用警人数、时间、地点；案件承办人及联系人、联系方式；执行标的物、被执行人的基本情况，并注明注意事项。

（二）审核申请

司法警察部门应认真审核用警申请的具体内容，了解执行标的物的种类、数量和性能，被执行人的基本情况、风险评估状况。对于信息不完备或者有差错的，应当要求执行部门及时补正。司法警察部门应根据相关信息合理调配警力，配备相关的警用装备。

（三）指定负责人

受领任务后，司法警察部门负责人应当根据案件情况指定司法警察配合强制执行的任务负责人。

二、警务准备

（一）了解案情

接受任务后，配合强制执行的法警负责人应当向执行部门进一步了解执行案件的案情、被执行人的财产状况和被执行人的基本情况，与执行部门共同分析可能出现的各种情况，拟订需要采取的执行措施。

（二）制订保障方案

司法警务部门应当根据执行任务、被执行人的基本情况、执行标的物的具体情况、执行可能带来的社会影响、潜在的风险等因素，制订保障方案。保障方案的基本要素包括：

1. 组织指挥。警务保障指挥人由配合强制执行负责人担任。由其根据保障方案执行员的指令以及现场情况确定司法警察的任务分工，与执行部门协作，组织指挥强制措施的实施，指挥紧急情况的处置。

2. 警力配备。根据执行任务情况，设立执行组、警戒组和机动组。

（1）执行组。负责配合执行人员实施搜查、查封、扣押、强制迁出等执行措施。

（2）警戒组。负责设置警戒区域，将执行现场与其他区域有效隔离，防止被执行人自伤、自杀、行凶等行为发生，阻止围观人员进入执行现场，避免发生冲突。

（3）机动组。配合执行人员采取强制措施，控制被执行人或者其财物，完成执行工作负责人交办的其他任务

3. 装备配备。为体现法律的权威和司法警察的强制性，有效应对发生的冲突，司法警察应当根据实际情况，配备警棍、手铐、执法记录仪、催泪喷射器、对讲机、警戒带等必需的警用装备，配备执行车辆；必要时配备头盔、网枪、破拆工具、灭火毯、便携式阻车器、防毒面具、武器等。

4. 突发性事件处置。明确各种突发事件应急处置的职责分工，处置程序和处置的方案。

（三）任务分配

警务保障负责人根据保障方案集中统一下达任务，明确各组的人员组成及其具体

分工，并介绍被执行人基本情况、明确执行标的物以及可能产生的影响，强调特别注意的事项和执行保密纪律。

（四）装备领取和检查

配合强制执行的司法警察按照任务分工，领取警用装备，检查警用装备车辆是否处于良好状态。

（五）携带有效证件

配合强制执行的司法警察应当按照有关规定携带人民警察证、执行公务证等有效证件。

（六）实地勘查

配合强制执行的司法警察应当对执行现场进行实地勘察。实地勘查的重点是被执行人的居住情况、财产所在地周边环境及其交通状况。

1. 被执行人居住情况勘查。查看被执行人的居住情况，有利于事先采取有效的防范措施，消除执行过程中可能发生的安全隐患。司法警察实地勘查时应查看被执行人及家庭成员的居住情况及周边环境，被执行人住所的楼层结构、进出通道、窗台及露台的开设情况，屋内电力总阀门、煤气阀门或煤气罐等危险物品的准确位置信息。

2. 财产所在地周边环境勘查。掌握被执行人财产所在地及周围地理环境，有利于司法警察在配合执行前对执行现场实施有效控制，发生突发事件时能够迅速有效予以处置。司法警察实地勘查时应掌握被执行人财产所在地及周围地理环境，了解周边道路交通状况是否有适合停放车辆的地点，有无其他通行道路，了解距现场最近的医院及赴医院的行车线路、所需时间等信息。

三、警务实施

配合强制执行的警务实施过程一般包括司法警察出示相关证件，维护执行现场秩序，协助通知被执行物的有关人员到场，协助清点执行标的物和协助记录等。

（一）协助搜查

1. 出示证件。人民法院决定采取搜查措施的，必须由院长签发搜查令。搜查时，应当向被执行人出示搜查令、人民警察证或执行公务证。同时告知其应遵守的规定及拒不配合或妨碍搜查的法律后果，并要求被执行人在搜查令上签字。

2. 协助通知有关人员到场。司法警察根据现场情况可协助执行人员通知有关人员到场。搜查对象是公民的，应通知被执行人或其成年家属及其基层组织派员到场；搜查对象是法人或其他组织的，应通知其法定代表人或主要负责人到场，有上级主管部门的，也可通知主管部门有关人员到场。被通知人员拒不到场的，不影响搜查。

3. 维护现场秩序，保护执行人员的人身安全。宣布实施搜查后，应责令其他无关人员退出搜查现场，以免妨碍搜查、妨碍执行公务。实施搜查时要注意语言文明、行为规范。遇有暴力干扰时应及时采取强制措施，果断处置，保障执行人员人身安全。

4. 协助清点财产。司法警察根据现场情况可协助执行人员清点搜查财产，在搜查中发现应当依法查封、扣押、交付的财产，人民法院应当开列查获财产清单，并立即采取相应措施。需立即采取查封、扣押、交付等执行措施的，应按法律规定程序和要求办理。财产清单由在场人员签名或盖章后，交被执行人一份。被执行人是公民的，亦可交其成年家属签字。

5. 协助制作搜查记录。司法警察根据现场情况可协助执行人员制作搜查记录。搜查时，执行人员应对到场人员、搜查过程、搜查结果作出详细记录，并由搜查人员、被执行人及其他在场人员签名或盖章。拒绝签名或盖章的，应在搜查笔录中写明情况。

6. 协助清理搜查现场。司法警察根据现场情况协助执行人员清理搜查现场。搜查结束后，及时将被搜查物品恢复原状，对贵重物品要轻拿轻放，以免损坏。对被执行人拒不到场或拒不开启箱柜而强行开启的，必要时应在搜查后更换撬坏的锁具，并将钥匙交有关人员妥为保管，由此发生的费用由被执行人负担。

（二）协助查封、扣押

1. 出示证件。人民法院决定采取查封、扣押措施的，应当作出裁定书。查封、扣押时，应当向被执行人出示人民警察证或执行公务证，宣读裁定书。同时告知其应遵守的规定及拒不配合或妨碍查封、扣押的法律后果，并要求被执行人在裁定书上签字。

2. 协助通知有关人员到场。司法警察可根据现场情况协助通知有关人员到场。查封、扣押财产时，被执行人是公民的，应当通知被执行人或其成年家属到场，并邀请其工作单位或者财产所在地的基层组织派员参加；被执行人是法人或者其他组织的，应当通知其法定代表人到场。拒不到场的，不影响执行。

3. 维护现场秩序，保障执行人员人身安全。宣布实施查封、扣押后不到场的，应责令其他无关人员退出查封、扣押现场，以免其转移财产，妨碍查封、扣押。实施时要注意语言文明、行为规范。遇有暴力干扰时，应及时采取强制措施，果断处置，保障执行人员人身安全。

4. 协助造具财产清单、制作执行笔录。司法警察可根据现场情况的协助造具财产清单、制作执行笔录。实施查封、扣押时，应清点财产，造具清单，落实保管人，对查封过程和结果制作执行笔录。笔录中载明下列内容：执行措施开始及完成的时间，财产的所在地、种类、数量，财产的保管人，其他应当记明的事项。执行人员、保管人和在场人员应在执行笔录和清单上签字。清单一式两份，一份交给被执行人，另一份留存人民法院。如遇被执行人是未成年人的，也可以交其成年家属一份。

（三）协助强制迁出

1. 出示证件。采取强制迁出执行措施时，应当向被执行人出示人民警察证或执行公务证。同时告知其应遵守的规定及拒不配合或妨碍强制迁出的法律后果。

2. 协助通知有关人员到场。司法警察可根据现场情况协助通知有关人员到场。被执行人是公民的，应当通知被执行人或者他的成年家属到场，其工作单位或者房屋、土地所在地的基层组织应当派人参加。被执行人是法人或者其他组织的，应当通知其法定代表人或者主要负责人到场。拒不到场的，不影响执行。被执行人是公民的，执行员应当将强制执行情况记入笔录，由在场人签名或者盖章。

3. 维护现场秩序，保障执行人员人身安全。司法警察应设置警戒线，及时疏散无关人员，确保进出通道的畅通；对在进出通道设置障碍物阻止执行的，应了解障碍的设置人及其目的，确认有无其他进出通道或者清除障碍的难易程度，如无其他通道而障碍设置一时难以清除，应与现场执行人员沟通后决定撤离还是采用措施先行撤离；遇有暴力干扰时，应及时采取强制措施，果断处置，保障执行人员人身安全。

4. 协助采取强制迁出措施。司法警察协助实施强制迁出措施，保障执行人员将房屋内、土地上的财物搬离，交给被执行人，被执行人是公民的也可交给其成年家属。因拒绝接收而造成的损失，由被执行人承担。腾空后，将强制腾空的房屋或强制退出的土地交付申请执行人。

5. 协助制作强制迁出笔录。协助做好强制迁出情况笔录，由在场人员签名或盖章，在场人员拒绝签名或盖章的，应当在笔录中记明情况。

四、撤离

（一）按指令撤离

执行活动结束后，司法警察根据执行法官和配合强制执行负责人的指令撤离。撤离时，应确保执行人员的安全，并根据现场情况，有序撤离。遇有在执行现场阻止撤离的，不能贸然行动，以免伤及他人，应尽量对阻止人员进行教育疏导，告知阻碍执行的法律后果，控制现场秩序，严防阻止人员伤害执行人员或损毁装备设施。待秩序稳定后，立即撤离现场；现场难以控制的，应立即报告并向公安机关求助，等待增援；如危及执行人员人身安全，可先行控制，撤至安全地带等候增援。同时，通过拍照、摄像等方式固定证据。

（二）向司法警察部门负责人汇报相关情况

执行活动结束后，配合强制执行的司法警察负责人应将本次配合执行的警务情况向司法警察部门负责人汇报，包括本次配合执行的人员，执行预案的实施情况，采取的强制措施，执行过程中有无冲突以及冲突的处置情况，执行人员及被执行人的人身伤害等情况。案情重大或者造成执行人员或者司法警察人身伤害、财产损失的，应书面汇报。

项目四　配合强制执行中突发事件的处置

一、一般情况撤离的处置

配合强制执行中的一般情况主要指被执行人或其他案外人员消极不配合强制执行或妨碍强制执行，但没有造成严重后果的行为。处置一般情况以尽量不采取强制措施和保证顺利执行为原则，应采取灵活、合法、合情、注重说服教育的处置方式，既要维护法律的严肃性，又要保证强制执行任务的完成，尽可能做到法律威严与社会效果的统一。

遇到如下一般突发情况时，可以按以下方法处置：

（一）被执行人不履行义务，但又不抗拒执行的情形

被执行人面对查封、扣押或强制迁出时不能主动履行执行内容，但对法院执行又不明显抗拒的，执行法官和配合执行法警可以对其采取说服教育等方式，讲明执行与否的利害关系，使其自动履行义务。

（二）被执行人故意躲藏，企图逃避执行的情形

采取强制执行前，执行法官和配合强制执行的法警应当调查了解被执行人的主观意图和行踪去向，在恰当的时机控制其人身或执行标的物。如执行强制迁出时，被执行人故意躲藏，不移交房屋的，配合强制执行的法警应当对被执行人采取说服教育及训诫等方式并告知被执行人执行后果，使其自动、配合履行义务。如仍不能履行的，在有关单位、部门的配合下，强制执行。

（三）被执行人以申请再审为由拒不执行的情形

被执行人以原判有误、本人正在再审为由拒不执行的，可采取法制教育的方法，告知其《民事诉讼法》第199条和《行政诉讼法》第90条的规定，当事人对已经发生法律效力的判决、裁定，认为确有错误的，可以向上一级人民法院申请再审，当事人申请再审的，不停止判决、裁定的执行。即讲明申诉不能影响执行以及执行回转的法律规定，使其尽快执行。

需要注意的是，当事人申请再审与法院决定再审对执行程序的影响不同，由执行法院根据案件程序报请法院决定是否中止执行。

（四）被执行人转移、隐匿财产的情形

首先要弄清转移、隐匿的财产是否已被查封或扣押。如果其财产未被查封、扣押，可限定被执行人在一定时间内将财产如数交出，对拒不交出的，可采取就地查封、扣押或罚款的强制措施。如果所转移、隐匿的财产已被扣押、查封，要对直接责任人采

取拘留、罚款等强制措施，同时责令限定时间让其交出转移、隐匿的财产。

（五）其他人员起哄、吵闹妨碍执行的情形

执行法官和配合执行法警首先应采取说服教育的方法，以理服人，坚持耐心劝说，不可盲目蛮干，可把法定代表人或被执行人传至法院，以促其执行。

二、特殊情况撤离的处置

配合强制执行中的特殊情况是指被执行人及其他相关人员以暴力、威胁等方法，妨碍强制执行，且情节较为严重的行为。由于特殊情况有其突发性，发展过程迅速，产生原因复杂。对特殊情况的处置原则是及时、果断，尽快控制局势，尽早平息事端。谨慎使用武器，避免遭受更为严重的财产损失或人员伤亡。可以当场处置的则立即处置，不易或不能立即处置的，可事后再行处理。

遇到如下特殊突发情况时，可以按以下方法处置：

（一）长时间围攻执行人员的情形

配合强制执行法警将围攻人群和执行员进行有效隔离，保护好执行员的人身安全和执行文书，同时进行法制宣传教育，令其撤离，对主要责任人员可处以拘留、罚款的决定。

（二）侮辱、谩骂、殴打执行人员的情形

被执行人及其他相关人员侮辱、谩骂甚至殴打执行员的，配合强制执行法警应当对主要闹事人员采用强制措施，进行人身控制，及时向法院分管领导上报情况，由分管领导根据情节对有关人员处以罚款、拘留的决定或追究刑事责任。造成执行员人身伤害的，应当移送当地公安机关处理。

（三）损坏执行车辆或其他财产、哄抢被执行财产的情形

遇到被执行人及闹事人群故意损坏执行车辆或其他财产、哄抢被执行财产情况的，应当根据现场力量对比，尽量做到对执行车辆和被执行财产的保护；力量对比悬殊的，立即请求当地公安机关支援，并上报情况，由分管领导根据情节和损坏财产的价值对主要责任人采取拘留、罚款处理，责令赔偿损失。

（四）抢夺执行人员枪支，危及执行人员生命安全情况的情形

遇到被执行人及闹事人群试图抢夺执行人员枪支的，配合强制执行法警应当立即判决现场局势，根据《枪支管理法》和《人民警察使用警械和武器条例》规定，准确、果断使用武器，保护执行人员的生命安全，保护枪支不被抢夺。负责配合强制执行任务的法警应当立即上报情况，并请求当地公安机关处置违法犯罪人员。

（五）抢夺、撕毁卷宗的情形

配合强制执行前，法警应当评估被执行人的情绪状态，对可能发生或已经发生抢

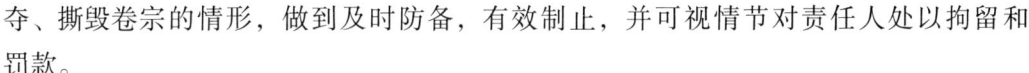

夺、撕毁卷宗的情形，做到及时防备，有效制止，并可视情节对责任人处以拘留和罚款。

三、群体性暴力抗法事件的处置

执行法院在执行中，被执行人或案外人出于非法目的，故意聚集、挑动不明真相的群众，聚众暴力抗法，致使执行过程遭受到群体性暴力抗法的严重干扰。对此，必须引起足够的重视，并采取妥当的方法加以处置：

（一）制订好处置预案，做好事先准备工作

1. 要了解执行现场的情况。在执行工作开始前，负责现场秩序的司法警察要对现场情况做到充分了解，包括被执行人所处的位置、执行场所的通道走向、周围人群的分布情况及交通状况等。对双方的人员情况也应有充分了解，如人群与被执行者的关系、被执行人和周围人群对案件审判结果的态度等。

2. 要制订好应对暴力抗法的预案。虽然暴力抗法的发生有其突然性，但也有一定的规律性。因此，法警应在充分估计到有可能发生暴力抗法问题时制订出预案，加以防范。要将司法警察分成组织宣传组、人群控制组、抓捕组等，相应地进行分工与承担责任。具体说，应该让每个法警明白站位在哪里，要做什么和如何做。

（二）做好群体性暴力抗法的现场指挥工作

现场指挥应沉着冷静，指挥得当，最重要的是要有敏捷的反应能力和非常果敢的判断决策能力，越早采取行动，控制人群越有效。在人群分散的时候迅速将自己的队伍重新组合，以增强队伍整体战斗力。

1. 要做好必要的宣传、教育及说服工作，争取公众的合作，以利于问题解决。

2. 要对内、对外保持必要的联络。现场指挥人员应及时将有关情况报告组织和领导，要适时调整现场警力的配置，以及在警力不足时向现场调集警力或请求公安机关协助。

3. 现场指挥员要灵活地将容忍、战术、技能和依法处置有机结合起来。

（三）注意把握人群控制与解围的方法

人群控制和解围的方法包括：显示武力、限制人群流向、驱散人群、突围与抓捕等。人群控制和解围是司法警察维持执行现场秩序的重要内容。

1. 显示武力。司法警察显示武力应当分情形使用不同的方法，具体包括两种情况：①在大型对抗尚未形成时，司法警察应当表现出自己的实力。其中包括装备的精良、干警个人较强的战斗力及执行工作的充分准备和较强计划性等，迫使人群不敢藐视法律的尊严，不敢以身试法。②对抗已经形成时，想方设法将干警集中起来（最好到人群视线范围以外），以一次性的突击行动解决问题，这是在警力有限条件下的好办法。要防止将警力分散投入到人群中，形成互相不能照应，在人群中被撕扯、推搡的局面。

2. 限制人群流向。限制人群流向是通过阻拉、疏导等方法，使向人群集中点汇集的人群散去。如果在室外，人群容易聚集，人群流向的限制是很难的；但在室内，则可通过警员阻拉人墙、栅栏、门窗等，实现人群流向的控制。司法警察指挥员应当意识到人群流向的不确定性，以便在必要的时候驱散人群。

3. 驱散人群。在执行工作中，如果人群并不影响执行的继续进行，可不必驱散人群，只需有效控制即可。但对起哄和殴打执行人员，强行转移财产的，则必须驱散人群。①可以采用驱散队形来驱赶人群。三人一组，互相照应，组与组互相配合，强行驱逐闹事者，包括倒地哭嚎、固守财物拒不移交及藏匿房间拒不退出的人。②驱逐与抓捕结合。对态度强硬的为首分子，果断地采取抓捕办法，以震慑人群，让人群了解执法者的决心。③必要时可采用催泪瓦斯、电警棍等警具进行驱逐。

4. 突围与抓捕。当人群已失去控制，法警应考虑突围，避免事态的无限扩大，等待人群情绪稳定后另作打算。抓捕一般在形势有利于执行方且抓捕有利于人群稳定时才实施。

项目五　技能训练

一、训练项目

对强制迁出房屋的执行——某市 XX 有限公司诉王 XX 房屋拆迁合同纠纷一案实施执行案

二、训练目的

通过实训，使得参训学生重点掌握对强制迁出房屋案件的执行。

三、训练内容要点

非法占有房屋和土地，必将严重影响群众生活、国家建设、社会安定和人民团结，因此，当事人不按法律文书迁出房屋和退出土地时，人民法院有权采取强制迁出、强制退出的措施。由于这一措施对于被执行人的生活影响较大，法律规定了严格的程序，人民法院采取这两种执行措施，须由法院院长签发公告，限定期限，责令被执行人在指定的期间履行，逾期仍不履行的，由执行员强制执行。故通过本次实训，学生应当掌握：

1. 执行预案的制作；
2. 处理执行中的突发事件；
3. 制作执行公告、执行笔录等相关文书。

四、实训条件设计

1. 实训时间为 3 学时，实训场地为学生课室。

2. 参加实训的学生分成若干小组，各小组都必须制作相关的法律文书材料，法律文书应严格遵循制作规范。各小组中扮演被执行对象的同学要熟悉材料，假戏真做，完成有关被执行过程中的感受的报告。

3. 实训必须在教师的指导下进行，学生以小组为单位进入实训现场，参加执行的学生必须明确各自担当的角色。

4. 实训结束后，由指导老师根据学生在执行实验中的表现和其制作的搜查笔录及相关法律文书材料的质量，逐个进行讲评并按百分制打分。

5. 器材准备。警用器械有：手铐、仿真手枪、刀具等，以及用作本次执行的目标：房屋。

五、训练方法步骤

1. 实训的准备。
（1）根据指导教师设计的案情，布置模拟现场。
（2）安排参加实验的学生分组、分工，明确各自的职责任务和工作内容。
（3）联系扮演被执行对象的学生，做好案情交代和保密教育。

2. 实验的展开。向各小组通报案情，各小组分别赶赴实验现场进行执行，制作法律文书，处理突发事件。

3. 实验的总结评析。各小组执行结束后，完成相关文书、报告后交给指导老师，指导教师批改后，就实验情况进行总结评析。

六、考核方法及其标准

（一）考核方式

由教师按学生在训练中的表现考核。

（二）完成时间

130 分钟

（三）考核标准

训练考核四级分制：即优秀、良好、及格、不及格。

1. 优秀等级：准备充分，搜查方法操作熟练，处置突发事件能力强，法律手续完备，搜查笔录及相关法律文书制作规范。

2. 良好等级：准备充分，搜查方法操作熟练，处置突发事件能力较强，法律手续完备，搜查笔录及相关法律文书制作相对规范。

3. 及格等级：准备相对充分，搜查方法操作比较熟练，处置突发事件能力较强，法律手续基本完备，搜查笔录及相关法律文书制作相对规范。

4. 不及格等级：无法完成任何一项训练内容。

七、相关法律文书格式规范与实例

（一）强制迁出房屋公告范本

_____人民法院公告

（　　）_____字第_____号

关于_____一案，_____已经发生法律效力。当事人_____应当_____，但仍拒不履行。依照《中华人民共和国民事诉讼法》第 125 条第 1 款的规定，本院责令被执行人_____在_____年_____月_____日前腾出房屋。到期仍不履行的，依法强制执行。

特此公告。

院长：_____
年 月 日
签发人：_____
经办人：_____

（二）执行笔录

强制拆除执行笔录

时间：　年　月　日　时　分至　时　分

地点：

被执行单位（人）：

法定代表人：　　　　　　　　职务：

代理人：　　　　　　　　　　职务：

执行人：

见证人（签名或盖章）：

记录人：

（三）执行预案的制作范本

关于××市××有限公司诉王××房屋拆迁合同纠纷一案实施执行的方案

执行时间：年 月 日

执行地点：××市××区××镇××村×组×号。

现场指挥：××，××市××区人民法院副院长，电话：

现场副指挥：××，××市××区人民法院执行局局长，电话：

1. 执行内容。将王××住房内的物品搬出并运至过渡房，把腾空的房屋交付××有限公司。

2. 被执行人王××家庭人员状况。户主：王××，男，1960年10月27日出生，住××市××区××镇××村×组×号。

成员：郑××（王××之妻），1962年12月26日出生，住址同上。

王×（王××之子），1987年12月9日出生，住址同上。

3. 方法步骤。

（1）年 月 日下午 时 分本院参与执行人员召开预备会议。

（2）年 月 日上午8:00本院参加执行人员在院里统一集中出发，到 与其他部门会合。

（3）到达现场后，由外围组在四周设立警戒线，禁止其他人员进入现场，教育疏导组进场劝导。

（4）由实施组进行清理现场、看护被执行人及其家属，并对现场检查是否存在危险物品。在实施组指挥下腾退物品，公证人员做好公证记录工作。

（5）搬运物品前由实施组对所搬物品进行检查、张贴胶带。

（6）搬家公司搬运物品，记录组人员记好笔录，列写清单。

（7）全部腾空后，在实施组指挥下，评估人员进场丈量，公证处进行公证，记录小组对被执行人做好笔录，告知到指定地点领取腾退物品，因拒绝接受物品造成的损失后果自负。

（8）将房屋交付××发展有限公司。

（9）在现场指挥的指挥下离开执行现场。

4. 注意事项。

（1）参与执行人员一律着装，其他工作人员配发现场出入证，凭证出入；

（2）参与执行人员在执行过程中做到文明执行，有理有节，服从指挥；

（3）坚守岗位、互相配合，注意形象，密切注意突发和意外事件的发生。

5. 附件

（1）参加部门及人数。①本院执行局12人；②本院法警12人；③公安35人；④医疗卫生人员4人；⑤基层组织16人；⑥执法局20人（其中女同志4人）；⑦公证员 2 人、评估人员 6 人；⑧搬家公司 4 辆搬运车的相应人员。

（2）实施组成员看护被执行人及其家属的分工安排。①×××：×××、×××、×××、基层 1 人、执法局 2 人；②×××：×××、×××、×××、基层 1 人、执法局 2 人（女同志 2 人）；③×××：×××、×××、×××、基层 1 人、执法局 2 人。

各工作组人员组成及职责

组名	组长	组员	职责
教育疏导组	1. 本院：×××133××××6799 2. 基层组织确定人员	本院：×××138××××4963 基层组织 2 人	1. 向被执行人说明实施执行的理由和法律依据。 2. 劝导被执行人配合法院执行。
实施组 / 执行小组	1. 本院：×××139××××7615 陈××139××××0056 2. 公安确定人员 3. 执法局确定人员 4. 基层组织确定人员	本院法警 6 人 本院执行员 8 人 公安 8 人 执法局 10 人 基层组织 6 人	1. 清理现场，责令无关人员离开现场，检查有无危险物品。 2. 看护被执行人及其家属。 3. 防止被执行人及其家属擅自行动，实施过激行为。 4. 如有妨碍执行的行为，采取相应强制措施。 5. 指挥搬迁人员将被执行人的物品腾退。 6. 在确保安全情况下，指挥公证、评估进场，进行现场丈量。
实施组 / 记录小组		1. 本院×××136××××0950 2. ×××，133××××1359	1. 对王××及其家属做好笔录。 2. 检查搬运物品，粘贴胶带、列写清单。 3. 协助清理现场，责令无关人员离开现场，检查有无危险物品。

续表

组名		组长	组员	职责
实施组	搬运小组		开锁工 1 人 水电工 2 人 拆除空调及其他家用电器人员 2 人 4 辆搬运车辆相应的搬运人员	1. 准备纸箱、胶带、工具、4 辆搬运车。 2. 对现场物品进行打包、封箱。 3. 负责施工安全，组织人员开锁、拆除空调等。 4. 在执行员指挥下，将物品装运上车。运送物品到指定场所。
	押运小组		1. 本院：×××，139 ××× 5972 ××，135 ×××× 1532 2. 公安 2 人 3. 基层组织 2 人	1. 保障腾退物品安全运送，运送途中发生情况立即向现场指挥报告。 2. 将腾退物品交被执行人接收。
机动组		1. 本院：×××，136 ×××× 1920 2. 公安确定人员 3. 执法局确定人员 4. 卫生局确定人员	本院法警 2 人 公安 10 人 基层组织 2 人 执法局 5 人 医务人员 4 人	1. 协助清理执行现场，进入现场后立即控制、切断煤气、水、电等危险物品，防止意外事件发生。 2. 密切注意被执行人及其家属的相关危险行为。 3. 处理突发事件。 4. 协助实施组看护被执行人及其家属。 5. 准备 120 救护车一辆，负责对伤病人员的救护。 6. 维护现场秩序、保障施工、公证评估工作顺利进行。
公证、评估组		1. 公证处确定人员 2. 评估事务所确定人员	公证员 2 人 评估人员 6 人	1. 清点腾退物品，对腾退的物品的数量和行为进行公证。 2. 对其他执行情况进行证明。 3. 对王××的房屋及附属物进行评估。

续表

组名	组长	组员	职责
外围组	1. 本院：×××，136××××0801 2. 公安确定人员 3. 执法局确定人员	本院法警2人 公安15人 执法局5人	1. 在执行现场四周设立警戒线。 2. 协助执行人员对现场四周进行清场。 3. 维护执行现场秩序，禁止无关人员进入现场。 4. 处理执行中的突发事件。
后勤、宣传组	1. 本院：×××，139××××9541 2. 基层组织确定的人员	1. 本院：×××，138×××3021 2. ×××，135××××0165 基层组织4人	1. 安排执行参与人员的用餐、用水。 2. 对执行现场进行全过程录像。 3. 负责宣传报道。

单元十一

执行传唤与强制措施

知识结构图

执行传唤与强制措施
- 传唤
  - 执行传唤的概念
  - 执行传唤的方式及步骤
- 强制措施概述
  - 强制措施的概念
  - 强制措施的特点
  - 强制措施的性质与类型
  - 强制措施与相关概念的区别
  - 强制措施的作用和意义
- 强制措施的类型与适用
  - 拘传
  - 训诫
  - 责令退出
  - 强制带离
  - 罚款
  - 拘留
  - 协助执行其他刑事强制措施
- 强制措施的组织实施
  - 拘传的组织实施
  - 训诫的组织实施
  - 责令退出与强制带离的组织实施
  - 罚款的组织实施
  - 司法拘留所组织实施
  - 协助监视居住所组织实施
  - 协助刑事拘留、逮捕的组织实施

知识目标

- 理解强制措施的含义

- 熟悉拘传、训诫、强制带离、罚款、拘留等强制措施的适用范围
- 掌握强制措施实施一般操作规程

能力目标

- 具备强制措施实施方案的制作能力
- 具备强制措施实施中的运用方法的能力
- 具备在强制措施实施过程中处理突发事件的能力

法条链接

- 《人民检察院司法警察条例》

第七条 人民检察院司法警察依法履行下列职责：

……

（二）执行传唤、拘传；

（三）协助执行监视居住、拘留、逮捕，协助追捕在逃或者脱逃的犯罪嫌疑人；

……

第八条 人民检察院司法警察在检察官的指挥下履行职责。

- 《人民法院司法警察条例》

第七条 人民法院司法警察的职责：

……

（四）在生效法律文书的强制执行中，配合实施执行措施，必要时依法采取强制措施；

……

（七）执行拘传、拘留等强制措施；

（八）法律、法规规定的其他职责。

第八条 在法庭审判过程中，人民法院司法警察应当按照审判长或者独任审判员的指令，对违反法庭规则，哄闹、冲击法庭，侮辱、诽谤、威胁、殴打司法工作人员、诉讼参与人或者其他人员等扰乱法庭秩序的，依法予以强行带离，执行罚款或者拘留。

出现危及法庭内人员人身安全、被告人或者罪犯脱逃等紧急情况时，人民法院司法警察应当先行采取必要措施。

第九条 对以暴力、威胁或者其他方法阻碍司法工作人员执行职务的，人民法院司法警察应当及时予以控制，根据需要进行询问、提取或者固定相关证据，依法执行罚款、拘留等强制措施。

第十条 对不宜进入审判区域而强行进入的，人民法院司法警察应当依法强制带离；对涉嫌违法犯罪的，人民法院司法警察应当予以控制，并视情节及时移送公安机关。

● 《民事诉讼法》

第一百零九条　人民法院对必须到庭的被告，经两次传票传唤，无正当理由拒不到庭的，可以拘传。

第一百一十条　诉讼参与人和其他人应当遵守法庭规则。

人民法院对违反法庭规则的人，可以予以训诫，责令退出法庭或者予以罚款、拘留。

人民法院对哄闹、冲击法庭，侮辱、诽谤、威胁、殴打审判人员，严重扰乱法庭秩序的人，依法追究刑事责任；情节较轻的，予以罚款、拘留。

第一百一十一条　诉讼参与人或者其他人有下列行为之一的，人民法院可以根据情节轻重予以罚款、拘留；构成犯罪的，依法追究刑事责任：

（一）伪造、毁灭重要证据，妨碍人民法院审理案件的；

（二）以暴力、威胁、贿买方法阻止证人作证或者指使、贿买、胁迫他人作伪证的；

（三）隐藏、转移、变卖、毁损已被查封、扣押的财产，或者已被清点并责令其保管的财产，转移已被冻结的财产的；

（四）对司法工作人员、诉讼参加人、证人、翻译人员、鉴定人、勘验人、协助执行的人，进行侮辱、诽谤、诬陷、殴打或者打击报复的；

（五）以暴力、威胁或者其他方法阻碍司法工作人员执行职务的；

（六）拒不履行人民法院已经发生法律效力的判决、裁定的。

……

● 《刑事诉讼法》

第六十六条　人民法院、人民检察院和公安机关根据案件情况，对犯罪嫌疑人、被告人可以拘传、取保候审或者监视居住。

● 《行政诉讼法》

第五十九条　诉讼参与人或者其他人有下列行为之一的，人民法院可以根据情节轻重，予以训诫、责令具结悔过或者处一万元以下的罚款、15日以下的拘留；构成犯罪的，依法追究刑事责任：

（一）有义务协助调查、执行的人，对人民法院的协助调查决定、协助执行通知书，无故推拖、拒绝或者妨碍调查、执行的；

（二）伪造、隐藏、毁灭证据或者提供虚假证明材料，妨碍人民法院审理案件的；

（三）指使、贿买、胁迫他人作伪证或者威胁、阻止证人作证的；

（四）隐藏、转移、变卖、毁损已被查封、扣押、冻结的财产的；

（五）以欺骗、胁迫等非法手段使原告撤诉的；

（六）以暴力、威胁或者其他方法阻碍人民法院工作人员执行职务，或者以哄闹、冲击法庭等方法扰乱人民法院工作秩序的；

（七）对人民法院审判人员或者其他工作人员、诉讼参与人、协助调查和执行的人员恐吓、侮辱、诽谤、诬陷、殴打、围攻或者打击报复的。

人民法院对有前款规定的行为之一的单位，可以对其主要负责人或者直接责任人员依照前款规定予以罚款、拘留；构成犯罪的，依法追究刑事责任。

罚款、拘留须经人民法院院长批准。当事人不服的，可以向上一级人民法院申请复议一次。复议期间不停止执行。

项目一　传　唤

【案例 11-1】

2008年3月4日某市平安区检察院法警大队接到该院侦查部门的任务通知，要求法警大队传票传唤涉嫌贪污公款的平安区卫生局局长张某某，于3月5日上午10时至区检察院接受讯问。接到任务后，法警队便指派法警王某和法警李某于3月4日10点30分去往平安区卫生局向张某某执行传唤，要求犯罪嫌疑人张某某根据传票的要求于3月5日上午10点准时到案接受讯问。张某某于第二日10时至该区检察院接受讯问。

【问题思考】

1. 何谓传唤、执行传唤？
2. 根据传唤的主体不同，传唤可以分为多少种？
3. 执行传唤的方式及实施中的注意事项有哪些？

一、执行传唤的概念

（一）传唤与执行传唤

传唤是人民法院的法官、人民检察院的司法警察或公安机关办案人员以书面或口头方式要求案件当事人于指定时间自行到案接受讯问或询问的一种法律措施。

本单元中的执行传唤是指人民检察院司法警察根据检察官的要求，以书面或口头形式，通知当事人在一定的时间到指定地点接受讯问或询问的一项活动。

人民检察院司法警察执行传唤是检察院为了查明案件真相、保证检察工作顺利进行而对当事人采取的一项执法活动。根据检察院所承担的职责不同，可以将执行传唤分为刑事诉讼的执行传唤，人民检察院对人民法院判决后的民事案件、行政案件执行监督中的执行传唤。

【特别提醒】

1. 人民法院对当事人的传唤由法院执行，法院司法警察不具备传唤职责。

2. 人民检察院对于民事、行政案件只有监督的职权，具体是由民事行政检察科负责。如果是法院办案过程中应当传唤而没有传唤的，则可以申请检察院监督法院进行强制传唤，即此过程中的传唤只能由法院来完成。

（二）传唤与拘传的联系与区别

拘传是指人民法院、人民检察院和公安机关要求未被羁押的犯罪嫌疑人、被告人强制其到案接受讯问的一种强制方法。传唤和拘传是两种各自独立、性质不同的诉讼行为，两者既有联系，又有区别。对其二者进行区分，对司法警察执行传唤任务具有重要意义。

两者共同之处是都适用于未被羁押的犯罪嫌疑人、被告人，而且都是要求其到案接受讯问。其不同之处是：

1. 两者的性质不同。传唤等同于通知，不具有强制性质，要求被传唤人自觉到案接受讯问或询问，因此不得对其使用戒具；而拘传作为强制措施的一种，指人民法院、人民检察院或公安机关采取一定的强制手段（包括使用戒具），强制当事人到案。

2. 传唤与拘传的对象有所区别。传唤的对象要比拘传的对象范围更加广泛。传唤的对象除了适用于犯罪嫌疑人、刑事被告人、民事或行政被告以外，还适用于其他当事人，包括自诉人、证人、附带民事诉讼的原告人和被告人、民事或行政案件的原告等；而拘传的对象仅限于犯罪嫌疑人、被告人、民事案件中必须到庭的被告。

3. 两者采用的形式不同。传唤由于不直接采用强制力，所以在形式上较为灵活，既可以口头传唤，如以电话、电报或通知的方式传唤，也可以通过传票等进行书面传唤。拘传作为一种强制措施，以拘传票的形式实施，必须使用有拘传权力的人民法院院长、人民检察院检察长或县以上公安机关负责人签发的拘传票执行。拘传票上应写明：拘传人的姓名，即犯罪嫌疑人、被告人的姓名，拘传原因，应押到的场所，并由签发的法院院长、检察院检察长或县以上公安机关负责人签名或盖章。

4. 传唤不是拘传的必经程序。在一般情况下，人民法院、人民检察院或公安机关须先经过合法传唤后才能决定是否拘传。但是，根据公安部《公安机关办理刑事案件程序规定》、最高人民检察院《人民检察院刑事诉讼规则》以及《最高人民法院关于适用〈中华人民共和国刑事诉讼法〉的解释》规定，拘传的适用对象包括两种：①经合法传唤没有正当理由而不到案的；②根据案件情况有必要直接拘传的。因此，当出现特殊情况，如刑事案件的犯罪嫌疑人、被告人没有固定住所的，被告人、犯罪嫌疑人有可能不接受传唤而逃逸的，可以直接决定拘传。所以，传唤不是拘传的必经程序。

传唤本身不是一种强制措施，因而在执行传唤时，对被传唤人不能使用戒具，不能押送到案。

二、执行传唤的方式及步骤

（一）执行传唤的方式

执行传唤是不具有强制性质的法律措施，因此在适用方式上比较灵活，通常采取的方式有两种，即文书传唤与口头传唤。

1. 文书传唤。文书传唤，是以文书的形式对主要当事人进行传唤的一种方式，是司法实践中最常用的传唤方式。使用文书传唤具有以下特点：

（1）传唤通知书、传票具有法律效力，被传唤人收到通知书、传票后应按时到指定地点接受讯问或询问。

（2）根据我国诉讼法的规定，经法院、检察院或公安机关合法传唤后，无正当理由拒不到案或逃避传唤的，可以拘传。

2. 口头传唤。口头传唤，是指检察院司法警察对当事人以口头通知的方式，要求当事人在指定地点接受讯问或询问的一种特殊的传唤方式。在进行口头传唤时，必须由传唤人对被传唤人当面宣布，不应采取间接转告或捎口信的方式进行。如用电话传唤时，必须做好电话记录。实践中，口头传唤一般由检察官、法官自己进行。

（二）执行传唤任务的实施

人民检察院的司法警察在执行传唤任务时，应当遵循以下的步骤进行：

1. 认真核对、登记传票，弄清有关情况。接到传唤通知书、传票后，应认真仔细检查被传唤人的姓名、年龄、性别、住址、应送达的处所和限定的时间等内容是否清楚，如不清楚。应及时与案件承办人联系，弄清内容，再予以送达，避免出现送达错误或无法送达的现象。

2. 布置任务，做好必要的物质准备。人民检察院的司法警察部门在接到传唤任务后，应当及时指派司法警察专门执行。司法警察接到执行传唤任务时，应做好必要的物质准备，如交通工具、通信工具等，必要时还可准备好警械和武器。

3. 准时送达、签收传唤通知书或传票。人民检察院的司法警察在执行传唤时，应当在法律规定的时间内及时将法律文书送达被传唤人，被传唤人收到通知书、传票后，应由收件人本人或者代收人签名盖章，如果收件人或者代收人拒绝签名盖章，则应邀请收件人邻居或其他见证人到场说明情况，把传票留在该处，并在送达回证上记明拒收事由、送达日期等。

4. 反馈执行传唤的情况。司法警察在完成执行任务时，应当及时向案件承办人和法警部门领导反馈执行的具体情况，以便案件的承办人和法警领导根据具体执行情况研究并采取相应对策，以保证及时查明案情和诉讼活动的顺利进行。

（三）执行传唤的相关注意事项

我国三大诉讼法对传唤的规定不尽相同，但对传唤通知书、传票的送达都作了具

体的规定。这就要求司法警察熟悉法律,在执行传唤任务时严格按照诉讼法律规定办理,保证传唤工作的顺利完成:

1. 严格按照诉讼法中关于传唤的规定办理。基于诉讼活动种类的不同,诉讼法对执行传唤的规定也不一样,体现在传唤文书的送达、传唤的次数等方面。

(1) 刑事诉讼的传唤。根据《刑事诉讼法》的规定,第107条对传唤文书的送达作了规定,而第119条中的第2款对传唤的时间性进行了规定,即"传唤的持续时间最长不得超过12小时"和"不得以连续传唤的形式变相拘禁犯罪嫌疑人"。

(2) 民事诉讼的传唤。要求严格执行《民事诉讼法》第84~92条关于送达的规定及第109条关于传唤次数的规定,即"人民法院对必须到庭的被告,经两次传票传唤,无正当理由拒不到庭的,可以拘传。"

(3) 行政诉讼的传唤。在送达文书方面与民事传唤相同,但对传唤次数的处理结果不一样。《行政诉讼法》第58条规定:"经人民法院传票传唤,原告无正当理由拒不到庭,或者未经法庭许可中途退庭的,可以按照撤诉处理;被告无正当理由拒不到庭,或者未经法庭许可中途退庭的,可以缺席判决。"

2. 严格遵守国家的保密规定。不得擅自回答被传唤人有关案情的询问,不得泄露秘密。如遇家属群众询问,应按照法律和有关规定答复;如遇到群众围观,应向他们进行法制教育和宣传,劝阻围观者,防止发生意外。

3. 传唤被取保候审、监视居住的犯罪嫌疑人、被告人,须先行与采取强制措施的执行机关联系,到被传唤人所属派出所登记后方能予以执行。

4. 若异地执行传唤,司法警察应当持传唤通知书、办案协作函件和工作证件,与协作地公安司法机关联系,协作地公安司法机关应当协助将犯罪嫌疑人、被告人传唤到指定地点接受讯问。

项目二　强制措施概述

【案例11-2】

某年3月10日,某人民法院司法警察张某某带领安全检查人员王某某、李某某在该院审判法庭入口处执行安全检查任务。上午10时,张某某在临时接到司法警察大队领导要求其执行其他任务的命令后,离开了审判法庭去执行领导交办的其他工作任务。10时20分许,旁听人员赵某某来到审判法庭入口处,要求进入审判法庭旁听一个案件的审理。因赵某某未携带有效证件,安全检查人员王某某、李某某拒绝赵某某进入审判法庭。但赵某某不听劝阻,在法庭门口大声吵闹,前后持续十几分钟,引来几十人围观。为了不影响正常的审判秩序,安全检查人员王某某、李某某强行将赵某某带离审判法庭,带离过程中,因动作幅度过大,致赵某某身体多处擦伤。

> **问题思考**
>
> 1. 司法警察张某某离开审判法庭的行为是否正确？为什么？
> 2. 司法警察在哪些情况下可以实施强制带离强制措施？本案中能否对赵某某实施强制带离强制措施？

一、强制措施的概念

强制措施是指在诉讼过程中，人民法院、人民检察院、公安机关为了保证诉讼活动的顺利进行，依法对被告人、犯罪嫌疑人所采取的在一定期限内暂时限制或剥夺其人身自由强制手段，以及对实施妨害诉讼行为的行为人采取的排除妨害的强制手段。

为区别于《刑事诉讼法》规定的五种刑事强制措施，本单元所指的强制措施是指人民法院司法警察、人民检察院司法警察根据法官、检察官的指令，对妨害诉讼的行为人所采取的暂时限制或剥夺其人身自由的强制手段。

强制措施概念中所指的诉讼活动既包括刑事诉讼中的侦查、起诉、审判和执行等阶段的活动，也包括民事诉讼、行政诉讼中的审判、执行活动。

强制措施作为司法工作人员的职务行为，就其性质而言，是一种诉讼保障手段，是由诉讼法规定的诉讼中的强制手段，而不是实体法上的法律制裁。法律制裁是实体法规定的对违法行为的制裁和处罚，如刑罚就是惩罚犯罪的刑事制裁手段，是由《刑法》规定的。而强制措施是在诉讼进行中采取的强制手段，不是制裁的措施。但是民事诉讼、行政诉讼中的个别强制措施，如司法拘留，也带有制裁的内容。

二、强制措施的特点

（一）适用主体的法定性

采取强制措施的主体是诉讼法规定的人民法院、人民检察院，其他机关、团体或个人无权采取强制措施。需要注意的是，民事诉讼和行政诉讼中的强制措施只能由人民法院适用，刑事诉讼强制措施适用的主体可以是人民法院，也可以是人民检察院。

（二）适用对象的特定性

刑事强制措施主要适用于被告人、犯罪嫌疑人和罪犯，也可适用于妨害诉讼活动的其他诉讼参与人或旁听人员；民事强制措施和行政强制措施适用于当事人、其他诉讼参与人、妨害民事、行政诉讼的案外人以及旁听人员。

（三）适用手段的强制性

强制措施是人民法院和人民检察院行使公权力的表现，是以国家强制力为后盾的，适用对象必须服从。其后果就是使适用对象的人身自由或财产受到不同程度的剥夺或限制。

(四)适用目的的制裁性

刑事强制措施是为了防止犯罪嫌疑人、被告人逃避侦查、起诉和审判,以保证刑事诉讼有效进行,民事强制措施、行政强制措施是为了制止当事人、其他诉讼参与人、案外人和旁听人员实施的妨害诉讼的行为,目的在于制裁。

(五)适用程序的合法性

强制措施的采用直接涉及公民的人身权利和财产权利,诉讼法及相关规范性文件对各种强制措施的适用机关、适用条件和适用程序都作了严格的规定,人民法院和人民检察院须严格遵守,以防止出现因滥用强制措施而产生的问题。

(六)适用期限的可变性

强制措施可以随着诉讼活动的进展,根据案件的具体情况予以变更或解除。

三、强制措施的性质与类型

我国《刑事诉讼法》《民事诉讼法》《行政诉讼法》均有强制措施的规定,但具体内容却不尽相同。

(一)刑事诉讼强制措施

刑事诉讼强制措施是指人民法院、人民检察院和公安机关为了保证刑事诉讼的顺利进行,依法对被告人、犯罪嫌疑人采取的暂时限制或剥夺其人身自由的强制性方法。《刑事诉讼法》规定的强制措施有五种,即拘传、取保候审、监视居住、拘留和逮捕。此外,根据《刑事诉讼法》及相关司法解释,人民法院在刑事审判过程中,为了制止和排除其他诉讼参与人或旁听人员对刑事诉讼的妨害,维护正常的诉讼秩序,保证诉讼活动的顺利进行,可以依法采取强制证人到庭、训诫、强行带出法庭、暂扣存储介质或相关设备、罚款、拘留等强制手段。

(二)民事诉讼强制措施

民事诉讼强制措施,是指在民事诉讼中,人民法院为了制止和排除当事人、其他诉讼参与人、案外人或旁听人员对民事诉讼的妨害,维护正常的诉讼秩序,保证诉讼活动的顺利进行,而依法对行为人所采取的各种强制手段的总称。《民事诉讼法》规定的强制措施有五种,即拘传、训诫、责令退出法庭、罚款和拘留。

(三)行政诉讼强制措施

行政诉讼强制措施,是指人民法院为了保证行政诉讼活动的正常进行,依法对有故意妨害诉讼秩序行为的人所采取的强制手段。《行政诉讼法》规定的强制措施有四种,即训诫、责令具结悔过、罚款和拘留。

此外,根据《人民法院法庭规则》《人民法院司法警察条例》《人民法院司法警察安全检查规则》《人民法院司法警察执法细则》《人民法院司法警察预防和处置突发事件规则》等规范性文件的规定，人民法院司法警察在法庭审判、安全检查、配合执行、执行死刑、信访工作秩序维护和突发事件处置等工作中，根据审判人员的指令或突发事件处理的需要，也可以采取或执行训诫、责令退出、强制带离、强行扣押、强行收缴、强行检查、罚款、强制执行或采取拘留等强制措施。

四、强制措施与相关概念的区别

（一）强制措施与刑罚的区别

刑罚是人民法院依法对犯罪分子所适用的限制或剥夺其某种权益的强制性法律制裁方法。从形式上看，某些强制措施如拘留，同刑罚在限制或剥夺人身自由方面有相似之处。但两者有着本质的区别：

1. 适用时间和法律性质不同。强制措施是诉讼保障措施，是在诉讼过程中适用的，其目的是保证诉讼活动的顺利进行，而不是对犯罪的处罚；刑罚则只有人民法院审判以后才能确定，是对犯罪分子的一种处罚，其目的是通过惩罚和改造犯罪分子，使之不再犯罪，并警示其他社会上可能犯罪的人员。

2. 适用依据和对象不同。强制措施主要是根据诉讼法规定的条件和程序适用，适用于犯罪嫌疑人、被告人、当事人、其他诉讼参与人、妨害诉讼的案外人以及旁听人员；刑罚则是根据刑法有关犯罪构成和刑事责任的规定适用，只适用于经人民法院审判确定为有罪并应予以处罚的罪犯。

3. 适用机关不同。强制措施的适用机关主要是人民法院、人民检察院和公安机关；刑罚只有人民法院才有权适用。

4. 稳定程度不同。强制措施是一种暂时性措施，随着诉讼的进展可以发生变化；刑罚一经法院终审判决确定，非经法定程序不得随意变更。

（二）强制措施与行政处罚的区别

行政处罚是行政机关或其他行政主体依法定职权和程序对违反行政法规但尚未构成犯罪的相对人给予行政制裁的行政行为。强制措施在强制力上同某些行政处罚（如罚款、行政拘留）有相似之处，但两者也有明显区别：

1. 法律性质不同。强制措施是诉讼保障性措施，被采取强制措施的人不能视为受过处罚；行政处罚则是对行政违法人的行政制裁。

2. 适用依据和对象不同。强制措施是根据诉讼法规定的条件和程序适用的，适用于犯罪嫌疑人、被告人、当事人、其他诉讼参与人、妨害诉讼的案外人以及旁听人员，适用对象主要是自然人；行政处罚是根据《行政处罚法》或其他法律法规适用的，适用对象是行政相对人，既包括自然人，也包括法人和其他组织。

3. 适用机关不同。本单元所指的强制措施可以由人民法院、人民检察院适用；行政处罚只能由行政机关或其他行政主体适用。

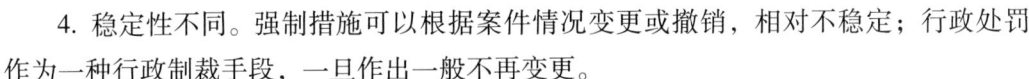

4. 稳定性不同。强制措施可以根据案件情况变更或撤销，相对不稳定；行政处罚作为一种行政制裁手段，一旦作出一般不再变更。

(三) 强制措施与强制执行措施的区别

强制执行措施是指人民法院根据生效法律文书所确定的内容，运用国家强制力量，依法强制负有义务的当事人履行特定义务，以实现权利人权益而采取的执行措施。强制执行措施与强制措施都是国家机关实施的具有强制力的行为，但两者有明显区别：

1. 适用依据不同。强制措施是根据诉讼法规定的条件和程序适用的；强制执行措施的依据是生效法律文书，包括发生法律效力的并且具有给付内容的民事判决、裁定书，支付令，刑事判决、裁定书中具有给付内容的财产部分，仲裁裁决书和公证债权文书，也包括人民法院制作的承认和执行外国法院判决或仲裁机构裁决的裁定书等。

2. 适用方法和对象不同。强制措施是人民法院、人民检察院主动适用的，适用的对象是被告人、当事人、其他诉讼参与人、妨害诉讼的案外人、旁听人员以及犯罪嫌疑人；强制执行措施中除法律规定的赡养费、扶养费、抚育费、刑事附带民事赔偿案件可以主动移送执行部门执行外，强制执行的启动必须以当事人的申请为前提，强制执行的对象一般是案件当事人。

3. 适用机关不同。强制执行一般可以分为刑事、民事和行政强制执行。在刑事强制执行中，缓刑、拘役及拘役缓刑、管制、剥夺政治权利、假释等判决、裁定和暂予监外执行决定的执行由公安机关负责（交付执行前剩余刑期在3个月以下有期徒刑的罪犯由公安机关的看守所代为执行），有期徒刑、无期徒刑、死刑缓期二年执行判决的执行由监狱负责，罚金、没收财产、死刑立即执行的判决由人民法院负责。在行政强制执行中，除人民法院外，部分法律、法规明确规定享有强制执行权的行政机关也可以作为执行主体。通常所说的强制执行主要是指民事强制执行（包括刑事附带民事判决中民事部分的强制执行）、行政强制执行和刑事判决中财产部分如罚金刑、没收财产刑、退赔或追缴违法所得的强制执行，执行主体主要是人民法院。

4. 具体措施不同。强制措施包括拘传、训诫、取保候审、监视居住、罚款、拘留和逮捕等；强制执行的措施主要有查询、冻结、划拨被执行人的存款，扣留、提取被执行人的收入，查封、扣押、冻结、拍卖、变卖被执行人的财产，强制交付法律文书指定的财物或票证，强制被执行人迁出房屋或退出土地，强制执行法律文书所指定的行为等。

五、强制措施的作用和意义

(一) 保证诉讼活动顺利进行

采取刑事强制措施依法强行剥夺或限制犯罪嫌疑人、被告人的人身自由，可以防止犯罪嫌疑人、被告人逃避侦查、起诉和审判。将犯罪嫌疑人、被告人与社会隔离起来，可以防止其毁灭证据、伪造证据、与同案犯串供等掩盖罪行、逃脱罪责的情况发生，有助于迅速查明案情，保障侦查活动顺利进行。民事诉讼、行政诉讼中，对伪造、毁灭重要证据等妨碍人民法院审理案件的诉讼参与人采取强制措施，有利于人民法院迅速查明案件事实，保证诉讼活动顺利开展。

（二）维护正常的审判秩序

人民法院行使审判权处理案件，必须有法定的程序和良好的诉讼秩序，这是顺利完成审判任务的基本条件。但是，在审判实践中，一些诉讼参与人和少数旁听群众无视法庭纪律，无理取闹破坏诉讼秩序，如证人作伪证、旁听人员哄闹法庭等，严重阻挠和干扰了人民法院对案件的正常审判。对那些无视法律尊严、不遵守法庭秩序的妨害诉讼行为的人员采取一定的强制措施，能有效排除妨害行为，维护正常的诉讼秩序，保证审判工作顺利开展，维护法律的尊严。

（三）保障当事人和其他诉讼参与人充分行使诉讼权利

妨害诉讼的行为，不仅直接干扰诉讼活动的正常进行，而且还会影响当事人和其他诉讼参与人对诉讼权利的充分行使，使他们的合法权益受到侵害，甚至还可能危及他们的生命、财产安全，如威胁、侮辱、殴打证人和诉讼参与人的行为。因此，人民法院依法对妨害诉讼的行为人采取必要的强制措施，能够保障当事人和其他诉讼参与人充分行使诉讼权利，确保他们的合法权益在诉讼过程中免受侵害，或在受到侵害后能够得到及时的制止和排除。

（四）教育公民自觉遵守法律

依法对妨害诉讼活动的行为人采取必要的强制措施，不仅可以使行为人本人受到深刻的教育，而且能够对他人起到积极的教育和警示作用，促使他们自觉遵守国家法律，维护诉讼秩序。

项目三　强制措施的类型与适用

【案例 11-3】

某年 5 月 15 日，某人民法院司法警察大队接到该院民一庭送交的经院长签发的拘传票和用警申请审批表（用警申请审批表上未写明案件基本情况、被拘传人及其家庭成员基本情况、风险评估等信息），要求司法警察大队于 5 月 18 日 14 时前将被拘传人葛某某（女）拘传到法院接受调查询问。司法警察大队受领任务后，大队长指派司法警察汪某某和刘某某（均为男性）去执行拘传任务。汪某某和刘某某接到命令后，在不了解案件基本信息的情况下，于 5 月 18 日 11 时赶赴被拘传人的住所，找到了被拘传人，并对被拘传人宣读了拘传决定。但是，被拘传人葛某某借口要上厕所，从后门溜出后通知了附近的家人。恰逢住在附近的葛某某的大哥家正在办酒席，葛某某的亲戚、家人闻讯后立即赶至现场进行阻挠，致汪某某和刘某某没能顺利将葛某某拘传到法院。

> 问题思考
>
> 1. 执行拘传强制措施的警务一般需要做哪些准备工作？本案中，司法警察大队在此次警务准备过程中是否存在问题？
> 2. 拘传强制措施的步骤有哪些？本案中，司法警察的执法程序是否规范？
> 3. 司法警察在拘传的具体执行过程中需要注意哪些问题？

一、拘传

（一）概念及适用条件

司法警察执行拘传通常限于人民法院审理刑事案件及人民检察院直接受理案件的过程中。刑事诉讼中的拘传是指人民法院、人民检察院和公安机关，对未被逮捕、拘留的犯罪嫌疑人或被告人依法强制其到案接受讯问的一种方法，是强制措施中最轻的一种。但是，在民事诉讼中，对必须到人民法院接受调查或询问的人员，经过两次传票传唤且无正当理由拒不到场的，由人民法院院长签发拘传票，也可适用拘传。因此，拘传的适用主体包括人民法院司法警察和人民检察院司法警察。

拘传的适用应当具备三个条件：

1. 拘传措施适用于特定对象。拘传对象应当是法律规定或人民法院认为必须到场的被告人或当事人。

2. 被拘传人无正当理由而拒不到场。正当理由是指不可抗力的事由或事实，即主观上不能归责于其本身的事由，如遇到天灾人祸、突发严重疾病等无法预料、不能避免、不能克服的原因。其他理由绝非正当理由。

3. 拘传必须有特定的形式和程序。拘传应当以签发拘传票的形式进行，不得以电话、捎口信、口头通知等简易方式进行。刑事诉讼中对被告人的拘传，一般是在传唤以后采用，但也可以根据案件情况不经传唤直接拘传被告人；民事诉讼中，对被告、被执行人的拘传必须经过两次传票传唤后方可实施。传唤必须依照诉讼文书的送达方式，将填写好的传票送达被告或被执行人，传唤其到场，如采取电话、口信等方式传唤而对方不到场的，则不能实施拘传。行政诉讼中不适用拘传。

（二）适用范围

1. 刑事审判中的拘传适用。根据《最高人民法院关于适用〈中华人民共和国刑事诉讼法〉的解释》第114条的规定，对经依法传唤拒不到庭的被告人，或者根据案件情况有必要拘传的被告人，可以拘传。拘传被告人，应当由院长签发拘传票，由司法警察执行，执行人员不得少于2人。拘传被告人，应当出示拘传票。对抗拒拘传的被告人，可以使用戒具。这里的被告人，主要是指刑事自诉案件的被告人，也包括公诉案件中被采取取保候审、监视居住措施而未被羁押的被告人。已经被羁押的被告人，不存在传唤拒不到庭的问题。根据案件情况有必要不经传唤而直接拘传被告人的情形一般包括被告人有逃跑可能、继续实施犯罪、毁灭或隐匿证据、与他人互相串供、订立攻守同盟等阻挠或妨碍诉讼活动正常进行的行为。

2. 民事审判中的拘传适用。在民事审判过程中，人民法院对必须到庭的被告，经两次传票传唤，无正当理由拒不到庭的，可以适用拘传。在反诉中，本诉的原告变成了反诉的被告，如果是必须到庭的，也可以对其适用拘传。必须到庭的被告，是指负有赡养、抚育、扶养义务和不到庭就无法查清案情的被告。给国家、集体或他人造成损害的未成年人的法定代理人，如其必须到庭，经两次传票传唤无正当理由拒不到庭的，也可以适用拘传。

3. 执行程序中的拘传适用。在执行工作中，对必须到人民法院接受询问的被执行人、被执行人的法定代表人或负责人，经两次传票传唤，无正当理由拒不到场的，人民法院可以对其拘传。

法定代表人或负责人必须接受询问的情形一般包括：①在接到法院的财产报告令后拒不到法院报告财产的；②被执行人从事高消费活动却不说明从事高消费的财产来源的；③转移、隐匿财产，拒不说明财产下落的；④毁损被执行财产，但不说明毁损原因的；⑤法律文书指定的特定物被转移、隐匿、毁损却不说明原因的；⑥被执行人在场将有可能妨害执行的；⑦被执行人或被执行人的法定代表人、负责人不到场，将对执行产生重大影响的。对拒不协助的协助执行人、被执行人的配偶等不适用拘传。

二、训诫

（一）概念及适用条件

训诫是指人民法院对妨害诉讼活动情节较轻的人，予以批评、教育，并责令其改正或不得再犯的一种强制措施。

训诫是最轻的一种强制措施，它的强制性较弱，一般适用于违反法庭规则、影响审判秩序且情节轻微的行为。

（二）适用范围

训诫的适用主体只能是人民法院。由人民法院的审判长或独任审判员针对轻微扰乱法庭秩序的行为人采取口头批评教育，并当庭责令行为人改正，不予改正的，司法警察可以强制其改正。是否适用训诫，由合议庭或独任审判员决定，并以口头方式当庭指出行为人的错误事实、性质及危害后果，并责令其立即改正。训诫的内容应记入笔录，由被训诫者签名。

适用的对象具体包括：

1. 扰乱法庭审判秩序情节较轻的行为人。在法庭审判过程中，诉讼参与人或旁听人员有不服从法庭指挥、不遵守法庭纪律，鼓掌、喧哗、哄闹、随意走动，未经许可对庭审活动进行录音、录像、摄影，未经许可通过发送邮件、博客、微博等方式传播庭审情况，未经同意发言、提问，以及实施其他扰乱法庭秩序的行为，情节较轻的，审判长或独任审判员应当警告制止并进行训诫。

2. 刑事诉讼中没有正当理由拒绝出庭或出庭后拒绝作证的证人。在刑事诉讼中，经人民法院通知，证人没有正当理由拒绝出庭或出庭后拒绝作证的，人民法院可以对其进行训诫。

3. 行政诉讼中妨害诉讼活动的诉讼参与人或其他人。在行政诉讼过程中，诉讼参与人或其他人有下列行为之一的，人民法院可以根据情节轻重，予以训诫：①有义务协助执行的人，对人民法院的协助执行通知书无故推托、拒绝，或妨碍执行的；②伪造、隐藏、毁灭证据的；③指使、贿买、胁迫他人作伪证或威胁、阻止证人作证的；④隐藏、转移、变卖、毁损已被查封、扣押、冻结的财产的；⑤以暴力、威胁或其他方法阻碍人民法院工作人员执行职务或扰乱人民法院工作秩序的；⑥对人民法院工作人员、诉讼参与人、协助执行人侮辱、诽谤、诬陷、殴打或打击报复的。

4. 严重扰乱人民法院工作秩序的行为人。司法警察在协助机关安全保障和涉诉信访应急处置工作中，对严重扰乱人民法院工作秩序、危害人民法院工作人员人身安全及机关财产安全的，应当采取训诫等措施。

三、责令退出

（一）概念

责令退出法庭是指针对违反法庭规则，扰乱法庭秩序的行为人，由合议庭或独任审判员决定，由审判长或独任审判员当庭宣布，责令其退出法庭的强制措施。

行为人应主动退出法庭，否则，司法警察可以强制其退出。但是，一般应当先适用训诫，经过训诫仍然扰乱法庭秩序，可以责令行为人退出法庭。

（二）适用条件

责令退出的适用主体是人民法院，妨害诉讼的行为人在经过审判长或独任审判员的训诫之后，仍不停止妨害行为的，可以适用责令退出法庭。其强制力度介于训诫与强制带离之间，适用范围与训诫大体一致，此处不赘述。责令退出措施的适用应具备以下三个条件：

1. 行为人违反诉讼秩序的行为较严重。
2. 事先向行为人提出警告或训诫。
3. 行为人拒不听从指令。

四、强制带离

(一) 概念及适用条件

强制带离是指人民法院对于妨害诉讼活动且拒不执行警告制止、责令退出命令的人员,强制其离开审判法庭或事发地点,以防止妨害行为继续进行的一种强制措施。

强制带离的强制力度重于训诫而轻于罚款、拘留,强制带离措施的适用应当具备以下三个条件:

1. 行为人违反诉讼秩序的行为较严重,但尚未达到需要适用罚款、拘留的严重程度。

2. 事先向行为人提出警告、训诫、责令退出的命令。

3. 行为人拒不听从指令。

(二) 适用范围

1. 扰乱法庭审判秩序情节较严重又拒不听从指令的行为人。在法庭审判过程中,诉讼参与人或旁听人员有不服从法庭指挥、不遵守法庭纪律,鼓掌、喧哗、哄闹、随意走动,未经许可对庭审活动进行录音、录像、摄影,未经许可通过发送邮件、博客、微博等方式传播庭审情况,未经同意发言、提问,以及实施其他扰乱法庭秩序的行为,且拒不听从审判长或独任审判员警告制止、责令退出法庭命令的,司法警察应当按照审判长或独任审判员的指令依法将其强制带离。

2. 不宜进入审判区域而强行进入的人员。无证件、伪造、冒用他人证件的人,未经人民法院批准旁听的未成年人,精神病人和醉酒的人,被剥夺政治权利、正在监外服刑和被监视居住、取保候审的人,拒绝接受安全检查或不听从安全检查人员安排的人,以及其他可能妨害法庭审判秩序等不宜进入审判区域而强行进入的人员,司法警察应当依法将其强制带离。

3. 刑事押解中哄闹拦阻押解车辆的行为人。司法警察在提押与还押过程中,遇被告人亲属或其他人员哄闹拦阻囚车时,应对相关人员提出警告,警告无效后可将带头闹事者强制带离现场或采取其他强制措施。

4. 执行工作中暴力抗法的行为人。在配合执行过程中,遇被执行人实施围攻、哄抢、毁损财物、寻衅滋事、围追堵截等暴力抗法事件时,司法警察应当听从现场指挥员的指挥,将被执行人强制带离或予以临时看管。

五、罚款

(一) 概念及适用条件

罚款是指人民法院对妨害诉讼活动的行为人依法责令其在指定期限内缴纳一定数额的金钱,并以此来约束行为人以防止妨害行为继续发生的一种强制措施。罚款的适用主体只能是人民法院，其强制力重于训诫和强制带离，但轻于拘留。根据不同类别的诉讼活动，罚款的金额各不相同。《刑事诉讼法》第199条规定，在法庭审判过程中，诉讼参与人或旁听人员违反法庭秩序，情节严重的，处以1000元以下的罚款。《民事诉讼法》第115条规定，当事人、诉讼参与人、被执行人或其他人，有义务协助调查、执行的单位及其主要负责人或直接责任人员违反法律规定处以罚款的，对个人的罚款金额为人民币10万元以下；对单位的罚款金额为人民币5万元以上100万元以下。《行政诉讼法》第59条规定，人民法院可以根据情节轻重，对妨害审判秩序的诉讼参与人或其他人处1万元以下的罚款。适用罚款强制措施一般要综合考虑以下四方面因素：

1. 违法行为客观上的影响。对违法行为相对较轻、影响程度范围不大的，可适用罚款强制措施；对违法行为情节严重、影响程度范围较大的，则应考虑适用其他更加严厉的强制措施。

2. 违法行为人的主观态度。对违法情节轻微、悔过态度较好的违法行为人，可选择训诫等相对较轻的强制措施；对违法情节较重、拒不悔过的违法行为人则应坚决采取罚款等强制措施。

3. 罚款的相对补充性。对因年龄、身体状况或特殊身份等原因而不能或不宜采取拘留措施的违法行为人，可适用罚款强制措施。

4. 被罚款人的缴纳罚款能力。是否采取罚款强制措施及罚款数额的确定，应当综合考虑案件实际情况以及被罚款人的缴纳罚款能力，罚款决定一经作出，应当能够及时得到执行，否则不仅达不到预期目的，反而会损害法律的严肃性和司法的威慑力。

（二）适用范围

1. 扰乱法庭审判秩序情节严重的行为人。在法庭审判过程中，诉讼参与人或旁听人员有不服从法庭指挥、不遵守法庭礼仪，鼓掌、喧哗、哄闹、随意走动，未经许可对庭审活动进行录音、录像、摄影，未经许可通过发送邮件、博客、微博等方式传播庭审情况，未经同意发言、提问，侮辱、诽谤、威胁、殴打司法工作人员、诉讼参与人或其他人员，以及实施其他扰乱法庭秩序的行为，情节严重的，报经院长批准后，可以对行为人予以罚款、拘留。

2. 民事诉讼中妨害诉讼活动的诉讼参与人或其他人。在民事诉讼中，诉讼参与人、被执行人、其他人以及有义务协助调查、执行的单位，如果有妨害诉讼活动正常进行的行为，人民法院可以根据情节轻重予以罚款、拘留。具体包括：

（1）诉讼参与人或其他人有下列行为之一的，人民法院可以根据情节轻重予以罚款、拘留：①伪造、毁灭重要证据，妨碍人民法院审理案件的；②以暴力、威胁、贿买方法阻止证人作证或指使、贿买、胁迫他人作伪证的；③隐藏、转移、变卖、毁损已被查封、扣押的财产，或已被清点并责令其保管的财产，转移已被冻结的财产的；

④对司法工作人员、诉讼参加人、证人、翻译人员、鉴定人、勘验人、协助执行的人，进行侮辱、诽谤、诬陷、殴打或打击报复的；⑤以暴力、威胁或其他方法阻碍司法工作人员执行职务的；⑥拒不履行人民法院已经发生法律效力的判决、裁定的。

对有上述行为之一的单位，人民法院可以对其主要负责人或直接责任人员予以罚款、拘留。

（2）有义务协助调查、执行的单位有下列行为之一的，人民法院除责令其履行协助义务外，还可以予以罚款：①有关单位拒绝或妨碍人民法院调查取证的；②有关单位接到人民法院协助执行通知书后，拒不协助查询、扣押、冻结、划拨、变价财产的；③有关单位接到人民法院协助执行通知书后，拒不协助扣留被执行人的收入、办理有关财产权证照转移手续、转交有关票证、证照或其他财产的；④其他拒绝协助执行的。

人民法院对有上述行为之一的单位，可以对其主要负责人或直接责任人员予以罚款；对罚款后仍不履行协助义务的，可以予以拘留。

（3）当事人之间恶意串通，企图通过诉讼、调解等方式侵害他人合法权益的，人民法院应当驳回其请求，并根据情节轻重予以罚款、拘留；被执行人与他人恶意串通，通过诉讼、仲裁、调解等方式逃避履行法律文书确定的义务的，人民法院应当根据情节轻重予以罚款、拘留。

（4）被执行人或其他人有下列拒不履行生效法律文书或妨害执行行为之一的，人民法院可以予以罚款、拘留：①隐藏、转移、变卖、毁损向人民法院提供执行担保的财产的；②案外人与被执行人恶意串通转移被执行人财产的；③故意撕毁人民法院执行公告、封条的；④伪造、隐藏、毁灭有关被执行人履行能力的重要证据，妨碍人民法院查明被执行人财产状况的；⑤指使、贿买、胁迫他人对被执行人的财产状况和履行义务的能力问题作伪证的；⑥妨碍人民法院依法搜查的；⑦以暴力、威胁或其他方法妨碍或抗拒执行的；⑧哄闹、冲击执行现场的；⑨对人民法院执行人员或协助执行人员进行侮辱、诽谤、诬陷、围攻、威胁、殴打或打击报复的；⑩毁损、抢夺执行案件材料、执行公务车辆、其他执行器械、执行人员服装和执行公务证件的。

3. 行政诉讼中妨害诉讼活动的诉讼参与人或其他人。在行政诉讼中，诉讼参与人或其他人有下列行为之一的，人民法院可以根据情节轻重，处1000元以下的罚款、15日以下的拘留：

（1）有义务协助执行的人，对人民法院的协助执行通知书，无故推托、拒绝或妨碍执行的；

（2）伪造、隐藏、毁灭证据的；

（3）指使、贿买、胁迫他人作伪证或威胁、阻止证人作证的；

（4）隐藏、转移、变卖、毁损已被查封、扣押、冻结的财产的；

（5）以暴力、威胁或其他方法阻碍人民法院工作人员执行职务或扰乱人民法院工作秩序的；

(6) 对人民法院工作人员、诉讼参与人、协助执行人侮辱、诽谤、诬陷、殴打或打击报复的。

4. 阻碍司法工作人员执行职务的行为人。对以暴力、威胁或其他方法阻碍司法工作人员执行职务的行为人，人民法院司法警察应当及时予以控制，根据需要进行询问、提取或固定相关证据，依法执行罚款、拘留等强制措施。

六、拘留

（一）概念及适用条件

此处的拘留专指司法拘留，是指人民法院在审判过程中对妨害诉讼活动情节较为严重但尚未构成犯罪的行为人依法予以强行关押，在一定期间内限制其人身自由，以防止其继续实施妨害诉讼行为的一种强制措施。

司法拘留的适用主体是人民法院，是人民法院对妨害诉讼活动的行为人实施的最严厉的一种强制措施。被拘留人对拘留决定不服的，可以向作出决定的人民法院的上一级人民法院申请复议1次，但复议期间不停止拘留的执行。拘留期限为15日以下。在拘留期间，被拘留人承认并改正错误的，人民法院可以决定提前解除拘留。人民法院采取的司法拘留和刑事拘留、行政拘留虽然同为拘留，都限制行为人的人身自由，但三者有本质的区别：

1. 拘留的目的不同。司法拘留是为了排除妨害，保障诉讼活动的顺利进行；刑事拘留是为了防止人犯逃避、阻碍刑事侦查活动的进行；行政拘留是为了维护正常的社会秩序。

2. 适用的对象不同。司法拘留是对妨害诉讼活动情节严重，但尚未构成犯罪的人采取的强制措施；刑事拘留是对该逮捕的现行犯或重大嫌疑分子，由于情况紧急而依法采取的限制其人身自由的一种强制措施；行政拘留是对违反治安管理秩序的人给予的行政处罚。

3. 决定拘留的部门不同。司法拘留由人民法院决定；刑事拘留由人民检察院或公安机关决定；行政拘留由公安机关决定。

4. 拘留的结果不同。司法拘留和行政拘留期满，即告终结，恢复被拘留人的人身自由；刑事拘留的结果则根据案件情况的不同而变化，可能释放被拘留人，也可能转为逮捕或其他强制措施，如转为取保候审、监视居住。

（二）适用范围

除根据《刑事诉讼法》第193条规定"经人民法院通知，证人没有正当理由拒绝出庭或出庭后拒绝作证，情节严重的，经院长批准，处以10日以下拘留"外，其他拘留的适用范围与罚款的适用范围相同，此处不再重复论述。

(三) 注意事项

根据法律法规的规定，人民法院对绝大多数可以适用罚款强制措施的行为人都可以同时选择适用拘留强制措施。实践中，适用拘留强制措施应注意以下几点：

1. 准确把握妨害诉讼行为的危害程度以及情节的轻重。一般来说，危害程度不大、情节相对较轻的适用罚款；危害程度较大、情节较重或较恶劣的，适用拘留。

2. 拘留与罚款合并适用的情形。一般情况下，人民法院应当根据行为的危害程度以及情节轻重来单独选择适用罚款或拘留强制措施。但是，根据《最高人民法院关于适用〈中华人民共和国民事诉讼法〉的解释》的规定，在民事诉讼中对于扰乱法庭秩序和妨害诉讼活动的行为人，可以单独适用罚款与拘留，也可以合并适用罚款和拘留。合并适用时，必须同时作出罚款和拘留决定书并宣布，但对同一妨害诉讼的行为不能连续作出罚款、拘留强制措施。

3. 特殊情况下的罚款前置。根据《民事诉讼法》的规定，协助执行义务单位拒绝协助执行的，人民法院除责令其履行协助义务外，还可以对该单位及其主要负责人或直接责任人员予以罚款，主要负责人或直接责任人员仍不履行协助义务的，可以予以拘留。

七、协助执行其他刑事强制措施

刑事强制措施中，尽管公、检、法三机关都具备取保候审、监视居住的决定权和执行权，人民检察院具备拘留和逮捕的决定或批准权，人民法院具备逮捕的决定权，但由于法律的规定及司法警察的司法辅助性质，在具体实施过程中，法官、检察官不直接执行上述刑事强制措施，法院司法警察除了可以执行拘传和司法拘留之外，不协助执行其他刑事强制措施，检察院司法警察只能在《人民检察院司法警察条例》和《人民检察院司法警察执行职务规则》规定的范围内协助执行监视居住、拘留和逮捕。

（一）协助执行监视居住

1. 监视居住的概念和适用条件。监视居住是指公安机关、人民检察院和人民法院为防止犯罪嫌疑人、被告人逃避或妨碍侦查、起诉、审判，依法责令其不得擅自离开住处或指定居所，并对其行动自由加以监视的强制方法。

根据刑事诉讼法的规定，监视居住的适用对象有：①患有严重疾病、生活不能自理的；②怀孕或者正在哺乳自己婴儿的妇女；③系生活不能自理的人的唯一扶养人；④因为案件的特殊情况或者办理案件的需要，采取监视居住措施更为适宜的；⑤羁押期限届满，案件尚未办结，需要采取监视居住措施的。

对符合取保候审条件，但犯罪嫌疑人、被告人不能提出保证人，也不交纳保证金的，可以监视居住。监视居住由公安机关执行。对符合法定条件的犯罪嫌疑人、被告人，公、检、法机关既可以取保候审，也可以监视居住。但不得对同一个人同时适用。

《刑事诉讼法》第 77 条规定,被监视居住的犯罪嫌疑人、被告人应当遵守以下规定:①未经执行机关批准不得离开执行监视居住的处所;②未经执行机关批准不得会见他人或者通信;③在传讯的时候及时到案;④不得以任何形式干扰证人作证;⑤不得毁灭、伪造证据或者串供;⑥将护照等出入境证件、身份证件、驾驶证件交执行机关保存。被监视居住的犯罪嫌疑人、被告人在监视居住期间,违反上述规定,情节严重的,可以予以逮捕;需要予以逮捕的,可以对犯罪嫌疑人、被告人先行拘留。监视居住最长不得超过 6 个月。人民法院、人民检察院和公安机关对符合条件的犯罪嫌疑人、被告人,可以决定监视居住。监视居住由公安机关执行,检察院司法警察协助执行监视居住。

人民法院、人民检察院决定监视居住的,应派人向被监视居住人宣读监视居住决定书,由犯罪嫌疑人、被告人签名或盖章后,将监视居住决定书、监视居住通知书,送达负责执行的公安机关。根据《人民检察院实施〈中华人民共和国刑事诉讼法〉规则(试行)》第 53 条的规定,必要时,检察院可以派出司法警察协助执行。协助执行的司法警察应当与负责执行的公安机关共同监督、考察犯罪嫌疑人、被告人。同时应及时准确地掌握被监视居住人的思想及其认罪伏法的思想动向。此外,应定期或不定期地以口头或书面形式向检察机关或人民法院主动汇报被监视居住人的表现。

2. 协助执行监视居住的注意事项。根据检察工作的需要,在必要时,检察院可以派出司法警察协助执行监视居住。人民检察院司法警察协助执行指定居所监视居住任务,应当做到:①协助执行指定居所监视居住前,了解被监视居住对象的基本情况、监视居住的处所内部设施及周围环境,制定安全防范应急预案;对指定居所不符合安全条件的,及时向分管院领导报告,并提出整改建议;②犯罪嫌疑人进入监视居住处所时,应当对犯罪嫌疑人的人身、随身携带的物品进行安全检查,发现与案件相关的证据或者可疑物品以及可能危害人身安全的物品,应当及时向案件承办人报告;③协助执行指定居所监视居住时,应当加强与公安机关执行民警的协调,严格落实 24 小时值班制度,认真做好值班记录;交接班时,交班人员要向接班人员说明监管情况,并做好交接记录;④协助执行指定居所监视居住时,必须坚守岗位,加强监管,重点做好犯罪嫌疑人就餐、如厕、就寝和就医等日常生活起居关键环节的监管工作,注意观察犯罪嫌疑人身体状况和情绪变化,对出现突发疾病、情绪波动等情况的,及时报告和处置,防止意外事件发生;⑤辩护律师会见依据法律规定需经许可才能会见的犯罪嫌疑人时,应当要求其出示许可会见犯罪嫌疑人决定书,并做好安全防范工作;⑥协助执行指定居所监视居住时,不得体罚、虐待或者变相体罚、虐待犯罪嫌疑人;发现办案人员有违法违规行为时,应当制止,制止无效的,及时向分管院领导报告。

(二)协助执行拘留、逮捕

1. 协助执行拘留、逮捕的概念。刑事拘留是指公安机关、检察机关对直接受理的案件，在侦查过程中，遇到法定的紧急情况时，对于现行犯或重大嫌疑分子所采取的临时剥夺其人身自由的强制方法。

逮捕是指人民法院、人民检察院和公安机关为了保障侦查、起诉、审判的进行，防止犯罪嫌疑人、被告人发生社会危险性，依法暂时剥夺其人身自由并予以羁押的一种强制措施。它是强制措施中最严厉的一种。因此，逮捕措施的使用，必须严格按照国家相关法规关于逮捕的规定来正确适用，防止出现该捕不捕或任意逮捕的情况。

协助执行拘留、逮捕，是指人民检察院司法警察协助公安机关执行由人民检察院决定拘留的现行犯或者重大犯罪嫌疑分子和决定逮捕的犯罪嫌疑人、被告人的行为。

2. 协助执行拘留、逮捕的适用条件。根据《人民检察院司法警察条例》第7条的规定，人民检察院司法警察具有协助执行拘留、逮捕的职责。司法警察协助执行拘留、逮捕，只适用于人民检察院办理直接受理的案件过程中。

根据《刑事诉讼法》第165条规定，人民检察院直接受理的案件中符合以下规定情形，需要逮捕、拘留犯罪嫌疑人的，由人民检察院作出决定，由公安机关执行。①可能实施新的犯罪的；②有危害国家安全、公共安全或者社会秩序的现实危险的；③可能毁灭、伪造证据，干扰证人作证或者串供的；④可能对被害人、举报人、控告人实施打击报复的；⑤企图自杀或者逃跑的；⑥犯罪后企图自杀、逃跑或者在逃的；⑦有毁灭、伪造证据或者串供可能的。

3. 协助执行拘留、逮捕的注意事项。人民检察院决定拘留，应由办案人员提出意见，经检察长批准，签发《拘留证》，由公安机关执行。人民检察院可以派出司法警察协助执行。

根据《刑事诉讼法》第167条规定，人民检察院对直接受理的案件中被拘留的人，认为需要逮捕的，应当在14日以内作出决定。在特殊情况下，决定逮捕的时间可以延长1日至3日。对不需要逮捕的，应当立即释放；对需要继续侦查，并且符合取保候审、监视居住条件的，依法取保候审或者监视居住。人民检察院司法警察协助执行拘留、逮捕任务，应当做到：①凭拘留证、逮捕证以及公安机关委托书或者授权书协助执行；②协助执行拘留、逮捕任务前，了解犯罪嫌疑人的姓名、性别、年龄、工作单位、住址、身份证号码等基本情况；③协助执行拘留、逮捕任务时，应当向犯罪嫌疑人出示拘留证、逮捕证；④经执行机关授权，可以向犯罪嫌疑人宣布纪律，告知权利，责令其在拘留证、逮捕证上签名或者捺指印，犯罪嫌疑人拒绝签名或者捺指印的，应当在拘留证、逮捕证上注明；⑤协助拘留、逮捕犯罪嫌疑人时，应当对犯罪嫌疑人的人身、随身携带的物品进行安全检查，发现与案件相关的证据或者可疑物品以及可能危害人身安全的物品，应当及时向案件承办人报告；⑥对抗拒拘留、逮捕的犯罪嫌疑人，可以依法采取适当的措施，防止其脱逃、行凶、自杀、自伤、被劫持等事故的发生，必要时可以使用武器；⑦犯罪嫌疑人被拘留、逮捕后，应当及时送看守所羁押，并将相关法律文书交案件承办人。

根据《人民检察院刑事诉讼规则（试行）》第347、348条的规定，最高人民检察院、省级人民检察院办理直接受理立案侦查的案件，逮捕犯罪嫌疑人后，应当立即将被逮捕人送看守所羁押。除无法通知的以外，侦查部门应当把逮捕的原因和羁押的处所，在24小时以内通知被逮捕人的家属。对于无法通知的，在无法通知的情形消除后，应当立即通知其家属。最高人民检察院、省级人民检察院办理直接受理立案侦查的案件，对被逮捕的犯罪嫌疑人，侦查部门应当在逮捕后24小时以内进行讯问。

项目四 强制措施的组织实施

【案例11-4】

某年4月16日，某人民法院依法受理申请执行人某村民委员会要求强制执行被执行人杨某某（系该村村民，曾在部队服役3年，年龄身高178厘米，体重近90公斤）清退养殖场一案。案件受理后，执行人员多次上门协调、敦促，但杨某某一直拒不清退。6月19日13时许，执行人员再次将杨某某传唤至法院谈话，但其仍然拒不履行义务，且态度十分嚣张。因此，该院决定对杨某某依法采取拘留强制措施。拘留强制措施由该院执行局副局长兼执行庭庭长黄某某和司法警察张某某实施。当日14时20分许，两名干警在未对杨某某使用戒具的情况下将其强制带上警车，然后由黄某某坐在其身边进行监管，司法警察张某某驾驶警车送往拘留所。途中，杨某某突然情绪激动，在车内用脚乱踹车身，并用拳头击打黄某某。张某某见状，立即停车帮助黄某某一起制服杨某某。制服过程中，两名执行干警不同程度受伤，其中黄某某右第六肋骨骨折，张某某右手腕骨折。

问题思考

1. 执行拘留强制措施时，司法警察应当做好哪些准备工作？本案中，司法警察的准备工作存在哪些问题？
2. 按照相关规定，执行拘留强制措施时的警力配备有什么要求？
3. 执行强制措施时，司法警察是否应当携带必要的装备？应当携带哪些装备？
4. 执行拘留强制措施的动作要领有哪些？本案中，司法警察的执法行为是否规范？

一、拘传的组织实施

（一）警务受领

案件承办部门将经院长签发的拘传票送交司法警察部门，并办理用警申请手续，向司法警察部门提出用警申请，说明案件承办人及联系人、联系方式、案件基本情况、被拘传人基本情况、风险评估及其他与安全有关的信息。拘传票的主要内容包括：文书字号、被拘传人姓名、性别、工作单位或住所、应到时间、应到处所、拘传原因及理由、批准人意见、宣布拘传决定内容等。

(二) 警务准备

1. 审核。接到案件承办部门送交的拘传票和用警申请后，司法警察部门应当审核表格内容登记是否具体、清楚、准确，仔细了解被拘传人基本情况和风险评估状况，确保各种信息准确无误。对于手续、信息不完备或有差错的，要求案件承办部门及时补正。

2. 指定负责人。根据案件承办部门提出的用警申请，司法警察部门领导应当指定实施拘传强制措施的负责人，并明确工作任务，提出工作要求。

3. 现场勘查。对风险评估等级较高的被拘传人，司法警察部门应当指派司法警察到实施现场进行勘查，对被拘传人居住的环境，如房屋结构、出入通道、毗邻情况、同住人员情况等进行了解。

4. 制定实施方案。实施拘传强制措施的负责人应当根据掌握的具体情况，制定拘传实施方案。

实施方案一般包括：

(1) 警力配备。一般情况下，拘传 1 名被拘传人，应当至少配备 2 名司法警察。被拘传人是女性的应当至少配备一名女性司法警察。

(2) 任务分工。对指挥、联络、警戒、通道控制、执行、驾驶警车等任务进行分工，明确每一位司法警察的工作职责。

(3) 装备配备。执行拘传任务的司法警察应当携带警棍、手铐、催泪喷射器、对讲机、急救包、执法记录仪、防割手套等装备，配备数量充足的警车。必要时，可携带武器。

(4) 进出线路安排。根据执行现场的地形地貌，对车辆出入线路、排列顺序等作出安排，将被拘传人乘坐的车辆尽量安排在便于快速进出执行现场的位置。

(5) 突发情况应对。对可能发生的各种突发性、群体性事件的防范和处置措施作出规定，明确应急处置的程序、方法和步骤，确定应急备勤人员的联络方式与安排。

5. 布置任务。执行拘传任务的负责人应当召集所有执行任务的司法警察，按照实施方案的要求明确各自的任务分工和工作要求。

(三) 警务实施

1. 检查。出发前，司法警察应当检查警戒具及车辆状况，确保处于良好状态；应当携带拘传票，认真核对被拘传人的姓名、年龄、工作单位和家庭住址，熟悉被拘传人及其亲属的基本情况，防止错误拘传。

2. 联络。根据执行的实际需要，司法警察配合案件承办人员与当地的村委会、居委会或有关单位进行联系、沟通，了解被拘传人的最新情况，取得相关部门的支持。

3. 到达现场。根据实施方案中确定的车辆出入线路、排列顺序的安排，到达被拘传人住所地或单位所在地，找到被拘传人。

4. 核对身份。司法警察应当详细核实被拘传人的姓名、性别、工作单位、住址等信息。

5. 告知事项。司法警察应当出示人民警察证表明身份，并告知："×××，我们是××人民法院司法警察，现依法对你实施拘传，需你配合我们执行公务。"

6. 宣读决定。司法警察应当向被拘传人出示拘传票，宣读拘传决定："×××人民法院依照《中华人民共和国××××××法》第×××条规定，决定对你予以拘传。"同时，向被拘传人说明拘传的性质及拒不接受拘传的法律后果。

7. 签名确认。司法警察应当在拘传票上填写"本拘传票已于年月×日××时××分送达被拘传人"，并让被拘传人在拘传票上签名或捺手印。如被拘传人不满18周岁的，可以通知其监护人到场。拒绝签名或捺手印的，应请当地派出所或居委会等基层组织的工作人员签名或证明情况。

8. 执行。执行拘传时，司法警察应当站立于被拘传人的侧后方，用手抓被拘传人的肘部，保持高度警惕，密切关注其可疑行为，做好应对突发情况的准备，防止被拘传人逃跑、自伤、自杀或行凶等行为发生。对经批评教育仍拒不接受被拘传人，可强制其到指定地点，必要时可以使用戒具。被拘传人为女性的，应当由女性司法警察执行，男性司法警察协助。

9. 带离。司法警察应当迅速将被拘传人带上执行车辆离开现场，并按照拘传票上确定的应到时间，将被拘传人直接带至应到处所。

10. 存档。拘传任务完成后，执行拘传任务的负责人应当将经被拘传人签名或盖章的拘传票送交案件承办部门存卷，将用警申请材料、拘传实施方案、拘传执行情况等资料交司法警察部门存档。

（四）注意事项

1. 尊重当地乡风民俗。确定实施拘传的时间时，应当充分考虑当地乡风民俗，尽量避免在被拘传人婚丧嫁娶或被拘传人所在地举行祭祀、庙会等大型群众活动时实施拘传。

2. 取得被拘传人所在地人民法院的协助。在民事执行工作中，对本辖区以外必须到人民法院接受询问的被拘传人采取拘传措施时，应当将其拘传到当地人民法院，当地人民法院应当予以协助。对被拘传人的调查询问不得超过24小时，调查询问后不得限制被拘传人的人身自由。拘传开始时间应当自向被拘传人宣布拘传决定时起算，结束时间为对被拘传人宣布解除拘传的时间。拘传票一次有效，如需再次拘传时，应当经院长重新签发。

3. 遵守拘传的时限。在刑事诉讼中，拘传持续的时间不得超过12小时，案情特别重大、复杂，需要采取逮捕措施的，持续的时间不得超过24小时；不得以连续拘传的形式变相拘禁被拘传人，并应当保证被拘传人的饮食和必要的休息时间。根据审理案件的需要，可以对被拘传人进行多次拘传。一般认为，为了防止用连续拘传的方式变相羁押被拘传人，两次拘传之间的间隔时间以不低于24小时为宜。

4. 加强对被拘传人的监控。执行拘传时，应当加强对被拘传人人身的控制，并确保其时刻处于司法控制范围内，当被拘传人提出"喝水""上卫生间"等司法警察警察完全可控的范围之内的基本要求时，也必须保证对被拘传人人身的可控性。要注意与被拘传人同住人员的动向，防止被拘传人与他们传递物品、传递不利于执行拘传的信息，防止同住人员外出通知亲属、朋友来现场阻挠执行等情况发生。执行拘传时要时刻保持警惕，使被拘传人视线内无刀具、农药、煤气罐等危险物品及疑似危险物品，避免被拘传人进入阳台、厨房、屋顶平台等危险区域。如在该区域拘传被拘传人，应当果断将被拘传人带离现场。

5. 慎用戒具。在执行拘传的强制措施时，司法警察应当遵循慎用、敢用戒具的原则，使用戒具可以有效发挥防范、威慑作用，有利于被拘传人拒不配合时拘传任务的执行。但是，如果戒具使用不当，有可能激发矛盾，引发突发性事件。一般来说，发生以下情况的，司法警察可以考虑使用戒具：被拘传人对立情绪严重，经说服教育仍不配合的；被拘传人有自伤、自杀或其他暴力行为的；被拘传人虽然表示配合，但考虑到执行力量、现场环境等情况，不使用戒具不足以防范被拘传人逃脱或不利于有效控制被拘传人的。使用戒具时，应当避免对被拘传人的身体造成不必要的伤害。

二、训诫的组织实施

（一）警务受领

在法庭审判过程中，对于违反法庭规则的当事人、诉讼参与人或旁听人员采取训诫措施的，由审判长或独任审判员当庭决定，并以口头方式当庭指出行为人的错误事实、性质及危害后果，责令其立即改正。训诫的内容应当记入笔录，由被训诫人签名后存入案卷。在协助机关安全和涉诉信访应急处置工作中，对严重扰乱人民法院工作秩序、危害人民法院工作人员或公众安全及机关财产安全的，司法警察可以当场采取训诫等强制措施。

（二）警务准备

司法警察在执勤过程中，应当携带警棍、手铐、催泪喷射器、对讲机、急救包、执法记录仪、防割手套等警用装备，始终做到警容警姿严整、规范文明执法，并根据现场情况掌握训诫时机。

（三）警务实施

1. 适用条件。根据训诫适用条件，司法警察应当结合执法、执勤现场情况，对影响人民法院审判秩序和工作秩序的人员实施训诫。

2. 训诫场所。实施训诫可以当场进行，也可以将被训诫人带离执法或执勤现场，至适当场所进行。

3. 实施训诫。训诫时，应当指出其行为的违法性和可能产生的后果，责令立即改正。通常采用"×××，你的行为已经违反×的规定，请你立即改正，否则将依法对你采取进一步强制措施"。

4. 制作笔录。训诫必须有两名以上司法警察在场，其中一名司法警察制作笔录，记录训诫时间、地点、内容、被训诫人、训诫人、记录人等。训诫实施完毕后，应当要求被训诫人在笔录上签字。

5. 责令具结悔过。必要时，可以责令被训诫人写出具结悔过书或保证书。

6. 存档。将被训诫人签字后的训诫笔录、具结悔过书保证书等资料送交司法警察部门妥善保存。

三、责令退出与强制带离的组织实施

（一）警务受领

在法庭审判过程中，审判长或独任审判员对违反法庭规则的行为人进行训诫后其仍不停止妨害行为，应当先责令其退出法庭，行为人拒不退出的，审判长或独任审判员可以当庭向司法警察下达"将行为人强制带离法庭"的指令，司法警察根据指令执行强制带离的强制措施。

对不宜进入审判区域而强行进入的人员，司法警察在警告制止无效后，可以当场将其带离。

在提押与还押过程中，遇有被告人亲属或其他人员哄闹拦阻囚车的，司法警察应当对相关人员提出警告，警告无效后可将带头闹事者强制带离现场或采取其他强制措施。在配合强制执行过程中，遇有被执行人及其他人员实施围攻、哄抢、毁损财物、寻衅滋事、围追堵截等暴力抗法事件的，司法警察应当协调执行人员，将被执行人员强制带离执行现场。

（二）警务准备

司法警察在执勤过程中，应当携带警棍、手铐、催泪喷射器、对讲机、急救包、执法记录仪、防割手套等警用装备，始终做到规范执法、文明用语，并根据现场情况随时执行指令或自行视情况采取强制带离措施。

（三）警务实施

1. 告知。

（1）告知责令退出。"×××，你的行为已经严重扰乱了法庭秩序，现依法请你离开法庭，请你配合，否则我们将依法对你进一步采取强制措施。""×××，我们是××人民

法院司法警察,按照规定你不能进入审判区域,现依法请你离开,请你配合;否则,我们将依法对你进一步采取强制措施。""×××,我们是××人民法院司法警察,你的行为已经严重阻碍了司法警察执行押解警务,现依法请你离开现场,请你配合,否则我们将依法对你进一步采取强制措施。"或告知:"×××,我们是××人民法院司法警察,你的行为已经严重扰乱了(审判)执行工作秩序,现依法请你离开现场,请你配合,否则,我们将依法对你进一步采取强制措施。"

(2)告知强制带离。"×××,由于你的行为已经扰乱了法庭秩序,现依法请你离开法庭,请你配合我们执行公务。"

2. 实施。行为人拒绝离开法庭、押解警务现场、执行现场或审判区域,经批评教育无效的,可以实施强制带离。强制带离过程中,保持高度警惕,防范被强制带离人实施自伤、行凶等过激行为。特别必要时,司法警察可以使用警戒具。

3. 稳控。将被强制带离人带离现场后,司法警察应当加强对被强制带离人的控制,防止其采取过激行为。

四、罚款的组织实施

(一)警务受领

案件承办部门将经院长签发的罚款决定书送交司法警察部门,办理用警申请,说明被罚款人姓名(或名称)、住址、罚款事由、罚款法律依据、罚款金额与缴纳期限,由司法警察部门组织实施。

(二)警务准备

1. 审核。接到案件承办部门送交的罚款决定书和用警申请手续后,司法警察部门应当审核内容登记是否具体、清楚、准确,仔细了解被罚款人及其家庭成员基本情况、风险评估状况,确保各种信息准确无误。对于信息不完备或有差错的,应当要求案件承办部门及时补正。

2. 指定负责人。根据案件承办部门提出的用警申请,司法警察部门领导应当指定实施罚款强制措施的负责人,并明确工作任务,提出工作要求。

3. 现场勘查。对风险评估等级较高的被罚款人,司法警察部门应当指派司法警察到实施现场进行勘查,对被罚款人居住的环境,如房屋结构、出入通道、毗邻情况、家庭成员情况等进行了解。

4. 制定实施方案。执行罚款强制措施的负责人应当根据掌握的具体情况,制定实施方案。实施方案一般包括:

(1)警力配备。一般情况下,应当配备不少于2名司法警察。

(2)任务分工。对指挥、联络、送达、执行、驾驶警车等任务进行分工,明确每一位司法警察的工作职责。

(3) 装备配备。司法警察应当携带警棍、手铐、催泪喷射器、对讲机、急救包、执法记录仪、防割手套等装备，配备数量充足的警车。

(4) 进出线路安排。根据执行现场的地形地貌，对车辆出入线路、排列顺序等作出安排，以便快速进出执行现场。

(5) 突发情况应对。对可能发生的各种突发性、群体性事件的防范和处置措施作出规定，明确应急处置的程序、方法和步骤，确定应急备勤人员的安排与联络方式。

5. 布置任务。实施罚款强制措施的负责人应当召集参加执行任务的司法警察，按照实施方案的要求明确各自的任务分工和工作要求。

(三) 警务实施

1. 检查。出发前，司法警察应当检查警戒具及车辆状况，确保处于良好状态；携带罚款决定书，认真核对被罚款人的姓名、年龄、工作单位和家庭住址，熟悉被罚款人及其家庭成员的基本情况。

2. 到达现场。根据实施方案中确定的车辆出入线路、排列顺序的安排，到达被罚款人住所地或单位所在地，找到被罚款人。

3. 核对身份。仔细核实案由、案号、被罚款人姓名、工作单位、住址等信息。

4. 告知。出示人民警察证表明身份，并告知："×××，我们是×××人民法院司法警察，现依法对你实施罚款，请你配合我们执行公务。"同时，向被罚款说明罚款的性质及拒不接受罚款的法律后果。

5. 宣读罚款决定书。向被罚款人宣读罚款决定书："×××人民法院在审理（或执行）×××与×××一案中，查明×××××××依照《中华人民共和国×××法》第×××条的规定，决定如下：对×××罚款××××元，限在××××年××月××日前交纳。如不服本决定，可在收到决定书后 3 日内，向×××人民法院申请复议一次。复议期间不停止执行。"

6. 送达。司法警察配合承办部门人员让被罚款人在送达回证上签名、捺手印、注明送达时间，并将罚款决定书送达被罚款人。罚款决定书送达之后立即生效。

7. 执行罚款。被罚款人应当按照罚款决定书上指定的期限，向人民法院指定的银行账户缴纳罚款；拒不按期缴纳罚款的，司法警察应当配合执行人员按照人民法院执行金钱债务的规定强制执行，如依法采取查询、冻结、扣划等措施；有履行能力而拒不履行或有其他妨害执行行为的可再予以罚款、拘留，直至追究刑事责任。

8. 存档。实施罚款强制措施的负责人应当将被罚款人签名或盖章的送达回证等材料送交案件承办部门存卷。将用警审批手续、执行罚款实施方案、罚款决定书送达情况、罚款执行情况等资料交司法警察部门留存备查。

五、司法拘留的组织实施

(一) 警务受领

案件承办部门将院长签发的司法拘留决定书、执行拘留通知书（包括回执）送交司法警察部门,办理用警申请手续,说明案由、案号、被拘留人姓名、住址、违法事实、拘留法律依据、拘留天数、审批人意见等,由司法警察部门组织实施。

(二)警务准备

1. 审核。接到案件承办部门送交的司法拘留决定书和用警申请手续后,司法警察部门应当审核内容登记是否具体、清楚、准确,仔细了解被拘留人及其家庭成员基本情况、风险评估状况,确保各种信息准确无误。对于信息不完备或有差错的,应当要求案件承办部门及时补正。

2. 指定负责人。根据案件承办部门提出的用警申请,司法警察部门领导应当指定实施拘留强制措施的负责人,并明确工作任务,提出工作要求。

3. 现场勘查。对风险评估等级较高的被拘留人,司法警察部门应当指派司法警察到执行现场进行勘查,对被拘留人居住的环境,如房屋结构出通道、毗邻情况、家庭成员情况等进行了解。

4. 制定实施方案。执行拘留强制措施的负责人应当根据掌握的具体情况,制定实施方案。实施方案一般包括:

(1) 警力配备。一般情况下,应当配备不少于 2 名司法警察,如被拘留人是女性的,应当配备女性司法警察。

(2) 任务分工。对指挥、联络、警戒、重要通道控制、执行、驾驶警车等任务进行分工,明确每一位司法警察的工作职责。

(3) 装备配备。实施拘留强制措施的司法警察应当携带警棍、手铐、催泪喷射器、对讲机、急救包、执法记录仪、防割手套等装备,配备数量充足的警车。必要时,可携带武器。

(4) 进出线路安排。根据执行现场的地形地貌,对车辆出入线路、排列顺序等作出安排,以便快速进出现场。

(5) 突发情况应对。对可能发生的各种突发性、群体性事件的防范和处置措施作出规定,明确应急处置的程序、方法和步骤,确定应急备勤人员的安排与联络方式。

5. 布置任务。实施拘留强制措施的负责人应当召集参加任务的司法警察,按照实施方案的要求明确各自的分工和工作要求。

(三)组织实施

1. 检查。出发前,司法警察应当检查警戒具、武器及车辆状况,确保处于良好状态;应当携带拘留决定书和通知书,认真核对被拘留人的姓名、年龄、工作单位和住址,熟悉被拘留人及其家庭成员的基本情况。

2. 联络。根据执行的实际需要,司法警察配合案件承办部门人员与当地的村委会、居委会或有关单位进行联系、沟通,了解被拘留人的最新情况,取得当地基层组织或有关单位的支持。

3. 到达现场。根据实施方案中确定的车辆出入线路、排列顺序的安排，到达被拘留人住所地或单位所在地，找到被拘留人。

4. 核对身份。司法警察应当详细核实案由、案号、被拘留人姓名、工作单位、住址等信息。

5. 告知。司法警察应当出示人民警察证，表明身份，并告知："×××，我们是××人民法院司法警察，现依法对你实施司法拘留，请你配合我们执行公务。"同时，向被拘留人说明拘留的性质及拒不接受拘留的法律后果。

6. 宣读拘留决定书。向被拘留人宣读拘留决定书："×××人民法院在审理（或执行）×××与×××（）×××字第×××号××一案中，查明被拘留人×××××××。依照《中华人民共和国×法》第×××条的规定，决定如下：对×××实行司法拘留××天。如不服本决定，可以在收到决定书后 3 日内，向×××人民法院申请复议 1 次。复议期间，不停止决定的执行。"

7. 送达。司法警察配合承办部门人员让被拘留人在《拘留决定书》及送达回证上签名，捺手印，注明送达时间。将拘留决定书直接送达被拘留人（或送达给被拘留人的成年家属）。拘留决定书送达之后立即生效。

8. 执行。执行拘留强制措施时，司法警察应当站立于被拘留人侧后方，手抓被拘留人肘部，保持高度警惕，注意被拘留人的可疑行为，随时做好应对突发情况准备，严密防范被拘留人实施逃跑、自伤、自杀或行凶等行为，并依法使用警戒具。被拘留人是女性的，应当有女性司法警察参加。

9. 带离。迅速将被拘留人带上执行车辆并离开现场。车辆行驶过程中，司法警察应当始终坐在被拘留人的两侧，抓住被拘留人的肘部。

10. 送交。到达拘留所后，司法警察应当将执行拘留通知书（包括回执）连同被拘留人一并送交拘留地公安机关，不得将被拘留人滞留在办公室或其他任何地方变相非法羁押。公安机关收押被拘留人后，司法警察应当将经公安机关填写收押时间、收押地点的执行拘留通知书（回执）带回。

11. 存档。实施拘留强制措施的负责人应当将拘留决定书、送达回证、执行拘留通知书（回执）送交案件承办部门人员带回存卷，将用警申请手续、执行拘留实施方案、拘留执行情况等资料交司法警察部门留存备查。

（四）注意事项

1. 慎用强制手段。拘留作为一种严厉的限制人身自由的强制措施，必须严格依法适用。一般来说，对下列人员要慎用拘留措施：行为人年逾 70 岁，或因病正在治疗，或患有精神病、传染病，或生活不能自理的行为人；怀孕或需要哺乳自己不满 1 周岁婴儿的妇女等。

2. 争取受委托法院的协助。被拘留人不在本辖区的，作出拘留决定的人民法院应当派员到被拘留人所在地的人民法院，请该院协助执行，受委托的人民法院应当及时派员协助执行。实践中，考虑到实施异地拘留手续比较繁琐且可能存在地方保护等情况，如果被拘留人在外地被抓获的，只要其户籍所在地或经常居住地在执行法院辖区，在确保安全的前提下也可以带回本地关押，而不认定为异地拘留。

3. 遵守人大代表等特定人员的特殊规定。根据《全国人民代表大会和地方各级人民代表大会代表法》第32条的规定，县级以上的各级人民代表大会代表，非经本级人民代表大会主席团许可，在本级人民代表大会闭会期间，非经本级人民代表大会常务委员会许可，不受逮捕或者刑事审判。如果因为是现行犯被拘留，执行拘留的机关应当立即向该级人民代表大会主席团或者人民代表大会常务委员会报告。

对县级以上的各级人民代表大会代表，如果采取法律规定的其他限制人身自由的措施，应当经该级人民代表大会主席团或者人民代表大会常务委员会许可。乡、民族乡、镇的人民代表大会代表，如果被逮捕、受刑事审判或者被采取法律规定的其他限制人身自由的措施，执行机关应当立即报告乡、民族乡、镇的人民代表大会。

4. 把握实施拘留的时机和场合。实施拘留强制措施具有较强的对抗性，如果时机与场合把握不当，容易引发暴力抗拒执行、阻挠拘留等群体性事件。因此，在实施拘留强制措施时，应当从以下几个方面把握拘留的时机与场合：

（1）尽量避免在法院外实施拘留。特别要避免在司法警察难以控制现场、可能引发聚众哄闹及暴力抗法的场合强行拘留。

（2）确有必要在法院外实施拘留的，可通过公安机关将被拘留人带至当地派出所内再实施拘留。

（3）在被拘留人及其亲属的婚丧嫁娶、家庭团聚、祭祀等日期，一般慎用拘留。

（4）尽量避免在被拘留人的未成年亲属面前实施拘留。

（五）实施拘留中的一般情况处置

1. 遇有被拘留人手持刀具、强酸强碱、汽油、爆炸物等危险物品要挟或以自伤、自杀相威胁的。司法警察应当先行稳定被拘留人的情绪，避免在言语和行动上刺激被拘留人；及时疏散周边人员，划出警戒区域；向司法警察部门领导和院领导报告，请求派警支援，并通过执法记录仪等设备做好固定证据等工作。必要时，联系基层组织、公安机关到现场予以协助。

2. 遇有被拘留人反锁房门，阻止执行人员进入的。司法警察应当做好说服教育工作，并寻找其他进入的途径；无法进入房间的，应当对周边进行布控，防止被拘留人通过翻墙、跳窗等方式逃脱；强制打开门锁，并密切注意被拘留人的情绪及动向，防止其产生过激行为。

3. 遇有被拘留人的亲属或周边群众阻挠拘留实施的。司法警察应当及时隔离被拘留人，设立警戒隔离带；对阻挠者进行说服教育；难以控制时，应当及时向司法警察部门领导和院领导报告，请求派警支援，并联系基层组织、公安机关到现场予以协助；通过执法记录仪等设备做好固定证据等工作，以便事后追查、处罚。

六、协助监视居住的组织实施

（一）警务受领

案件承办部门将院长签发的监视居住决定书、执行监视居住通知书（包括回执）送交司法警察部门，办理用警申请手续，说明案由、案号、被监视居住人姓名、住址、违法事实、监视居住法律依据、审批人意见等，由司法警察部门组织实施。

（二）警务准备

1. 审核。接到案件承办部门送交的监视居住决定书和用警申请手续后，司法警察部门应当审核内容登记是否具体、清楚、准确，仔细了解被罚款监视居住人及其家庭成员基本情况、风险评估状况，确保各种信息准确无误。对于信息不完备或有差错的，应当要求案件承办部门及时补正。

2. 指定负责人。根据案件承办部门提出的用警申请，司法警察部门领导应当指定实施监视居住强制措施的负责人，并明确工作任务，提出工作要求。

3. 现场勘查。对风险评估等级较高的被监视居住人，司法警察部门应当指派司法警察到实施现场进行勘查，对被监视居住人居住的环境，如房屋结构、出入通道、毗邻情况、家庭成员情况等进行了解。

4. 制定实施方案。执行监视居住强制措施的负责人应当根据掌握的具体情况，制定实施方案。实施方案一般包括：

（1）警力配备。一般情况下，应当配备不少于2名司法警察。

（2）任务分工。对指挥、联络、送达、执行、驾驶警车等任务进行分工，明确每一位司法警察的工作职责。

（3）装备配备。司法警察应当携带警棍、手铐、催泪喷射器、对讲机、急救包、执法记录仪、防割手套等装备，配备数量充足的警车。

（4）进出线路安排。根据执行现场的地形地貌，对车辆出入线路、排列顺序等作出安排，以便快速进出执行现场。

（5）突发情况应对。对可能发生的各种突发性、群体性事件的防范和处置措施作出规定，明确应急处置的程序、方法和步骤，确定应急备勤人员的安排与联络方式。

5. 布置任务。实施监视居住强制措施的负责人应当召集参加执行任务的司法警察，按照实施方案的要求明确各自的任务分工和工作要求。

（三）警务实施

1. 协助执行指定居所监视居住前，了解被监视居住对象的基本情况、监视居住的处所内部设施及周围环境，制定安全防范应急预案；对指定居所不符合安全条件的，及时向分管院领导报告，并提出整改建议。

2. 犯罪嫌疑人进入监视居住处所时，应当对犯罪嫌疑人的人身、随身携带的物品进行安全检查，发现与案件相关的证据或者可疑物品以及可能危害人身安全的物品，应当及时向案件承办人报告。

3. 协助执行指定居所监视居住时，应当加强与公安机关执行民警的协调，严格落实24小时值班制度，认真做好值班记录；交接班时，交班人员要向接班人员说明监管情况，并做好交接记录。

4. 协助执行指定居所监视居住时，必须坚守岗位，加强监管，重点做好犯罪嫌疑人就餐、如厕、就寝和就医等日常生活起居关键环节的监管工作，注意观察犯罪嫌疑人身体状况和情绪变化，对出现突发疾病、情绪波动等情况的，及时报告和处置，防止意外事件发生。

5. 辩护律师会见法律规定需经许可会见的犯罪嫌疑人时，应当要求其出示许可会见犯罪嫌疑人决定书，并做好安全防范工作。

6. 协助执行指定居所监视居住时，不得体罚、虐待或者变相体罚、虐待犯罪嫌疑人；发现办案人员有违法违规行为时，应当制止，制止无效的，及时向分管院领导报告。

七、协助刑事拘留、逮捕的组织实施

（一）警务受领

案件承办部门将院长签发的拘留决定书、逮捕决定书、执行拘留通知书、执行逮捕通知书（包括回执）送交司法警察部门，办理用警申请手续，说明案由、案号、被拘留人或逮捕人姓名、住址、违法事实、拘留逮捕法律依据、审批人意见等，由司法警察部门组织实施。

（二）警务准备

1. 审核。接到案件承办部门送交的拘留或逮捕决定书和用警申请手续后，司法警察部门应当审核内容登记是否具体、清楚、准确，仔细了解被拘留或逮捕人及其家庭成员基本情况、风险评估状况，确保各种信息准确无误。对于信息不完备或有差错的，应当要求案件承办部门及时补正。

2. 指定负责人。根据案件承办部门提出的用警申请，司法警察部门领导应当指定实施拘留或逮捕强制措施的负责人，并明确工作任务，提出工作要求。

3. 现场勘查。对风险评估等级较高的被拘留或逮捕人，司法警察部门应当指派司法警察到执行现场进行勘查，对被拘留人居住的环境，如房屋结构出通道、毗邻情况、家庭成员情况等进行了解。

4. 制定实施方案。执行拘留或逮捕强制措施的负责人应当根据掌握的具体情况，

制定实施方案。实施方案一般包括：

（1）警力配备。一般情况下，应当配备不少于两名司法警察，如被拘留人是女性的，应当配备女性司法警察。

（2）任务分工。对指挥、联络、警戒、重要通道控制、执行、驾驶警车等任务进行分工，明确每一位司法警察的工作职责。

（3）装备配备。实施拘留强制措施的司法警察应当携带警棍、手铐、催泪喷射器、对讲机、急救包、执法记录仪、防割手套等装备，配备数量充足的警车。必要时，可携带武器。

（4）进出线路安排。根据执行现场的地形地貌，对车辆出入线路、排列顺序等作出安排，以便快速进出现场。

（5）突发情况应对。对可能发生的各种突发性、群体性事件的防范和处置措施作出规定，明确应急处置的程序、方法和步骤，确定应急备勤人员的安排与联络方式。

5. 布置任务。实施拘留或逮捕强制措施的负责人应当召集参加任务的司法警察，按照实施方案的要求明确各自的分工和工作要求。

（三）组织实施

1. 检查。出发前，司法警察应当检查警戒具、武器及车辆状况，确保处于良好状态；应当携带拘留决定书和通知书，认真核对被拘留人的姓名、年龄、工作单位和住址，熟悉被拘留人及其家庭成员的基本情况。

2. 联络。根据执行的实际需要，司法警察配合案件承办部门人员与当地的村委会、居委会或有关单位进行联系、沟通，了解被拘留人的最新情况，取得当地基层组织或有关单位的支持。

3. 到达现场。根据实施方案中确定的车辆出入线路、排列顺序的安排，到达被拘留人住所地或单位所在地，找到被拘留人。

4. 核对身份。司法警察应当详细核实案由、案号、被拘留人姓名、工作单位、住址等信息。

5. 告知。司法警察应当出示人民警察证，表明身份，并告知："×××，我们是××人民法院司法警察，现依法对你实施司法拘留，请你配合我们执行公务。"同时，向被拘留人说明拘留的性质及拒不接受拘留的法律后果。

6. 宣读拘留决定书。向被拘留人宣读拘留决定书："×××人民法院在审理（或执行）×××与×××（　）×××字第×××号××一案中，查明被拘留人××××××××。依照《中华人民共和国×××法》第×××条的规定，决定如下：对×××实行司法拘留××天。如不服本决定，可以在收到决定书后3日内，向×××人民法院申请复议1次。复议期间，不停止决定的执行。"

7. 送达。司法警察配合承办部门人员让被拘留人在《拘留决定书》及送达回证上签名，捺手印，注明送达时间。将拘留决定书直接送达被拘留人（或送达给被拘留人的成年家属）。拘留决定书送达之后立即生效。

8. 执行。执行拘留强制措施时，司法警察应当站立于被拘留人侧后方，手抓被拘留人肘部，保持高度警惕，注意被拘留人的可疑行为，随时做好应对突发情况准备，严密防范被拘留人实施逃跑、自伤、自杀或行凶等行为，并依法使用警戒具。被拘留人是女性的，应当有女性司法警察参加。

9. 带离。迅速将被拘留人带上执行车辆并离开现场。车辆行驶过程中，司法警察应当始终坐在被拘留人的两侧，抓住被拘留人的肘部。

10. 送交。到达拘留所后，司法警察应当将执行拘留通知书（包括回执）连同被拘留人一并送交拘留地公安机关，不得将被拘留人滞留在办公室或其他任何地方变相非法羁押。公安机关收押被拘留人后，司法警察应当将经公安机关填写收押时间、收押地点的执行拘留通知书（回执）带回。

11. 存档。实施拘留强制措施的负责人应当将拘留决定书、送达回证、执行拘留通知书（回执）送交案件承办部门人员带回存卷，将用警申请手续、执行拘留实施方案、拘留执行情况等资料交司法警察部门留存备查。

项目五　技能训练

一、训练目的与要求

（一）训练的目的

通过训练，使参训学生明确拘传的适用条件和适用范围，正确实施拘传方法。

（二）训练的要求

1. 训练时间为 2 学时。

2. 参加训练的同学，3~5 人为一个单位，分成若干小组。

3. 规范完成现场保护要求，进行总结。

4. 训练过程中互相配合模拟练习，并进行角色互换练习，同学之间可以针对训练中的问题进行讨论、总结，也可以向教师寻求帮助。

5. 训练结束后，请老师考核。

6. 教师根据每小组训练中的表现和保护方法是否正确等方面进行考核，并按百分制给出成绩。

二、训练内容要点

1. 拘传准备。
2. 拘传实施。

三、法律依据

1. 《最高人民法院关于人民法院执行工作若干问题的规定（试行）》第97条规定，对必须到人民法院接受询问的被执行人或被执行人的法定代表人或负责人，经两次传票传唤，无正当理由拒不到场的，人民法院可以对其进行拘传。

2. 参见《刑事诉讼法》第64条及最高人民法院《关于适用〈刑事诉讼法〉的解释》第114条的规定，对经依法传唤拒不到庭的被告人，或根据案件情况有必要拘传的被告人，可以拘传……这里的被告人，主要是指刑事自诉案件的被告人，也包括公诉案件中被采取取保候审、监视居住措施而未被羁押的被告人。已经被羁押的被告人，不存在传唤拒不到庭的问题。根据案件情况有必要不经传唤而直接拘传被告人的情形一般包括被告人有逃跑可能、继续实施犯罪、毁灭或隐匿证据、与他人互相串供、订立攻守同盟等阻挠或妨碍诉讼活动正常进行的行为。

四、训练前的准备

1. 介绍案情及现场方案情况。
2. 告知实施拘传时应注意事项。
3. 准备器材：警棍、手铐、催泪喷射器、对讲机、急救包、执法记录仪、防割手套等装备，配备数量充足的警车。

五、训练的方法与步骤

（一）训练方法

拘传采取实地操作性训练方法进行。

（二）训练步骤

1. 训练准备。
（1）根据指导教师设计的案情，模拟现场。
（2）安排参加训练的同学分组、分工，明确各自的职责任务和工作内容。
（3）确定拘传对象并明确方法。
2. 训练的展开。各组根据拘传对象按照以下内容进行：
（1）检查。出发前，司法警察应当检查警戒具及车辆状况，确保处于良好状态；应当携带拘传票，认真核对被拘传人的姓名、年龄、工作单位和家庭住址，熟悉被拘传人及其亲属的基本情况,防止错误拘传。

(2) 联络。根据执行的实际需要,司法警察配合案件承办人员与当地的村委会、居委会或有关单位进行联系、沟通,了解被拘传人的最新情况,取得相关部门的支持。

(3) 到达现场。根据实施方案中确定的车辆出入线路、排列顺序的安排,到达被拘传人住所地或单位所在地,找到被拘传人。

(4) 核对身份。司法警察应当详细核实被拘传人的姓名、性别、工作单位、住址等信息。

(5) 告知事项。司法警察应当出示人民警察证表明身份,并告知:"×××,我们是××人民法院司法警察,现依法对你实施拘传,请你配合我们执行公务。"

(6) 宣读决定。司法警察应当向被拘传人出示拘传票,宣读拘传决定:"×××人民法院依照《中华人民共和国××××××法》第×××条规定,决定对你予以拘传。"同时,向被拘传人说明拘传的性质及拒不接受拘传的法律后果。

(7) 签名确认。司法警察应当在拘传票上填写"本拘传票已于年月×日××时××分送达被拘传人",并让被拘传人在拘传票上签名或捺手印。如被拘传人不满18周岁的,可以通知其监护人到场。拒绝签名或捺手印的,应请当地派出所或居委会等基层组织的工作人员签名或捺手印。

(8) 执行。执行拘传时,司法警察应当站立于被拘传人的侧后方,手抓被拘传人的肘部,保持高度警惕,密切关注其可疑行为,做好应对突发情况的准备范被拘传人逃跑、自伤、自杀或行凶等行为发生。对经批评教育仍拒不接受拘传的被拘传人,可强制其到指定地点,必要时可以使用戒具。被拘传人是女性的,应当由女性司法警察执行,男性司法警察协助。

(9) 带离。司法警察应当迅速将被拘传人带上执行车辆离开现场,并按照拘传票上确定的应到时间,将被拘传人直接带至应到处所。

(10) 存档。拘传任务完成后,执行拘传任务的负责人应当将经被拘传人签名或盖章的拘传票送交案件承办部门存卷,将用警申请材料、拘传实施方案、拘传执行情况等资料交司法警察部门存档。

3. 训练总结评析。各小组训练结束后,请教师进行考核,根据操作情况给出操作成绩,就训练情况进行总结评析实训。最后,参训学生写出实训报告并提交。其内容包括:接报案的时间、到达现场的时间、现场所处的环境及位置、查看现场的情况、采取拘传的方法和被拘传人的姓名等,指导教师批改后给出总的成绩。

(三) 考核标准

1. 优秀:

(1) 准备充分。(17~20分)

(2) 操作熟练。(26~30分)

(3) 注意事项清晰。(17~20分)

(4) 保护步骤非常准确。(17~20分)

(5) 态度认真负责。(11~10分)

2. 良好：

(1) 准备较充分。(14~17分)

(2) 操作较熟练。(21~26分)

(3) 注意事项较清晰。(14~17分)

(4) 保护步骤准确。(14~17分)

(5) 态度较认真负责。(7~8分)

3. 合格：

(1) 准备基本充分。(12~14分)

(2) 操作基本熟练。(111~21分)

(3) 注意事项基本清晰。(12~14分)

(4) 保护步骤较准确。(12~14分)

(5) 态度比较认真负责。(6~7分)

4. 不合格：

(1) 准备不基本充分。(12分以下)

(2) 操作不熟练。(18分以下)

(3) 注意事项不清晰。(12分以下)

(4) 保护步骤较混乱。(12以下)

(5) 态度不认真负责。(6分以下)

六、注意事项

1. 尊重当地乡风民俗。
2. 取得被拘传人所在地人民法院的协助。
3. 遵守拘传的时限。
4. 加强对被拘传人的监控。
5. 慎用戒具。

【示范案例1】

某年5月9日，早晨7时45分，一名凶犯携"五四"手枪，闯进某镇31号居民大院内某热力公司职工孟某家索要食物，68岁的孟母见其神情可疑未给，并推其出门要关上门。凶犯恼怒，当即拔枪朝孟母胸部开枪，孟母倒地死亡。同院居民马某听到枪声出来察看，见凶犯持枪，忙转身回家插门。凶犯见到后紧跟到马家，破门而入，先向马的丈夫李某连开数枪，李某倒在地上（未死），又向马某射击，将其腿部打伤倒卧在地上，抢走现金80余元。这时，陈某到孟家送东西。见此，大喊救人。凶犯听到后立即从马家出来，朝陈某连打数枪。将陈某打死在院内，并抢走一辆自行车逃跑。当地公安局刑警大队闻讯后，立即赶到现场，他们针对此案现场的实际情况立即采取了紧急措施，并用正确的方法将犯罪现场保护起来。

［训练要求与提示］

1. 采取紧急措施抢救生命，抢救生命时应避免或减少对现场的破坏。

2. 将院落大门关闭或用绳索、白灰划出一条行走通道，同时应派人警戒，不准非勘查人员进入现场，围观群众要劝其离去。

【示范案例2】

某年3月14日凌晨，派出所接到报案称：港北市坪山镇碧岭工业区龙兴钟表电器商场发生了一起特大入室抢劫杀人案，店主钟小刚一家三口被杀于位于商场三楼的客厅里。民警迅速赶到现场。

［训练要求与提示］

根据尸体所处的地点和环境，采取正确的保护方法。

单元十二

送 达

知识结构图

- 送达
  - 送达概述
    - 送达的概念
    - 送达的法律依据
    - 送达的特点
    - 送达法律文书的种类
  - 送达的方式与适用
    - 送达的方式
    - 送达回证
  - 送达勤务的组织实施
    - 警务受领
    - 警务准备
    - 送达勤务的具体实施
    - 送达过程中突发事件的处置

知识目标

- 了解送达的含义及其特点
- 明确送达的方式及注意事项
- 掌握送达任务的组织实施
- 熟悉送达过程中发生的各类突发事件的处置

能力目标

- 掌握各种不同的送达方式和各种送达方式之间的区别
- 具有准确把握司法警察送达勤务的组织实施能力
- 具有灵活机动地处置送达过程中常见的突发事件的能力

法条链接

- 《中华人民共和国刑事诉讼法》

第一百零七条　送达传票、通知书和其他诉讼文件应当交给收件人本人……。
- 《人民检察院司法警察条例》

第七条　人民检察院司法警察依法履行下列职责：

……

（六）送达有关法律文书；

……

项目一　送达概述

【案例 12-1】

2014 年 3 月 18 日家住河北省霸州市的被害人王某，收到了由天津市滨海新区大港检察院两位司法警察送来的《委托诉讼代理人通知书》和《听取被害人意见通知书》，同时两位司法警察还为他讲解了应当知晓的诉讼权利和义务。听完法警的讲解，王某在送达回证上郑重签上了自己的名字。

问题思考

1. 送达的法律意义是什么？
2. 送达的法律依据有哪些？人民检察院哪些法律文书需由司法警察来送达？

一、送达的概念

送达是指司法机关依照法定程序和方式，将法律文书送交当事人、诉讼参与人或有关单位的诉讼行为。

送达是人民法院和人民检察院进行的一种重要的法律诉讼行为，其实质是司法机关的告知行为。送达贯穿于整个诉讼活动的始末，是司法机关、当事人和其他诉讼参与人之间诉讼行为的基本联系方式和传递诉讼信息的手段。受司法机关指派送达诉讼文书的人称为送达人，接受司法机关的诉讼文书并受送达法律文书效力约束的人称为受送达人。

就刑事诉讼而言，送达是指公安机关、人民检察院、人民法院依照法定程序和方式，将诉讼文书送交诉讼参与人、有关机关和单位的诉讼行为；就民事诉讼和行政诉讼而言，则是指人民法院依照法律规定的程序和方式，将诉讼文书送交当事人、行政机关或其他诉讼参与人的诉讼行为。

特别提醒

由于《人民法院司法警察条例》（2012 年修订）已撤销法院司法警察送达职责，

本单元所指的送达仅是人民检察院司法警察的送达职责，人民法院审判中的法律文书由承办案件的法官完成，法院司法警察在法官履行送达职责时，对法院工作人员及送达文书进行警务保护。

二、送达的法律依据

《中华人民共和国刑事诉讼法》第 107 条第 1 款规定，送达传票、通知书和其他诉讼文件应当交给收件人本人；如果本人不在，可以交给他的成年家属或者所在单位的负责人员代收。

《人民检察院司法警察条例》第 7 条规定，人民检察院司法警察依法履行下列职责：……⑥送达有关法律文书。……

《人民检察院司法警察执行职务规则》第 18 条规定，人民检察院司法警察执行送达有关法律文书任务，应当做到：①送达必须按照法定程序进行；②送达前要清点份数、册数，检查需送达的文书是否符合法定时效，是否留有送达所需的时间；③准确、及时送达，未能按时送达的，及时报告并说明原因；送达时严守国家保密规定，不得将法律文书带到公共场所或者带回家中，不准将法律文书交给无关人员阅览和保管；④送达时，应当要求受送达人在送达回证上签名、盖章；受送达人不在，可以交给与其同住的成年家属或者所在单位的负责人代收；受送达人或者代收人拒绝接收或者拒绝签名、盖章时，送达人可以邀请其邻居或者其他见证人到场，说明情况，把送达文书留在受送达人住所，在送达回证上记明情况。

三、送达的特点

（一）送达是单向诉讼行为

送达的主体只能是司法机关，送达的对象即受送达人只能是当事人、其他诉讼参与人或有关单位。反之，当事人或其他诉讼参与人向司法机关递交诉讼文书或其他文书的行为不是送达，不适用有关送达的规定。

（二）送达内容的确定性

送达的内容只能是各种法律文书和案卷，除此之外不能作为送达的内容。

（三）送达程序和方式的法定性

我国的诉讼法对送达的程序和方式作了具体规定，司法机关在进行送达时必须按照相应的规定办理。检察院司法警察的送达应当按照《刑事诉讼法》和有关检察工作的司法解释规定的法定程序和方式进行。如《刑事诉讼法》第 107 条和《人民检察院司法警察执行职务规则》第 18 条第 4 款仅规定了直接送达和留置送达二种送达方式，《最高人民检察院关于以检察专递方式邮寄送达有关检察法律文书的若干规定》第 1 条规定，对可以邮寄送达的检察法律文书，人民检察院可以交由邮政企业以检察专递方式邮寄送达。尽管《最高人民法院关于适用〈中华人民共和国刑事诉讼法〉的解释》第169~171条补充了转交送达和委托送达的方式，但根据《最高人民检察院司法解释工作规定》第2条规定，人民检察院在检察工作中具体应用法律的问题，只能由最高人民检察院作出司法解释。因此，人民检察院司法警察送达时只能按照现有规定的方式进行。如果送达时司法机关和送达人违反法定的程序和方式送达诉讼文书的，均不产生相应的法律效力。

（四）送达行为的强制性

送达是一种诉讼行为，具有强制性。不管受送达人的态度如何、是否接受送达文书都不影响送达这种诉讼行为。只要按照法律规定的程序和方式进行并完成送达，即发生相应的法律后果。

四、送达法律文书的种类

送达是诉讼中的一项制度，它的作用及其必要性不仅在于将诉讼文件交给收件人，使其了解文件的内容，得以按照法定程序参加诉讼活动，并行使诉讼权利、承担诉讼义务，以利于诉讼正常进行，而且在于赋予一定的法律效果。人民检察院司法警察送达的法律文书主要有：

1. 立案、侦查文书。包括立案决定书、传唤通知书、批准延长侦查羁押期限决定书等。

2. 刑事强制措施类文书。包括拘传证、拘留通知书、批准逮捕决定书、逮捕决定书、撤销取保候审决定书等。

3. 起诉类文书。包括起诉意见书、不起诉意见书、起诉书、不起诉决定书等。

4. 审判监督类文书。如刑事抗诉书、民事抗诉书、行政抗诉书、撤回抗诉决定书、不抗诉决定书等；

5. 其他法律监督文书。如纠正违法通知书、纠正不当减刑裁定意见书、通知立案书等；

6. 其他需由司法警察送达的与案件有关的信函及文书。

项目二　送达的方式与适用

【案例12-2】

2015年6月，江西省抚州市金溪县检察院首次通过网络方式向犯罪嫌疑人发送了委托辩护人告知书，公诉科干警在发送成功后得到犯罪嫌疑人答复时说了下面一句话："犯罪嫌疑人取保候审在外县，来回去一趟得两天，只是为了送一份委托辩护人告知书或者委托诉讼代理人告知书，太耗时耗力了，更是对司法资源的浪费。"

据了解，向犯罪嫌疑人送达委托辩护人告知书作为刑事诉讼的重要程序之一，是保障当事人辩护权利的重要内容。然而，被害人和被取保候审的犯罪嫌疑人因不可抗力或其他原因，致使检察机关无法在短期内送达相关法律文书或者当事人无法在法定期限内领取纸质法律文书。

为提高办案效率，在保障当事人合法权益和程序不违法的前提下，该院规定经当事人同意，可以先采取电子邮件送达或即时通讯软件方式向当事人送达电子版法律文书。电子版法律文书送达与纸质版送达具有同等法律效率，在阻碍因素消除后，承办人员必须及时向当事人补充送达纸质版法律文书并补签签收签字，防止诉讼程序"缺位"。

问题思考

1. 本案采用了哪种送达方式？除此之外还有什么送达方式？
2. 每种送达方式的限制条件是什么？

一、送达的方式

送达方式是指法律规定的，司法警察根据诉讼要求，将检察机关机密性层次比较高，送达时限比较急，送达具有危险性和困难性的法律文书和案卷送达当事人、诉讼参与人或者有关单位的方式。

刑事诉讼中，诉讼文书的送达方式有五种，即直接送达、留置送达、委托送达、邮寄送达和转交送达；民事诉讼、行政诉讼中的文书送达方式有七种，除前面五种以外，还有公告送达和电子送达。经受送达人同意，人民法院可以采用传真、电子邮件等能够确认其收悉的方式送达诉讼文书。随着科技的发展，电子送达方式的应用越来越广泛。

（一）直接送达

直接送达是指司法机关派专人将法律文书、案卷直接交付受送达人的一种方式。其特点是承办案件的司法机关将法律文书、案卷直接送达受送达人，而不通过中介人或中间环节。

直接送达是最基本的送达方式。根据诉讼理论和诉讼法的有关精神，所有诉讼文书的送达，以直接送达为原则，凡是能够直接送达的，都应直接送达。

根据受送达对象的不同，直接送达的程序可以分为以下几种情形：

1. 受送达人是其本人。送达人将法律文书、案卷直接送达给受送达人本人，受送达人本人应在送达回执上签名，并记明收到日期。如果受送达人不在，则应由与他同住的成年家属或所在单位的负责人代收，代收人也应在送达回执上记明收到日期，并签名或盖章。

2. 受送达人是法人或其他组织。送达人应将法律文书、案卷交由法定代表人或其他组织的主要负责人或该法人、组织的办公室、值班室等负责收件的人签收。

3. 受送达人是诉讼代理人。送达人可以将诉讼文书交由其诉讼代理人签收，如果受送达人已向司法机关指定代收人的，则送交代收人签收。

> **特别提醒**
>
> 《人民检察院检察建议工作规定》第18条规定，检察建议书应当以人民检察院的名义送达有关单位。送达检察建议书，可以书面送达，也可以现场宣告送达。
>
> 宣告送达检察建议书应当商被建议单位同意，可以在人民检察院、被建议单位或者其他适宜场所进行，由检察官向被建议单位负责人当面宣读检察建议书并进行示证、说理，听取被建议单位负责人意见。必要时，可以邀请人大代表、政协委员或者特约检察员、人民监督员等第三方人员参加。

（二）留置送达

留置送达是指受送达人或代收人无正当理由拒绝签收诉讼文书时，送达人依法将诉讼文书留在受送达人的住处，即视为合法送达的一种方式。

1. 留置送达的适用条件。留置送达的方式只有在直接送达无法完成时才可采用，具体体现以下情形：

（1）受送达人或者他的同住成年家属及其他代收人拒绝接受诉讼文书的。

（2）受送达人是法人或者其他组织的，法人的法定代表人、该组织的主要负责人或者办公室、收发室、值班室等负责收件的人拒绝签收或盖章的。

（3）受送达人指定诉讼代理人为代收人的，向诉讼代理人送达被拒时。

2. 留置送达的程序。送达人可以邀请有关基层组织或所在单位的代表或者其他见证人到场，说明情况，在送达回证上记明拒收的事由和日期，由送达人、见证人签名或者盖章，把诉讼文书留在受送达人的住所，即视为送达；见证人不愿在送达回证上签名或盖章的，由送达人在送达回证上记明情况，把送达文书留在受送达人住所，也视为送达；也可以将诉讼文书留在受送达人的住所，并采用拍照、录像等方式记录送达过程，同样视为送达。

（三）邮寄送达

邮寄送达是指司法机关通过邮政部门将诉讼文书用挂号信寄交受送达人的一种送达方式。《最高人民检察院关于以检察专递方式邮寄送达有关检察法律文书的若干规定》（以下简称《邮寄送达规定》）第1条规定："法律规定可以邮寄送达的检察法律文书，人民检察院可以交由邮政企业以检察专递方式邮寄送达。"

邮寄送达检察法律文书，应当直接送交受送达人。受送达人是公民的，由其本人签收，本人不在其提供或者确认的送达地址的，邮政企业可以将邮件交给与他同住的成年家属代收，但同住的成年家属是同一案件中另一方当事人的除外；受送达人是法人或者其他组织的，应当由法人的法定代表人、其他组织的主要负责人或者该法人、组织负责收件的工作人员签收；受送达人有诉讼代理人的，可以送交其代理人签收；受送达人已向人民检察院指定代收人的，送交代收人签收。受送达人或者其代收人应当在邮件回执上签名、盖章或者捺印。

受送达人或者其代收人在签收时，应当出示其有效身份证件并在回执上填写该证件的号码，代收人还应填写其与受送达人的关系；受送达人或者其代收人拒绝签收的，由邮政企业的投递员记明情况，并将邮件退回人民检察院。

1. 邮寄送达的送达确认。根据《邮寄送达规定》第9条规定，满足下列情形之一的，即视为送达：

（1）受送达人在邮件回执上签名、盖章或者捺印的；

（2）受送达人是无民事行为能力或者限制民事行为能力的自然人，其法定代理人签收的；

（3）受送达人是法人或者其他组织，其法人的法定代表人、该组织的主要负责人或者办公室、收发室、值班室的工作人员签收的；

（4）受送达人的诉讼代理人签收的；

（5）受送达人指定的代收人签收的；

（6）受送达人的同住成年家属签收的。

2. 不适用邮寄送达的情形。检察院送达法律文书以直接送达为原则，邮寄送达与直接送达具有同等法律效力，是直接送达的补充方式。当有以下情形时，不适用邮寄送达：

（1）受送达人或者其诉讼代理人、受送达人指定的代收人同意在指定的期间内到人民检察院接受送达的；

（2）受送达人下落不明的；

（3）法律规定、我国缔结或者参加的国际条约中约定有特别送达方式的。

> **特别提醒**
>
> 《邮寄送达规定》所称检察专递是指邮政企业针对送达检察法律文书所采取的特快专递邮寄形式。检察专递法律文书的范围为最高人民检察院明确规定的可以通过邮寄送达方式寄递的检察法律文书，主要包括民事检察、行政检察、控告检察、刑事申诉检察等法律文书。检察专递送达与检察院直接送达具有同等法律效力。

（四）电子送达

电子送达是指经受送达人同意，送达人可以采用传真、电子邮件、微信等能够确认其收悉的方式送达诉讼文书。以传真、电子邮件到达受送达人特定系统的日期为送达日期。

与民事诉讼、行政诉讼不同，电子送达在刑事诉讼中不是法定送达方式。电子送达只能作为法定方式的先行告知方式，提高检察工作效率，适应社会变化发展。电子送达的适用条件与范围应当满足以下几点：

1. 送达的法律文书内容不涉及对受送达人人身自由的剥夺或限制。
2. 必须经过受送达人的同意。
3. 电子送达方式能够确认收悉。
4. 电子系统显示的日期为送达日期。
5. 必须以纸质文书补签的形式确认电子送达的内容。

二、送达回证

送达回证是指司法机关制作的用以证明完成送达行为的凭证。除公告送达外，其他方式送达，必须有送达回证。

送达回证是检察机关是否按法定方式和程序送达诉讼文书的标志，是送达人按照法定程序完成任务的凭证，也是受送达人接受或拒收所送达的诉讼文书的证明，它有固定的格式和内容。送达回证既是对司法机关依照法律程序和方式完成送达行为的证明，也是证明受送达人收到司法机关送达的诉讼文书的一种法律凭证。

送达回证对当事人和其他诉讼参与人及有关单位行使诉讼权利，履行诉讼义务，计算诉讼期限等起着重要的作用。因此，在送达法律文书时必须使用送达回证，送达行为完成后，送达回证须放回司法机关附卷用以备查。

表12-1　送达回证样表

××人民检察院

送达回证

（刑事案件用）案　由		案号	（　）字第　号
受送达人的姓名、地址			
送达的文书、名称及件数	受送达人签收	代收人签收	送达人

续表

	年　月　日	年　月　日	
	年　月　日	年　月　日	
	年　月　日	年　月　日	
	年　月　日	年　月　日	
	年　月　日	年　月　日	
备注：			

填发人：

项目三　送达勤务的组织实施

【案例12-3】

为进一步提升执法办案水平和办案质量，完善案件管理体系，规范法律文书的送达工作，固阳县检察院按照司法警察执行送达工作相关规定，明确由法警大队负责全院文书、案卷的送达工作。所有需要司法警察送达的法律文书必须经过办案人、案管中心、法警大队之间的交件、签收、登记、派发、回复一整套完整程序，保证法律文书转移的安全性。负责送达的司法警察须在送达完成后当日内将送达回执交回案管中心，强化法律文书送达的时效性。

问题思考

1. 送达法律文书应做哪些准备？
2. 司法警察执行送达任务时要注意什么问题？

送达诉讼文书是否合法、及时、准确，直接关系到司法机关审判、执行、法律监督等各项执法工作的顺利进行。因此，检察院司法警察执行送达任务时，应当严格遵照这三个要求进行。

司法警察部门从警务受领到警务准备，应当认真组织、周密安排实施。

一、警务受领

(一) 审查用警申请和送达文书数量

对业务部门需要送达的法律文书、案卷，司法警察部门应当进行审查。法警队负责人与负责送达法律文书的司法警察共同清点需送达法律文书的份数、册数，认真检查需要送达的法律文书是否符合法定时效，是否留有足够的送达所需要的时间。审查内容包括：

1. 时效性。首先审查需要送达的法律文书、案卷是否在法定时限内。若需送达的法律文书和案卷已超过法定送达时效，应及时退回承办部门，并说明具体原因。

2. 规范性。其次是审查需要送达的法律文书、案卷是否已由分管副检察长审查并签字同意送达。凡未经分管副检察长审查并签字同意送达的法律文书和案卷，一律退回，并要求案件承办部门说明理由。

3. 范围性。审查需要送达的法律文书、案卷是否属于人民检察院重要法律文书、案卷的种类。经审查后认为属于司法警察送达范围的，由司法警察部门内勤登记，按规定分类。若不属于司法警察送达范围的，应及时退回承办部门，并说明具体原因。

(二) 批准用警申请

人民检察院法警队可在案件管理部门设置警务岗，由法警队派驻司法警察完成法律文书、案卷送达工作。在检查确认无误后，法警大队负责人签发派警令，由司法警察执行送达任务。具体办案业务部门或者案管部门就送达事项需要特别说明情况的，由案管部门与法警大队协调配合，共同完成送达工作。

二、警务准备

(一) 指派任务

法警大队负责人要根据送达任务的多少，确定专门的送达人员和负责人。送达勤务要求合法、及时、准确，同时法律性、政策性都很强，这就要求执行送达任务的人员对辖区内的道路、地名等情况较为熟悉。因此，司法警察部门一般应在一定期间内指定专人负责送达工作。

(二) 收（退）件登记

收有登记，退有记录。对收到的需要送达的法律文书、案卷要逐件进行登记，对需退回的法律文书、案卷做好详细记录。防止法律文书、案卷的遗失和漏送。

(三) 时效性检查

承担送达任务的司法警察需要再次对送达文书进行时效性检查。检查需送达的法律文书、案卷是否符合法定时效，送达工作所需的时间是否足够。若虽然未超过法定送达时效，但由于送达地点路途遥远，无法完成送达任务的，应及时退回案件承办人员处理。

（四）检查送达回证

由于受送达人在接受送达文书后，要按规定填写《送达回证》。司法警察在送达前应检查《送达回证》的填写、签发是否符合规定，包括编号，法律文书或者案卷的名称、册数，批准人、送达人、受送达人、送达时间等。若发现受送达人的姓名、地址不清或送达回证与诉讼文书不相符的，应及时与案件承办人员联系更正，再予以送达。

（五）准备车辆装备

出发前，司法警察应当检查送达所需要的交通车辆、通信设备及其他工具是否良好，有问题应及时修理，以保证送达任务的顺利完成。

（六）准备防护器材

为保证送达的法律文书不受环境变化的损坏，要收装好送达的法律文书，防止受到雨水浸泡、风雪吹刮。要准备好必要的防护戒具，如雨衣、防雨包装袋等。

（七）落实责任分工

根据送达任务的实际情况进行分工，并由具体负责送达任务的司法警察在送达登记本上签名，做到送达人员查有记录。

三、送达勤务的具体实施

负责送达的司法警察在接受任务后，要做好以下工作：

（一）熟悉送达任务

对送达数量、送达对象、送达地点和送达路线的了解和安排。

1. 认真核对送达诉讼文书的数量（清点份数、册数）。
2. 明确送达的时间、地点、受送达人姓名、住址等情况。
3. 对送达地址进行排列，力求做到在最短的时间，走最短的路程，完成送达任务。

（二）确定送达方式

根据被送达对象情况，选择送达方式：

1. 直接送达，在人民检察院送达法律文书时，这种送达方式是首选的。直接送达是最基本的送达方式。根据诉讼理论和诉讼法的有关精神，所有诉讼文书的送达，以直接送达为原则，凡是能够直接送达的，都应直接送达。司法警察应该将文书直接交会给受送达人，如果受送达人有指定代收人，交给代收人同样视为直接送达。受送达人应在送达回证上签收。

2. 留置送达，司法警察送达法律文书，应当要求受送达人在送达回证、司法警察送达法律文书登记本上签名盖章，受送达人不在，或者拒绝接收时，可以留置送达，留置送达必须由受送达人的基层组织或所在单位的代表到场作见证人，送达任务完成后应准确、及时将送达回证或其他交接手续反馈给案管部门，未能按时送达的应及时报告并说明原因。

3. 除以上送达方式外，还可选择电子送达、委托送达、邮寄送达、转交送达和公告送达。

电子送达的条件是受送达人同意采用传真、电子邮件、微信等方式送达；委托送达的条件是受送达人不住在承办案件的司法机关所在地，而且直接送达有困难；邮寄送达的条件是受送达人住所距离较远，直接送达有困难，检察院用检察专递的方式委托邮政企业进行邮寄；转交送达的条件是受送达人的身份比较特殊，不宜或者不便采用直接送达方式；公告送达的条件是受送达人下落不明，其他方式无法完成送达任务。

（三）交还《送达回证》

司法警察完成送达任务后，及时把《送达回证》交回相关部门存档。

特别提醒

在送达勤务的实施过程中，除严格遵守合法、及时、准确的要求外，对送达的诉讼文书要妥善保管，防止丢失或损坏，还应注意严格遵守国家的保密规定，不得擅自回答受送达人提出的与案件有关的问题，不得拆阅密封件及卷宗材料，不得将诉讼文书带回家中或公共场所，不得交给无关人员阅览和保管、代送。

在送达过程中不得延误送达时间，对于限定送达日期的急件，应按照指定日期送达，不得拖延。在执行送达任务过程中违反有关规定的，情节轻微，给予批评教育；情节严重，将承担相应的法律责任。

送达时，司法警察必须按规定着装，并严格执行诉讼法有关规定，语言规范，行为文明。

如果受送达人为居住在中华人民共和国领域内的外籍人、外籍企业及组织的法定代表人或诉讼代理人，应按有关涉外法律文书的送达方式送达。

拓展阅读

向科技要效率，向科技要战斗力，是检察工作可持续发展的必由之路。为此，近年来我国的各级检察院案件管理中心从自身实际出发，改革传统办公办案模式，投入使用电子签章系统和远程送达法律文书系统，简化了工作流程，节约了司法成本。

电子签章系统投入使用后，案件承办人在网上办完案件并提交检察院领导审批，领导通过身份认证和电子签名即可进行网上审批；审批完毕，由案管中心工作人员点击鼠标即可通过系统所装载的文书模板，自动调用案件基础信息，生成多联法律文书，并加盖电子签章实现网上打印。

人民检察院的送达工作，一大部分是向在押犯罪嫌疑人送达法律文书，这需要耗费大量的人力物力，以电子签章系统为技术依托，推进远程网上公文传输应用，成功运用电子签章系统向看守所在押的犯罪嫌疑人远程送达法律文书。案管中心工作人员只需在办公室对需送达的法律文书加盖电子签章后点击发送，法律文书便可从案管中心传输到监所检察室，由检察室工作人员即时打印后，将文书送到在押犯罪嫌疑人手中，整个过程快速、便捷，不需单独派车、派警，有效节约了办案资源，提高了工作效率。

四、送达过程中突发事件的处置

司法警察在执行送达任务的过程中，因为自然、社会和人为等各方面的因素，随时都可能出现一些意料不到的特殊情况，这往往给送达工作带来困难，甚至影响送达工作的顺利完成。对于送达过程中出现的突发情况，司法警察应沉着冷静，区分不同情况给予及时处置。

（一）丢失法律文书或送达回证的处置

在送达过程中，若发现法律文书或送达回证丢失时，应第一时间向司法警察部门领导报告，并及时查找。在查找未果并确定丢失后，应及时与该案件承办人员取得联系，并做好补救工作，完成该次送达任务后，应认真回顾送达过程出现的问题，及时总结，吸取教训，并作出深刻检查。

（二）送达途中交通工具出现问题的处置

在送达途中，因交通工具出现故障或发生交通事故，送达的司法警察在确认无人员伤亡的情况下，应首先保护送达的法律文书。交通工具出现故障的，应及时与司法警察部门领导取得联系，若无法排除故障的，申请调派临时车辆来完成送达任务；若发生交通事故的，要及时与交通管理部门取得联系，在听候交通民警处理的同时，申请调派临时车辆来完成送达任务。

（三）受送达人及其家属阻挠、干扰送达的处置

送达法律文书的司法警察在执行送达任务时，若遇到受送达人及其家属哄闹时，首先要注意向受送达人及其家属讲道理，并劝告他们不要妨碍执行公务。如果不听劝阻，应及时与当地公安机关或受送达人及其家属所在单位取得联系，争取他们的协助。对蓄意捣乱、哄闹、制造事端的，应依靠当地公安机关和有关部门协助处理，避免与其发生冲突。对个别情节特别恶劣的，应及时报告有关领导，提出罚款或予以拘留的处理意见，待院领导批准后执行。

项目四　技能训练

技能训练一　直接送达与留置送达

一、训练目的要求

通过训练，使参训学生掌握直接送达、留置送达方式及送达程序。要求参训学生能够根据不同案件、诉讼文书及受送达人的具体情况选择适当的送达方式；能够掌握各种不同的送达方式必须履行的送达程序；能够规范填写送达回证。

二、训练内容及要点

1. 根据案件、诉讼文书及受送达人的具体情况选择适当的送达方式。
2. 直接送达、留置送达方式必须履行的送达程序。
3. 要求参加训练的同学：

（1）必须按小组制作一份送达回证及相关文书材料，送达回证及相关文书材料应严格遵循制作规范。

（2）参加训练的同学，应明确各自角色的性质、任务。

（3）训练后应由教师根据同学训练中的表现和制作送达回证及相关文书的质量，逐个进行讲评，按百分制给出成绩。

三、训练前的准备

1. 诉讼文书、送达回证、警官证等相关的法律文书。
2. 警用车辆及必要的防护器材，如武器、戒具、雨衣、修理工具等。

四、训练方法与步骤

1. 角色分配：指导老师做法警队负责人，由一名同学担任受送达人，两名同学担任法警。
2. 检查需送达的诉讼文书是否符合法定时效，以及是否留有送达所需的时间。
3. 检查交通工具及必要的防护器材是否良好。
4. 根据案件、诉讼文书及受送达人的具体情况选择送达方式。
5. 根据选定的送达方式描述必须履行的送达程序。
6. 填写送达回证。

五、注意事项

1. 参训学生要按照自己的角色办事，并互换角色进行训练。
2. 要按照法律规定的送达程序办理送达有关手续。
3. 对送达的诉讼文书要妥善保管，防止丢失或损坏。

六、相关法律文书写作格式规范与实例

在送达训练中，送达回证是最主要的法律文书，参与训练的同学必须依据法律的相关规定和指导老师的指导，正确填写送达回证。

送达回证有固定的格式和内容。其内容包括：实施送达的法院；受送达人的姓名、职务、住所或者居住地；应当送达文书的名称和案件编号；送达方式；送达人、受送达人或者见证人签名、盖章、签收日期等。

送达回证是表格式文书，由表首、正表和表尾三部分组成。表首包括文书标题和发文单位；正表依次填清案由、案号、送达文书的名称和件数、受送达人、送达地址、代收人及代收理由和受送达人签名或盖章；尾部主要包括填发人和送达人的签名和印章。

1. 送达回证的格式。

×××人民检察院
送达回证

案由		案号	（　）字第　号
送达文书 名称和件数			
受送达人			
送达地址			
受送达人 签名或盖章	年　月　日		
代收人及 代收理由	年　月　日		
备考			

填发人　　　　送达人

2. 送达回证写作实例。

××人民检察院
送达回证

案由		案号	（2014）字第 5 号
送达文书 名称和件数	委托诉讼代理人通知书　1 份 听取被害人意见通知书　1 份		
受送达人	王××		
送达地址	××市××区××街 10 号		
受送达人 签名或盖章	王×× ×年×月×日		
代收人及 代收理由	年　月　日		
备考			

填发人　　张××　　送达人　　赵××

七、考核方法及标准

（一）考核方式

指导老师一名，学生三人一组，由指导老师审查参训学生的操作过程；学生之间互相审查操作过程做出评议，最后由指导老师总结。

（二）考核标准

1. 优秀：准备充分，操作熟练，文书格式合法规范，记录内容清晰完整，法律手续完善。

2. 良好：准备较充分，操作较熟练，文书格式合法规范，记录内容清晰，法律手续完善。

3. 合格：准备基本充分，操作基本熟练，文书格式基本合法，规范记录内容基本清晰，法律手续完善。

4. 不合格：未达合格标准。

[示范案例 1]

2017年9月24日，吕某川等4人涉嫌集资诈骗、非法吸收公众存款案在某市中院审查起诉，为了向本案被害人张某华告知审查起诉阶段享有的权利义务，由某市检察院司法警察向其送达《某市人民检察院被害人诉讼权利义务告知书（审查起诉阶段）》。在送到其家时，家中无人，邻居告诉送达的司法干警，被害人张某华外出打工了，具体去哪儿他们也不知道，到晚上肯定回来，他老婆走亲戚了。后来在返回的路上遇见了正在去亲戚家路上的被害人张某华的老婆。送达人员即准备将被害人诉讼权利义务告知书送达给她，但是其拒绝接受文书，法院即留置了该文书。

[训练要求与提示]

依法办理相关送达手续，根据案情选择恰当的送达方式，按规范填制送达回证。注意不同送达方式适用的送达程序。

[参考意见]

本案受送达人的送达地址清楚明确，可首选直接送达的方式。直接送达的程序是，送达人将需送达的法律文书直接送达给受送达人本人，受送达人本人应在送达回执上签名，并记明收到日期。如果受送达人不在，则应由与他同住的成年家属或所在单位的负责人代收，代收人也应在送达回执上记明收到日期，并签名或盖章。在执行送达勤务的过程中，如受送达人或代收人无正当理由拒绝签收，可改为选择留置送达的方式。在选择留置送达的方式后，送达人应当邀请有关基层组织或所在单位的代表或者其他见证人到场，说明情况，在送达回证上记明拒收的事由和日期，由送达人、见证人签名或者盖章，将一审判决书留在受送达人的住所。见证人不愿在送达回证上签名或盖章的，由送达人在送达回证上记明情况。

[示范案例 2]

2018年6月21日，文成县检察院成功对一起台湾高等法院检察署委托的一起"诈欺案件"司法文书进行了送达，其中受送达人刘某某为文成县南田镇人。此次委托送达，是文成县检察院首次依照《海峡两岸共同打击犯罪及司法互助协议》合作开展台湾地区法律文书送达工作。6月15日，收到温州市检察院关于代为送达台方法律文书的函件后，文成县检察院高度重视，立即安排司法警察负责送达相关事宜。由于文书上没有联系方式，为了尽快送达，当天下午两点多，文成县检察院两名法警便赶赴南田镇刘某某家中，但其家门紧闭。法警随即跟周围邻居打听情况，得知刘某某常年不在家，但有一个哥哥住在不远的地方。法警请一位热心邻居带路找到刘某某哥哥住处，而对于这么一份突然而至的文书他却心有疑虑。法警耐心向他释法说理，强调这份文书的重要性，最终他签字并接收了文书，答应尽快交到弟弟手里。至此，文成县检察院圆满地完成了本次法律文书送达任务，接下来将把送达回证邮寄至温州市检察院。

[训练要求与提示]

1. 根据上述案情办理送达的法律手续后，确定送达的方式。

2. 根据上述案情布置送达现场，安排角色担任，完成送达任务。

3. 做好与送达相关的法律文书的制作。

技能训练二　送达过程中突发事件处置的综合训练

一、训练目的和要求

司法警察在执行送达任务的过程中，因为自然、社会和人为等各方面的因素，随时都可能出现一些意料不到的特殊情况，这往往给送达工作带来困难，甚至于影响送达工作的顺利完成。对于送达过程中出现的突发事件，司法警察应沉着冷静，能区分不同情况并给予及时处置。通过训练，使参训学生掌握送达勤务的组织和具体实施方法，并对送达过程中出现的突发事件有应对能力。要求参训学生能够对送达勤务进行认真的组织，周密的安排，确保诉讼文书合法、及时、准确地送达，并能对送达过程中出现的各类突发事件正确处置；要求参训学生能够根据不同案件、诉讼文书及受送达人的具体情况选择适当的送达方式。

二、训练内容及要点

1. 送达勤务的组织。

2. 送达勤务的具体实施：

（1）训练时间为2学时。

（2）参加训练的同学，应明确各自角色的性质、任务。

（3）训练后应由教师根据同学训练中的表现，逐个进行讲评，按百分制给出成绩。

三、训练前的准备

1. 诉讼文书、送达回证、警官证等相关的法律文书。

2. 警用车辆及必要的防护器材，如武器、戒具、雨衣、修理工具等。

四、训练方法、步骤

（一）送达的组织

1. 根据送达任务的多少，确定专门的送达人员和负责人。

2. 对收到的需要送达的诉讼文书逐件进行登记，对退回的诉讼文书做好详细记录。

3. 检查需送达的诉讼文书是否符合法定时效，以及是否留有送达所需的时间。

4. 检查送达回证的填写是否符合规定。

5. 根据送达任务的实际情况进行分工，并由负责送达的司法警察在登记本上签名。

6. 将已送达诉讼文书的送达回证及时交给案件承办人员签收，对未能送达的诉讼文书及时与案件承办人员联系，说明原因并与案件承办人员商定解决的办法。

7. 对需要在本地区组织交换送达的，向本级司法警察部门的分管领导提出交换建议。

8. 对司法警察的送达情况（送达份数、人次、里程数等）每月进行一次统计，并定期进行讲评。

（二）送达勤务的具体实施

1. 角色分配：指导老师做法警队负责人，由 1 名同学充当受送达人，2 名同学做法警。

2. 认真核对送达诉讼文书的数量（清点份数、册数），明确送达的时间、地点、受送达人姓名、住址等情况。

3. 对送达地址进行排列，力求做到在最短的时间，走最短的路程，完成送达任务。

4. 检查交通工具是否良好。

5. 准备好必要的防护器材，如武器、戒具、雨衣、修理工具等。

6. 送达时，应严格执行诉讼法关于送达的有关规定，将诉讼文书送交受送达人，由受送达人在送达回证上注明收到的日期并签名或盖章。

五、注意事项

1. 参训学生要按照自己的角色办事，要互换角色进行训练。
2. 要按照法律规定的送达程序办理送达手续。
3. 对送达的诉讼文书要妥善保管，防止丢失或损坏。
4. 送达时，司法警察必须按规定着装，并严格执行诉讼法关于送达的有关规定，采用法定的方式送达诉讼文书。

六、相关法律文书写作格式规范（略。参见训练一）

七、考核方法及标准

（一）考核方式

指导老师 1 名，学生 3 人一组，由指导老师审查参训学生的操作过程；学生之间互相审查操作过程作出评议，最后由指导老师总结。

（二）考核标准

1. 优秀：准备充分，操作熟练，文书格式合法规范，记录内容清晰完整，法律手续完善，能正确、熟练处置各类突发事件。

2. 良好：准备较充分，操作较熟练，文书格式合法规范，记录内容清晰，法律手续完善，能正确处置各类突发事件。

3. 合格：准备基本充分，操作基本熟练，文书格式基本合法，规范记录内容基本清晰，法律手续完善，对不同类型突发事件能进行基本的处置。

4. 不合格：未达合格标准。

【示范案例1】

近日，某市铁检察院依法向同关市江上区乐园镇镇政府送达《终结审查决定书》，这是一起因村民非法侵占铁路建设用地严重危及铁路线下安全的公益诉讼案件。送达人员一下车即被当地30余名村民团团围住。面对突发的紧张局面，送达人员沉着冷静、妥善处理，协调派出所和镇政府相关工作人员，顺利完成法律文书的送达任务。

[训练要求与提示]

1. 送达的组织。对收到的需要送达的诉讼文书逐件进行登记，检查需送达的诉讼文书是否符合法定时效，以及是否留有送达所需的时间；根据送达任务的多少，确定专门的送达人员和负责人，并由负责送达的司法警察在登记本上签名；检查送达回证的填写是否符合规定，将已送达诉讼文书的送达回证及时交给案件承办人员签收。

2. 送达勤务的具体实施。依法办理相关送达手续，认真核对送达诉讼文书的数量，明确送达的时间、地点、受送达人姓名、住址等情况；检查交通工具是否良好；准备好必要的防护器材；根据案情选择恰当的送达方式，按规范填制送达回证。注意不同送达方式适用的送达程序。

3. 针对不同的突发事件的处置。丢失法律文书或送达回证的处置；送达途中交通工具出现问题的处置；受送达人及其家属阻挠、干扰送达的处置

[参考意见]

在送达的过程中遇到突发事件，负责送达任务的司法警察应沉着冷静，针对不同的情形采取正确的处置方式，完成送达任务。

【示范案例2】

2016年7月28日、8月19日、8月25日，被告人徐某某与同伙共三次到城南区高地、水东镇等地，盗窃走三辆摩托车，经鉴定，价值共计人民币12237元。经审查，徐某某到案后，在侦查阶段及审查起诉阶段均能如实供述自己的犯罪行为，具有悔罪表现，并有部分退赃情节。徐某某对指控事实无异议，自愿认罪认罚。在听取相关诉讼当事人意见后，检察院认为该案符合认罪认罚从宽制度的适用条件。检察院与司法行政机关对接，通知法律援助处对没有委托辩护人的徐某某指派律师为其提供法律帮助。2017年1月4日，在某州市看守所，司法警察向徐某某送达了《认罪认罚从宽制度告知书》，并签署《认罪认罚具结书》。指派律师作为见证人也在《认罪认罚具结书》上签名。

单元十二 送 达

[训练要求与提示]

1. 送达的组织:

(1) 对收到的需要送达的诉讼文书逐件进行登记,检查需送达的诉讼文书是否符合法定时效,以及是否留有送达所需的时间;

(2) 根据送达任务的实际情况进行分工,确定送达人员,并由负责送达的司法警察在登记本上签名;

(3) 送达任务完成后检查送达回证的填写是否符合规定,将已送达诉讼文书的送达回证及时交给案件承办人员签收。

2. 送达勤务的具体实施:

(1) 根据上述案情依法办理送达的相关法律手续,认真核对送达诉讼文书的数量;明确送达的时间、地点、受送达人姓名、住址等情况;检查交通工具是否良好;准备好必要的防护器材。

(2) 根据上述案情布置送达现场,安排角色担任,选择恰当的送达方式,分别完成将判决书、执行通知书送达被告人谭某,以及将判决书送达被害人家属的任务。注意不同送达方式适用的送达程序。

(3) 做好与送达相关的法律文书的制作。

单元十三

参与搜查

知识结构图

```
          ┌ 参与搜查概述 ┬ 搜查与参与搜查
          │            ├ 参与搜查的特点
          │            └ 参与搜查的意义
          │
          ├ 参与搜查的主要任务与方法 ┬ 参与搜查的主要任务
          │                        └ 参与搜查的方法
参与搜查 ─┤
          ├ 参与搜查的组织实施 ┬ 任务受领
          │                  ├ 参与搜查的准备
          │                  └ 参与搜查的实施
          │
          └ 参与搜查中突发事件的处置 ┬ 哄闹、冲击搜查现场的处理
                                    ├ 暴力抗法的处理
                                    ├ 枪击、爆炸类突发事件的处理
                                    └ 行凶伤害、自伤自残类事件的处理
```

知识目标

- 明确司法警察参与搜查的目的、法律依据及意义
- 掌握司法警察参与搜查的任务、程序、方法、步骤及注意事项
- 掌握司法警察在参与搜查中突发事件的处置要领

能力目标

- 具备独立完成参与搜查任务的能力
- 熟练掌握处置在参与搜查过程中发生的突发事件的能力

 法条链接

- 《中华人民共和国刑事诉讼法》

第一百三十六条 为了收集犯罪证据、查获犯罪人，侦查人员可以对犯罪嫌疑人以及可能隐藏罪犯或者犯罪证据的人的身体、物品、住处和其他有关的地方进行搜查。

第一百三十七条 任何单位和个人，有义务按照人民检察院和公安机关的要求，交出可以证明犯罪嫌疑人有罪或者无罪的物证、书证、视听资料等证据。

第一百三十八条 进行搜查，必须向被搜查人出示搜查证。

在执行逮捕、拘留的时候，遇有紧急情况，不另用搜查证也可以进行搜查。

第一百三十九条 在搜查的时候，应当有被搜查人或者他的家属，邻居或者其他见证人在场。

搜查妇女的身体，应当由女工作人员进行。

第一百四十条 搜查的情况应当写成笔录，由侦查人员和被搜查人或者他的家属，邻居或者其他见证人签名或者盖章。如果被搜查人或者他的家属在逃或者拒绝签名、盖章，应当在笔录上注明。

- 《人民检察院司法警察条例》

第七条 人民检察院司法警察依法履行下列职责：

……

（四）参与搜查。

……

- 《人民检察院刑事诉讼规则（试行）》

第二百二十三条 搜查应当在检察人员的主持下进行，可以有司法警察参加。必要的时候，可以指派检察技术人员参加或者邀请当地公安机关、有关单位协助进行。……

【案例导入】

某年某月南方某市检察院侦破了一起特大职务犯罪案件。据犯罪嫌疑人胡某交代，自己受贿所得的人民币、美元、有价证券等折合人民币计22万多元，金银饰物等有13件，均放在家中自己房间的一只保险柜里，不仅列出了保险柜中钱物数额明细，而且交出了保险柜的钥匙。办案组请示检察长决定立即搜查，只要找到那只保险柜，查获罪证，案件就成功了大半。

办案组派出执行这次搜查任务的人员有检察官2人、司法警察2人。搜查的关键是找到保险柜，取出其中的钱物即可。办案人员及协助的2名司法警察到达胡某家中后，向胡某出示搜查证和工作证件进行搜查，结果是不仅没有见到嫌疑人交代的保险柜，而且胡父胡母都说没有见过所说的保险柜，甚至肯定地说家中从来就没有保险柜。保险柜也不是什么小东西，不是轻易就可以藏在哪儿的。办案组再次讯问胡某，在得到肯定的答复后，胡某在监视下分别与父母、妻子通了电话，询问保险柜的去向。其父母接到电话后，却很是冷淡，说："你这事和我们没关系，你说的什么事我们也不清楚。"其妻子听说涉案金额高达几十万元，心里还是吓了一大跳，明白这是一个什么概念。到底还是夫妻，面对落难的丈夫胡妻心想自己不救谁来救，告诉胡某保险柜被其父母转移到乡下娘舅家了。

办案人员及协助搜查的司法警察来不及考虑，就立即前往胡某乡下娘舅家。可是，乡下娘舅家中仍然没有查到胡某交代的保险柜，很显然已被再次转移。搜查人员经请示后，就地对胡某的娘舅展开讯问，在强大的法律政策面前，稍作抵抗的娘舅终于交代，保险柜已被转移至邻村小妹家。搜查人员立即要求胡某的娘舅拨通其小妹的电话，由其说明利害关系，确认在小妹家后，由娘舅带路直奔其小妹家，终于查获了胡某交代的保险柜，一一清点柜中之物，竟和胡某出具的清单分毫不差。

项目一　参与搜查概述

一、搜查与参与搜查

（一）搜查

1. 搜查的概念。搜查是指侦查人员对犯罪嫌疑人以及可能隐藏罪犯或者犯罪证据的人身、物品、住所和其他有关处所进行搜索、检查的一种侦查行为。搜查是侦查机关在侦查中获取犯罪证据、查获犯罪分子的重要手段，它对防止罪犯逃跑、毁灭、转移证据，及时查获犯罪分子具有重要意义。

在我国，拥有侦查权的机关包括公安机关、检察院、国家安全机关、军队的保卫部门和监狱，而具有侦查权的主体一般都具有搜查权。搜查作为一种独立的侦查行为，既可以单独进行，也可以在执行逮捕、拘留时同时进行。

2. 检察院行使侦查搜查权的案件类型。根据《刑事诉讼法》的规定，刑事案件的侦查由公安机关进行，法律另有规定的除外。人民检察院仅针对以下类型的刑事案件享有侦查权：

（1）人民检察院在对诉讼活动实行法律监督中发现的司法工作人员利用职权实施的非法拘禁、刑讯逼供、非法搜查等侵犯公民权利、损害司法公正的犯罪案件；

（2）对于公安机关管辖的国家机关工作人员利用职权实施的重大犯罪案件，需要由人民检察院直接受理的时候，经省级以上人民检察院决定，可以由人民检察院立案侦查。

（二）参与搜查

1. 参与搜查的概念。根据《刑事诉讼法》和《人民检察院司法警察条例》的规定，参与搜查是指为了收集证据，查缉犯罪嫌疑人，人民检察院的司法警察依法履行职责，参与并配合检察院侦查人员依法对犯罪嫌疑人的人身、物品以及可能隐藏犯罪嫌疑人或者犯罪证据的住处和其他有关场所进行搜索、检查的一项勤务任务。

2. 参与搜查的法律依据。《刑事诉讼法》第 19 条第 2 款规定，人民检察院在对诉讼活动实行法律监督中发现的司法工作人员利用职权实施的非法拘禁、刑讯逼供、非法搜查等侵犯公民权利、损害司法公正的犯罪，可以由人民检察院立案侦查。对于公安机关管辖的国家机关工作人员利用职权实施的重大犯罪案件，需要由人民检察院直接受理的时候，经省级以上人民检察院决定，可以由人民检察院立案侦查。由此可知，对于上述类型案件，人民检察院拥有侦查权，在行使权力的时候需要使用搜查这项侦查措施。同时根据《人民检察院司法警察条例》第 3 条规定，人民检察院司法警察的任务是通过行使职权，维护社会主义法制，维护检察工作秩序，预防、制止妨碍检察活动的违法犯罪行为，保障检察工作的顺利进行；第 7 条规定人民检察院司法警察依法履行参与搜查的职责。

人民检察院的司法警察应当在检察院侦查人员行使侦查权、开展搜查活动时，确实参与其中并积极配合、协助进行搜索、检查和警戒等工作。顾名思义，人民检察院的司法警察这种协助检察院侦查人员行使侦查权并参与搜查工作的行为即为参与搜查。

特别提醒

检察院司法警察的参与搜查通常发生在检察官对自侦案件行使侦查权的过程中，属于侦查阶段的职责履行，体现司法警察的司法辅助性，与公安机关人民警察的搜查并不完全相同。

二、参与搜查的特点

（一）法定性

根据《刑事诉讼法》《人民警察法》《人民检察院司法警察条例》以及《人民检察院司法警察执行职务规则》的有关规定，参与搜查是人民检察院司法警察的一项法定职责。这些法律条文对司法警察执行参与搜查任务做出了明确和系统的规定，如对犯罪嫌疑人、被告人的住所、办公场所和人身进行搜查时，应向被搜查人或其家属出示搜查证；对女性犯罪嫌疑人、被告人进行人身搜查时，应该由女司法警察执行；等等，这些无疑都体现出参与搜查的法定性。

（二）参与性

人民检察院司法警察不是司法官，不行使司法权，其职责有鲜明的司法辅助性，司法警察参与搜查应当在检察人员的主持下进行。根据《人民检察院司法警察执行职务规则》第 2 条规定，人民检察院司法警察在检察官的指挥下，依法履行职责。该规则以司法解释的形式明确要求司法警察在履行职责过程中要明确自己的位置和角色，积极配合检察官的工作，服从检察官的指挥，为检察官做好服务与保障。因此，司法警察参与搜查时，应当在自己的职权范围内做好与检察官的各项配合工作。

实践中，人民检察院对自侦案件采取搜查措施。制定搜查方案时应有司法警察参加，执行搜查时应由检察官、司法警察共同完成。司法警察应服从搜查现场检察官的统一指挥，主要负责安全警戒任务，协助进行证据的搜查和收取，保证搜查工作安全顺利完成。执行参与搜查任务的司法警察，还应对被搜查人及其家属进行看护，防止其转移、隐藏、销毁证据或发生其他意外事件。对以暴力、威胁方法阻碍搜查的，应立即予以制止或将其带离现场。这些都体现出了司法警察在参与搜查中的参与性，确实参与其中，但是主要发挥服务和辅助作用。

（三）强制性

搜查是一项严肃的、具有强制性的侦查活动，不以被搜查人的意志为转移。根据《刑事诉讼法》第136条规定，为了收集犯罪证据、查获犯罪人，侦查人员可以对犯罪嫌疑人以及可能隐藏罪犯或者犯罪证据的人的身体、物品、住处和其他有关的地方进行搜查。即法律规定搜查的范围和对象包括人身搜查、住宅及相关场所搜查。由于搜查本身的强制性，容易使被搜查人产生抗拒心理，在强大压力下，可能发生逃跑、自杀或行凶、报复的情形，同时，也可能出现亲友围攻等其他妨害搜查工作的集体行为。因此，司法警察参与搜查活动既要保证检察官的安全，又要确保被搜查人及家属不发生任何意外。根据《人民检察院司法警察条例》第9条的规定，对以暴力、威胁或者其他方法阻碍检察人员依法执行职务的，人民检察院司法警察应当及时予以控制，并依法采取强制带离现场或者采取法律规定的其他措施。司法警察参与搜查的职责是带有强制性的，也正因为有了这种强制性作用，才能够保障搜查措施的有效行使，使搜查工作得以顺利进行。

三、参与搜查的意义

根据《人民检察院司法警察条例》的有关规定，司法警察参与搜查主要具有以下三个方面的意义：

（一）参与搜查有助于发现和收集犯罪证据

发现和收集犯罪证据是搜查的中心任务之一。司法警察在参与搜查中，根据检察官的指挥，集中精力，认真仔细，发现和收集犯罪证据，不放过任何蛛丝马迹。如贪污案件中的账册、发票、收据、计账凭证、各类财物，职务犯罪中的电话、电报、传真、便条、审批手续等等，这些证据往往具有细碎、数量巨大、便于隐藏等特点，必须通过检察官和司法警察通力配合并借助仪器等工具探查，方能收到良好的效果。

（二）参与搜查有助于搜查工作的顺利完成

在检察机关直接受理的每一起自侦案件中，虽然侦查计划、侦查谋略与技巧，侦查部署与安排，都是由检察官统筹安排与决定。但根据客观实际情况的变化，在办案实践过程中，常常会遇到一些不可预测的变数。比如，司法警察配合检察官去犯罪嫌疑人家搜查,其家属以死相抗或遭不明真相的人群围攻、起哄,导致检察官无法进行搜查等突发情况。司法警察参与搜查,警察的身份具有威慑性,警察的手段具有强制性,警察可以依法使用武器和警械,这些都是搜查工作顺利完成的保证。

(三) 参与搜查有助于预防和制止妨碍检察活动的违法犯罪行为

参与搜查的司法警察到达现场后,在检察官的指挥下,做好对搜查场地的警戒,防止意外事故的发生,特别是防止妨碍检察活动的违法犯罪行为的发生。执行参与搜查任务的司法警察,在掌握搜查任务、搜查目的、被搜查对象的基本情况等主要内容的基础上,对被搜查人及其家属进行看护,防止其转移、隐藏、销毁证据或发生其他意外事件。对以暴力、威胁方法阻碍搜查的,司法警察可以立即予以制止或将其带离现场。

项目二 参与搜查的主要任务与方法

【案例 13-1】

某年某月,南方某市检察院查办医疗腐败案,侦查人员必须将药商与医院联系的渠道、回扣计算交收的环节、药商的行踪等情况摸熟摸透方可定案。侦查人员带领两名司法警察前往位于广州某酒店内的药商办公室进行搜查。到达后,侦查人员发现,有两个相邻的房间一间敞开,一间紧闭。搜查敞开的那间办公室时,细心的侦查人员听到隔壁房间有动静。在大家耐心的劝导下,里面的人终于打开了房门,3个药商慌张的神色告诉侦查人员,他们有隐藏或者销毁证据的重大嫌疑。侦查人员迅速展开搜查,却没发现任何有价值的证据。但办案侦查人员没有放弃,他们凭着直觉,确信有重要证据就隐藏在这个房间里,这时司法警察张某注意到了角落里一个不起眼的暖水瓶,走过去拿起暖水瓶在耳边摇了摇,感觉声音不正常,打开瓶塞一看,发现暖水瓶里有碎纸片。司法警察请示侦查人员后,马上打破瓶胆取出已经被水浸泡的碎纸片。司法警察回到单位马上进行证据复原。面对复原的书面证据上对一笔笔回扣款的详细记载,药商们目瞪口呆,对自己行贿的事实供认不讳。

问题思考

1. 本案中,搜查的对象是什么?
2. 司法警察在搜查重点部位时,有哪些注意事项?

一、参与搜查的主要任务

检察官对自侦案件依法享有侦查指挥决定权,自侦案件的侦查计划、部署与安排,都是由检察官统筹安排与决定，司法警察参与搜查是做好协助、服务和保障工作。每个案件的侦查任务具有其特殊性、风险性，司法警察以特定的角色去履行参与搜查职责，有利于案件搜查工作的顺利完成。在办案实践过程中，常常会遇到一些不可预测的变数，根据客观实际情况的变化，检察官与司法警察之间"主、配"角必须随机短期转换，才能共同完成任务。比如，司法警察配合检察官去犯罪嫌疑人家搜查，其家属以死相抗或遭不明真相的人群围攻、起哄，不让检察官搜查，搜查工作僵持无法进行时，司法警察即可站到"台前"当"主角"，以司法警察身份的威慑性和强制性手段，使当事人的态度发生转变，接受搜查；在调查取证中，司法警察随即回到"配角"的位置。这种短期的"角色"转换，在办案实践中是会常常遇到的。

根据《人民检察院司法警察条例》和《人民检察院司法警察执行职务规则》的有关规定，司法警察参与搜查的主要任务包括以下四项：

（一）场地警戒

参与搜查前，司法警察应当了解被搜查对象的基本情况、搜查现场及周围环境，确定搜查的范围和重点，明确场所警戒的人员分工和责任安排。当侦查人员对犯罪嫌疑人、被告人的人身、住所、工作地点和其他有关地方进行搜查时，司法警察应当制止无关人员进入现场，做好安全保障和警戒工作，保障搜查工作顺利进行。

（二）保护搜查人员的人身安全

为防止被搜查人、家属以及与搜查对象的有关人员以暴力、威胁或者其他方法阻碍搜查，可能对侦查人员的人身造成伤害，司法警察应当对被搜查人及其家属进行严密监控，保护侦查人员安全，防止意外事件发生。

（三）协助办案人员搜查

司法警察协助侦查人员执行扣押、查封任务时，除了做好现场警戒，还应当对搜查的证据进行看管、保护，防止被抢夺、毁损、转移；如需要对女性犯罪嫌疑人、被告人进行人身搜查时，由女性司法警察执行。

（四）制止妨害搜查行为

参与搜查时，司法警察应当对被搜查人及其家属进行严密监控，防止其隐匿、毁弃、转移犯罪证据等可能妨害搜查的行为发生。对可能发生以暴力、威胁或者其他方法阻碍搜查的，应当予以制止或者将其带离现场。

二、参与搜查的方法

（一）人身搜查的方法

人身搜查的目的，主要是从被搜查人身上及随身携带的物品中发现犯罪证据或侦查线索，同时解除被搜查人随身携带的危险物品，保障搜查工作安全进行。搜查妇女身体时，应由女工作人员进行，见证人也应当为女性，其他工作人员不得在场，搜查地点也应考虑实际情况慎重选择。

1. 警戒、监视工作。进行人身搜查时，搜查人员应当至少 2 人。当一人搜查时，其余人员在旁警戒，监视被搜查人的行为，防备其将身上的赃物、罪证等抛出、丢弃或袭击搜查人员、行凶或自杀。同时，警戒人员亦可以通过观察被搜查人的神情举止，发现其最为关注的部位。

2. 搜查身体的方法。搜查身体时应命令被搜查人背向搜查人员，靠墙站立，两脚分开，举起双手扶墙并伸展手指，使重心前倾。搜查人员从被搜查人背后，从上而下，由两侧至前后，由外及里的顺序仔细搜查全身。特别应注意头发、耳孔、口腔等可能隐藏物品的部位，必要时可以使用探测仪器进行检查。

3. 搜查衣物的方法。搜查衣物，重点是衣袋、衣领、垫肩、补丁、裤腰、帽里、鞋底等有夹层的部位，必要时可拆开检查。搜查衣物除应注意发现可疑物品外，还应注意衣物上有无血迹、斑点、黏附物，有无缝补、洗刷痕迹，纽扣的样式、颜色及新旧程度是否一致，着装情况同时令、风俗、身份是否存在矛盾等等。

4. 搜查随身物品的方法。搜查随身物品不能让被搜查人自己打开箱包或其他物品，同时注意警戒和观察被搜查人神情。搜查时应注意夹层和空隙，并注意表面上没有危险性，但可以当作武器使用达到伤人目的的物品，如钢笔、粉末等。搜查物品要与询问被搜查人相结合，分析物品的来源和携带目的。

(二) 室内场所的搜查方法

室内场所中能够证实犯罪的证据和线索相对比较集中，及时进行搜查有助于有效推进侦查行动，但是室内场所形式多样，家具、杂物较多，加之犯罪嫌疑人精心伪装、专门藏匿，使室内场所的搜查具有相当的难度。

1. 搜查前的准备。搜查人员到达搜查地点后，应根据场所的特点，立即布置警戒监视岗哨，封锁现场的出入口和通道，断绝被搜查场所与外界的联系。除搜查时应在场的人外，场所内的其他人员都集中在一处，不得随意走动、交谈和离开。搜查人员应巡视搜查场所，进一步了解建筑结构和室内布局，为确定搜查路线和顺序提供依据。

2. 搜查的顺序。搜查人员采用分区定位的方法，分组分别搜查指定区域，如有必要重复搜查，可让搜查人员相互调换搜查区域。每一个房间都应先确定搜查的起点，一般先从最有可能发现搜查目标的位置开始，沿入口处的一侧墙壁按照一定的方向，搜查沿墙壁摆放的物品、墙壁本身和墙下地面，最后搜查位于房屋中间的物品及地面。

3. 搜查重点部位的方法。搜查人员应戴好手套、鞋套，避免破坏现场，并秉承先静后动的原则，先不触碰物品完成所有能进行的搜查，接着拍照记录原始情况，最后移动物品进行搜查。搜查地板、墙壁和家具时要注意发现是否有秘密处所、夹层、细小的物质和可疑的迹象，注意放置家具的位置有无位移的情况。必要时可以使用探测仪器或警犬等进行检查。

4. 搜查中的观察和分析。搜查过程中应随时观察被搜查人的神情举止,当搜查人接近重点部位时,被搜查人常常无法保持平静,被搜查人也可能有意用一些言行分散搜查人员的注意力。分析物品和痕迹的存放方式、出现情况是否符合常理,同被搜查人的描述解释是否一致。搜查人员要模拟被搜查人的思维方式,判断用什么方法或在何处可能发现搜查的目标物。

(三) 室外场所的搜查方法

1. 询问知情人。室外场所范围较大,环境复杂,犯罪嫌疑人用以藏匿赃物罪证的条件较好,痕迹物证容易受人为或自然因素破坏,因此,搜查前走访知情人获取信息至关重要。询问内容主要包括当地的环境情况,有无便于藏匿的处所,案发前后该地有无变化,近期有无可疑人员活动等。

2. 划定搜查范围。在调查访问的基础上,根据地形复杂程度和具体环境,划定搜查范围。制定分片分段搜查的具体方案,定人定点包干有序地进行搜查。搜查时可采用螺旋式、发射式、条幅式等路径形式。

另外,观察地表及植物的情况也有助于发现目标物,如新翻动的泥土、变动过的物堆、植物的倒伏断折等。有时犯罪嫌疑人藏匿物品后还会留下记号,所以在搜查时要仔细观察与地表无关的现象。

项目三 参与搜查的组织实施

一、任务受领

根据《人民检察院司法警察条例》第 8 条规定,人民检察院司法警察在检察官的指挥下履行职责。一般情况下,检察官根据具体搜查工作的需要,先提出要求司法警察协助工作的人数与具体方案,报经人民检察院领导批准,由本检察院法警部门具体安排人员组成参与搜查司法警察小组。人民检察院的司法警察接受检察官的指令,一切围绕搜查工作的需要而开展工作。搜查前应由检察长签发搜查证,实践中要严格落实派警制度,认真履行派警手续,非经批准,不得随意调动警力。

二、参与搜查的准备

(一) 明确搜查目的,了解案件情况

搜查的目的一般包括发现主体现场,查获犯罪嫌疑人,获取犯罪证据,扩大侦查线索等。搜查前,参与搜查的人员应详细、准确地了解搜查的具体目的和重点,这有助于搜查人员判断和发现目标。

司法警察接到参与搜查指令后,在了解搜查目的和重点的基础上,应了解被搜查对象的基本情况、搜查现场及周围环境,明确搜查的范围和重点及搜查人员的分工和责任,根据具体案情制订详细的搜查方案,做好搜查的物质准备,配备足够的人员,一般还应有女法警参加。

(二)做好物资准备,配备器材工具

出发前,司法警察必须对拟使用的交通工具、通信器材及警械武器进行认真、全面的检查,保证可以投入使用,避免由于器材故障而导致参与搜查工作不能顺利进行。必要时,还可准备录像设备,对搜查现场进行录像。

器材和工具包括的范围较广,包括照相机、摄像机、录音机、照明工具、放大镜、发现不可见痕迹的紫光灯和测量、探测工具等,视搜查工作的需要而定。除此之外,执勤法警还应从预防突发事件的角度考虑,配备钢盔、防弹衣、警械、武器等器具。

三、参与搜查的实施

(一)迅速到达指定部位

参与搜查的司法警察按照检察官的工作要求和具体分工,迅速准时到达指定部位。司法警察到达现场后,首先要熟悉现场及周边环境地理状况。在侦查人员的指挥下,按参与搜查的预案各就各位,司法警察小组可视需要指定一名临时负责人,专门负责小组成员的协调、指挥工作。

(二)快速布控

执勤的司法警察根据工作的具体要求,对主要通道、出入口、关键部位进行合理布控、有效控制,防止无关人员进入执勤的工作区域。针对不同的案件,司法警察在协助侦查人员进行搜查时要明确搜查的目的及布控的重点。例如,贪污案件搜查的中心目的是发现并查获证实经济犯罪的账册、发票、收据、计账凭证、各类财物;渎职案件是证实犯罪的电话记录、电报、传真、便条、审批手续等。布控的现场一般是犯罪嫌疑人或案件关系人的住所、办公室等地点;布控的重点是到达相关处所的出入口、暗道、通道。布控的主要目的是防止无关人员进入现场;防止群众围观议论或妨碍搜查,警惕嫌疑人及其亲属或其他关系人毁坏、销毁、转移证据,防止被搜查人和其他人员冲击、袭击正在搜查的人员。具体执勤时,法警可以将犯罪嫌疑人、亲属及其他关系人分别控制,注意被控制人员的神情和谈话,防止串供或突发事件发生。参与搜查司法警察不得擅离职守,一切听从检察官的指挥。

(三)实施搜查

【案例13-2】

某年某月,某市检察院对韩某涉嫌挪用公款和贪污案立案侦查。犯罪嫌疑人韩某涉嫌挪用和贪污公款，但相关证据不足，审讯陷入僵持状态。这时，法警支队司法警察何某、张某配合侦查人员依法对韩某的住所进行搜查。由于韩某把相关证据藏得非常隐蔽，侦查人员对其住所搜查了一遍，没有发现任何有价值的线索。但何某的直觉告诉他，证据一定在屋里。她让副支队长张某找来韩某家人询问，但韩某的家人一口咬定什么都不知道。何某从他们的眼神里感到，他们肯定没说实话，于是她一边宣传政策，一边用眼睛直直盯住韩某的妻子。韩某的妻子一会把头抬起来，一会又把头低下，始终不敢正视何某的目光。

几个回合下来，韩某妻子的心理防线彻底崩溃，交代了一切。副队长张某撬开沙发后的一个暗锁发现，里面竟是一个小暗阁，藏着现金、有价证券、金银首饰等物品，总共价值400余万元。这些财物后来成了司法部门给韩某定罪的主要证据，韩某因贪污等罪名成立而被判处死刑缓期执行。

1. 出示证件。搜查应有2名或2名以上搜查人员共同进行。搜查前，必须首先向被搜查人或者他的家属出示搜查证，应当有被搜查人或者他的家属、邻居或者其他与案件无关的见证人在场见证。但是人民检察院在协助执行逮捕、拘留的时候，遇有紧急情况，不用搜查证也可以进行搜查。所谓紧急情况主要是指犯罪嫌疑人携带凶器或其他爆炸、剧毒等极具危险性的物品，或者在其住处放有爆炸物品等；可能发生自杀、行凶以及危害他人或公共安全的情况；或者有隐匿、毁弃、转移犯罪证据等情况，不立即执行搜查，就有可能造成不应有的损害或者贻误获取证据的时机，妨碍或影响侦查活动顺利进行的情形。但搜查结束后，搜查人员应当及时向检察长报告，并及时补办有关手续。

2. 告知责任与义务。在搜查前，应对被搜查人或者其家属进行必要的思想教育，启发他们主动交出赃款、物证、书证，并告知他们阻碍搜查应负的法律责任。对见证人应讲明其依法应承担的义务。必要时，可通知当地公安派出所或者有关单位派人参加。

3. 密切观察搜查对象的动态。观察和收集搜查区域的信息及有关人员的动态，及时发现并有效排除险情，确保执法活动的顺利进行。防止涉案人员及其家属、其他关系人冲击和破坏搜查工作，抢夺、销毁有关证据材料，伤害正在执行搜查的人员。对不听劝阻冲击破坏或妨碍执法活动的人员，依法及时制止或强制带离，必要时可以使用警械器具，从而确保搜查工作的顺利进行。

4. 制作搜查记录。搜查时应按规定制作搜查笔录和进行必要的拍照录像。搜查笔录内容有：采取搜查措施的依据；执行搜查的检察人员及见证人的姓名；搜查的简要情况；搜查开始和结束的时间。搜查笔录应扼要、准确、如实地记录搜查行动全过程。对搜查的书证、物证及放置地点、部位应予以拍照，并用文字说明有关情况，连同照片一同附卷。搜查结束，当被搜查人和见证人确认记录无误后，被搜查人、见证人、搜查人员均应在搜查笔录上签名。如果家属拒绝签名、盖章，应在笔录上注明。搜查笔录一式两份，一份随诉讼案卷材料移交，一份存在侦查案卷内备案。

5. 搜查时的注意事项。参与搜查的司法警察未经检察官允许，不得随意介入具体搜查活动，不得随意出入现场，不得任意触摸、移动现场物品，应分工坚守在自己的岗位。在参与搜查时，执勤法警应明确自己的职责特点，既要参与执法活动的全过程，又要听从检察官的指令，明确参与搜查任务的参与性、强制性。

严守秘密既是司法警察应具备的职业道德，也是一项铁的纪律。在参与执行有关搜查、扣押、查封等强制措施时，不向无关人员透露执勤的具体情况，否则会给执法工作尤其是案件的继续侦查造成更大的困难。

（四）撤离现场

当搜查工作结束后，执勤司法警察即随检察官一同撤离现场。司法警察在随同检察官撤离现场时，中心任务是保障撤离人员的人身安全，保卫搜查的成果，防止抢夺、毁灭证据和袭击、绑架搜查人员的事件发生；防止阻截、攻击和破坏执勤车辆等严重妨碍执行职务的违法犯罪事件发生。保障撤离时道路的畅通，保护搜查成果和搜查人员的安全，防止意外发生，是撤离时执勤法警应注意的关键。

在执行参与搜查任务时，司法警察要确保执法规范，注意文明执法，这体现着国家法律的威严和执法人员的综合素养，而且，司法人员的一言一行，都会影响到群众对国家法律严肃性的评判和认可。

项目四　参与搜查中突发事件的处置

【案例13-3】

北方某市检察院在一次配合反贪部门到某建筑工地执行搜查任务时，该工地不明真相的工人受到个别领导的挑唆，围攻检察人员，使一些取得的证据材料面临损坏的危险，两名检察官的人身安全也受到严重威胁。司法警察陈某立刻冲到人群当中，高高举起警官证，慷慨激昂地说："我们在依法执行公务，请你们配合，如果你们不停止行动，要负法律责任！"但个别人仍不听劝说，并动手打人。陈某的警服被撕破，脸上、身上被抓出血道。但他打不还手、骂不还口，并严厉对当中的一位工地干部说道："你如果觉得检察机关对你的审查不对，可以通过正当渠道反映，你挑动不明真相的群众干扰办案，这是错上加错！"听完这番话后，这个领导被陈某的威严所震慑，赶紧制止了打人行为，同时，那些不明真相的工人见此状也纷纷离去。司法警察的有效制止使两名检察官毫发未损，所取证据也保存完好。

问题思考

1. 什么是参与搜查中的突发事件？

2. 参与搜查中突发事件的类型有哪些?
3. 本案中,司法警察处置突发事件的表现有哪些妥当之处?

在司法警察参与搜查过程中,一些不可预测的突发事件如暴力抗法、群众围攻、甚至以死相威胁等突发性事件时有发生,有的甚至伤及司法警察及检察官的人身安全。在突发事件中,不法分子首先攻击的对象往往是司法警察,产生的后果是轻则使法警受伤,重则危及侦查人员的人身安全。实践中要求司法警察要有敏锐的洞察力,具备处置突发事件的能力,随时做好处置突发事件的准备,将突发事件消灭在萌芽状态中,以保障搜查的顺利进行。

一、哄闹、冲击搜查现场的处理

闹事者哄闹、冲击搜查现场,谩骂、围攻检察官,势必扰乱了正常的搜查秩序,妨碍了司法活动的正常进行。哄闹、冲击搜查现场事件发生时,负责警戒的司法警察应对闹事者提出警告并予以制止,告知其行为可能造成的法律后果。对经警告、制止无效继续哄闹、冲击搜查现场的,根据检察官的指令依法采取强制措施,控制局面避免事态扩大,并及时向法警队领导汇报寻求警力支援,必要时可根据《人民警察使用警械和武器条例》的规定使用警械。当事态扩大时,根据指令迅速调整警力部署,分离闹事人员,保护检察人员的安全转移,并迅速与当地公安联系,请求协助。

二、暴力抗法的处理

被搜查人或其亲属或与案件相关的人员,为阻碍搜查,采取暴力手段围攻、冲击现场,殴打、绑架检察官及司法警察;撕毁、毁坏、销毁、抢夺、转移证据;阻截、攻击和破坏执勤车辆、器材,抢夺警械用具等,是严重妨碍执行职务的违法犯罪行为。

搜查中发生暴力抗法事件时,司法警察应主动配合检察官向当事人和围观群众进行法制宣传,说清利害关系,稳定现场群众,并对极端分子进行警告,尽量将事态制止在初期阶段。

当暴力抗法的事态无法控制,且司法警察与闹事人群在力量上成悬殊对比时,应当重点保护检察官的人身安全,选择相对安全的地方与闹事人群分隔开,并及时向上级汇报情况,请求当地公安机关支援。

三、枪击、爆炸类突发事件的处理

被搜查人及其亲属或与案件相关的人员携带爆炸物进入搜查现场并引爆,造成人员伤亡、证据毁灭或财产损失,或者被搜查人或其亲属或与案件相关的人员携带枪支进入搜查现场,并突然开枪射击检察官或司法警察。这类事件造成的后果是极其严重的,司法警察部门应引起高度重视。这个情况一旦发生,司法警察应果断处置,按照规定使用武器，控制事态和局面。

司法警察根据现场侦查人员的指令，及时采取有效措施对违法者进行控制和束缚，收缴其持有的凶器或其他危险物品，防止因抗法人员情绪失控做出过激行为，保护好侦查人员的安全，并及时向相关领导汇报情况，必要时可向当地公安部门求助，并使用警械武器。对警械武器使用的时机、条件，都必须严格按照《中华人民共和国人民警察使用警械和武器条例》的规定。人民警察使用警械和武器，应当以制止违法犯罪行为，尽量减少人员伤亡、财产损失为原则。当违法犯罪行为得到制止时，应当立即停止使用警械和武器。

四、行凶伤害、自伤自残类事件的处理

在搜查现场有关人员突然使用暴力或刀具伤害检察官或司法警察，或实施自杀、自残、自焚，主要手段为突然喝药、用刀片等利器割腕，或突然撞向坚硬物体、自咬舌头，包括假装突然发病晕倒等。

被搜查人或其家属行凶、自杀、自残时，司法警察应立即采取措施控制被搜查人或其家属，收缴其持有的凶器或其他危险物品，防止因抗法人员情绪失控做出过激行为。对已经发生伤害后果的，应及时对其进行救治。

提高司法警察应对突发事件的能力，才能更好地完成参与搜查任务。每次参与搜查任务，司法警察都要做好任务执行前的准备工作，充分估计执行任务中可能出现的各种情况并制定应对措施，根据执行任务的规模、危险程度合理布置警力，明确分工协作。"凡事预则立，不预则废"。司法警察接到参与搜查的指令后，要根据搜查任务，制定相应的突发事件处置预案，明确参与搜查的职责并进行具体分工。各级法警队应根据当地执法环境和自身实际，制定切实可行的突发事件处置预案，预案中要明确处置突发事件的目的、要求，处置原则、方法、警力部署与分工、联动机制等内容，并有针对性地组织进行演练，达到预期的处理效果。

项目五　技能训练

技能训练一　公开搜查

一、训练目的与要求

（一）训练的目的

通过公开搜查训练，使同学掌握搜查这一侦查措施的运用时机、操作方法和相关的法律程序，提高动手操作能力、分析判断能力和解决问题的能力。

（二）训练的要求

1. 训练时间为 2 学时。

2. 参加训练的同学，必须按小组制作一份搜查笔录及相关文书材料，笔录及相关文书应严格遵循制作规范。

3. 以 6 人为小组进入实训现场，参加公开搜查的同学，明确各自角色的性质、任务。

4. 训练后应由教师根据同学搜查训练中的表现和制作搜查笔录及相关文书的质量，逐个进行讲评，按百分制给出成绩。

二、训练内容要点

公开搜查活动涉及公民人身和住宅不受非法侵犯的权利，也关系到侦查破案的成败。本实训旨在考核同学对公开搜查的全面把握，故对本次训练内容中所列项目要切实予以体现并重点考查。另可根据搜查训练中的具体情况和需要，适时地安排一些有针对性的情节，考查应变能力。

1. 人身搜查、住所搜查及扣押物品、文件搜查；

2. 处理搜查中的突发事件；

3. 制作搜查报告书。

三、法律依据

《刑事诉讼法》第 136~140 条与《人民检察院刑事诉讼规则》第 219~230 条。

四、训练前的准备

1. 法律文书。

2. 搜查对象。

3. 器材准备。

（1）警用器械：手铐、仿真手枪；

（2）搜查用勘查灯等；

（3）刀具数把；

（4）生活消耗品；

（5）其他用作赃物的传呼机、手机、手表、毒品等物品的仿真品。

五、训练的方法与步骤

（一）训练方法

公开搜查训练采取操作性训练方法进行。

（二）训练步骤

1. 训练准备。

（1）根据指导教师设计的案情，布置现场。

（2）安排参加训练的同学分组、分工，明确各自的职责任务和工作内容。

（3）确定作为被搜查对象的同学，做好案情交代和保密教育。

2. 训练的展开。先后向各小组通报案情，各小组组织人员赶赴实训现场进行搜查、扣押，制作法律文书，处理突发事件。

3. 训练的总结评析。各小组搜查结束后，上交相关文书、报告，指导教师批改后，就训练情况进行总结评析。

评分标准：

法律手续完备	20 分
搜查方法	25 分
搜查笔录及相关法律文书	25 分
处置突发事件能力	20 分
纪律作风	10 分

六、注意事项

1. 参与训练的同学要做好自己所承担的角色，并互换角色进行训练；

2. 严格按照法律规定的搜查程序及要求进行训练（如出示搜查证、邀请见证人、做好搜查笔录等）；

3. 严格遵循搜查规则（如安全规则、重点搜查隐蔽部位规则、警戒规则等）；

4. 注意完备法律手续，做好相关法律文书制作及保管工作；

5. 训练时如使用相关警械器材，要熟练操作，并注意安全。

七、示范例文

结合上述训练内容，依据相关法律规定，搜查时常用的法律文书主要有以下三种：

（一）呈请搜查报告书

1. 呈请搜查报告书的概念。呈请搜查报告书是检察院（公安机关）承办案件的单位为了搜集犯罪证据，查获犯罪人，用于呈请检察院检察长（县级以上公安机关负责人）批准对犯罪嫌疑人以及可能隐藏罪犯或者犯罪证据的人的身体、物品、住所和其他有关地方进行搜查时所制作的审批性法律文书。

在实施搜查之前，按照该文书的制作要求，指导老师指导同学完成文书写作。该文书是签发搜查证的依据，立卷时存入侦查工作卷，存档备查。

2. 呈请搜查报告书的结构内容。该文书由领导批示栏、审核意见栏和呈请搜查报告书组成。呈请搜查报告书由呈请单位制作，主要有以下内容：

首部：文书名称。

正文：包括犯罪嫌疑人的基本情况、呈请领导批示的事项、搜查的理由和法律依据。

尾部：结语和落款，包括承办单位名称、承办人姓名以及制作的日期。

3. 呈请搜查报告书的格式。

第一部分：犯罪嫌疑人的基本情况［姓名、性别、出生年月、身份证号码、民族、住址、文化程度、职业或工作单位及职务、政治面貌（如为人大代表、政协委员，一并写明具体级、界代表、委员）、主要简历、采取强制措施情况等］。尚未确定犯罪嫌疑人的，写明案件基本情况。如果涉及其他人员的，写明该人的基本情况。

第二部分：呈请事项（需要领导批示的事项，这段可写明"现呈请对犯罪嫌疑人××的住所或其对其本人进行搜查，理由如下"）。

第三部分：事实依据（简要叙述有关案件事实，并对事实进行分析）。

第四部分：法律依据（写明依据的具体法律规定）。

第五部分：结语（可表述为"以上报告妥否，请批示"）和落款。

4.《呈请搜查报告书》写作实例。

领导批示	同意搜查 　　　　　　　　　　　　　张×× 　19××年9月21日
审核意见	拟同意，请张副局长批示。 　　　　　　　　　　　　　魏×× 　19××年9月21日

呈请搜查报告书

被搜查人王××，男，35岁，××省××市人，××市××派出所副所长，现住××市××区

××街2号。

被搜查人王××，20××年9月至20××年7月在××市××区永胜小学读书；20××年9月至20××年7月在××市第四中学上中学；20××年9月至20××年7月在××市第一中学上学；20××年8月参加工作，任××市××派出所副所长；20××年9月21日因涉嫌贪污、受贿、倒卖文物被××市公安局××区分局刑事拘留。

现呈请对犯罪嫌疑人王××在××市××区××街2号的住处进行搜查，理由如下：

我局在正在侦查的"9·20"案的犯罪嫌疑人王××供称：自20××年1月8日起，伙同当地倒卖文物的团伙一起商量盗墓倒卖晚商铜鼎，要求刘××写好时间带人找墓穴，其利用职务调离该地文物保护区的治安巡逻队员，为刘××提供盗墓便利。随后，多次按照既定分工实施犯罪，并由刘××负责对外售卖，其与刘××按3：7的利润进行抽成，对没有卖出的文物，由其藏匿在其家中地下室。查清这些文物的去向及藏匿地点，对于核实犯罪嫌疑人口供具有重要作用。

为了及时查清案情，获取证据，根据《中华人民共和国刑事诉讼法》第136条之规定，拟对犯罪嫌疑人王××的住处进行搜查。

妥否，请批示。

××市公安局刑警队

承办人：崔××
牛××
20××年9月21日

（二）搜查证

1. 搜查证的概念。搜查证是侦查机关办案人员依法对犯罪嫌疑人以及可能隐藏罪犯或者犯罪证据的人的身体、物品、住所和其他有关地方进行搜查的凭证性法律文书。

2. 搜查证的结构内容。搜查证是填空式文书，由正页和存根两联组成。

正页：由首部、正文和尾部三部分组成。首部包括文书标题和发文字号；正文依次填清执行人姓名、被搜查人住址和被搜查人姓名；尾部加盖公安局长的印章和公安局印章，填写签发日期。

存根：按固定格式依次填写：被搜查人姓名、性别、年龄、住址、单位及职业、搜查原因、批准人、批准时间、执行人姓名、填发时间、填发人姓名。

在实施搜查之前，按照该文书的规定内容和制作要求，指导老师指导同学完成文书填写。搜查证的正页是侦查人员执行搜查的的法律凭证，立卷时存入诉讼卷；存根用于存档备查。

3. 搜查证的格式。

×××公安局 搜　查　证 （存根） ×公搜字（　）号 被搜查人_____男/女____ 住　　址_____ 单位及职业_____ 搜查原因_____ 批　准　人_____ 批准时间_____ 执　行　人_____ 填发时间_____ 填　发　人_____	× 公 搜 字	×××公安局 搜　查　证 　　　　　　　　×公搜字（　）号 根据《中华人民共和国刑事诉讼法》第一百零九条之规定，兹派本局侦查人员_____对居住在_____的____的人身、物品、住处和其他有关地方进行搜查。 　　　　　　　　　局长_____（印） 　　　　　　　　　　　　公安局（印） 　　　　　　　　____年___月___日 本证已于____年___月___时向我宣布。 　　　　被搜查人或家属_____（按指印）

4. 搜查证写作实例。

×××公安局 搜　查　证 （存根） ×公搜字（20××）13号 被搜查人　王×× 男/女 25岁 住　　址 ××市××区××街2号 单位及职业 ××市××糖果厂当工人 搜查原因 搜集犯罪证据 批　准　人 张×× 批准时间 20××年9月21日 执　行　人 崔×× 牛×× 填发时间 20××年9与21日 填　发　人 赵××	× 公 搜 字	×××公安局 搜　查　证 　　　　　　　　×公搜字（20××）13号 根据《中华人民共和国刑事诉讼法》第一百零九条之规定，兹派本局侦查人员崔×× 牛××对居住在××市××区××街2号的王××的人身、物品、住处和其他有关地方进行搜查。 　　　　　　　　　局长张××（印） 　　　　　　　　　　　　公安局（印） 　　　　　　　　20××年9月21日 本证已于20××年9月21日14时向我宣布。 　　　　被搜查人或家属邹××（按指印）

（三）搜查笔录

1. 搜查笔录的概念。搜查笔录是指侦查机关的侦查人员对犯罪嫌疑人以及可能隐藏罪犯或者犯罪证据的人的身体、物品、住处和其他有关地方进行搜查时依法当场制作的，用于记录搜查情况的法律文书。

2.《搜查笔录》的结构内容。《搜查笔录》由首部、正文和尾部三部分组成。

首部：包括文书名称、搜查起止时间（具体到时、分）、搜查人所属单位和姓名、《搜查证》签发的日期和发文字号、见证人姓名、被搜查人住址和姓名等内容。

正文：要写明搜查的简要情况。主要写被搜查的部位情况；被搜查出来的与案件有关的物品，如发现的具体位置、形状、数量等，是否按要求填写了《扣押物品清单》；搜查中有无损坏物品情况；搜查中所做的拍照、绘图情况；搜查中被搜查人的表现情况，即是积极配合，还是故意刁难；侦查人员在搜查中是否有违反政策法规的情况等。

尾部：由被搜查人或家属签名（盖章）或捺指印，侦查人员、见证人、记录人签名。

3.《搜查笔录》的使用说明。指导老师根据《搜查笔录》的规定内容和要求，指导同学完成该文书的制作。依法制作的《搜查笔录》可用于分析案情，揭露和证实犯罪。《搜查笔录》应与同次搜查的《扣押物品清单》和罪证照片一并归入诉讼卷。

4.《搜查笔录》写作实例。

搜查笔录

时间20××年9月21日14时20分至15时42分，××市公安局刑警队侦查人员崔××、牛××根据20××年9月21日所签发的×公搜字（20××）13号搜查证，在王××、周××的见证下，对居住在××市××区××街2号的王××的人身、物品、住处和其他有关的地方进行搜查。

搜查的简要情况：

侦查人员在王××家中卧室的床下面西南角箱子后面发现浅黄色塑料布包着的死者上肢两只。在卧室南侧小立柜底下发现一把剪刀。在客厅北侧一方桌下面有一把较新的菜刀。在客厅的沙发下面发现教练手榴弹一枚，上有毛发。在厕所内南侧有一把旧菜刀。在厕所手箱内发现死者的一双白塑料底的黑布鞋。在搜查中没有违法现象，未损坏任何物品，被搜查人家属能够配合搜查工作。

扣押物品详见《扣押物品清单》。

搜查笔录的副本《扣押物品清单》已交由王××之妻邹××收执。

被搜查人对搜查的意见：没有意见。搜查时我一直在场，没有违法现象。

被搜查人或家属：邹××（王××之妻）
侦 查 人 员：崔××、牛××
见 证 人：王××、周××
记 录 人：牛××

[示范案例]

20××年11月25日凌晨，××市××镇××村村长王××的妻子和两个儿子在吃早饭时，相继口吐白沫、猝然倒地。送往医院紧急救治了十余个小时后，两个儿子抢救无效死亡，王××之妻长时间昏迷不醒。尸体检验时，在王××的两个儿子的胃内容物中发现了大量的砷化物，与王××之妻所做的拌白菜中发现的毒物一致，遂排除食物中毒，系投毒案件。专案组围绕受害人家庭成员的为人处事、生活作风、家庭因素、社会矛盾、邻里关系等方面，走访四邻，召开干群座谈会，发动群众提供线索，排查出嫌疑对象十余人，经查证后，最后疑点聚焦在王××之弟的身上。在调查中发现，王××之弟性情暴烈，报复心强，兄弟二人一墙之隔，彼此积怨甚深。曾因家务事，王××之弟一气之下打了父亲，遭到兄长的打骂，遂置备了炸药，扬言要炸死王××全家，经村干部反复劝导作罢。近期来，王××之弟生活上屡受挫折，其妻闹离婚，在娘家附近租房住下。因此王××之弟情绪反常。不久前，他又在做老鼠药生意，具备接触毒物的条件。

[训练要求与提示]

1. 根据上述案情，办理搜查的法律手续后，确定搜查场所并实施搜查。根据拟搜查的场所情况及一般存放毒物的习惯，确立搜查毒物的重点部位。

2. 布置搜查现场，安排角色，同时完成人身搜查和室内、室外场所的搜查。在模拟搜查的过程中，可以视案情选择性地布置以下情节：

（1）犯罪嫌疑人不在搜查现场，只有其家属在家。

（2）犯罪嫌疑人突然从外面返回现场。

（3）犯罪嫌疑人在现场，搜查中途其同伙前来。

（4）犯罪嫌疑人在现场，其手机突然有电话打入。

通过以上情节的设计，考察同学对搜查现场的控制和对突发事件的应变处置能力。

3. 做好与搜查相关的法律文书的制作。

思考与练习

某年某月，北京市某区检察院的检察官在西城辖区内执行搜查工作。犯罪嫌疑人的家属不配合搜查工作，在屋里拒绝开门，请了开锁专家也没能打开门，嫌疑人的家属就是不开门，为了搜查工作的顺利进行，参与搜查的司法警察决定出其不意地从六层楼的天井下到该户的厨房。当时天已经黑了，没有任何照明设备，天井里还有障碍物，却没有保护措施，稍有不慎，人就会从楼顶摔下去，后果不堪设想。面对这样艰巨的任务，两位司法警察没有丝毫犹豫，顺着软梯滑到这家窗外。当司法警察推开窗户冲进屋内时，几乎失去理智的家属，看到从天而降的司法警察，抡起菜刀便砍，两位警察临危不惧，用擒拿技术将其制服，打开大门，使检察官能顺利完成搜查任务。

> 问题思考

1. 根据示范案例分析参与搜查的特点。
2. 根据示范案例分析突发事件有哪些特点？
3. 根据示范案例分析参与搜查中突发事件的处置应注意哪些问题？

单元十四

警务保护

📖 知识结构图

$$
\text{警务保护}
\begin{cases}
\text{警务保护概述}
\begin{cases}
\text{警务保护的概念} \\
\text{警务保护工作的特点} \\
\text{警务保护的执法依据}
\end{cases} \\
\text{警务保护的类型与适用}
\begin{cases}
\text{犯罪现场的保护及其适用} \\
\text{保护诉讼参与人及其适用} \\
\text{保护执行死刑临场监督检察人员及其适用}
\end{cases} \\
\text{警务保护的组织实施}
\begin{cases}
\text{警务保护的受领} \\
\text{警务保护的准备} \\
\text{警务保护的实施}
\end{cases} \\
\text{警务保护中突发事件的处置}
\begin{cases}
\text{露天犯罪现场保护中天气变化的应对处理} \\
\text{围堵、干扰犯罪现场保护的处理} \\
\text{救助受害和受伤人员} \\
\text{暴力袭击公诉人、证人的情况处理}
\end{cases}
\end{cases}
$$

📖 知识目标

- 理解警务保护的含义
- 掌握犯罪现场保护一般操作规程
- 掌握保护公诉人、诉讼参与人、证人的一般规程

📖 能力目标

- 具备警务保护方案的写作能力
- 具备掌握现场保护方法与准确实施保护的能力
- 具备掌握保护诉讼参与人的方法和准确实施保护的能力
- 具备在警务保护过程中处理突发事件的能力

 法条链接

- 《人民检察院司法警察条例》

第七条 人民检察院司法警察依法履行下列职责：

（一）保护人民检察院直接立案侦查案件的犯罪现场；

……

（七）保护出席法庭、执行死刑临场监督检察人员的安全。

- 《人民检察院刑事诉讼规则（试行）》

第七十六条 对于危害国家安全犯罪、恐怖活动犯罪、黑社会性质的组织犯罪、毒品犯罪等案件，人民检察院在办理案件过程中，证人、鉴定人、被害人因在诉讼中作证，本人或者其近亲属人身安全面临危险，向人民检察院请求保护的，人民检察院应当受理并及时进行审查，对于确实存在人身安全危险的，应当立即采取必要的保护措施。人民检察院发现存在上述情形的，可以主动采取保护措施。

项目一 警务保护概述

【案例 14-1】

2017 年 7 月 3 日，乌审旗人民检察院法警大队成功完成了一次保护公诉人安全出庭任务。乌审旗人民检察院公诉部门在依法起诉一起传销案件中，因涉及案件的人员众多，对公诉人依法诉讼不理解等原因，出庭公诉人的人身安全可能受到攻击。为保障出庭公诉人的人身安全及公诉工作顺利进行，乌审旗人民检察院法警大队派两名法警全程参与庭审并制定了详细的保护公诉人出庭预案，做好了充分准备，防止突发事件的发生，乌审旗人民检察院法警、公诉部门与法院法警共同制定了防范预案。庭审前对进入法庭的人员进行全面的安检，对出庭公诉人庭审前后全程近距离保护，消除了涉案人员及家属指责和围攻公诉人等不安全因素，确保了此次公诉工作的顺利进行。法警大队此次出警切实保障了公诉人在庭前、开庭、闭庭环节中的人身安全和检察工作的顺利进行，保证了此案的正常审理。

问题思考

1. 案例中体现了检察院司法警察的什么职责？
2. 检察院司法警察为什么要对公诉人进行保护？依据是什么？

一、警务保护的概念

(一) 警务保护的含义

警务保护是指人民检察院司法警察在参与检察机关侦查、监督、诉讼活动中,为保障检察工作的顺利进行,针对特定人员、物质和空间范围实施的专项保卫工作。

(二) 概念的理解

1. 警务保护的主体。执行警务保护的主体是检察院的司法警察。根据《人民检察院司法警察条例》的规定,检察院司法警察有职责对人民检察院直接立案侦查案件的犯罪现场以及出席法庭、执行死刑临场监督检察人员进行保护。

2. 警务保护的对象。人民检察院依照法律独立行使国家检察权。检察院的主要职能体现在:对于危害国家安全案,危害公共安全案,侵犯公民人身权利、民主权利案和其他重大犯罪案件,行使检察权;对于公安机关侦查的案件进行审查,决定是否逮捕、起诉或者不起诉;对于刑事案件提起公诉、支持公诉;对于公安机关、人民法院和监狱、看守所的活动是否合法,实行监督。因此,在检察院行使权利时,可能存在遇到不法行为人袭击公诉人、殴打证人、围堵侦查工作地点等干扰、破坏检察工作的情况,为避免此类事件发生,保护检察人员、诉讼参与人的人身安全,保护检察工作的顺利进行,检察院司法警察依据业务部门的申请对犯罪现场、侦查活动的工作区域、公诉人及诉讼参与人等进行警务保护。

3. 警务保护的性质。检察院司法警察作为检察院的司法行政力量,其工作性质具有司法辅助性。司法警察的全部执法活动都是在检察官的指令下完成。根据可能发生的意外情况和突发事件,经过公诉部门或者法院的申请,法警部门审查用警申请,可以指派一定数量的司法警察对保护对象实施警务保护。

4. 警务保护的目的。检察院在依法履行职责过程中,依法反腐、用法反腐,查办和预防职务犯罪,履行宪法法律赋予的监督职责。但是,在检察工作过程中,部分不法行为人可能实施伤害公诉人、证人等诉讼参与人的行为,破坏检察工作秩序。警务保护就是要预防和制止破坏检察工作秩序的行为,保障公诉人、证人等的人身安全,保障检察工作顺利进行。

二、警务保护工作的特点

(一) 协助性

《人民检察院司法警察条例》规定警务保护是检察院司法警察的一项独立职责,同时规定司法警察在检察官的指导下履行该职责。即规定了司法警察不是行使司法权的主角,但其职责的目的是保证检察秩序的顺利进行,其职责的履行过程是发生在检察工作或审判工作的进程中,因此,司法警察工作性质及警务保护的目的决定了该项工作的协助性。

(二) 保障性

警务保护所实现的保护目的是检察院司法警察制度设计的初衷,其核心价值是保证办案安全,包括保障检察工作顺利,保障犯罪嫌疑人、被告人及其他诉讼参与人的人身安全。由于检察院办理的部分刑事案件性质严重、矛盾深厚,涉及的利益交织复杂,在案件还没定性的情况下,公诉人、证人等可能面临来自被告人亲属、被告人利益团体的侵害。为了保障检察官的办案安全、公诉人及证人等的人身安全,由检察院司法警察承担对他们的保护。

(三) 危险性

对人身的警务保护不是一项常态化的必要工作,工作的实施通常发生在公诉人、证人等相关人员的人身安全受到潜在威胁时,为保证检察工作、审判工作得以顺利进行,保护法律文书不受非法行为的侵害,而由司法警察采取的一项警务活动。警务保护活动一直处于运动状态中,可能遇到诸多不确定因素,如被告人亲属针对公诉人、证人等实施的人身报复、打击行为,抢夺、毁损证据材料行为,这类行为若不被防范,会对公诉人、证人、司法警察造成人身侵害,将影响下一步的检察、审判工作。

三、警务保护的执法依据

根据《人民检察院司法警察条例》第7条规定,对人民检察院直接立案侦查案件的犯罪现场以及出席法庭、执行死刑临场监督检察人员的安全进行保护。这是法规赋予检察院司法警察进行警务保护的职责。

《人民检察院司法警察执行职务规则》对警务保护做出明确的操作规范。第9条规定,人民检察院司法警察执行保护人民检察院直接立案侦查案件的犯罪现场任务,应当做到:①对犯罪现场进行警戒,维护现场秩序,禁止无关人员和车辆进入现场;②发现可疑人员或者可疑情况立即向侦查人员报告,服从侦查人员指挥,及时采取相应措施,防止可疑人员逃离现场、转移物品、隐匿或者销毁证据;③对以暴力、威胁或者其他方法妨碍现场侦查活动的人员,及时予以控制,依法采取强制带离现场或者法律规定的其他措施,保护现场侦查人员和群众的安全。第19条规定,人民检察院司法警察执行保护出席法庭、临场监督执行死刑检察人员安全的任务,应当做到:①提前与公诉部门或者刑事执行检察部门沟通,了解案件性质、涉案人数,出席法庭、临场监督执行死刑检察人员人数等情况,制定安全处置预案;②依照有关规定携带警戒具,重点保护好往返法庭、开庭期间、执行死刑过程中检察人员的人身安全;③对于重大、敏感等案件,执行职务前应当与法院、公安机关沟通协调,共同做好防范工作;④遇有聚众围攻、殴打出庭公诉、临场监督执行死刑检察人员的,应当采取适当的保护措施并及时与公安机关联系,保护检察人员人身安全。

项目二　警务保护的类型与适用

【案例14-2】

2019年4月1日,由河北省衡水市景县人民检察院提起公诉的被告人王某某等10人涉嫌强迫交易一案,在景县人民法院开庭审理,景县检察院派出两名法警全程保护,检察长作为公诉人出庭支持公诉。

该案是2019年该县首例恶势力犯罪团伙开庭案件。因案情复杂,涉案人员多,社会影响大,为保障检察长和其余3名公诉人顺利出庭支持公诉,法警大队在接到公诉部门的用警申请后,第一时间向院党组进行了汇报。院党组高度重视,专门召开会议部署出庭公诉警务保障工作,法警大队迅速制定了详细的出庭保护预案,从护送公诉人进入审判大厅到庭审现场再到庭审结束返回检察院,整个过程均由法警全程护送陪同,确保公诉人员人身安全、卷宗及设备的安全,维护诉讼秩序。庭审现场2名法警分别站立在检察长及其他3名公诉人的两侧,高度警觉地观察庭审现场及周围环境,防范突发状况和意外事件,将各项安全保障措施落到了实处。庭审结束后法警按预案护送检察长和其他3名公诉人离开庭审现场并安全返回检察院,圆满完成保护公诉人出庭任务。

问题思考

1. 案例中体现的是警务保护的何种类型?
2. 警务保护工作有哪些注意事项?

根据检察院工作性质的特殊性和内容的特定性,以及保护对象的不同,司法警察警务保护的类型包括犯罪现场的保护、保护诉讼参与人、保护出庭公诉人、保护出庭证人、保护执行死刑临场监督检察人员等。

一、犯罪现场的保护及其适用

(一) 犯罪现场保护的概念

犯罪现场是犯罪分子实施犯罪的地点和遗留有同犯罪有关的痕迹、物品的其他一切场所。这类现场属于人为因素形成的现场。具体来讲,犯罪现场就是犯罪分子在一定时间、空间内,采取一定的方法和手段实施犯罪,由其行为所造成的危害后果从而引起客观物质环境的改变,以至留下痕迹、物证和涉及的相关场所,这些场所统称为犯罪现场。

犯罪现场保护是指人民检察院司法警察在参与检察机关直接立案侦查案件中,根据检察官的指令和要求，为防止犯罪地的证据受到自然因素或人为因素破坏而进行的专门性保卫和防护工作。

（二）保护范围及具体对象

根据犯罪现场在犯罪过程中的地位和作用不同，犯罪现场可以分为主体现场和关联现场。主体现场是指犯罪分子完成主要犯罪行为的场所。这类现场在案件形成过程中起着关键性作用，而且遗留有较多的痕迹物证，能客观地反映犯罪分子作案的情况及过程并能为全面分析案情、确定侦查范围、制定侦查措施提供依据；关联现场是指犯罪分子所实施的与主要犯罪行为有关联的犯罪行为的一切场所，这类现场与犯罪行为有密切联系，能从不同侧面反映着犯罪事件的发展过程，是犯罪现场的有机组成部分。只要是在犯罪现场发现的，能够证明行为人有罪或无罪、罪重或罪轻的证据，都应当成为犯罪现场保护的具体对象。

具体对象及范围包括：

1. 物证、书证及其发现地、隐藏地、存放地。
2. 视听资料、电子数据的大型载体、设备的存放地。
3. 检察官现场侦查活动中安全的工作区域。

二、保护诉讼参与人及其适用

（一）概念

诉讼参与人是指诉讼活动中，享有一定诉讼权利，并承担一定诉讼义务的除国家专门机关工作人员以外的参与人。诉讼参与人并非仅存在于某一种诉讼程序中。在我国，无论是民事诉讼、刑事诉讼还是行政诉讼都存在"诉讼参与人"这一概念。在警务保护中，主要保护的是刑事诉讼中的诉讼参与人。根据《刑事诉讼法》的规定，诉讼参与人包括当事人、法定代理人、诉讼代理人、辩护人、证人、鉴定人和翻译人员。

检察院司法警察保护的诉讼参与人，特指检察机关参与案件开庭审理的公诉人、书记员、被害人、鉴定人以及为支持公诉而出庭作证的证人。

（二）保护的具体对象

根据诉讼参与人的内容不同，保护诉讼参与人的具体类型包括保护出庭公诉人和保护出庭证人。

保护出庭公诉人是指人民检察院司法警察对检察机关依法开展的公诉活动提供警务保障，保护出庭公诉人员的人身和诉讼卷宗、证据安全的执法行为。

保护出庭证人是指人民检察院司法警察部门根据业务部门的申请，派出司法警察保护出庭证人的人身安全，保障证人依法出庭参与诉讼活动的执法行为。

三、保护执行死刑临场监督检察人员及其适用

（一）概念

死刑是我国《刑法》规定的刑罚种类之一，是剥夺犯罪人生命的刑罚方法，所以也称为生命刑、极刑。由于生命具有最宝贵的、剥夺后不可能恢复的价值，死刑成为刑罚体系中最为严厉的刑罚方法。

执行死刑是指执行人员依据生效的死刑判决，依照法定的程序，采用枪决、注射等方式，依法剥夺已判处死刑罪犯生命的一项执法活动。在我国，根据我国《刑事诉讼法》和《人民法院司法警察条例》的规定，死刑立即执行由高级人民法院交付第一审人民法院司法警察执行。

保护执行死刑临场监督检察人员安全是指司法警察部门根据业务部门的申请，派出司法警察在执行死刑现场保护检察人员、书记员人身安全，协助人民法院、公安机关处置突发事件的执法行为。

（二）保护的具体对象

1. 检察院派出参加死刑执行临场监督工作的检察人员。
2. 检察院派出参加死刑执行临场监督工作的书记员。
3. 人民检察院根据工作需要派出的其他人员。

项目三 警务保护的组织实施

【案例14-3】

2018年8月2日，湖南省郴州市桂阳县人民法院巡回法庭审理了一起非法猎捕珍贵、濒危野生动物罪案件。桂阳县人民检察院法警大队大队长、副大队长等3名司法警察来到塘市乡政府，出警保护公诉人出席巡回审判法庭，维护庭审现场秩序，收到了良好的效果。因为该案在当地比较有影响力和具有代表性，观摩庭审的人员较多，情况较为复杂。为确保庭审的顺利进行，法警大队认真做好安全预案，合理安排车辆、人员，做好应急处理预案，并积极与当地政府、法院、公安等部门衔接，明确各自责任，做好分工安排，保障了庭审现场井然有序。

这是桂阳县检察院认真贯彻落实上级检察院关于"司法警察是检察机关司法办案重要组成部分，服务检察办案、保障办案安全是司法警察重要职责"要求的一个缩影。上半年，郴州市检察院法警支队出台司法警察部门协助民行、公诉、控申等部门办案工作办法后，桂阳县检察院高度重视，认真抓好落实，及时制定了《司法警察协助公诉部门办案办法》《司法警察协助民行部门办案办法》等办法，对司法警察协助的内容

与方式、协助的管理与监督等内容进行了详细规定,对用警审批表、派警令、履职情况鉴定表等文书进行了规范,确保了司法警察部门与业务部门的"无缝对接"。

> **问题思考**
>
> 1. 警务保护工作组织实施的依据是什么?
> 2. 以上述案例为背景,分析应当如何开展警务保护工作?

一、警务保护的受领

(一)接受申请

在检察活动过程中,业务部门根据具体案件情况,向法警部门提出用警申请。

用警申请的主要内容包括:用警部门、用警时间、用警地点、用警事由。涉及被告人的,还应当包括被告人的基本情况(姓名、性别、年龄、案由、数量、认罪态度等)。

证人申请保护的,由证人首先向公诉部门提出保护请求,再由公诉部门向法警部门提出,法警部门不直接受理证人提出的保护申请。

(二)审核申请

法警部门接到业务部门派警申请后,核查用警申请和案件有关资料,确保准确无误;对于信息不完备或者有差错的,要求用警申请部门及时予以纠正。审核通过后,应当立即根据具体情况制定保护预案。

公诉人在开庭中遇到突发情况的,可直接与法警部门联系,由法警部门启动应急预案处理。

对符合用警事由的,按规定程序审批:

1. 一般的警务保护,报法警部门负责人审批;
2. 有下列情形之一的,需要提前1日申请,经法警部门负责人审核后,报法警部门分管副检察长审批:

(1)需要携带武器协助执行保护的;

(2)派遣3名以上司法警察出警协助的;

(3)用警时间预计在3日以上的;

(4)在犯罪现场保护中实施跨辖区保护任务的。

(三)安排警务

分管副检察长或者法警部门主要负责人签发《派警令》后,法警部门应当安排具有执法资格的司法警察出警,并指定具体人员担任任务的负责人。

二、警务保护的准备

（一）了解案情

联系用警部门，了解和协调与保护有关的事项，掌握案件信息。

1. 对犯罪现场实施保护的需了解如下情况：

（1）案件发生与现场发现的时间；

（2）需要保护的现场的证据的具体地点；

（3）预计现场保护所需的时间；

（4）保护工作要达到的目的；

（5）进入现场所要求的程序；

（6）犯罪嫌疑人、证人是否融入现场的情形；

（7）是否需要携带警械或者武器；

（8）是否需要特殊用具。

2. 保护出庭公诉人的需了解如下情况：

（1）案件信息：包括案件性质；基本犯罪事实、情节；案件是否附带民事责任；法院可能作出的判决，包括刑事处罚、经济处罚以及民事赔偿；开庭的时间、地点等。

（2）犯罪嫌疑人的信息：包括姓名、性别、年龄、国籍、籍贯、文化程度、政治面貌、职业、单位、职务，是否为人大代表、政协委员，身体健康情况、患病史等；犯罪嫌疑人的过往犯罪史，是否累犯、惯犯；犯罪嫌疑人的家庭住址、家庭成员情况、直系亲属情况；犯罪嫌疑人其他社会关系以及亲密朋友情况。

（3）诉讼参与人以及其他相关人员的基本情况：包括出庭支持公诉的检察官人数、姓名、性别；随同的书记员人数、姓名、性别。

3. 保护出庭证人需了解如下情况：

（1）案件信息：包括犯罪性质；基本犯罪事实、情节；开庭的时间、地点。

（2）证人的相关信息：包括出庭支持公诉的证人的人数、姓名、性别；证人的家庭住址和联系方式；证人的其他相关要求。

4. 保护执行死刑临场监督检察人员需了解如下情况：

（1）死刑罪犯的姓名、性别、籍贯、案由等基本情况；

（2）执行的具体时间、地点环境状况和往返道路状况。

（二）制定保护方案

1. 保护方案内容：

（1）明确方案内容；

（2）分析判断形势；

（3）明确需要采取的其他工作措施；

（4）明确处置突发事件的原则；

（5）明确警力配置；

（6）明确警用装备和车辆的配备安排；

（7）明确职责。

2. 方案的制定要求：

（1）明确请示、汇报、协调和协同的事项；

（2）落实保密工作的有关规定；

（3）落实处置突发事件的有关规定；

（4）落实安全使用戒具的有关要求；

（5）落实对其他相关人员和辅助人员的有关要求。

（三）警务准备

1. 熟悉案情，掌握被保护对象的情况；

2. 制定保护方案；

3. 任务分配；

4. 装备领取和检查；根据公诉部门的要求、案件的性质和不同时段的具体情况，可以着制式服装、作训服装或者便装；可以徒手执行任务或者使用警用装备。使用警用装备时，通常使用防御性质的警用装备。

5. 携带有效证件；

6. 实地勘查。

三、警务保护的实施

（一）犯罪现场保护的实施

1. 划定保护范围。犯罪现场的保护范围通常依其所在的客观地理条件划定。室内犯罪现场的中心与现场外围区分明显，划定方法相对简单，根据其建筑外墙、围蔽设施划定。露天现场保护由于涉及的区域大，情况复杂或现场中心部分和外围部分不明显，因此，划界范围宁大勿小，即现场范围应划得大一些，不仅包括可能的现场中心部位，而且应将所有能进出现场的路线和一切可能与现场发生的事件有关的痕迹、物证的部位，都划入保护的范围。范围划定后，即应加强保护措施，保护措施应根据现场情况因地制宜。对于范围不大的露天现场，在条件允许的情况下，可用警戒线围蔽或在地上画线为记，防止行人进入。对于现场重要部位的出入口，应当派专人看守。对于通过现场的道路，必要时可以临时中断其交通，禁止通行，或指挥行人绕道而行。对于大院内空地上的现场，可以将大门关闭，如果院内住有多户人家，可以划定临时出入通道，让群众行走。位于旷野偏僻的地方的现场，以痕迹明显的区域为中心，顺自然形成的道路条件划定保护范围。

2. 布控保护现场。案件发生后，根据业务部门的申请和法警部门领导的安排，按要求赶到指定地点，对要保护的地点、范围进行布控，防止犯罪现场进一步受到人为或自然因素的破坏。出发前，尽量选择距离最短的路线。遇到堵车、道路受阻或者自然灾害无法准时到达时，改变原定路线，以最快方式到达指定地点。现场无侦查人员的，可以要求用警部门指派一名熟悉案情的侦查人员共同前往，帮助确定保护地点的中心位置和基本情况。

到达指定地点后，警务保护组负责人应当了解保护地点和周边环境，绘制地形图，确定组队成员岗位位置。

地形图绘制内容包括：①保护地点中心位置；②周边出入口和通道；③现场周边房屋、树木和住宅情况；④中心位置周边是否有危险物品并予以标注；⑤现场中心与周边物体是否有损坏的情况，并予以注明；⑥保护组成员的保护区域及岗位位置。

根据现场环境特点，保护组负责人调整现场保护的具体方案，并在征求随行侦查人员或现场指挥人员的意见后，向保护组成员下达现场保护命令，分配工作岗位及职责，并根据个人岗位的不同，重新调配装备和用具，并做好登记，划定实施警戒范围。

3. 实施现场保护。

（1）在保护区域范围内发布通告。①告知现场群众，检察机关因办案需要将对现场采取封闭措施，要求无关人员撤离，并请求对造成的生产、生活不便予以理解。②提醒群众在撤离前关闭火源、电源及重要阀门，在排除安全隐患的情况下撤离。对无法排除的危险，通知司法警察。③提醒群众在撤离时带走自己的贵重物品，但不得带走与自己无关的物品。无法带走的，上好锁或者到司法警察处登记。④在现场范围不大或者撤离群众不多的情况下，可以要求群众留下通信方式或者电话号码，方便联系。

（2）对保护现场实施清场。①在保护区域设立警示标记，便于群众辨认保护区域范围。②划定疏散线路，供现场群众撤离。③对保护中心区域撤离人员所携带的物品，要求办案人员辨认是否与现场物证或者书证有关联。发现属于物证或者书证的，应当要求留下或者放回原处。④群众撤离后，保护组负责人应当组织现场检查。发现无关人员滞留，应当在查明原因后带出；对拒不离开的，进行劝导或者强制带离。

（3）实施现场封闭。①根据现场指挥检察官的要求，司法警察将现场分为中心警戒地带与外围警戒地带，并在外围警戒地带担负警戒任务。②关闭或者封阻现场出入通道。③设立警戒线或者警戒标志，禁止无关人员越过标志范围。④按照用警部门设定的现场进出方式或人员名单，审查进出人员的相关证件并做好登记。⑤无证人员应当在持证检察人员的带领下进入现场。司法警察应当要求持证检察人员在登记记录上签字，并注明带入人员及其相关身份，以备事后查验。⑥现场保护时间较长时，司法警察保护组负责人应当安排司法警察轮流执勤。

4. 撤离保护现场。①接收现场指挥检察官发出的撤离指示；②清点、回收警用装备和用具；③恢复现场的正常功能和秩序；④司法警察保护组负责人带队撤离。

（二）保护出庭公诉人的实施

普通案件中对出庭公诉人的保护，根据公诉部门的要求安排警力，通常安排 2 名司法警察执行保护任务。

1. 警力配备。法警部门负责人根据保护方案的部署和现场动态下达指令，重大情况应当向分管副检察长报告。如遇到无法控制的情况时，请示分管副检察长。

普通案件中对出庭公诉人的保护，至少安排 6 名司法警察执行保卫任务，警力一般分为 3 个任务组：

（1）保卫组。①负责护送公诉部门出庭人员前往法院，安全进入法庭，确保出庭人员和案卷的安全；②开庭后，在公诉人身后站立，负责安全警戒；③进入法庭直至离开法院，始终陪伴公诉人左右，密切关注异常动态；遇到突发情况，查明情况，向法警部门负责人报告，不得擅自处置无关事件；④制止和抵制对公诉人不利的情况。无法控制事态时，保护公诉人撤离现场。

（2）巡查组。①在开庭前赶到法庭，检查法庭及其周边环境，排除安全隐患；②协助人民法院司法警察、公安交警维持法庭秩序，指挥车辆停放；③关注进入庭审现场的各类人员和车辆，对可疑迹象进行安全检查，防止危爆物品进入法庭；④遇到突发情况时，查明情况后向法警部门负责人汇报，同时控制法庭出入通道；⑤协助保卫组护送公诉人员撤离，不得擅自处置其他事宜；⑥巡查组、保卫组和公诉人一同返回时，巡查组车辆在前，负责处置返回途中遇到的异常情况；⑦未接到命令，不得提前离开法庭自行返回。

（3）预备组。①当公诉人的安全受到威胁时，前往支援保卫组，协助巡查组和人民法院司法警察控制法庭秩序。②未接到命令前在本院待命。接到命令后，立即赶赴庭审现场。按照法警部门负责人的指令行动。

2. 注意事项。①执行保护任务的司法警察不得承担公诉人员私人物品、个人财产的保护；②通常不安排女司法警察执行保护公诉人出庭的任务；③按照保护方案的部署，在指定的时间、地点就位；④手机保持开机状态，对讲机校对工作频率，确保通信通畅；⑤紧急情况下，如果未得到法警部门的指令，保卫组应当服从公诉人的指挥；⑥按照保护方案的要求携带戒具，法警部门负责人可以视现场情况作相应的变更；⑦在往返途中，保卫组、公诉人同乘一部车辆。行进过程中，原则上做到"卷不离人，人不离车"。

（三）保护出庭证人的实施

保护出庭证人的时间是自证人决定出庭作证并提出保护请求后，经公诉部门向法警部门提出，至案件审理结束，证人离开法庭返回住所或居住地的期间。

1. 警力配备。①1 名证人，通常配备 2 名司法警察；②女性证人，应当至少配备 1

名女司法警察；③警力不足的，可以借用辅助人员或者按规定借调警力。

2. 保护等级。根据证人可能受侵害的程度，将证人保护分为一般性保护和特殊保护。

（1）一般性保护的实施。①庭审前阶段。实行证人身份暂时性保密和实行证人身份单独备案送审。在暴力犯罪案件或者其他较为重大案件庭审前，对证人的身份、住址予以保密，不向人民检察院办案部门、人民法院法庭以外的第三方透露。起诉、审判阶段的案件承办人在制作笔录或法律文书时，可以将证人以代号称呼，不记载证人的姓名、年龄、住所、工作单位和身份证号码等能证实身份资料的信息，并对证人的身份资料单独记录并归档。同时，不将上述资料提供给公安机关侦查部门、人民检察院办案部门、人民法院法庭以外的其他机关或个人阅览。②庭审中阶段。要求律师保守证人身份秘密和被保护证人不公开作证。禁止律师将其在庭审过程中获知的进入保护程序的证人真实身份泄露给犯罪嫌疑人、被告人以及其他有可能威胁、报复证人的人员。人民检察院司法警察对律师的行为履行监督职责。协调人民法院相关部门在法庭上采取必要的保护措施，设置必要的保护装置，在录音、视频中处理证人的声音和图像等，如遮蔽证人面貌，保护出庭作证的证人。③庭审后阶段。建议司法机关在制作对外公开的法律文书时，在保证案件事实清楚的前提下，隐匿被保护证人的真实身份或与证人相关的特定事项；建议司法机关需要对外通报案件情况时，不直接使用终结性的法律文书，不透露被保护证人的真实身份或与证人相关的特定事项，不在媒体刊物上披露可能损害证人声誉或不利于其人身安全的内容或事项。

（2）特殊性保护的实施。①贴身保护。对生命安全受到严重威胁的证人，实施24小时的全天候贴身保护，直到案件审判结束或者危险消除。②短期安置。对于身份无法保密的证人（如犯罪分子作案的时候看到证人并且认识），如果确实受到人身威胁，可将证人临时转移到秘密、安全的场所，直到案件审判结束或者危险消除。③安全巡查。对于可能受到安全威胁而尚未受到实质人身威胁的证人，可以在不影响其日常生活的情况下，派出警力加强对其居住、工作场所周边进行安全巡查。发现异常情况，及时处置，排除危险，视情况转为以上2项保护措施。

3. 注意事项。①司法警察只对申请保护的证人的人身承担保护任务，不承担对证人亲属、个人财产和物品等的保护任务。②在贴身保护过程中，应当密切关注证人的饮食起居。证人患病的，应当检查其用药情况，药品质量和来源。③证人已经被伤害的，在报告上级的同时，应当保护好现场，维持秩序，护送证人到安全地带或者进行救治。④发现证人有违反其义务的行为，对诉讼可能造成危害时，应当制止并向案件承办人通报。⑤发现办案人员对证人采取威胁、引诱、欺骗或其他非法手段收集证据时，应当向分管副检察长或者纪检监察部门报告。⑥向法警部门负责人报告异常情况。不能有效控制事态时，应当根据任务、方案处置，或者在得到明确指令的情况下行动。⑦严禁向外界透露证人及其家庭信息。

（四）保护执行死刑临场监督检察人员的实施

1. 警力配备。根据《人民检察院临场监督执行死刑工作规则（试行）》第 6 条的规定，人民检察院派员临场监督的时候，根据需要应当配备司法警察负责临场监督人员进入和离开执行现场前后的安全保卫工作。

在用警部门提出用警申请后，法警部门应当与死刑临场监督的检察人员确定用警数量、时间和用警地点，根据实际工作需要配备相应数量的司法警察。虽然对保护执行死刑临场监督检察人员的司法警察数量没有明确要求，但根据工作实际，至少配备 2 名以上司法警察。

2. 具体实施。①了解保护内容。法警部门应当与死刑临场监督的检察人员、人民法院、公安机关进行沟通，了解死刑执行的案件信息，明确工作重点和职责分工。按照事先拟订的保护方案实施，熟悉突发情况处置预案。②实施保护的范围。根据保护执行死刑临场监督检察人员的工作内容，司法警察仅对临场监督人员进入和离开执行现场前后的安全保卫工作负责。

执行死刑前的法定程序包括验明正身、押赴刑场、宣读判决和刑场执行。为体现人文关怀，在押赴刑场前，允许死刑犯与亲属会面告别。由于执行死刑涉及多个地点，临场监督人员进入和离开每个地点时，都应当由司法警察对其人身安全进行保护。

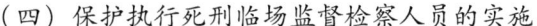

特别提醒

检察院司法警察在对证人、鉴定人、被害人及其近亲属等实施警务保护时，可以采取以下一项或者多项保护措施：①不公开真实姓名、住址和工作单位等个人信息；②建议法庭采取不暴露外貌、真实声音等出庭作证措施；③禁止特定的人员接触证人、鉴定人、被害人及其近亲属；④对人身和住宅采取专门性保护措施；⑤其他必要的保护措施。

项目四　警务保护中突发事件的处置

一、露天犯罪现场保护中天气变化的应对处理

因保护工作需要，司法警察在相当长的一段时间内要保护现场的完整性。如遇天气变化可能导致现场痕迹破坏的，还应当设置相应的遮盖设施予以保护。

对于院内露天犯罪现场所保护范围不大的，可以在保护范围内加设遮阳伞、简易雨棚、干净塑料布等，避免重要痕迹、物证受强阳光、降水、大风的影响。

对于野外露天现场遇有极端天气影响的，应当提前做好防护设施，用明显标识对痕迹、物证、尸体等进行标注，再用干净的塑料布、苇席等加以遮盖，并在遮盖物周

围挖掘排水沟,防止浸水。

二、围堵、干扰犯罪现场保护的处理

人为因素的围堵、干扰对司法警察进行犯罪现场保护工作的影响是巨大的。当人群有意或无意围堵犯罪现场时,不仅人群的情绪将难以控制,容易对细致、严谨的犯罪现场保护工作产生强烈干扰,并且容易发生人为破坏犯罪现场证据的可能性。面对群众围堵、干扰犯罪现场保护工作的,司法警察应当做到:

第一,准确判断人群围堵意图,如果仅是出于好奇、观望的态度,则应扩大警戒范围,尽可能地将犯罪现场中心区域设置在警戒范围之内,防止群众在围堵过程中不断缩小围堵范围,导致现场的破坏。

第二,根据现场警力部署设置必要的疏导警力,向群众做好解释、劝导工作,安抚包括被害人家属在内的群众。

第三,如果遇到蓄意干扰司法警察犯罪现场保护的,可以根据相关规定,对首要分子或行为人采取必要的强制措施,并及时与当地公安机关联系,移交有管辖权的单位处理行为人。当干扰人群过多,破坏因素扩大,且发现舆论向不正常方向发展时,应当立即向上级报告,请求支援警力,并由相关负责人向公安机关汇报。

三、救助受害和受伤人员

如遇到现场有危及人生命的情况,司法警察应在检察官的指挥下立即进行抢救。在急救重伤的人时,首先,要注意检查受伤者的呼吸、脉搏、瞳孔以及对动作的反应等,运用呼吸检查法和心搏检查法确定受伤者是否还活着。只要还有生还的可能,就要用担架、门板等将伤者抬离现场,由医护人员就地抢救或送往医院抢救。其次,要注意抓紧时机,从受伤者口中了解有关案件的重要情况。进行救护时,对被救护人原来躺卧的地点姿势,各种痕迹、物品分布的原始状态都应详细记载清楚,并防止现场中其他的痕迹物品遭到变动和破坏。最后,对被害人进行抢救时,要注意采取必要的安全措施,以防犯罪分子乘机继续行凶作恶。

四、暴力袭击公诉人、证人的情况处理

当行为人的暴力行为还没有对公诉人、证人的人身产生实质威胁时,准备以暴力方式实施违法犯罪行为,但未付诸实施的,或者正在以暴力方式实施违法犯罪行为,但未造成伤害和损害的,司法警察应当首先口头制止,命令违法犯罪行为人停止实施违法犯罪行为,并按照要求接受检查,同时告知违法犯罪行为人拒不服从法警命令的后果。根据警情需要,要求在场无关人员及时躲避。

口头制止不能实现保护效果的,可以采取徒手制止。徒手制止适用的情形包括行为人正在以轻微暴力方式实施违法犯罪行为,尚未严重危及公民或者司法警察人身安

全，经警告无效的；情况紧急时，来不及警告或者警告后依然不能避免更为严重危害后果的。

对危害公共安全、社会秩序、公民人身安全等情形，经警告或徒手无法制止违法犯罪行为时，可以根据《人民警察使用警械和武器条例》的相关规定，使用驱逐性或制服性警械。使用驱逐性、制服性警械，应当以制止违法犯罪行为为限度。当违法犯罪行为人停止实施违法犯罪行为时，应当立即停止使用；违法犯罪行为人的攻击尚未危及他人或者法警生命安全的，法警使用警棍时尽量避免攻击违法犯罪行为人的头部、裆部等致命部位。对使用警械不能制止违法犯罪行为的，应当在确保保护对象和自身安全的同时，及时转移到安全地带，并立即向法警部门负责人报告情况，等待支援；制服违法犯罪行为人后，应当立即使用手铐、警绳等约束性警械将其肢体约束。违法犯罪行为人受伤的，应当联系医务人员前来救治。

项目五　技能训练

技能训练一　犯罪现场场所的保护

一、训练目的与要求

（一）训练的目的

通过训练，使参训学生明确犯罪现场场所保护的范围、任务及职责，正确使用保护犯罪现场场所的方法。

（二）训练的要求

1. 训练时间为2学时。
2. 参加训练的同学，3~5人为一个单位，分成若干小组。
3. 规范完成现场保护要求，进行总结。
4. 训练过程中互相配合模拟练习，并进行角色互换练习，同学之间可以针对训练中的问题进行讨论、总结，也可以向教师寻求帮助。
5. 训练结束后，请老师考核。
6. 教师根据每小组训练中的表现和保护方法是否正确等方面进行考核，并按百分制给出成绩。

二、训练内容要点

1. 露天现场保护（院内、野外保护）。
2. 室内现场保护（楼房、平房保护）。

三、法律依据

1. 《刑事诉讼法》第129条:"任何单位和个人,都有义务保护犯罪现场,并且立即通知公安机关派员勘验。"

2. 《公安机关办理刑事案件程序规定》第209条:"发案地派出所、巡警等部门应当妥善保护犯罪现场和证据,控制犯罪嫌疑人,并立即报告公安机关主管部门。执行勘查的侦查人员接到通知后,应当立即赶赴现场;勘查现场,应当持有刑事犯罪现场勘查证。"

四、训练前的准备

1. 介绍案情及现场情况。
2. 告知保护现场时应注意事项。
3. 准备器材:白灰、围栏绳、红布小旗、路障、担架、车辆等。

五、训练的方法与步骤

(一)训练方法

现场保护采取实地操作性训练方法进行。

(二)训练步骤

1. 训练准备。
(1) 根据指导教师设计的案情,模拟现场。
(2) 安排参加训练的同学分组、分工,明确各自的职责任务和工作内容。
(3) 确定保护对象并明确方法。

2. 训练的展开。各组根据保护对象按照以下内容进行训练:

(1) 对露天现场场所进行保护。①对院内现场的保护,可将院落大门关闭或用绳索、白灰划出一条行走通道。同时应派人警戒,不准非勘查人员进入现场。围观群众,要劝其离去。②野外现场范围较大,进行保护时,可在中心现场及其周围设岗把守或插上小旗作出标识,禁止通行。

(2) 对室内现场场所进行保护。①楼房中室内现场的保护,一般情况下是把守案发房间的房门即可。必要时,可将房门关闭,但要记住门的原始状态和防止破坏门上的痕迹。②平房中室内现场的保护应以现场为中心,距离屋5~10米的范围设岗警戒,把守封闭门窗时,应记住原始状态并防止破坏门窗上的痕迹。

3. 训练总结评析。各小组训练结束后,请教师进行考核,根据操作情况给出操作成绩,就训练情况进行总结评析实训。最后,参训学生写出实训报告。其内容包括:接报案的时间、到达现场的时间、现场所处的环境及位置、查看现场的情况、采取保护的方法和保护人的姓名等，提交实训的总结报告，指导教师批改后给出总的成绩。

（三）考核标准

1. 优秀：

（1）准备充分。（17~20分）

（2）操作熟练。（26~30分）

（3）注意事项清晰。（17~20分）

（4）保护步骤非常准确。（17~20分）

（5）态度认真负责。（8~10分）

2. 良好：

（1）准备较充分。（14~17分）

（2）操作较熟练。（21~26分）

（3）注意事项较清晰。（14~17分）

（4）保护步骤准确。（14~17分）

（5）态度较认真负责。（7~8分）

3. 合格：

（1）准备基本充分。（12~14分）

（2）操作基本熟练。（18~21分）

（3）注意事项基本清晰。（12~14分）

（4）保护步骤较准确。（12~14分）

（5）态度比较认真负责。（6~7分）

4. 不合格：

（1）准备不基本充分。（12分以下）

（2）操作不熟练。（18分以下）

（3）注意事项不清晰。（12分以下）

（4）保护步骤较混乱。（12以下）

（5）态度不认真负责。（6分以下）

六、注意事项

1. 在保护犯罪现场场所时，划定的保护范围要适当，采取的保护措施要得当。

2. 防止在保护现场过程中破坏现场。

[示范案例1]

某年5月9日，早晨7时45分，一名凶犯携"五四"手枪，闯进某镇31号居民大院内某热力公司职工孟某家索要食物，68岁的孟母见其神情可疑未给，并推其出门要关上门。凶犯恼怒，当即拔枪朝孟母胸部开枪，孟母倒地死亡。同院居民马某听到枪声出来察看，见凶犯持枪，忙转身回家插门。凶犯见到后紧跟到马家，破门而入，先向马某的丈夫李某连开数枪，李某倒在地上（未死），又向马某射击，将其腿部打伤倒卧在地上，抢走现金 80 余元。这时，陈某到孟家送东西。见此，大喊救人。凶犯听到后立即从马家出来，朝陈某连打数枪。将陈某打死在院内，并抢走一辆自行车逃跑。当地公安局刑警大队闻讯后，立即赶到现场，他们针对此案现场的实际情况立即采取了紧急措施，并用正确的方法将犯罪现场保护起来。

[训练要求与提示]

1. 采取紧急措施抢救生命，抢救生命时应避免或减少对现场的破坏。
2. 将院落大门关闭或用绳索、白灰划出一条行走通道，同时应派人警戒，不准非勘查人员进入现场。围观群众要劝其离去。

[示范案例 2]

某年 3 月 14 日凌晨，派出所接到报案称：港北市坪山镇碧岭工业区龙兴钟表电器商场发生了一起特大入室抢劫杀人案，店主钟小刚一家 3 口被杀于位于商场 3 楼的客厅里。民警迅速赶到现场。

[训练要求与提示]

根据尸体所处的地点和环境，采取正确的保护方法。

技能训练二　制订保护出庭公诉人方案

一、训练目的与要求

（一）训练的目的

通过训练，使参训学生明确保护出庭公诉人任务、方法及职责，充分掌握制订保护出庭公诉人方案内容。

（二）训练的要求

1. 训练时间为 1 学时。
2. 参加训练的同学以 3~5 人为一个单位，分成若干小组。
3. 制订的方案必须包含模拟案件，方案内容具有指导性和可操作性。
4. 教师根据每小组训练中的表现和保护方法是否正确等方面进行考核，并按百分制给出成绩。

二、训练内容要点

根据司法文书写作规范要求，按照模拟案件的情形，制订对应等级的保护出庭公诉人方案。

三、训练前的准备

1. 收集相关案例，设计模拟案情及突发情况。
2. 告知保护公诉人时应注意事项。

四、训练的方法与步骤

1. 掌握公诉人出庭支持公诉的具体案件情况。
2. 确定警力部署。
3. 确定组织指挥负责人及职责。
4. 模拟突发情况的类型及处置方法。
5. 确定各类保障。
6. 其他方案要求。

五、注意事项

1. 在保护出庭公诉人时，注意人身及相关法律文书的保护方法。
2. 模拟突发事件时，注意事件发生的实际地点特征及可能造成公诉人人身伤害的具体情形。

思考与练习

某月某日，熊某涉嫌故意伤害罪一案一审开庭庭审时，被告人亲属情绪激动，在法庭上公然谩骂、围攻甚至殴打公诉人员，扰乱正常的检察活动开展，严重威胁公诉人的人身安全，破坏刑事诉讼秩序。为防止二审出现此类情况，检察院法警队按照要求派警保护公诉人。

问题思考

1. 若你是该检察院法警队的领导，针对二审期间被告人亲属仍可能出现殴打公诉人的行为，应当如何组织保护公诉人的警务保护工作？
2. 若你是执行保护公诉人的司法警察，面对被告人亲属殴打公诉人的情形，应当如何处置？

拓展阅读

根据公诉人出庭实际，为维护检察机关形象，保障公诉人依法履行职责，四川省蓬安县人民检察院正式出台《法警保护公诉人出庭实施意见》。

该实施意见详细规定：一是法警保护公诉人出庭的申请条件，包括较大影响的职务犯罪案件、涉黑案件、重大故意伤害案件、有群体性事件隐患的案件以及其他可能出现被告人亲属围攻公诉人情况的案件；法警的保护方式有构建安全通道、随身保护、释放保护性气体、搭建防护盾屏障、派出防护车辆等；法警的保护级别按照可能出现的情况的类别分为预防性保护（三级）、制止性保护（二级）、攻击性保护（一级）；法警保护的武器配备有盾牌、警棍、电警棍、催泪弹和手枪等警戒具和医药具；保护时段主要有庭审前法警护送公诉人由检察院到法庭，庭审中、闭庭后，应法院的邀请出席法庭保护公诉人不被殴打、伤害，庭审结束后法警护送公诉人由法院回到检察院，必要时在公诉人深入现场查证证据时提供保护；办理程序为公诉人提出申请、公诉部门审查、公诉分管院领导审核、法警队启动保护工作程序。

单元十五

协助涉诉信访应急处置

知识结构图

协助涉诉信访应急处置
- 法检系统机关安全保卫的概述
  - 法检系统机关安全保卫的概念
  - 法检系统机关安全保卫的特点
  - 法检系统机关安全保卫的法律依据
  - 法检系统机关安全保卫的要求
- 协助涉诉信访应急处置的依据与职责
  - 涉诉信访与涉诉信访应急事件的概念
  - 涉诉信访应急事件的特点
  - 协助涉诉信访应急处置的执法依据
  - 协助涉诉信访应急处置的职责
  - 协助涉诉信访应急处置的原则
- 协助涉诉信访应急处置的组织实施
  - 警务受理
  - 警务准备
  - 警务实施
- 协助涉诉信访的突发事件处置
  - 协助涉诉信访的突发事件类型及处置原则
  - 各类型突发情况的具体处置方法

知识目标

- 了解司法警察协助涉诉信访处置的概念和工作范围
- 掌握司法警察协助涉诉信访处置的职责内容
- 掌握司法警察协助涉诉信访处置的具体方法

能力目标

- 能准确掌握协助涉诉信访处置的执法依据
- 能明确辨析涉诉信访事件的具体类型
- 能准确掌握司法警察协助涉诉信访处置的具体方法

 **法条链接**

- 《人民检察院司法警察条例》

第七条　人民检察院司法警察依法履行下列职责：

……

（八）协助维护检察机关接待群众来访场所的秩序和安全，参与处置突发事件。

……

第十条　对涉诉信访人员及其他人员在人民检察院办公区域或者门前实施自杀、自伤等过激行为或者其他违法行为的，人民检察院司法警察应当及时采取措施予以制止和协助救治，必要时应当对其采取约束性保护措施，并视情节移送公安机关。

- 《人民法院司法警察条例》

第七条　人民法院司法警察的职责：

……

（六）协助机关安全和涉诉信访应急处置工作；

……

- 《人民法院司法警察执法细则》

7-2.1 职责

1. 协助涉诉信访部门做好应急处置工作；
2. 参与维护涉诉信访正常工作秩序；
3. 对涉诉信访场所人员人身安全予以保护；
4. 其他与涉诉信访相关的警务保障工作职责。

项目一　法检系统机关安全保卫的概述

【案例 15-1】

2019 年 2 月，海口海事法院为提高处置涉诉信访突发事件的能力，切实做好全国"两会"期间维护社会稳定工作，维护审判秩序，研究制定《全国"两会"期间涉诉信访维稳工作应急处置预案》（以下简称《预案》），并开展处置"两会"期间涉诉信访维稳突发事件应急演练。

海口海事法院根据《预案》成立以分管院领导为组长的"处置涉诉信访维稳突发事件应急小组"，确定"两会"期间值班人员，严格执行法警带班和 24 小时值班制度，严格安全检查制度，值班干警不定时进行巡逻。法警支队全体成员全副武装，在副院长的领导及法警支队队长的指挥下，以涉诉信访突发事件为背景，以快速集结、应急处置为目标，分紧急出警、情况处置、总结讲评三个步骤，根据情节轻重不同严格展开演练。

演练分别模拟了法警在面对涉诉信访人员拉横幅闹访企图制造负面舆论,寻衅滋事,打砸破坏公共财产或侮辱、威胁、殴打信访工作人员以及携带凶器等危险物品伤害工作人员的紧急应对情况。

面对紧急情况时值班法警立即启动应急预案,大厅值班法警迅速向支队领导汇报实际情况,视频监控室值班法警使用对讲机等设备请求支援,备勤法警及时赶到事发现场。通过安抚闹访人员、保护被伤害人员、制止行凶人员等方式舒缓矛盾,避免事态升级。面对过激行为,在警告、劝阻无效的情况下,根据支队领导所作的明确指示和处置要求采取必要措施,利用盾牌、腰叉、警棍、手铐等警戒具将其制服,强制带离办公区域。同时,保护法官及其他人员安全离开危害现场,疏散围观群众维持秩序。必要时,根据实际及时与公安机关、武警、消防、医疗急救机构联系,保护工作人员及其他人民群众的生命财产安全。

在模拟演练中,参演法警先后完成情况汇报、紧急处置、秩序维护、安全疏导以及对相关人员释法说理等演练内容。演练全程指挥有序、配合默契、行动迅速,强化了全体法警对突发事件的责任意识和安全防范意识,提升快速反应和协作能力,积累了处置突发危害事件的经验,在应对突发危害事件时更加从容、准确。演练结束后,陈祥智副院长当场对演练情况进行讲评,对演练中遇到的问题,组织干警进行讨论,根据实际情况提出解决对策,以进一步完善预案内容,使之更具操作性,切实保障法官及其他干警人身安全,维护法律尊严和司法权威,为保障"两会"活动顺利进行创造良好安全的环境。

问题思考

1. 法院司法警察进行机关安全保卫任务的依据和目的分别是什么?
2. 日常工作中,司法警察应当如何开展机关安全保卫工作?

一、法检系统机关安全保卫的概念

机关安全保卫是我国内部治安防范工作体系的重要组成部分,早在1954年11月召开的第一次全国文化保卫工作会议上,就把首脑机关的安全保卫工作作为一项重要内容进行专门部署。首脑机关包括党政领导机关、国家权力机关、审判机关和检察机关。

法检系统机关安全保卫工作是指人民法院、人民检察院依据相关法律法规和内部规章制度,在机关内部开展的旨在控制和减少违法犯罪和事故发生的安全防范活动的总称。在当前复杂的形势下,人民法院、人民检察院干警人身安全保障和涉诉信访事件的应急处置是当前法检系统机关安全保卫的重点工作。

二、法检系统机关安全保卫的特点

（一）预防性

预防既是保卫工作的本质特点，也是保卫工作的核心和灵魂。人民法院和人民检察院机关内部要害部位多，秘密层级高，特别是人民法院因业务需要，往来审判机关的人员流动性大，人民法院和人民检察院机关安全不仅关系审判、检察活动的顺利进行和司法公信力的确立，也直接影响国家和社会稳定的大局。只有把预防工作放在首位，及时发现并消除安全隐患，才能确保审判、检察活动的顺利进行。

（二）特殊性

人民法院和人民检察院机关安全保卫除了确保机关内部日常的安全保卫工作外，主要体现在应对因审判、检察活动而产生的涉诉信访事件和因人民法院、人民检察院特殊地位而产生的涉恐涉暴突发事件。同时，法检系统机关安全保卫既要保障法官、检察官、诉讼参与人的人身和财产安全，又要维护人民法院和人民检察院的正常工作秩序。

（三）联动性

无论从法检系统机关安全保卫的工作方式，还是从工作效果看，人民法院和人民检察院机关安全保卫工作均不是一项孤立的工作。人民法院和人民检察院机关安全保卫工作应争取当地党委、政府的支持，加强与当地公安、信访等部门的沟通和联系，尤其需要与当地公安机关建立应急联动机制。

（四）科学性

从工作手段上看，法检系统机关安全保卫工作包含人防、物防和技防等。随着科技的发展，实体防范、技术防范手段在人民法院安全保卫中的作用和地位越来越重要，视频监控、入侵报警、电子巡更、安全检查、防爆防冲撞等设施设备在人民法院和人民检察院安全保卫中得到广泛使用，对预防和处置违法犯罪事件或事故起到了积极的作用。

三、法检系统机关安全保卫的法律依据

为了保护司法人员依法履行法定职责，保障审判、检察工作有序开展，保护审判、检察工作环境安全、稳定，法检系统机关安全保卫工作应当依法依规进行，应当按照《企业事业单位内部治安保卫条例》和《保护司法人员依法履行法定职责规定》落实机关安全保卫工作。

由于人民法院机关安全保卫工作与人民检察院相比，形势更为严峻，还应当根据最高人民法院《人民法院落实<保护司法人员依法履行法定职责规定>的实施办法》着

重保护审判机关秩序和司法工作人员的人身安全。

四、法检系统机关安全保卫的要求

依据相关规定，协助机关安全保卫是司法警察的职责之一。首先要求司法警察和保卫人员积极参与，统一思想，明确分工。其次要求实地勘查，了解现场情况，以便确定勤务岗位、方式。最后，要收集资料和信息，熟悉本机关的安全保卫力量和装备情况，了解过去本岗位安全保卫中发生的突发情况，搜集周边和社会的治安动态，分析和研判安全信息。

（一）着力健全机关内部安全管理架构

根据《企业事业单位内部治安保卫条例》第5条、第6条规定，机关单位的主要负责人对本单位的内部安全保卫工作负责。机关单位应当根据内部安全保卫工作需要，设置治安保卫机构或者配备专职、兼职安全保卫人员。根据《企业事业单位内部治安保卫条例》第9条规定，单位内部安全保卫人员应当接受有关法律知识和安全保卫业务、技能以及相关专业知识的培训、考核。

（二）全面完善机关单位内部安全管理制度

根据《企业事业单位内部治安保卫条例》第8条规定，机关单位应建立健全下列内部安全保卫制度：

1. 门卫、值班、巡查制度；
2. 工作、生产、经营、教学、科研等场所的安全管理制度；
3. 现金、票据、印鉴、有价证券等重要物品使用、保管、储存、运输的安全管理制度；
4. 单位内部的消防、交通安全管理制度；
5. 治安防范教育培训制度；
6. 单位内部发生治安案件、涉嫌刑事犯罪案件的报告制度；
7. 安全保卫工作检查、考核及奖惩制度；
8. 存放自爆炸性、易燃性、放射性、毒害性、传染性、腐蚀性等危险物品和传染性菌种、毒种以及武器弹药的单位，还应当有相应的安全管理制度。
9. 其他有关的安全保卫制度。

单位制定的内部安全保卫制度不得与法律、法规的规定相抵触。

（三）扎实推进机关单位内部安防设施建设

机关单位应根据国家《安全防范工程技术规范（GB50348-2004）》规定的普通风险对象安全防范工程设计标准，选择下列区域和部位进行设防：

1. 周界。建筑物单体、建筑物群体外层周界、楼外广场、建筑物周边外墙、建筑物地面层、建筑物顶层等。

2. 出入口。建筑物、建筑物群周界出入口、建筑物地面层出入口、办公室门、建筑物内和楼群间通道出入口、安全出口、疏散出口、停车库（场）出口等。

3. 通道。周界内主要通道、门厅（大堂）、楼内各楼层内部通道、各楼层电梯厅、自动扶梯口等。

4. 公共区域。法庭、调解室、立案大厅、信访室、功停车库（场）等。

5. 重要部位。档案室、财务出纳室、监控中心、信息机房、重要物品库等。

重要部位的安全防护应满足下列规定：

（1）档案室应安装防盗安全门，可设置出入口控制子系统、入侵报警子系统。

（2）信息机房应设置防盗安全门，宜设置出入口控制子系统、视频安防监控子系统和入侵报警子系统。

（3）楼内财务出纳室应设置防盗安全门、紧急报警装置，宜设置入侵报警子系统和视频安防监控子系统。

（4）重要物品库应设置防盗安全门、紧急报警装置，宜设置出入口控制子系统、入侵报警子系统和视频安防监控子系统。

（5）监控中心可设在值班室内，有条件的单位可组建综合式安全防范系统或集成式安全防范系统，应为专用工作区，其面积不宜小于30平方米，宜设独立的卫生间和休息室。

（6）通道应设置防盗安全门、紧急报警装置，设置入侵报警子系统和视频安防监控子系统。

重要部位防盗安全门应符合《防盗安全门通用技术条件（GB17565-2007）》规定要求。

（四）深入开展机关单位内部安全防范知识宣传教育

根据《企业事业单位内部治安保卫条例》第11条规定，机关单位内部安全保卫机构、安全保卫人员应当履行开展安全防范宣传教育，并落实本单位的内部安全保卫制度和安全防范措施的职责。安全防范宣传教育宜包括预防和应对社会安全、公共卫生、意外伤害、自然灾害、安全事故等突发事件等内容。

项目二　协助涉诉信访应急处置的依据与职责

【案例15-2】

2016年6月3日，律师吴某到诉讼服务大厅申请立案，因涉及管辖问题需进一步审查，立案窗口工作人员收取吴某的起诉材料并进行登记后，告知吴某不能当场立案。吴某听后情绪激动，在立案大厅大声嚷嚷。鉴于这种情况，窗口接待人员告知吴某如对窗口接待有意见可向信访部门反映。随后吴某来到立案信访室，立案信访室工作人员告知吴某递交的案件材料已经接收，待立案庭审查后会在法定期限内作出书面答复。吴某不服，后到纪检监察部门投诉。在接访中，吴某承认对法院进行录音录像，法警大队安保人员因担心吴某已对审判区域和审判人员进行录音录像，即到信访接待室动员吴某主动打开手机进行检查。

经过半个多小时沟通后，吴某仍不配合，法警即对其进行强制检查手机。吴某见状，将手机放到裤袋里，双方因此发生拉扯，拉扯中，吴某紧捂裤袋，导致吴某的外裤脱线。见此情形，法警大队教导员立即让法警拿来一条新裤子让吴某更换，但吴某拒绝更换，也拒绝离开法院，并拨打律协电话，要求律协派人来法院处理。约12点半，律协人员到场后，吴某依然拒绝更换裤子，将其上衣扣解开，走出法院大门并在大门前拍照后离开。

问题思考

1. 法院法警处理涉诉信访事件的法律依据是什么？
2. 案例中，法院法警的处理方式是否合法、合理？

一、涉诉信访与涉诉信访应急事件的概念

信访是指公民、法人或者其他组织采用书信、电子邮件、传真、电话、走访等形式，向各级人民政府、县级以上人民政府工作部门反映情况，提出建议、意见或者投诉请求，依法由有关行政机关处理的活动。

党的十八大以来，以习近平同志为核心的党中央高度重视信访工作制度改革，着力打造"阳光信访、责任信访、法治信访"，这正是信访为民这个价值本位的具体实践。十八届三中全会提出，改革信访工作制度，实行网上受理信访制度，健全及时就地解决群众合理诉求机制。把涉法涉诉信访纳入法制轨道解决，建立涉法涉诉信访依法终结制度。

2015年3月24日，中共中央总书记习近平在主持中共中央政治局第二十一次集体学习时强调司法体制改革必须为了人民、依靠人民、造福人民。司法体制改革成效如何，说一千道一万，要由人民来评判，归根到底要看司法公信力是不是提高了。深化司法体制改革，要广泛听取人民群众意见，深入了解一线司法实际情况、了解人民群众到底在期待什么，把解决了多少问题、人民群众对问题解决的满意度作为评判改革成效的标准。

由于涉诉信访关系到当事人权益和司法公正、公信力，信访过程中，如若处理不当，容易发生各类突发应急情况，造成的社会影响面大。因此，涉诉信访机关要高度重视。

涉法信访是指信访中有属于人民法院、人民检察院、公安部门和司法行政部门处理的信访案件，是当事人对刑事执法、行政执法等权力部门在案件或问题处理上不满，认为受到了不法侵害或不公平的待遇，从而引发上访告状的案件，即属于涉诉信访。

本单元所指的涉诉信访应急事件是指在涉诉信访过程中突然发生，造成或者可能造成人员伤亡、财产损失，损害司法权威，妨碍审判执行活动，危及法院安全，需要司法警察采取应急处置措施予以应对的紧急情况。

二、涉诉信访应急事件的特点

（一）涉诉信访突发事件发生具有组织性

涉诉信访多数是有组织的行为，是在个别人煽动、组织下，有计划、有预谋的行为。一般人员只是按照组织者的倡议或要求积极响应。组织者对煽动、组织涉诉信访的意图、方法、影响后果等有全面的思想准备和行为引导。在处理信访群体时应着重从组织者身上下功夫，做好劝导工作。

（二）涉诉信访突发事件参与的主体人员身份有特点

参与涉诉信访突发事件的主体往往都是因为有经济、利益、血缘上的关联性，才可能在涉诉信访突发事件中积极响应和参与。少数当事人存在对法律的不理解而茫然从事，参与到对法院工作人员进行攻击、谩骂中。

（三）涉诉信访突发事件诱发的原因复杂

常见的诱发涉诉信访突发事件发生的原因主要有以下几个方面：第一，当事人通常缺乏法律知识，尤其缺乏现代诉讼制度所要求的程序意识。第二，当事人对人民法院的判决不满意、不理解、不支持、不配合；第三，有些法官工作作风不够踏实，责任意识不强，在办案过程中严格执行法定程序不够，使当事人对法院工作人员的工作作风、工作方法等产生抵触情绪，进而引发信访；第四，部分媒体的误导在一定程度上助长了重复上访、缠访不良风气的形成；第五，个别律师、法律工作者对当事人不能正确引导。当事人胜诉后，一旦案件无法执行，有些律师、法律工作者就指责法院执行不力，当事人败诉后，又说法院判决不公，诱导其四处向领导机关和上级法院申诉、申请再审，怂恿当事人不断地信访。

（四）涉诉信访突发事件的后果不断扩大化

涉诉信访突发事件发生后，其后果会随着事态的发展而变化。主要表象在：社会关注群体增加，社会公众舆论与自媒体的错误导向增加，不明真相群众参与的人数增加，采取极端方式、方法和手段缠访闹访增加，当事人采取极端行为如当事人通过自焚、自杀等方式威胁法院答应其要求的情况增加，最后导致涉诉信访突发事件影响继续扩大。

三、协助涉诉信访应急处置的执法依据

(一) 人民法院方面

《人民法院司法警察条例》第 7 条第 6 款规定,司法警察协助机关安全和涉诉信访应急处置工作。根据《人民法院司法警察预防和处置突发事件暂行规则》规定,司法警察部门有职责及时防范和处置突发事件。根据《人民法院司法警察执法细则》的规定,司法警察有责任协助机关安全和涉诉信访应急处置,维护涉诉信访工作秩序,保障涉诉信访工作安全。

(二) 人民检察院方面

《人民检察院司法警察条例》和《人民检察院司法警察执行职务规则》规定,检察院司法警察具有协助维护检察机关接待群众来访场所的秩序和安全,参与处置突发事件的职责。对涉诉信访人员及其他人员在人民检察院办公区域或者门前实施自杀、自伤等过激行为或者其他违法行为的,人民检察院司法警察应当及时采取措施予以制止和协助救治,必要时应当对其采取约束性保护措施,并视情节移送公安机关。

以上法律法规对司法警察协助机关安全保卫职责作出的明确规定。职责和任务要求司法警察不断提高执法能力和处置技能,这是人民法院、检察院面临复杂安全形势的必然选择。

四、协助涉诉信访应急处置的职责

(一) 协助涉诉信访部门做好应急处置工作

司法警察协助涉诉信访应急处置工作时,应当服从信访部门的安排和指挥,配合信访部门的工作内容,协助保障来访人员诉求表达渠道畅通,并保障来访人员和接访人员的人身安全和信访工作环境稳定。这是司法警察协助应急处置的首要职责,体现了司法警察武装强制性和司法辅助性质。

(二) 参与维护涉诉信访正常工作秩序

司法警察参与维护涉诉信访正常工作秩序的工作体现在对来访当事人登记信息及安全检查,防止非来访人员因非正当理由到法院、检察院进行缠访、闹访。信息登记要与查验证件一并进行。证件查验主要内容包括:证件是否超过有效期,照片、姓名、年龄、性别等相关要素是否与持证人相符。对信访人员的登记,要填写《信访人员登记表》,登记内容包括信访人姓名、证件种类、证件号、信访事由、是否预约等事项。

在涉诉信访当事人进入法院时,要对信访人员人身及携带物品实施安全检查。安全检查过程中,要注意观察,防止发生意外。在安全检查中发现的禁止、限制携带的危险物品要按照有关规定处理。对拒绝安全检查的人员应当禁止其进入信访场所。

（三）对涉诉信访场所人员人身安全予以保护

涉诉信访场所是法检系统指定接访的场所，来访人员和接访人员在涉诉信访场所表达诉求、了解诉求，其人身安全应当得到妥当保护。对接访人员，司法警察应当着重保护其人身不受任何人的威胁和伤害，尽量保护其人格不受侮辱；对来访人员，司法警察应当防止其因情绪激动采取过激行为，如自伤、自残等，或防止其他来访人员故意将亲属遗弃在接访场所等。

（四）在涉诉信访突发事件应急处置中进行现场指挥和采取强制措施

如若在信访场所发生突发事件的，司法警察有临时现场处置权。应急分队要迅速赶赴现场，部署警力，控制事态。疏散周围人员，维护现场秩序。协助相关人员做好当事人劝说工作。必要时，可以采取紧急强制措施，并固定相关证据。司法警察还应当协助相关部门做好善后处置工作。

（五）其他与涉诉信访相关的警务保障工作职责

司法警察负责涉诉信访应急处置的日常管理工作，与信访部门一同制定涉诉信访应急处置工作预案，组织人员演练，提高实战水平。按要求配备相应的应急设施、警用装备、防范设备等。并能有效分析研判舆情，建立案件相关风险评估机制，使协助涉诉信访应急处置工作常态化、规范化。

五、协助涉诉信访应急处置的原则

（一）居安思危、预防为主

高度重视涉诉信访突发事件应急处置工作，坚持预防与应急相结合，常态与非常态相结合，做好日常各项保障和准备工作。

（二）统一领导、协同应对

在院党组的统一领导下，明确职能分工，强化职能落实，建立健全快速反应、协调有序、运转高效的应急处置机制。

（三）谁审判（执行）谁负责

因诉讼程序尚未终结的案件引发的涉诉信访突发事件的应急处置工作，由所涉案件原承办部门负责；因诉讼程序已经终结的案件引发的涉诉信访突发事件的应急处置工作，由信访部门负责。

项目三　协助涉诉信访应急处置的组织实施

当涉诉信访突发事件发生后，司法警察及其相关部门必须沉着应对，积极处理。

司法警察必须按照分工和预案要求，高效运转，工作到位，把事件在最短的时间内、在最小的范围内，在最少的损失幅度内处理好。但要坚持"慎用警力，善用警力"的原则。既防止因使用警力和强制措施不当而激化矛盾，又防止警力和强制措施当用不用而贻误时机，致使事态进一步扩大。

一、警务受理

协助涉诉信访应急处置工作与其他用警工作不同，具有明显的突发性、紧急性，用警部门无法事前提出用警申请，待法警部门及相关领导审批后派警。因此，当涉诉信访人在法院、检察院门口以非正常方式来访的，安保人员发现后要及时通知信访工作人员，信访工作人员立即到达现场，并通知所涉案件承办部门派员到现场协助处置；需要法警部门派员协助处理的，应及时向法警部门提出申请。事件紧急的，由负责安全检查的法警协助处理，再向有关领导上报情况。

二、警务准备

（一）制定预案

涉诉信访工作应急预案是针对涉诉信访事项制定的安全保障工作计划，司法警察部门根据涉诉信访工作性质、特点以及涉诉信访部门提供的相关信息，研究制定工作方案，并根据常见事件及实地勘验的基础分类制定。预案基本内容包括：工作组织体系、警力部署、任务分工、突发事件处置程序和物质保障。

（二）警力配备

按照信访场所的设置、信访人情况及可能发生的突发情况，配备安全保卫力量。

1. 执勤岗位。在人民法院、检察院大门部署数名警力，负责外来人员出入登记及安全检查并引导外来人员进入法院、检察院；在法院、检察院接访室部署一名警力，负责帮助来访人员联系接访人员及维护立（办）案区域正常秩序。

2. 应急分队。除执勤岗位外，司法警察部门应配备一定数量的警力组成应急分队。当涉诉信访突发事件发生时，应急分队在第一时间赶到现场，负责对突发事件的现场控制，先期处置，阻止事态升级。

3. 调警机制。遇有群体性涉诉信访突发事件，现有警力难以应对时，应根据预案迅速启动调警机制，联系周边人民法院、检察院备用警力赶赴现场参与处置。

4. 联防联动。司法警察部门应通过人民法院与辖区公安部门建立的联防联动机制，保持经常性联系，适时通报相关信息。遇有群体性信访或带有恐怖性质等重大突发事件，由人民法院安全工作领导小组协调辖区公安部门，请求支援，联合处置，严防事态恶化和损害进一步扩大。

(三) 警务装备

接待信访场所应当设有监控、安全检查设备和防撞、防暴、防护等设施，负责执勤的司法警察应当配备必要的警用装备。

1. 装备配备。各执勤岗位按规定配备安全保卫装备，执勤司法警察按规定配备警用装备，并依法使用。

2. 应急车辆保障。人民法院、人民检察院应配备应急车辆，确保车辆始终处于良好状态，遇有突发事件时应急使用。

3. 证据固定器材。各执勤岗位应配备必要的摄像、照相、录音等器材，参与处置应急事件的司法警察还应当配备执法记录仪，并确保性能良好，确保发生突发情况时能有效固定证据。

4. 应急处置器材。人民法院、检察院配备灭火器、灭火毯、防爆器材、护卫棍、钢叉、盾牌、防刺背心等相关防暴防卫器材，以应急备用。

5. 通信联络保障。司法警察部门领导、执勤人员与应急分队成员应配备对讲机，确保对讲机和手机联络畅通。

6. 后勤医药保障。为了应对突发事件处置过程中人员受伤的情况，应配备紧急救助药品，确保受伤者及时得到现场医疗救护。

三、警务实施

(一) 协助登记与检查

1. 协助对信访人员的登记和查验。对进入法院、检察院的信访人员进行有效证件登记，同时查验证件的内容真实性和有效性。对来访人员还应当了解来访目的、是否预约等信息。对没有持真实有效证件的来访人员，应当说明相关工作规定，拒绝进入机关内部，防止缠访、闹访人员故意冲击法院、检察院。

2. 协助对信访人员的安全检查。根据安全检查规则，进入法院、检察院的人员及携带物品应当进行安全检查。安全检查过程中，要注意观察，防止发生意外。对安全检查发现的禁止、限制携带的、危险物品要按照有关规定处理。对拒绝安全检查的人员应当禁止其进入信访场所。

(二) 执勤与巡查

1. 信访场所现场执勤。根据需要在信访场所内安排司法警察现场执勤。执勤时重点观察信访人员的眼神和手部动作，注意信访人员的情绪变化，预判事件苗头，果断及时处置突发情况。

2. 信访场所巡查。在信访接待期间，执勤司法警察根据需要在信访场所及周边进行巡查。通过巡查，彰显司法警察的武装性。巡查中，司法警察观察来访人员的行为动态，发现来访人员有过激行为或违法行为的，及时制止以实现保护信访现场的人员人身安全和维护涉诉信访现场秩序。

项目四　协助涉诉信访的突发事件处置

【案例 15-3】

某年 11 月 30 日上午，任某某携带丈夫汪某及两个儿子来到法院，把行李被褥铺在法院大厅，声称拿不到钱就住在法院不走了，执行干警立即做劝说和解释工作，任某某等非但不听，还谩骂干警，刚从北京打工回来的汪某的二儿子称法院哄骗其父亲。任某某一行四人的行为严重影响了法院的正常办公和办案秩序。

法院执行局召开紧急会议，研究解决方案，报请院领导后，分成两组，一组做任某某的工作，另一组做其丈夫汪某和两个儿子的工作。同时，调动法警大队警力，协助稳定当事人情绪，防止产生过激行为。为使汪某的二儿子了解前几天其父在法院接受干警做其工作的全过程，执行干警为其调出录像让他们观看，在观看了近一个小时的录像后，汪某的二儿子明白了事情的真相，给干警道歉并承认错误，并保证以后绝不再到法院闹事。

问题思考

1. 司法警察在协助涉诉信访事件时，应当履行哪些职责？
2. 面对滞留法院的涉诉当事人，司法警察应当如何处理？

一、协助涉诉信访的突发事件类型及处置原则

司法警察在履行协助涉诉信访事件职责时，应当严格按照《人民警察法》《法院司法警察条例》《检察院司法警察条例》等规定文明执法，认真履职，妥善处置突发事件。如遇针对法院的涉诉信访事件，还应当按照《人民法院司法警察预防和处置突发事件规则》规范处理。

涉诉信访事件通常不是在行为刚发生的阶段就升级为冲突激烈的事件，而是由涉诉信访当事人在表达过程中，因为意愿得不到满足，对法院、检察院的接访人员处理方式或处理结果不满意，进而从一般情况发展为突发情况。因此，法警在协助处理此类事件时，应当先对事件的性质作出准确判断，选择合法、合理的方式协助处理相关事件。

司法警察协助涉诉信访应急处置的原则性做法包括：

第一是警队和信访部门要建立涉诉信访情况收集、分析机制。各部门要及时将掌握涉诉信访的相关情况全面、客观、及时地反映到法院信访部门和警队，以便采取预防措施；

第二是警队要制定和完善科学的处置预案。要根据涉诉信访突发事件的发生特点和过程，科学地编制预案，司法警察部门和相关部门人员要按照预案要求及时开展工作，认真履行职责。针对不同性质的问题引发的不同群体性事件，制定不同类型的处置工作预案；

第三是牢牢把握处置的策略方法，坚持疏导化解，避免事态扩大。加强对群众行为的引导，综合运用教育、协调、调解等方法，理顺情绪，控制现场局势。

二、各类型突发情况的具体处置方法

（一）涉诉信访当事人言语哄闹式的处置方法

当发现来访人员有情绪激动、大声喧哗、辱骂、威胁接访人员等情况时，或是来访人员煽动、诱导其他人员闹访行为的，甚至攻击法院、检察院工作人员的，司法警察应当立即制止；制止无效的，可采取警告、训诫等措施。具体措施如下：

1. 对仅是口头威胁、谩骂接访人员的，司法警察应立即采取训诫、警告、控制等处置措施，及时制止来访人员的不当行为，稳定闹事人员情绪，保护接访人员的安全，并应立即向部门领导报告，请求支援。

2. 相关部门应及时派员对现场群众进行法律宣传教育，尽量减小带头闹事者的煽动作用，对不明真相的围观群众及时做好说明工作，让围观人员了解事情经过，消除他们的抵触情绪，督促在场人员遵守法律法规，严肃、明确告诉在场人员，一切违法行为都将受到法律的严惩，防止事态的升级与扩大。

3. 对试图攻击法院、检察院工作人员的，司法警察立即保护接访人员撤离现场，并做好信访区域的隔离警戒工作。迅速查明闹事者的身份和意图，对不听劝阻、违法行为情节严重的，依照指令对闹事人员进行隔离或依法采取强制措施。

4. 对严重违反法律规定的人员，相关业务部门应依法办理，采取强制措施，司法警察部门负责实施。造成严重后果的，移交公安机关处理。

（二）涉诉信访当事人行动围堵式的处置方法

凡遇涉诉信访人员在法院机关门口静坐、堵塞机关大门、举牌喊冤、敲锣打鼓、大喊大叫、冲击机关、拦截领导及审判人员等各类妨碍机关办公秩序和信访秩序的，接访人员应当及时向警队通报，必要时向公安机关报警。具体措施如下：

1. 法警部门接报后，应当及时派员到现场维持秩序，并配合信访接待领导或其他接待人员做好疏导、劝解工作，控制好局面，引导上访人员代表到信访接待大厅等候接谈，视情况采取警告、制止、排除妨碍等措施。

2. 应急处置领导小组接到报告后，应及时启动应急处置预案，司法警察按照分工进行现场警戒，稳控事态，劝导、疏散围观群众，并做好证据收集、提取、固定工作，必要时可对闹访人员采取强制措施。如果来访人员众多，自身警力不足的应迅速调警，协助处置。

3. 及时联系相关业务部门的领导或案件承办法官，对来访人员进行法律释明与宣传教育，引导当事人推选代表接谈，对带头闹访的人员进行警告，告知其应承担的法律责任，并做好固定证据工作。

4. 经劝说无效，事态发展影响道路通行、威胁机关安全的，司法警察根据信访工作人员的指令进行现场协助劝导，收缴来访人的非正常信访道具，如标语、横幅、扩音器、状纸、状衣等物品，疏散人群，疏通道路；出现围堵法院大门、冲击法院机关的，对无合理要求且不听劝阻者，报请院领导批准后，由司法警察对其采取强制措施，及时启动联动机制，与公安机关取得联系，由公安机关依法处理。

5. 接谈后上访人员仍不满意继续聚众闹访的，司法警察应及时逐级向应急处置领导小组报告，特殊情况下可越级报告，并向公安机关报警。公安机关出警后，司法警察协助公安干警维持秩序；劝导无效的，由法警配合公安干警将主要闹访人员扭送至公安机关接受处理，并将收缴的非正常信访道具移交公安机关；情况紧急的，在公安干警到达现场之前，法警收缴其道具，并派警车将其扭送至公安机关接受处理。

（三）遇有涉诉信访人员携带危险物品的处置方法

当发现信访人员携带危险物品时，司法警察在劝说的同时立即疏散周边人群，与信访人员保持安全距离，避免激怒信访人员，并迅速报警，交由公安机关处置。具体措施如下：

1. 在确定危险物品的种类后，司法警察可视情况采取相应措施控制涉诉信访人员，稳定其情绪，责令其交出危险物品或及时收缴，实行人、物隔离，并及时疏散人群，设置安全警戒区域，同时报告应急处置领导小组启动应急处置预案，应急分队赶赴现场加强警戒，控制事态扩大。

2. 抗拒交出的，司法警察在确保安全的情况下，对拒不交出危险物品的行为人进行警告、训诫，可采取强制措施予以收缴，并协助接访人员对其进行劝导；仍不接受的劝导、警告、训诫的，移送公安机关处理。

3. 发现涉诉信访人员携带爆炸、放射性等自身无法处置的危险物品时，或事态升级或有可能发生严重危害后果，应急分队难以有效控制时，应立即报警，应急处置领导小组应及时与辖区公安、应急处置指挥中心等相关部门协调联系，请求增援警力和专业技术人员，应急分队积极给予配合，及时疏散人群。

（四）遇有涉诉信访人员企图自伤、自杀的处置方法

来访人员企图通过自伤、自杀等过激行为以强迫法院、检察院满足其诉求的，司法警察应当本着维护生命安全的原则，妥当处置。具体措施如下：

1. 司法警察应果断制止其行为，收缴其用于自伤、自杀的凶器或其他危险物品，对其采取约束性措施。必要时，按处置程序逐级报告，应急处置领导小组启动应急处

置预案。

2. 应急分队立即赶赴现场，控制局面，协助接访人员做好说服教育工作，并做好现场取证工作。

3. 对已经造成伤害后果的，司法警察根据现场条件进行救治，并协同相关部门人及时将其送往医院救治，并注意做好善后劝导工作，保护好现场，固定证据。

（五）涉诉信访人员弃留的处置方法

部分来访人因对法院的判决裁定、检察院的决定不满，或对法院执行内容不满，故意将年幼、年老、体弱、重病、残疾等无民事行为能力、限制民事行为能力或者生活不能自理的人弃留在人民法院、检察院，企图以非暴力的方式强迫法院满足其个人意愿。面对这类情况，司法警察应当：

1. 及时联系相关业务部门的领导或案件承办人，准确反映现场有关情况，请求相关人员对来访人员进行宣传教育。

2. 司法警察部门会同案件承办部门采取劝阻、制止、防护等措施，联系其监护人、近亲属或者相关单位接回；无法联系或者经联系后拒不接回的，应当通知社会救助或者福利机构予以救助，司法警察部门派员予以协助。

（六）来访人无理滞留式的处置方法

来访人在信访场所，或者在信访室无理取闹，影响正常信访工作秩序的由信访工作人员和所涉案件承办部门负责劝离，警队派员负责维持秩序；需要强制带离的，由法警实施。法警处置过程中，信访室派员做好证据保全和收集工作。

项目五　技能训练

一、训练目的与要求

（一）训练的目的

掌握协助涉诉信访应急处置一般要求和技能，熟悉各类问题的处置方法和技巧，提高处置各类涉诉信访突发情况的应对处置能力。通过训练，使参训学生明确协助涉诉信访处置的任务、方法及职责，掌握制订协助涉诉信访处置方案内容。

（二）训练的要求

1. 训练时间为 1 学时。

2. 参加训练的同学以 3~5 人为一个单位，分成若干小组。

3. 制订的方案必须包含模拟案件，方案内容具有指导性和可操作性。

4. 教师根据每小组训练中的表现和处置方法是否正确等方面进行考核，并按百分制给出成绩。

二、训练内容及要点

（一）发现涉诉信访当事人手持凶器或携带易燃易爆等危险物品冲击法院大门口寻衅滋事时的训练

1. 信访区司法警察迅速用对讲机或报警装置向警队报告，并立即拨打110报警，请求警方支援；

2. 信访区司法警察命令安保人员迅速关闭法院大门、通道、闸门，并利用所配备的装备将其控制在最小范围，防止伤害其他工作人员或当事人；

3. 警队领导收到通报后，立即向领导小组报告，领导小组迅速组织应急处置小组人员到达现场，并向院领导报告现场情况；

4. 应急处置小组到达现场后，教育疏导员负责疏散群众，应急机动组、安全警戒组负责将犯罪嫌疑人与其他无关人员隔离，并伺机制服犯罪嫌疑人。如犯罪嫌疑人携带易燃易爆物品时，由强制实施组负责准备灭火器、水龙带等相关灭火装置；

5. 制服犯罪嫌疑人后，交由警方处置，协调联络员注意保护好现场，将相关的视频资料备案。

（二）涉诉信访当事人乘用车辆强行冲击大门时的训练

1. 安保人员迅速用对讲机或报警装置向院保卫部门报告，并立即拨打110报警，请求警方支援。

2. 安保人员在报告的同时，迅速关闭通道闸门，并立即启动冲撞装置，使其车辆不得行走。

3. 院保卫部门收到通报后，立即向领导小组报告，领导小组迅速组织应急处置小组人员到达现场，并向院领导报告现场情况。

4. 应急处置小组到达现场后，教育疏导员负责疏散群众，应急机动组和安全警戒组利用障碍物将车辆进行隔离，确保其他无关人员和财产的安全，强制实施组利用所配备的装备或高压水枪伺机制服犯罪嫌疑人。

5. 情节严重难以制止的，采取边处置边向相关部门报告，协调联络员协调公安、武警、消防、医院给予支持和配合，尽量控制事态的发展，消除社会影响，避免或减少人员伤亡。

6. 制服犯罪嫌疑人后，交由警方处置，协调联络员注意保护好现场，将相关的视频资料备案。

（三）众多涉诉信访当事人上访情况的训练

1. 信访大厅司法警察迅速用对讲机或报警装置向警队和院保卫部门报告；

2. 警队、院保卫部门接到通报后，迅速派出人员到达现场，配合信访维稳人员稳

定当事人的思想情绪,并将现场情况报告给领导小组;

3. 如发现情节严重,有难以控制的趋势,应适时关闭通道闸门,且同时向领导小组报告;

4. 领导小组接到报告后,迅速组织应急处置小组人员到达现场,并向院领导报告现场情况;

5. 应急处置小组到达现场后,强制实施组、教育疏导员负责疏散群众,应急机动组、安全警戒组控制法院各出入口,防止人员冲击法院;

6. 情节严重难以控制的,边处置边向相关部门报告,协调联络员负责请求公安、武警、消防、医院给予支持和配合,尽量控制事态的发展,消除社会影响,避免或减少人员伤亡;

7. 处置完毕后,将相关的视频资料备案。

(四) 庭审或信访发生冲突时的训练

1. 庭审或信访时信访人员打骂法官,利用报警装置向警队报告;

2. 司法警察到达现场后,采取边处置边报告的方式立即将当事人与法官进行隔离,防止当事人发生过激行为,确保庭审或信访法官的人身安全;

3. 司法警察配合庭审或信访法官,做好当事人思想工作,稳定当事人情绪;

4. 如发现情节严重,有难以控制的趋势,应立即上报领导小组请求应急处置小组支援;

5. 领导小组接到报告后,迅速组织应急处置小组人员到达现场,且同时向院领导报告现场情况;

6. 应急处置小组到场后,应急机动组负责配合接访法官稳定当事人的思想情绪,防止事态扩大化,安全警戒组、教育疏导员疏散现场无关人员,避免造成不必要的伤害;

7. 如当事人无理取闹,出现打、砸或伤害工作人员和其他当事人的情形时,由强制实施组迅速予以控制;

8. 制服当事人后,将其清理出法院或交由警方处理,协调联络员注意保护好现场,将相关的视频资料备案。

三、训练前的准备

1. 收集相关案例,设计模拟案情及突发情况。
2. 参与协助涉诉信访处置的司法警察应当思考并掌握相关注意事项。

四、训练的方法与步骤

1. 掌握涉诉信访突发案件的具体类型与特点。

2. 确定警力部署。

3. 确定组织指挥负责人及职责。

4. 模拟突发情况的类型及处置方法。

5. 确定各类保障。

6. 其他方案要求。

五、注意事项

1. 在协助涉诉信访处置时，注意事件发生的地点、涉诉信访人的信访诉求、信访人的身体情况等。

2. 模拟突发事件时，注意事件发生的实际地点特征及可能造成接访人员人身伤害的具体情形。

[示范案例]

某月某日，一名涉诉信访人来到某人民法院，要求找承办法官。当安检法警要求其登记并接受安全检查时，该信访人突然情绪失控，以自己多次来法院、早已不是陌生人为由拒绝接受登记和检查，态度极为蛮横。

[思考与练习1]

3月12日上午，某集资诈骗案近80名被害人在某市法院大门外聚集信访，从南到北占据法院大门外通道，信访人多为年迈老人，部分信访人手持小红旗及领导人照片，身着白色状衣，声称"某某无罪，释放某某，还某某血汗钱"。

问题思考

1. 若你是接到报告的司法警察，到达现场后该如何处置？

2. 若上访人拒不配合你又该如何处置？

[思考与练习2]

7月19日上午，某市人民法院刑事案件上诉人胡某的父母在数名亲属陪同下身穿状衣在当事人出口处拉横幅信访，并向路人散发求救书，反映"胡某冤案，超期羁押3年多，案件无结果"，要求法院给出明确答复，并书面承诺具体审结时间。

问题思考

1. 若你是接到报告的司法警察，到达现场后你又该如何处置？

2. 若上访人不满接访答复，继续聚集该如何处置？

[思考与练习3]

某日，信访人张某身披国旗，手持信访牌，在某市人民法院大门外闹访，其声称"法院违法强行追加第三方，伪造的假劳动合同起到了真作用，侵吞我社保金。法院套取我劳动争议案诉讼费3235元"。

法院信访室负责人闻讯后立即赶到现场处理，院保卫科领导也随即赶到协助处理。对张某举牌信访行为进行训诫，并劝说其收起信访材料，引导其到信访室信访。张某坚持要求当场立即为其解决问题，并执意拒绝到信访室表达诉求。经反复劝解，并告知其如不听劝阻继续非正常信访，法院将联合公安机关按照《关于做好依法处置群众反映诉求过程中发生的违法犯罪行为的工作意见》相关要求，对其严格依法处理，随后张某自行离开。

经核实，张某在其劳动争议一案被一审判决驳回其诉讼请求后，张某提出上诉，在案件宣判后，张某曾密集通过电话、短信威胁恐吓法官和审判辅助人员，且在法院蹲点企图堵截经办法官，并扬言要采取杀害法官、小学生、炸学校等极端行为。针对张某信访案，法院已制定《张某信访案应急处置预案》，同时向上级法院、市委政法委汇报了有关情况，并联系有关单位协调做好张某的教育、安抚工作。司法警察部门加大监控及巡查力度，加强对张某的识别工作，防止发生危害法官人身安全的极端信访事件。

问题思考

1. 从整个案件的处理看，哪些做法值得赞许？
2. 若你是司法警察部门的领导，针对张某的情况应如何开展后续的处置工作？

常用法律法规和规范性文件简称表

序号	法律名称	发文机关	效力级别/法规类别	发文（实施）时间/发文号
1	《中华人民共和国人民法院法庭规则》	最高人民法院	司法解释/审判机关	2016年4月13日/法释〔2016〕7号
2	《人民检察院司法警察执行职务规则》	最高人民检察院	两高工作文件/检察综合规定	2015年6月1日
3	《人民检察院刑事诉讼规则试行》	最高人民检察院	两高工作文件/检察综合规定	2013年1月1日/高检发释字〔2012〕2号
4	《最高人民法院关于适用〈中华人民共和国刑事诉讼法〉的解释》	最高人民法院	司法解释/刑诉综合规定与解释	2012年12月20日/法释〔2012〕21号
5	《人民法院司法警察执法细则》	最高人民法院	两高工作文件	2019年1月24日/法〔2019〕28号
6	《人民法院司法警察着装管理规定》	最高人民法院	两高工作文件/人事规定	2019年8月16日/法〔2019〕179号
7	《人民法院司法警察执法行为规范（试行）》	最高人民法院	两高工作文件	2007年1月15日/法〔2007〕7号
8	《最高人民法院关于适用〈中华人民共和国刑事诉讼法〉的解释》	最高人民法院	司法解释/刑诉综合规定与解释	2012年12月20日/法释〔2012〕21号
9	《人民法院司法警察条例》	最高人民法院	两高工作文件	2012年10月29日/〔2012〕23号
10	《人民检察院司法警察条例》	最高人民检察院	两高工作文件	2013年5月8日/〔2013〕8号
11	《中华人民共和国人民法院法庭规则》	最高人民法院	司法解释/审判机关	2016年4月13日/法释〔2016〕7号
12	《人民法院司法警察刑事审判警务保障工作规则》	最高人民法院	两高工作文件	2019年3月1日/法发〔2019〕4号
13	《人民法院司法警察安全检查规则》	最高人民法院	两高工作文件	2019年3月1日/法发〔2019〕5号
14	《人民法院司法警察预防和处置突发事件规则》	最高人民法院	两高工作文件	2019年3月1日/法发〔2019〕6号
15	《人民法院司法警察执法细则》	最高人民法院	两高工作文件	2019年1月24日/法〔2019〕28号

续表

序号	法律名称	发文机关	效力级别/法规类别	发文（实施）时间/发文号
16	《人民法院司法警察着装管理规定》	最高人民法院	两高工作文件/人事规定	2019年8月16日/法[2019]179号
17	《人民法院司法警察执法行为规范（试行）》	最高人民法院	两高工作文件	2007年1月15日/法[2007]7号
18	《人民检察院司法警察执行职务规则》	最高人民检察院	两高工作文件/检察综合规定	2015年6月1日
19	《人民检察院刑事诉讼规则（试行）》	最高人民检察院	两高工作文件/检察综合规定	2013年1月1日/高检发释字[2012]2号

参考文献

著作类：

1. 公安部政治部编：《公安基础知识》，中国人民公安大学出版社 2014 年版。

2. 湖南省人民检察院组织编写：《司法警察岗位专用操作规程》，中国检察出版社 2016 年版。

3. 最高人民法院政治部警务部编著：《人民法院司法警察基础理论》，人民法院出版社 2015 年版。

4. 最高人民法院政治部警务部编著：《人民法院司法警察警务实务》，人民法院出版社 2015 年版。

5. 龚亭亭、周静茹主编：《司法警察基础》，暨南大学出版社 2013 年版。

6. 钟勇生主编：《人民法院司法警察制度改革与发展研究》，法律出版社 2011 年版。

7. 周静茹、金琳主编：《司法警察实务》，暨南大学出版社 2011 年版。

8. 王少波、于铁军、李国军主编：《人民法院司法礼仪手册》，中国法制出版社 2010 年版。

9. 王继平、金川主编：《人民法院司法警察理论与实务研究》，浙江工商大学出版社 2009 年版。

10. 李国军主编：《人民法院司法警察手册》，中国文化出版社 2012 年版。

11. 尹伟中、张满生：《和谐社会理论视野下的社区警务》，中国人民公安大学出版社 2007 年版。

12. 陆晶：《现代警务行为的理与法》，中国人民公安大学出版社 2005 年版。

13. 金川等：《司法警察概论》，中国政法大学出版社 2005 年版。

14. 张柏林主编：《〈中华人民共和国公务员法〉教程》，中国人事出版社 2005 年版。

15. ［美］罗伯特·兰沃西、劳伦斯·特拉维斯Ⅲ著，尤小文译：《什么是警察：美国的经验》，群众出版社 2004 年版。

16. 霍宪丹主编：《中国高层次司法警官培养模式研究》，法律出版社 2004 年版。

17. 胡建江、刘丹阳主编：《司法警察工作教程》，暨南大学出版社 2003 年版。

18. 马跃：《美国刑事司法制度》，中国政法大学出版社 2004 年版。

19. 曲新久：《刑法的精神与范畴》，中国政法大学出版社 2003 年版。

20. 金川：《法院执行研究》，吉林人民出版社 2003 年版。

21. 陈晋胜：《警察执法论》，中国民主法制出版社 2001 年版。

22. 师宕：《司法警察必备》，海南出版社 2001 年版。

23. 沈忠俊、刘同华编著：《司法职业道德》，中国政法大学出版社 1999 年版。

24. 鲁加伦主编：《中国罪犯人权研究》，法律出版社 1998 年版。

25. 陈军主编：《人民警察素质教育全书》，中国检察出版社 1998 年版。

26. 王大伟：《英美警察科学》，中国人民公安大学出版社 1995 年版。

27. 本书编写组编：《人民警察道德概论》，中国人民公安大学出版社 1995 版。

28. 严军兴、马玉娥主编：《警察业务全书》，科学技术文献出版社 1995 年版。

29. 卢军：《人民警察职业伦理研究》，光明日报出版社 2019 年版。

论文类：

1. 杨新斌："司法警察端源考证"，载《四川警察学院学报》2014 年第 3 期。

2. 王守安："司法官职务序列改革的体制突破与司法价值"，载《当代法学》2014 年第 1 期。

3. 马晓龙、黄婷婷："域外法警制度的基本形式及对我国检察机关司法警察制度建设的启示"，载《法制与社会》2012 年第 34 期。

4. 孙玉仁："新形势下司法警察基本素质提升的若干问题研究"，载《广西政法管理干部学院学报》2010 年第 5 期。

5. 黄强："如何加强检察院司法警察的职业道德建设"，载四川科技报 2011 年 9 月 30 日。

6. 薛毅："提高人民法院司法警察礼仪修养的必要性及途径"，载《山西省政法管理干部学院学报》2019 年第 3 期。